환구음초

環璆唫艸

환구음초

環璆唫艸

한시로 읽는 1896년
조선 사절단의 세계 일주

김득련 저 | 황재문 역해

규장각 대우
새로 읽는 029
우리 고전

아카넷

'규장각 대우 새로 읽는 우리 고전' 총서 간행에 부쳐

　서울대학교 규장각한국학연구원에서는 2012년부터 대우재단과 함께 '규장각 새로 읽는 우리 고전' 총서를 간행해 왔다. 우리의 옛 책에서 현재와 공유할 수 있는 가치를 찾아 우리 시대의 고전을 만들어 보자는 의도였다. 긴 시간 동안 계속 책을 낼 수 있었던 것은 오랫동안 학술 연구를 지원해 온 대우재단의 도움이 있었기 때문이다. 이제 이름을 '규장각 대우 새로 읽는 우리 고전' 총서로 바꾸어 새롭게 출발한다.

　고전은 시간과 공간을 초월하는 보편적인 가치와 통찰을 담고 있다. 오랜 과거의 텍스트이지만 현재에도 여전히 의미 있게 읽힌다. 읽을 때마다 재해석되어 독자에게 새로운 영감을 줄 수 있다는 것도 고전의 매력이다. 고전은 인류의 경험과 사색, 통찰을 담은 선인들의 유산이자 마르지 않는 지식과 지혜의 화수분이다.

　동서양을 막론하고 각 문화권에는 고전으로 인정받는 다양한 저술과 작품이 있다. 우리의 경우도 마찬가지다. 다만 동아시아의 보편적 가치를 지향하던 전통 시대에는 동아시아 공통의 고전이 보다 권위를 갖고 있었고, 그 흐름은 현재까지도 이어지고 있다. 우리의 역사적 경험 속에도 현재와 공유할 수 있는 가치들이 풍부하게 담겨 있다. 그 가치를 발굴하고 그 의미를 현재화하는 것은 우리의 인식과 삶을 보다 풍요롭게 하는 길이 될 것이다.

우리의 선인들은 삶과 사회에 대한 사색과 통찰을 담은 많은 글을 남겼다. 하지만 대부분 한문으로 기록된 탓에 한글세대는 접근하는 데 어려움이 있다. 다행히 번역이 있더라도 다른 시대적 배경에서 씌어진 글을 제대로 이해하기는 쉽지 않다. 이에 우리 총서는 선인들의 저술을 현 세대의 우리말로 번역하고 그 역사적 의미의 맥락을 친절하게 풀어주어 누구나 편하게 읽고 즐길 수 있도록 하고자 한다.

동아시아 문화권에서 고전의 범주는 전통적인 문사철의 영역으로 이해되는 경향이 있다. 사서삼경과 같은 유교 경전이나 『한서』, 『사기』와 같은 역사서가 대표적이다. 그러나 현대인이 삶에서 추구하는 가치는 훨씬 광범위하고 다기하다. 이제 고전의 범주도 보다 확장되어야 한다. 우리 총서는 선인들이 남긴 통찰과 지혜가 담긴 다양한 장르의 글을 포괄하고자 한다.

'규장각 대우 새로 읽는 우리 고전' 총서는 텍스트의 번역·해설을 넘어 학술사, 문화사를 담은 총서를 지향한다. 연구자는 물론 일반 학생이나 독자들도 쉽게 접근하여 우리 고전의 가치를 재음미할 수 있는 계기가 되기를 바란다. 이 총서를 통해 우리의 고전이 동아시아의 고전, 세계의 고전으로 발돋움할 수 있기를 기대한다.

서울대학교 규장각한국학연구원·대우재단

차례

간행사 '규장각 대우 새로 읽는 우리 고전' 총서 간행에 부쳐 4
옮긴이 해제 1896년, 러시아 사행길에서 바라본 새로운 세계 15

서문
자서(自序) 43
첫 번째 서문: 홍현보 48
두 번째 서문: 김석준 55
세 번째 서문: 최성학 61

1부 조선을 떠나며
1* 사행을 떠나며 부모님을 뵙다 69
2* 임금께 하직 인사를 올리다 75
3* 마포나루 전별연에서 읊다 78
4 갈림길에서 읊조려 우정 협판에게 주다 84
5 인천항에서 기선을 타고 곧바로 상하이로 향하다 87

2부 청나라와 일본을 거쳐 태평양을 건너다
6 상하이에 정박하다 95
7 양식을 먹으며 장난삼아 짓다 101

8 나가사키항에 닿다   107
9 시모노세키를 지나며   111
10 고베에 잠시 정박하다   114
11 요코하마에 이르다   118
12 기차를 타고 도쿄에 들어가다   121
13 우리 공관에서 하룻밤 묵고 읊어서 서기 유찬에게 보이다   125
14 태평양에서 일출을 보며   129
15* 밤새도록 배가 심하게 흔들리니, 나그네 시름이 일어난다   132

3부 아메리카와 유럽의 여러 나라를 지나며

16 밴쿠버항에 올라   137
17 캐나다에서 기차를 타고 동쪽으로 구천여 리를 가다   141
18 대평원을 지나며   145
19 슈피리어 큰 호수를 지나며   148
20* 뉴욕의 부유하고 화려함은 말이나 글로 표현하기 어렵다   150
21* 뉴욕 전기박람회에서 읊다   155
22 대서양을 건너는 배 안에서   159
23* 대서양 구천 리를 항해하여 리버풀 항구에 닿다   162
24 영국 수도 런던에 들어서다   165
25* 런던에서 플리싱언 항구까지   171
26 독일 수도 베를린을 지나며   173
27 폴란드의 옛 도읍   177

4부 대관식이 열리는 모스크바에서

28* 러시아 국경에 이르다   185

29 모스크바에 도착하여 러시아 황제의 동가를 보다   189

30 러시아 궁궐에 들어가 친서와 예물을 올리다   199

31* 5월 26일 러시아 황제의 대관예식에 참여하다   206

32 온 도시에 사흘 밤 동안 등불을 밝히다   217

33 황궁에서 밤에 공연을 관람하다   224

34 만백성을 위한 잔치   230

35 모스크바 공관에서 꿈을 기록하다   236

36 모스크바 공관에서 읊다   242

37 서양 미인 노래   246

38 모스크바 공관에서 달밤에 한양의 벗을 생각하다   260

39 관병식에서 돌아와 장구(長句)를 짓다   263

5부 상트페테르부르크의 문물을 마주하며

40* 상트페테르부르크 죽지사 33수   277

　　(1) 황촌의 여름 행궁   284

　　(2) 예배당   288

　　(3) 네바강   291

　　(4) 대로에 조성한 공원   294

　　(5) 옐라긴섬   296

　　(6) 큰 식물원   298

　　(7) 동물원   300

　　(8) 서커스장   302

(9) 영화관　305

(10) 철로를 달리는 마차　307

(11) 자전거　309

(12) 러시아 역대 황제의 무덤이 모두 한 집에 있다　311

(13) 표트르 대제가 도읍을 세울 때 살던 집　314

(14) 분수　318

(15) 수돗물　322

(16) 맥주 공장　324

(17) 농업박물관　327

(18) 성 밖의 우유 얻는 목장　330

(19) 전화기　334

(20) 전등　336

(21) 감옥　338

(22) 면포 공장　341

(23) 종이 공장　345

(24) 지폐 공장　348

(25) 황제가 타는 기선　350

(26) 정수장　352

(27) 해구의 포대　356

(28) 조선소　359

(29) 도서관　363

(30) 각급 학교　368

(31) 겨울 궁전의 박물관　370

(32) 유리 공장　373

(33) 천문대　375

6부 상트페테르부르크에 머물며

41* 러시아 도읍에 '불망'이라는 꽃이 있다   383

42   단옷날   387

43   낙조를 보다   391

44   상트페테르부르크 공관에서 느낀 바 있어   394

45   네바강에서 저물녘 경치를 보다   400

46   집에서 음력 4월 11일에 보낸 편지를 음력 6월 5일에
     우편으로 받아서 보았다   404

47* 계정 공사의 율시에 차운시를 올리다   406

48   계정 공사의 '소상자찬'에 삼가 화답하다   413

49* 골비노 마을의 천문대를 관람하고 산에 올라 짓다   416

50   양력 7월 7일   420

51* 유람신사 민경식과 주석면을 맞이하며   423

52* 옐라긴섬에서 바람을 쐬며 소석, 월산과 함께 읊다   427

53* 동물원에서 처음 본 동물들을 시로 읊다   429

　　(1) 사자   429

　　(2) 악어   429

　　(3) 재주 부리는 코끼리   430

　　(4) 검은 꿩과 흰 꿩   430

54   객사에서 우연히 쓰다   437

55* 귀국을 앞두고 시를 지어 소석과 월산에게 주다   445

56   러시아 해군 장관에게 주다   448

57* 파리로 떠나는 염오를 전송하며   450

58   염오의 증별시에 차운하다   460

7부 시베리아를 건너 연해주에 이르다

59 상트페테르부르크를 떠나며   467

60 다시 모스크바를 지나며   469

61 박물회를 관람하기 위하여 하신주에 머물다   472

62 박물회를 관람하다   476

63 열기구를 타다   483

64 볼가강에서 화륜선을 타고 동남쪽을 향하여 밤에 떠나다   487

65 기차를 타고 시베리아 길로 들어서다   491

66* 다른 나라에 있어서 백모님 소상에 참석하지 못하다   493

67 감회를 써서 우정 협판께 올리다   495

68 양력 9월 9일 시베리아 산길 가운데서 짓다   498

69 시베리아 철로가 중간에 끊겨 마차를 타고 가다   500

70* 유목하는 몽골 사람들을 보고   505

71 이르쿠츠크 총독부에 이르러   509

72 바이칼호를 건너서   511

73* 흑룡강에서 화륜선을 타고 블라디보스토크로 향하다   513

74 하바롭스크 총독부에 이르러   519

75* 백두산정계비 건립에 참여한 광천공을 그리며 흑룡강에서 읊다   521

76 블라디보스토크에 이르러   528

77* 원산 우체사장에 임명된 당질 세형의 소식을 듣고   532

78 우리나라 유민의 도소(都所)에 시를 써서 주다   534

8부 조선에 돌아오다

79 새벽에 부산에 정박하여   543
80 인천항에 정박하며   547
81* 복명(復命)하고 돌아와 부모님을 뵙다   549
82* 친척과 벗들을 재회하여 회포를 펴다   551

발문

첫 번째 발문: 한경리   555
두 번째 발문: 서형돈   562
세 번째 발문: 고영철   566
네 번째 발문: 서상교   570
다섯 번째 발문(시): 박이양   576
여섯 번째 발문: 이중하   579
일곱 번째 발문: 송영대   583

미주   589
참고 문헌   609

일러두기

1. 원문의 주석은 [ ] 속에 표기한다. 일부 원문의 구절에 붙인 주석은 각주로 편집하고 말머리 ("원주")를 달아 역주와 구분하였다.
2. 『환구일록』, 『윤치호 일기』 등 인용하여 번역한 글의 원문은 미주에 실었다.
3. 책, 글, 문학 작품의 경우에는 각기 『 』, 「 」, 〈 〉에 넣어 구별한다.
4. 인명, 지명 등의 표기는 원칙적으로 국립국어원의 외래어 표기법과 용례를 따랐다.
5. 시제가 긴 일부 작품은 차례에 제목을 줄여 적고 작품 번호에 어깨 문자(*)를 넣었다.

| 옮긴이 해제 |

1896년, 러시아 사행길에서 바라본 새로운 세계

건양(建陽) 원년, 아관파천의 시기에 떠난 사행(使行)

1896년은 건양 원년이다. 이해에 조선은 음력에서 양력으로, 더 정확히는 시헌력에서 그레고리력으로 역법을 바꾸었으니, 1895년 11월 17일은 공식적으로 1896년 1월 1일이 되었다. 이해 2월 11일에는 조선의 국왕이 러시아 공사관으로 피신하는 '아관파천(俄館播遷)'이 일어났고, 국왕은 1897년 2월 20일에 환궁할 때까지 러시아 공사관에 머물며 보호를 받는 비정상적인 상황이 이어졌다. 1896년은 이처럼 불안정한 전환의 시기였다.

1896년 5월 26일에는 러시아 새 황제의 대관식이 예정되어 있었다. 17세기만 해도 몽골의 부족 정도로 알려져 있던 러시아는, 1860년 베이징 조약으로 연해주를 얻어 조선과 국경을 맞댄 이웃 나라가 되었다. 그리고 아관파천 이후에는 두 나라의 관계가 한층 가까워졌다. 그렇지만 대관식이 열릴 러시아의 옛 수도 모스크바는 조선에서 매우 멀리 떨어진 곳이었고, 조선인들에게 그곳의 풍속은 여전히 낯설 수밖에 없었다.

조선에서는 러시아 황제의 대관식에 참석할 사절단을 3월에 구성하였다. 11일에 민영환을 특명전권공사로 임명하고, 19일에 수원(隨員) 윤치호, 2등 참서관 김득련, 3등 참서관 김도일을 임명했다. 윤치호, 김득련, 김도일은 각기 영어, 중국어, 러시아어 통역을 담당하니, 사절단은 특명전권공사 한 사람과 역관 세 사람으로 구성된 셈이었다. 정사, 부사, 서장관의 삼사(三使)를 보내던 이전의 연행사와는 상당한 차이가 있지만, 그렇다고 사행의 형식이나 절차까지 완전히 바뀌지는 않았던 듯하다. 사폐(辭陛)를 비롯한 공식적인 의례가 유지되기도 했지만, 사행의 기록을 세세히 작성하던 관행도 이어졌다. 사행 또한 전환의 과정에 있었다고 볼 수 있다.

러시아로 떠나는 사절단은 기록에 있어서 복잡한 상황을 맞이했다. 러시아에서는 '러시아력', 즉 그레고리력이 아닌 율리우스력을 사용하고 있었기 때문이다. 조선에서는 일상생활에서 여전히 음력을 사용했지만 공식적인 기록에서는 양력을 사용해야 했기 때문에, 조선의 사절단은 하나의 날짜를 이 세 가지 역법으로 표기해야 하는 형편이었다. 이런 사정은 1896년 조선의 사절단이 감당해야 했던 전환기의 분위기를 상징적으로 보여준다.

사절단이 남긴 공적 기록, 『해천추범』과 『환구일록』

조선의 사절단은 7개월 동안 청나라, 일본, 미국, 영국, 네덜란드, 독일, 러시아, 몽골의 8개국을 거치며 6만 8,365리를 다녀왔다고 기록했다. 4월 1일에 조선을 떠났다가 10월 21일에 귀국했으니 그 기간은 7개월에는 조금 미치지 못한다. 당시에는 독립국이 아니었던 캐나다, 아일랜드, 폴란드까지 합하면 지나온 나라의 수는 11개국으로 늘어난다. 분명 이전에는 없었던 길고 먼 사행이었다.

이전의 연행사나 통신사가 그랬던 것처럼, 1896년의 사절단도 공식적인 기록과 함께 개인적인 기록을 남겼다. 다만 그 내용은 완전히 새로운 것이었다. 이전에는 사절이 가지 않았던 길이었으니, 당연한 것인지도 모른다. 근대적인 조약 체결 이후 낯설고 먼 곳으로 떠난 사절이 없었던 것은 아니지만, 이처럼 다양하면서도 상세한 기록을 남긴 예는 흔하지 않다. 1883년 미국에 파견된 보빙사의 경우 전권대신, 부대신, 종사관이 포함되어 규모는 더 컸고 당시로서는 완전히 새로운 사행길을 다녀왔지만, 보빙사 일행이 남긴 기록은 그리 상세하지 않았다. 니콜라이 2세의 대관식에 파견된 사절단을 주목하게 된다면 아마도 그 이유는 사행의 거리와 기간보다는 '기록'일 것이다.

사절단은 어떤 기록을 남겼는가? 공적인 성격이 강한 기록은 사절단의 여정과 견문을 날짜별로 정리한 일기, 즉 '사행록'이다. 여기에 해당하는 것으로는, 특명전권공사 민영환이 남긴 『해천추범(海天秋帆)』과 2등참서관 김득련이 쓴 『환구일록(環璆日錄)』을 들 수 있다. '해천추범'이란 태평양, 대서양과 같은 큰 바다를 건너서 여행하다가 가을에 돌아온 일을 기록한다는 뜻이며, '환구일록'이란 지구를 한 바퀴 돌아온 일을 날마다 기록한다는 뜻이다. 이전의 '사행록'에서는 보기 어려웠던 제목이지만, 대양을 건너 지구를 한 바퀴 돌아야 했던 사행의 특징은 잘 드러난다.

두 사행록의 관계에 대해서는 『환구일록』을 바탕으로 『해천추범』을 완성했다고 말할 수 있는데, 그 구체적인 양상에 대해서는 검토가 필요하다. 김득련의 개인사는 대부분 삭제하거나 민영환의 개인사로 대체했다. 한편 민영환이 새로 추가한 대목은 찾기 어렵다. 하지만 김득련의 개인사와는 무관한데도 삭제한 대목도 눈에 띄는데, 어쩌면 여기에 민영환의 의도가 담겨 있는지도 모른다.

예를 들면, 다음의 대목은 『해천추범』에는 보이지 않는다.

가만히 논한다. 러시아는 상업의 성대함과 해군의 융성함이 영국만 같지 못하고, 땅에서 나는 산물의 풍부함과 공예품의 아름다움이 프랑스만 같지 못하고, 육군의 훈련 정도와 학문의 정밀함이 독일만 같지 못하다. 그러한즉 여러 나라가 마땅히 러시아를 약하다고 여겨야 할 것이로되, 도리어 러시아를 두려워한다. 왜 그러한가? 대개 러시아의 땅은 북쪽 끝에 있어 세 대륙을 가로지르니, 높은 데서 아래로 내려다보며 멀리까지 내달릴 만한 형세가 있다. 또한 빈 땅이 이미 많아 풍족하게 인민을 길러낼 수 있으니, 이는 지리(地利)를 얻은 것이다. 가을, 겨울이면 얼음이 얼었다가 여름이 되어서야 비로소 녹으니, 비록 다른 나라에 강한 군대가 있더라도 혹독한 추위를 견디기 어렵다[나폴레옹이 함부로 침공했을 때 모스크바성에 들어갔다가 병사들이 추위를 이길 수 없어서 대패하여 돌아갔다. 이것이 거울삼을 만한 교훈이다]. 이는 천시(天時)를 얻은 것이다. 러시아는 전제국이니 의회가 견제하는 나라들에 비길 바가 아니나, 중신과 백관의 풍기에 절제되고 순박한 듯이 있다. 이는 인화(人和)를 얻은 것이다.

    또한 그 정치는 모두 영국, 프랑스, 독일을 본받되 끊임없이 꾸준히 노력하여 무럭무럭 날로 상승하고 있다. 러시아는 인도를 넘겨다본 지 이미 오래이며 다음으로 아시아를 엿보는데, 기미를 살피고 변화를 관찰하되 은밀하게 행하여 드러내지 않는다. 대개 두껍게 쌓을수록 기초는 단단해지며, 오래 쌓을수록 형세는 웅장해지는 법이다. 반드시 한 번 터뜨릴 날이 있을지니, 다른 나라들은 그때 장차 어찌해야 하겠는가. 또한 그 자치와 자강의 도리를 다해야 할 것이다. 이제 우리나라를 위해 계획을 세운다면, 마땅히 조속히 문명으로 나아가되 상하가 한마음으로 분투하고 노력하여 잘 다스려지기를 구하여야 할 것이다. 그리하면 몇 년 지나지 않아 마땅히 부강을 이룰지니, 무슨 꺼릴 바가 있겠는가.[1]

—『환구일록』 8월 9일

러시아가 지금 영국, 프랑스, 독일보다 뒤떨어진 부분이 있지만 도리어 그 나라들이 두려워하니, 이는 『맹자』에서 거론한 '천시, 지리, 인화'를 모두 얻었기 때문이라고 전반부에서 논했다. 이처럼 누구도 얕볼 수 없는 강점을 갖춘 데다가 나날이 발전하고 있는 러시아는 인도를 넘어 아시아를 넘보고 있는데, 언젠가 그 힘을 발휘하는 날이 오면 어떻게 할 것인가? 자치와 자강으로 힘을 길러 부강한 나라를 만드는 수밖에 없다. 러시아에 대한 경계심을 품은 발언이라 할 수 있을 것이다.

 이러한 논리는 『조선책략』에서 제시하는 러시아 대비책에서 크게 벗어나지 않는 것처럼 보이기도 한다. 물론 청, 일본, 미국과의 관계는 말하지 않고 국내를 향한 '자강'의 문제만 논했지만, 그런 현실 인식의 바탕에 러시아에 대한 경계심이 있다는 점은 공통적이기 때문이다. 러시아의 원조를 기대하는 상황에서 이런 견해는 공개적으로 내놓기 어려운 것이었을 듯하다.

 김득련은 왜 이처럼 생각하게 되었을까? 러시아를 경계하던 당시의 동아시아에 이런 인식이 널리 퍼져 있었으리라고 추측할 수도 있지만, 어쩌면 김득련은 그 근거가 되는 정보를 수십 년 전의 문헌에서 얻었기 때문일지도 모른다. "삼주(三洲)", 즉 세 대륙을 거론한 점이 그 단서이다. 세 대륙은 유럽, 아시아, 북아메리카를 가리킨 말로 짐작되는데, 1867년에 러시아가 미국에 알래스카를 판매했으니 1896년에는 러시아가 '세 대륙'을 가로지른다고 말하는 것이 부자연스럽다. 게다가 김득련이 영국과 독일은 잠시 경유하지만 프랑스 땅에는 들어가지 않았으니, 러시아를 영국, 프랑스, 독일과 비교한 대목은 실제로 목격한 것이 아니라 누군가에게 듣거나 어딘가에서 읽은 것에서 얻은 인식이라고 보아야 할 것 같다.

 정보의 정확성이나 대책의 적절성은 여기서 따질 문제가 아니지만, 적어도 김득련이 러시아에 대해 어느 정도는 비판적이거나 부정적인 인식도 지니고 있었다는 점은 밝혀둘 필요가 있다. 8월 8일에 러시아의 남녀 관계를 부정적으로 바라본 대목이나 8월 10일에 예수교를 비판한 대목이 『해천추범』에는 보이지 않는다는 점도 함께 지적할 만하다. 민영환이 어떻게 생각했는지는 따로 검토해 볼 만한 문제이지만, 적어도 '특명전권공사' 민영환이 공식적인 사행록에 기록하기에는 이런 대목이 부적절하다고 여겨졌을 법하다. 요컨대 『해천추범』이 상대적으로 공적인 성격이 더 강한 '정리된' 문헌이며, 역설적으로 『환구일록』은 개인적이거나 때로는 좀 더 솔직한 진술까지 포함한 문헌이라고 지적할 수 있을 것이다. 비록 『해천추범』에 오기(誤記)가 조금 더 많다고 해도 말이다.

사절단이 남긴 사적 기록들

1896년 조선의 사절단을 '기록'이라는 측면에서 보면 공적인 기록을 보완하는 다양한 사적 기록을 남겼다는 점을 주목할 만하다. 물론 기록에서 '공'과 '사'를 엄격히 나눌 수는 없는 노릇이지만, 사적인 성격을 부분적으로라도 지닌 기록들은 당시의 사행을 더 입체적으로 파악하는 데 중요한 단서가 될 수도 있다.

우선 민영환과 김득련은 러시아에 다녀오면서 적지 않은 분량의 시를 읊었다. 물론 '시'라고 해서 모두 개인적인 감정이나 생각을 드러내는 것은 아니지만, 아무래도 공적인 기록인 '사행록'에서와는 다른 소재나 표현을 사용할 수 있는 여지가 있다. 먼 나라로 떠난 긴 여행에서 고향과 가족을 그리워하는 마음이 솟아날 법도 하니, 그런 심정을 드러내는 데는 아무래도 시가 어울릴 터이다.

민영환은 '해천춘범소집(海天春帆小集)'이라는 이름으로 사행 도중에 읊은 시 11편을 모았고, 김득련은 시집 『환구음초』를 간행하여 여러 유형의 시 82편을 실었다. 한 편에 여러 수를 실은 사례도 적지 않으니, 현전하는 작품의 수는 이보다 더 많은 셈이다. 민영환의 '해천춘범소집'은 4월 1일, 즉 봄에 사행을 떠나서 읊은 시를 조금 모았다는 뜻에서 붙인 제목인 듯한데, 1971년에 간행된 『민충정공 유고(閔忠正公遺稿)』에 실려 전한다.

다음은 '해천춘범소집'에 수록된 시 가운데 하나이다.

객사에 고요히 앉았는데, 동행한 사람만 있다. 달리 모임도 없고 때마침 방문객도 없으니, 고향 생각에 잠겼다가 돌아가고자 하는 마음이 더욱 간절해진다. 공사를 맡은 몸이라 마음대로 할 수는 없으니, 한 수의 시를 읊어 온갖 시름을 떨쳐본다. 오랫동안 어머니를 떠나 있으니, 불초함이 더욱 크다.
靜坐寓館, 只有同行人, 更無論會, 適無他人來訪, 思鄕之餘歸心尤切, 公事在身, 不得自由, 唫一首却萬愁, 久離萱闈, 不肖尤大.

기선에서 기차에서 온갖 고생 겪고서,
하늘 끝 사절 되어 교린(交隣)을 하네.
집에서부터 거리는 사만 오천 리요,

마주 앉은 이는 동서남북의 사람이라.
짧은 편지에 오래 그리워하다 철이 지나고,
낯선 땅엔 새로운 회포를 부칠 데도 없다네.
구름 쌓인 태항산 건너편 고향 산은 멀고,
끝내 문안 못 올리니 어버이 생각 간절해지네.
汽船輪車閱苦辛, 天涯持節厚交隣.
離家四萬五千里, 解榻東西南北人.
尺素經時相望久, 殊方無處寓懷新.
雲重太行鄕山遠, 問寢終違陪思親.

민영환은 "천애", 즉 하늘 끝이라는 말이 실감 나는 땅 러시아에서도 바쁘게 지내야 했던 듯하다. '해천춘범소집'에 수록한 첫 작품의 제목에 태평양과 대서양을 건너 영국 땅을 지나면서 처음 시를 읊었다고 밝힌 데서 그렇게 짐작할 수 있는데, 공무가 급한 만큼 시를 읊을 만한 마음의 여유도 한동안은 없었을 것이다. 이런 심정은 『해천추범』에서는 찾아보기 어려운 것이기도 하다.

한편 '해천춘범소집'에 수록된 시 가운데에는 김득련과 같은 운자를 사용한 사례가 여럿 보이는데, 이를 통해 함께 시를 읊으며 향수를 달랬던 당시의 상황을 엿볼 수 있다. 김득련 이외에는 함께 시를 읊을 만한 사람이 없었던, 고국에서와는 달라진 상황 또한 여기서 짐작할 수 있다. 다만 이에 해당하는 시는 『환구음초』에 수록된 작품들과 함께 살펴볼 것이므로, 여기서는 더 이상 소개하지 않는다.

윤치호는 더욱 다양하면서도 솔직한 기록을 남겼다. 윤치호는 1883년부터 일기를 썼고, 특히 1889년 12월 7일 이후로는 영어로 작성했다. 1896년에도 영어 일기를 남겼다. 비록 매일 빠짐없이 쓰지는 않았지만, 사절단의 여정과 동향, 그리고 그에 대한 자기의 생각을 잘 드러내고 있다. 이 일기는 때로 『해천추범』이나 『환구일록』에 기록된 사건의 내용이나 배경을 정확히 이해하는 데 도움이 되기도 하며, 때로는 약간은 다른 관점에서 사행의 이모저모를 살펴보는 계기를 제공하기도 한다.

윤치호는 30여 년이 지난 뒤인 1927년 4월에는 《별건곤》 제6호에 간략한 회고담을 싣기도 했다. 그 제목을 쉽게 풀이하자면 '지금으로부터 31년 전 러시아에 대사로 갔던 이야기. 솔잎상투에 갓을 쓴 대사 일행이지만, 국빈으로 융성하게 대우받았다' 정도가 될 것인데, 여기서 솔잎상투란 '짧은 머리털을 끌어 올려서 솔잎을 묶듯이 뭉뚱그려 짠 상투'를 뜻하니 일행 가운데 머리를 깎은 채 갓을 썼던 윤치호와 김도일의 모습을 표현한 말이다. 이 회고담에는 '사행록'이나 윤치호 자신의 일기와는 다소 어긋나는 내용도 포함되어 있는데, 30년이 지난 뒤에 조선의 사절단이 어떻게 기억되는지를 생각하면서 한 번 살펴볼 만하다.

허구적인 설정으로 쓴 글을 발표하기도 했다. 미국 감리교 선교사가 창간한 영문 잡지인 《코리안레포지터리(The Korean Repository)》에 1897년에 발표한 「어느 한국인의 해외 여행(The Korean Abroad)」은 윤치호가 러시아 사절단 가운데 한 사람인 Mr. Kim의 편지를 구해서 그의 허락을 받고 영어로 번역해서 실었다고 밝힌 글인데, 실제로는 윤치호가 허구적으로 만들어낸 영문 편지로 판단된다. 'Mr. Kim'은 김득련으로 추정할 수밖에 없으니, 이 편지란 결국 윤치호가 김득련의 체험과 생각을 자신의 상상 속에서 재구성한 것이라고 볼 수 있다. 이 글은 한동안 '김득련의 인터뷰'로 잘못 알려진 채 널리 소개되기도 했는데, 박주영이 「한말 지식인의 근대 경험과 양가적 정체성」(2020)에서 바로잡은 바 있다. 비록 김득련의 견문이나 생각과는 거리가 있는 글이기는 하지만, 여기서 세계의 낯선 문화를 접했을 때 윤치호를 비롯한 조선 사람들이 가졌을 법한 체험이나 생각을 엿볼 수도 있다. 때로는 허구 속에 참된 진실이 있는 법이다.

『환구음초』, 한시로 세계를 그리는 법

『환구음초』는 1897년 8월 7일에 교토에서 간행되었다. 지구를 한 바퀴 돌면서 읊은 시를 모았다는 뜻을 지닌 이 시집이 김득련이 남긴 사적 기록이라고 앞서 말한 바 있지만, 온전히 사적인 것이라고 단정하기는 어렵다. 지구 반대편에서 펼쳐질 러시아 황제 니콜라이 2세의 대관식은 많은 사람들의 관심을 받았으니, 대관식에 다녀오면서 읊은 시 또한 관심의 대상이 되었을 것이다. 물론 그 관심이란 낯선 문화를 접하는 길고 먼 여행에 초점을 맞춘 것일 터이니, 이듬해 출간된 시집에는 여행의 견문을 객관적으로 그려낸 작품들이 주로 실릴 수밖에 없었다. 개인적인 감회를 담는다고 해도 간접적인 방식을 활용할 따름이었다.

작품들 사이사이에는 개인적인 심회나 의견이 녹아 있겠지만, 그런 숨은 의미를 읽어내는 것은 독자의 몫이다.

러시아를 다녀오는 세계 일주 여행의 여정은 균질적이지 않았다. 오래 머무른 곳이 있는가 하면, 기차 안이나 배 위에서 살펴볼 수밖에 없었던 곳도 있었다. 낯선 곳이기는 마찬가지여도 견문의 폭과 깊이는 다를 수밖에 없을 것이다. 달리는 말 위에서 산천을 구경한다는 '주마간산'은 본래 짧은 시간에 온갖 좋은 것을 볼 수 있다는 뜻에서 유래했으되 사물이나 산천을 대충 훑어본다는 부정적인 의미를 갖게 되었다고 하는데, 기차나 배에서 본 풍경이란 이 두 가지 의미에 모두 어울리는 것일지도 모른다.

4월 1일에 조선을 떠나 대관식이 열릴 5월 26일 또는 니콜라이 2세가 크렘린궁에 들어갈 5월 21일 이전에 모스크바에 도착해야 했으니, 사절단의 일정은 급박했다. 귀국 일정도 그리 여유롭지는 않았는데, 게다가 철도가 완성되지 않은 시베리아를 지나는 데는 예상보다 많은 시간이 필요했다. 런던이나 베를린을 제대로 돌아보지 못하고 떠날 때는 김득련과 윤치호가 함께 안타까운 마음을 드러내기도 했다. 하지만 김득련은 그런 때에도 책에서 읽었거나 누군가에게서 들었을 지식에 기차 위에서 목격한 산천의 풍경을 더해 시를 읊었다.

사절단이 비교적 오래 머물렀던 곳으로는, 우선 급히 새로운 배편을 구하느라 대기해야 했던 상하이와 대서양을 건널 배를 기다려야 했던 뉴욕을 떠올릴 수 있다. 그곳에서는 러시아의 외교관이나 조선의 관료를 만나고 그들의 도움을 받아 여러 시설을 둘러볼 수 있었으니, 기차나 배 안에서 바깥 풍경을 보아야 했던 때와는 사정이 달랐던 셈이다. 비록 그곳에서 많은 시를 읊지는 않았지만, 그 가운데서 이런 견문의 흔적을 엿볼 수도 있을 법하다.

대관식이 열린 옛 수도 모스크바에서는 19일을 머물렀고, 러시아와의 협의를 진행한 새 수도 상트페테르부르크에서는 73일을 머물렀다. 또 귀국길에는 러시아 측의 요청으로 박람회가 열리는 니즈니노브고로드에 들러 6일을 머물렀다. 수많은 행사에 참석하고 많은 곳을 방문해야 했지만, 이 기간에는 비교적 여유가 있었다. 적어도 중국어 역관 출신의 김득련은 그러했을 것이다. 시의 소재와 체험의 깊이 등이 달라졌으니, 이때의 시는 아무래도 주마간산과는 거리가 있다.

외형적으로는 우선 장편의 시가 많아진 것이 특징 중 하나이다. 이는 대관식 기간에 열린 각종 의례나 박람회의 광경과 같이 하나의 작품 안에 담아야 할 지식이나 견문이 많은 소재를 다루게 되었기 때문일 것이다. 그렇지만 객사에서 고향과 가족, 벗을 그리워하는 심회를 담은 작품 가운데도 상당히 긴 작품이 있는 것으로 보아 어느 정도는 시간이나 마음의 여유가 있었기 때문인 것도 같다.

상트페테르부르크에서는 '죽지사(竹枝詞)'의 전통에 따라 일정한 형식으로 그곳의 다양한 시설을 읊은 작품들을 써서 모으기도 했다. '죽지사'란 지방의 풍속을 읊는 시가를 일컫는 말인데, 외국의 풍속과 문물을 읊은 죽지사를 특별히 '외국죽지사' 또는 '외방죽지사'라고 칭하기도 한다. 김득련은 이 작품들 앞에 긴 제목을 붙였지만, 이 작품들을 '상트페테르부르크 죽지사'로 칭하더라도 어색하지는 않다. 이 '죽지사'

를 34수 또는 36수로 파악한 선행 연구도 있지만, 작품 성격을 고려하면 33수로 보는 편이 타당한 듯하다. 이에 이 책에서는 필요에 따라 이를 '상트페테르부르크 죽지사 33수'로 약칭하기로 한다.

상트페테르부르크에 머무는 동안 김득련의 일기인 『환구일록』에도 약간의 변화가 보인다. 그날 있었던 일과는 거의 무관해 보이는 '지식'이나 '정보'를 따로 기록하는 빈도가 늘어난 것이 그 특징이다. 이 또한 일종의 여유가 생겼기 때문인지도 모른다. 러시아의 역사나 지리, 각종 통계와 풍속 등을 여기서 찾아볼 수 있는데, 간혹 해당 사항에 대한 자신의 의견을 첨부하기도 했다. 명확하게 구분하기는 어렵지만, 이런 지식과 정보를 기록한 사례는 6월에 6회, 7월에 4회, 8월에 9회 정도 찾아볼 수 있다.

『환구음초』에서 세계 일주 여행을 읽기 위하여

『환구음초』의 원본은 오늘날의 시각으로는 다소 불친절해 보일 수 있다. 서문은 있지만, 목차 없이 바로 시를 수록했다. 때로는 제목과 내용이 어긋나 보이는 시를 수록하기도 하고, 때로는 짧은 산문이나 일기의 한 대목처럼 긴 문장으로 제목을 붙이기도 했다. 앞서 언급한 '상트페테르부르크 죽지사 33수'의 경우에는 어디까지가 여기에 해당하는지 불분명하게 작품을 수록해 두었다. 따라서 독자가 원본을 접하고 바로 책 전체를 파악하기는 어려울 것이다.

작품의 배열 순서는 어떠한가? 세계 일주 여행을 읊은 기행시를 수록한 시집이니만큼 여정을 따라가며 배열했을 것이리라고 우선 생각할 수 있다. 그렇지만 『환구일록』이나 『윤치호 일기』의 여정과 비교해 보면, 처음부터 끝까지 시간 순서에 따라 수록하지는 않았음을 확인할 수 있다. 조금 자세히 들여다보면, 73일 동안 체류한 상트페테르부르크에서 읊은 작품들이 시간 순서와 달리 배열되었음을 확인할 수 있다. 19일 동안 체류한 모스크바에서의 작품 가운데에도 시간 순서에 따른 배열인지 확신하기 어려운 사례가 발견된다. 여러 날의 견문을 모아서 읊은 듯한 작품이 보이는 것도 주로 이 시기이다.

그러므로 시를 배열한 순서도 일정하지 않다고 볼 수 있다. 전체를 '러시아로 향하는 여정 — 러시아에서의 견문 — 귀국의 여정'의 세 부분으로 나누었을 때, 이 가운데 첫 번째와 세 번째 여정은 대체로 시간 순서에 따라 시가 배열되었지만 두 번째 여정은 어느 정도 자유롭게 배열되었다.

이 책에서는 원본에는 없는 차례를 마련하여 여정에 따라 여덟 개의 부로 나누고 각 부에 제목을 붙였다. 시의 제목이 긴 경우, 시의 내용을 드러낼 수 있는 간명한 제목으로 고쳐두었다. 모스크바와 상트페테르부르크 체류 시기의 시는 4~6부에 수록했으니, 독자는 그 공통점을 고려하면서 작품을 살펴볼 수 있을 것이다. 다만 이러한 차례와 부의 제목, 간명하게 고친 시의 제목은 원본에는 없는 것임을 다시 밝혀둔다.

『환구음초』에 수록된 기행시들은 대체로 절구나 율시와 같은 짧은 형식을 취하고 있다. 이 때문에 때로는 시 자체만으로는 어떤 대상을 읊었으며 무엇을 표현하고자 한 것인지 이해하기 어려울 수 있다. 앞선 시기의 연행시(燕行詩) 가운데 상당한 분량의 주석을 붙인 사례가 있는 것을 보면, 이런 문제는 낯선 곳을 여행한 결과로 내놓은 기행시에서 드물지 않은 문제일지도 모른다. 게다가 한시 특유의 어법이나 형식, 여러 가지 전고 등을 알지 못하면, 독자가 파악하거나 이해할 수 있는 내용은 제한적이다. 그러니 『환구음초』의 경우에는 한시를 현대 한국어로 옮기는 것만으로는 충분한 번역이 될 수 없는 셈이다.

『환구음초』의 경우 시의 내용을 이해하는 데 『환구일록』과 『해천추범』, 『윤치호 일기』와 같은 문헌이 큰 도움이 된다. 이 문헌들을 함께 읽으며 민영환, 김득련, 윤치호가 각자 무엇을 보고, 어떻게 느꼈는지를 비교해 봄으로써 시의 내용을 더 정확하게 이해할 수 있고, 그들 사이의 차이점도 발견할 수 있다.

세 사람의 기록을 비교해 가면서 읽으면, 때로는 불분명한 구절의 뜻이 분명해지는 결과를 얻을 수도 있다. 1896년 5월 18일에 폴란드의 옛 수도 바르샤바에 이르렀을 때 윤치호가 일기에 쓴 "Illumination in the night"의 구절은 흔히 백야 현상을 보았다는 뜻으로 풀이되었는데, 김득련의 이날 일기에 연등(燃燈)을 구경했다는 내용이 있는 것으로 보아 '연등'을 구경한 일을 쓴 것으로 풀이할 수 있다. 'illumination'에 '백야'라는 뜻이 없기도 하지만, 백야 현상이 일어났을 때 연등에 불을 밝힐 이유도 없기 때문이다.

『환구음초』에 수록된 시 가운데 상당수는 견문을 위주로 한 객관적 표현에 주력한 것처럼 보이기도 한다. 독자의 요구나 죽지사의 특징을 고려할 때 어쩌면 이는 당연하다. 그렇지만 그러한 표현 속에 시인의 감정이나 사유, 의견 등을 담아내는 것이 바로 한시의 묘미라고 할 수 있으니, '객관적인 표현에만' 힘을 쏟았다고 하면 곤란하다. 만약 누군가 『환구음초』와 『환구일록』에서 서구 문명에 대한 맹목적인 신비화나 이상화를 발견한다면 그 또한 하나의 감상으로 받아들일 수는 있겠지만, 어쩌면 일기의 행간이나 시의 표현법을 제대로 읽지 못한 결과일지도 모른다. 세계 일주 여행에서 무엇을 보고 어떻게 느꼈는지 제대로 읽어내기 위해서는, 먼저 시문 자체를 당시의 맥락에서 충실히 살펴보아야 할 것이다.

이 책에서 시보다 훨씬 긴 해설을 붙인 것은, 부족하나마 이러한 맥락을 재구하면서 읽는 데 도움이 될 수 있기를 기대한 것임을 밝혀둔다. 또한 이 책이 앞서 출간된 번역본들로부터 적지 않은 도움을 받았음도 함께 밝혀둔다. 몇 가지 오류는 바로잡았다고 생각하지만, 올바른 번역을 불분명하거나 잘못된 번역으로 바꾼 사례도 있을지 모른다. 부족하나마 이 책이 김득련의 시선으로 1896년의 세계 일주 여행을 읽어 나가는 데 도움이 되기를 기대한다.

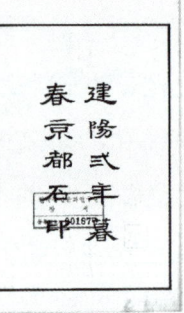
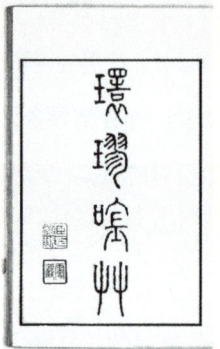

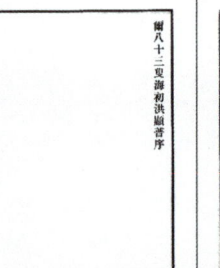

1. 「환구음초」 간행본(1897년)

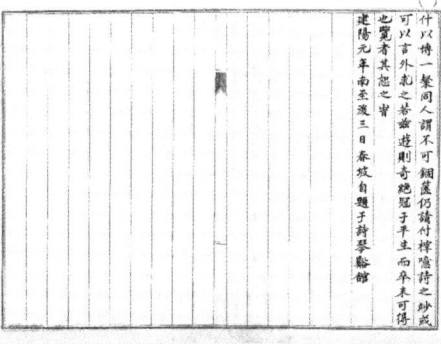

2. 「환구음초」규장각한국학연구원 소장본(1900년 이후)

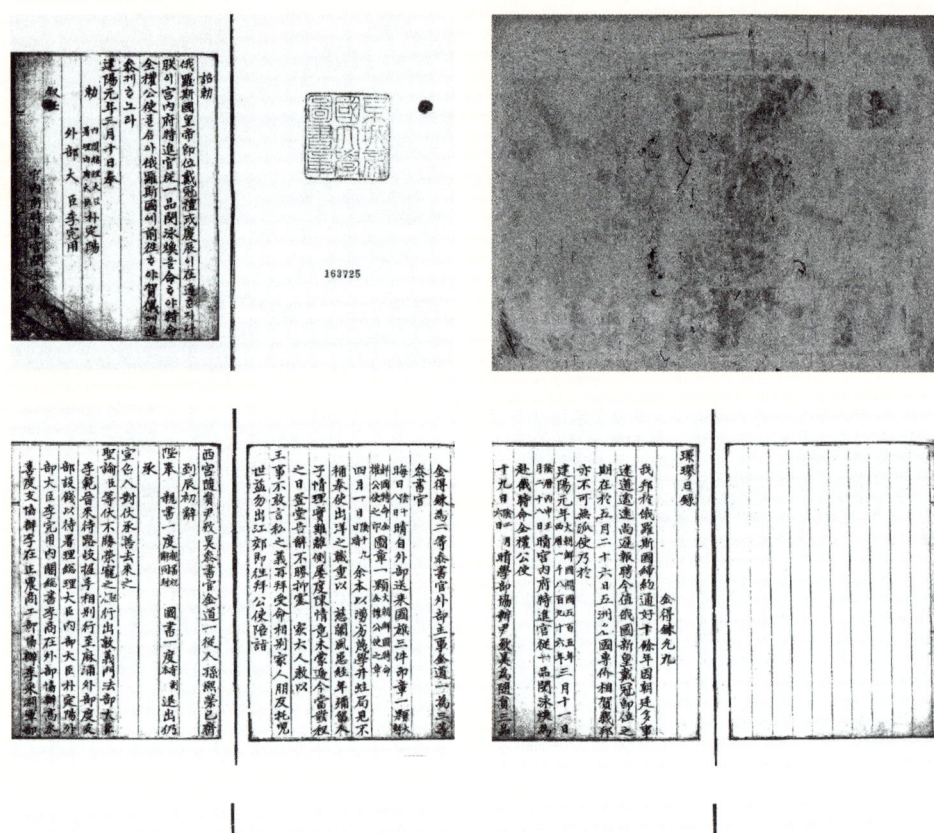

3. 『환구일록』규장각한국학연구원 소장본(1896년 이후)

4. 《별건곤》 제6호(1927년 4월)에 실린 윤치호의 회고담

글의 제목은 「只今으로 三十一年前 露西亞에 大使갓든이약이, 솔닙상투에 갓쓴 大使一行 그러나 國賓의 待遇는 隆盛」인데, 뜻을 쉽게 풀이하면 '지금으로부터 31년 전 러시아에 대사로 갔던 이야기. 솔잎상투에 갓을 쓴 대사 일행이지만, 국빈으로 융성하게 대우받았다'이다. 여기서 "솔잎상투"는 짧은 머리털을 끌어 올려 상투를 튼 윤치호와 김도일의 모습을 표현한 것이다.

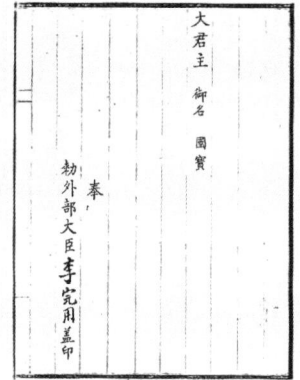 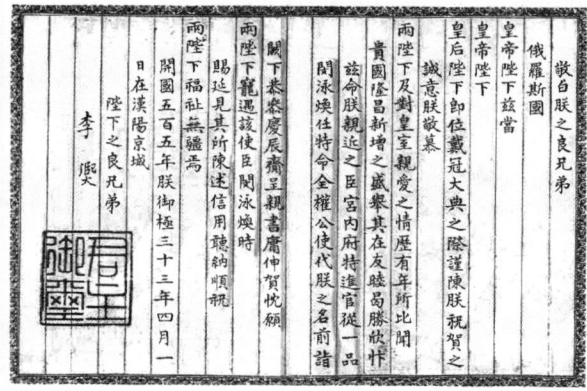

5. 고종의 친서(1896년 4월 1일)

러시아 황제의 대관식을 축하하며 민영환을 사절로 보낸다는 내용이다. 5월 22일에 러시아 황제를 뵙고 친서와 예물을 올리는데, 김득련은 이 일을 시로 읊었다.

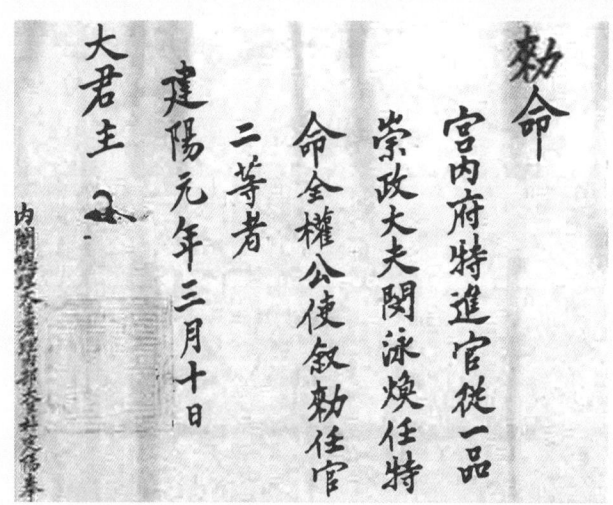

6. 고종의 칙명(1896년 3월 10일)

궁내부특진관 민영환을 특명전권공사로 임명한다는 내용이다.

7. 사절단과 러시아 관원들

1896년 5월 25일에 모스크바의 사진관에서 촬영한 사진이다. 앞줄은 왼쪽부터 김득련, 윤치호, 민영환, 무관 파스코프, 외부 관리 블란손이다. 뒷줄은 왼쪽부터 김도일, 스테인, 손희영이다.

8. 관복 입은 민영환

상트페테르부르크의 사진관에서 촬영한 사진이다. 정확한 날짜는 확인되지 않지만, 민영환은 김득련, 김도일과 함께 사진관을 방문했다고 한다. 민영환은 이 사진에 자신의 모습을 묘사하는 시를 남겼다. 김득련은 민영환의 시에 화답하는 시를 썼는데, 『환구음초』에 실은 「계정 공사의 '소상 자찬'에 삼가 화답하다(謹和桂庭公使小像自贊韻)」가 그것이다.

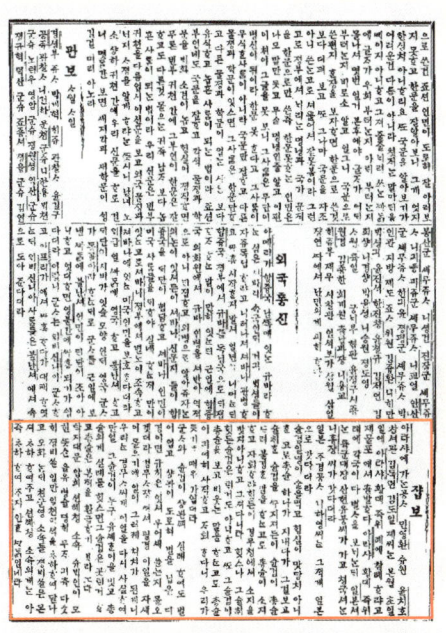 

9. 《독립신문》에 실린 사절단의 출발 및 귀국 기사

민영환이 이끄는 사절단의 소식은 《독립신문》에도 여러 차례 실렸다. 출발 소식은 1897년 4월 7일 2면 잡보(왼쪽)에서, 귀국 소식은 10월 24일 1면 논설(오른쪽)에서 확인할 수 있다.

서문

자서(自序)

나는 천성이 게을러 시를 제대로 익히지 못했으니, 비록 짓더라도 그 시는 격식에 얽매일 뿐이었다. 올해 나는 외람되이 사절단에 끼어서 지구를 한 바퀴 돌아 러시아에 다다랐다. 그사이에 넓고 아득한 경치를 하나하나 구경하였고, 멋진 건물과 기이한 기기(機器)들을 살펴보았다. 황홀하고도 황홀하여 거의 사람의 생각으로는 마칠 수 없을 듯하였지만, 계속 분발하여 붓을 달려 기록해 갔다. 오가는 7개월 동안 보는 대로 조금씩 시로 읊었는데, 그 시들은 비루하고 속될 뿐이다. 내가 비로소 예전에 제대로 시를 익히지 않았음을 탄식하게 되었으니, 옛사람이 "만 권의 책을 읽고 만 리의 길을 간다"라고 말한 데는 참으로 이유가 있었던 셈이다.

그동안 쓴 '환구일기(環璆日記)' 한 권은 아직 제대로 정리하지 못했다. 우연히 그 가운데 풍속을 다루고 감회를 읊은 시들을 뽑아서 한 차례 웃음거리로 삼고자 했는데, 벗들이 상자에 내버려 둘 수 없다고 이르더니 간행하기를 청하였다. 아, 절묘한 시는 때로 언어의 밖에서 구할 수도 있다. 이번 유람과 같은 것은 내 평생에 가장 기이하고 절묘한 일이건만, 끝내 그처럼 절묘한 시를 얻지는 못했다. 이 책을 보는 이는 용서하기를 바란다.

건양 원년(1896) 동지 후 3일에 춘파가 시금동(詩琴洞) 계관(谿館)에서 쓰다.

余性嬾, 於詩未工, 雖作之, 亦泥乎局促而已. 是年余忝附星槎, 環地球而達于俄, 歷攬洪荒渺邈之景, 及觀其傑構奇機, 則怳兮惚兮, 殆非人意之可推, 繼乃懣然走筆記之. 來往七閱月, 隨所見而稍稍爲詩, 辭甚鄙俚. 余始歎向之未工, 而古人讀萬卷書行萬里路者, 良有以也. 所著環璆日記一局, 姑未繕定, 偶鈔其諏俗詠懷之什, 以博一粲, 同人謂不可鋼篋, 仍請付梓. 噫. 詩之妙, 或可以言外求之. 若玆游, 則奇絶冠于平生, 而卒未可得也. 覽者其恕之.

時 建陽 元年 南至後三日 春坡自題于詩琴谿館.

김득련은 『환구음초』를 간행하게 된 경위를 밝힌 글을 써서 서문으로 삼았다. 우선 글의 내용을 따라가 보자. 먼저 타고난 본성이 게을러 시도 제대로 배우지 않았는데, 우연히 러시아까지 가서 대단한 장관(壯觀)과 신기한 문물을 볼 수 있는 기회를 얻었다고 했다. 그래서 시원치 않은 재주로 시문을 써서 모았는데, 그마저도 제대로 정리하지 못하다가 한 차례 웃음거리로 삼을 겸하여 시를 몇 편 뽑아서 벗들에게 보였다고 했다. 그랬더니 뜻밖에도 그 벗들이 간행을 권해서 어쩔 수 없이 세상에 내놓게 되었다는 것이다. 원래 대단한 유람은 절묘한 시를 낳게 되는 법이지만, 자신의 시는 그렇지 못해서 부끄럽다고도 했다. 짧은 글이지만, 여기에 수많은 겸사(謙辭)가 들어가 있음을 대략적인 개요에서도 짐작할 수 있다.

"천성이 게으르다(性嫩)"라는 말은 관용적인 표현이기도 한데, 그 뒤를 이어 자신이 비록 시를 짓는다고 해도 "국촉(局促)"에 빠질 뿐이라고 했다. '국촉'은 좁거나 조급한 것, 작고 갑갑한 것을 뜻하는 말이며, 풍성하지 못하다는 뜻으로도 쓰인다. 문학 작품에 대해 이 말을 사용한 예는 윤선도가 쓴 〈어부사시사(漁父四時詞)〉의 발문에서 찾을 수 있는데, 윤선도는 이전의 〈어부사〉를 두고 "음향이 상응하지 못하고 말뜻이 잘 갖추어지지 못했으니, 이는 고시를 모으는 데 구애되어 '국촉'하게 되는 흠결을 면치 못했기 때문이다(音響不相應, 語意不甚備, 蓋拘於集古, 故不免有局促之欠也)"라고 지적했다. '집고(集古)'와 같은 형식에 얽매인 결과라는 말이니, 그 때문에 〈어부사시사〉처럼 새롭고 자유롭게 표현하지 못했다고 말할 수 있을 것이다. 김득련은 자신의 시가 그렇다고 한 셈이다.

"첨부성사(忝附星槎)"와 "박일찬(博一粲)"도 겸사의 사례로 볼 수 있다. '성사'란 은하수를 건너는 뗏목이라는 말이니, 원래 사신의 행차나 사신이 타는 배를 일컫던 말이다. 사신의 행차에 "욕되게도 붙었다(忝附)"라고 했으니, 재주가 모자람에도 불구하고 끼어들게 되었다는 뜻이 된다. "박일찬"은 한 번의 웃음거리로 부친다는 뜻이니, 사람들이 심심

치 않게끔 보잘것없는 시문을 내놓아서 한번 같이 웃어보자고 했다는 의미로 풀이할 수 있다. 시의 제목에 붙여 겸사로 쓰이기도 하는 말이다.

　김득련은 왜 이런 겸사를 늘어놓았을까? 단지 겸양의 미덕을 존중했기 때문일까? 사실 이런 겸사를 늘어놓으면서도 그런 '부족한 책'을 간행하려 한다면, 그 책에 어떤 미덕이 있다고 믿기 때문일 것이다. 그리고 그 미덕이 소중한 것이라면, 겸사는 자부심의 다른 표현일지도 모른다. 김득련은 "만 권의 책을 읽고 만 리의 길을 간다(讀萬卷書, 行萬里路)"라는 속담과 "절묘한 시는 때로 언어의 밖에서 구할 수도 있다(詩之妙, 或可以言外求之)"라는 격언을 거론했는데, 이들은 좋은 시문(詩文)을 쓰는 방법으로 언급되고는 한다. 좋은 글을 쓰려면 많이 읽고 많이 보아야 한다거나 '말'로 이루어진 표현을 넘어섰을 때 시가 더 절묘할 수 있다는 식의 논리는 지금도 가끔 들을 수 있지 않은가. 김득련은 만 리가 아닌 7만 리의 길을 갔고, 말로는 미처 표현하기 어려운 대단한 광경을 보았다. 그것만으로도 굳이 그가 독자에게 용서를 구할 필요는 없을 것이다. 그러니 그가 늘어놓은 겸양의 표현들은 한편으로는 진심이겠지만 한편으로는 자부심의 표현이라 지적해도 좋을 것이다.

　이 서문에서 언급한 '환구일기(環璆日記)'는 어쩌면 『환구일록』의 문장과 『환구음초』의 시가 합쳐진 형태였을지도 모른다. 7만 리 사행길을 가면서 '공식적인 일기'와 함께 시문을 썼을 것이기 때문이다. 그렇다면 "풍속을 다루고 감회를 읊은" 시를 따로 모은 『환구음초』를 제대로 읽기 위해서는 '환구일기' 또는 『환구일록』을 함께 살펴보아야 할 것이다.

물론 원래의 맥락을 완전히 찾을 수 있을지, '환구일기'의 맥락을 복원한다고 해서 그것이 시의 감상에 도움이 될 수 있을지와 같은 문제들은 여전히 남는다. 그렇지만 시도해 볼 필요는 있지 않을까? 이 책에서 짧은 시 뒤에 긴 해설을 붙인 이유나 변명은, 굳이 찾자면 이런 것이 아닐까 한다.

마지막에 언급한 "시금(詩琴)"은 시금동(詩琴洞)이다. 김창흡(金昌翕)이 벗들과 함께 풍류를 즐기면서 시와 거문고를 자주 연주했다는 데서 마을 이름이 유래했으며, 오늘날의 서울 중구 수표동, 입정동, 을지로 3가에 걸친 지역이라고 한다. 김득련이 생활하고 시를 읊었던 공간이 이곳이다.

첫 번째 서문: 홍현보

건양 원년(1896) 5월에 러시아 황제가 대관식을 갖고 즉위하게 되었다. 계정(桂庭) 민영환 상서가 하례(賀禮)하는 사신으로 서쪽 러시아 땅으로 가게 되었는데, 참서관 춘파 김득련 군은 명을 받들어 동행하고서 7개월 만에 돌아왔다. 김 군은 공무를 보는 여가에 지나온 곳을 기록하고 눈으로 본 것을 읊어 풍성하게 책 한 권을 이루었는데, 내게 그 머리말을 부탁하였다. 받들어 모두 읽고 나니, 나는 절로 입이 벌어졌다.

사행은 동양에서 출발했다. 수레는 바람을 타고 날듯이 빠르고, 배는 북두성을 범할 듯이 멀리까지 갔다. 사행은 서양 여러 나라를 돌아서 러시아 수도에 이르렀고, 일을 마치고 돌아오는 길에는 사막을 경유했다. 그 길을 헤아리면 수륙 6만여 리의 거리가 된다. 고래 같은 파도나 돛을 편 듯한 후어(鱟魚)처럼 위태로운 것이 획획 눈앞을 지나가고, 범의 어금니나 양의 창자와 같은 험준한 길이 곳곳에서 애를 태웠다. 그런데도 끝내 구모풍(颶母風)이나 석우풍(石尤風)과 같은 큰바람, 수레나 배에서 얻게 되는 멀미의 근심도 없이 평지를 걷듯이 구름이 지나듯이 우리나라 경계에 이르렀으니, 이 어찌 한 조각 충심(衷心)을 신명이 비추고 황령(皇靈)이 돌보아서 위험할 때 좌우에서 묵묵히 도움으로써 그렇게 된 것 아니겠는가. 하늘을 감동케 하는 상서의 충심과 나라를 지키려는 춘파 족하(足下)의 성심을 이번 사행에서 분명히 확인할 수 있다.

여러 나라를 유람한 일로 말하자면, 아름다운 산천과 풍토, 번성한 건물과 시가, 구름처럼 모인 백 가지 물화와 산처럼 쌓인 만 가지 보물, 신출귀몰하여 조화옹의 공을 빼앗은 듯한 기이한 기기(機器)와 신비한 제조물이 헤아릴 수 없을 만큼 많았다. 그 가운데 가려서 쓰고 거둬서 읊조리니, 문장은 굉장하기를 바라지 않아도 절로 굉장하게 되고 시는 기이하기를 구하지 않아도 절로 기이하게 되었다. 그 시문은 오늘날에도 걸작이지만, 옛 시문 가운데서도 비길 만한 것이 없다. 임방의 『술이기(述異紀)』는 허황한 대목이 많고 우통(尤侗)의 죽지사(竹枝詞)는 들은 바를 엮었을 따름이니, 어찌 몸소 다녀보고 자기 눈으로 본 진상을 실은 이 책만 하겠는가?

만약 이 책을 읽는다면, 육체와 정신이 모두 아득하고 신비한 곳에 가보게 될 것이다. 머나먼 이역(異域)에서 예로부터 지금까지 볼 수 없었던 거대한 장관과 기이한 형상이 지척에서 종횡으로 펼쳐지니, 멀지도 어둡지도 않건만 처음과 끝을 가늠할 수 없을 것이다. 그래서 "금시조가 바다를 가르듯 푸른 코끼리가 강을 건너듯(金翅劈海, 香象渡河)"이라는 말은 그 만분의 일도 족히 비유할 수 없고, "발로 천근(天根)을 디디고 손으로 월굴(月窟)을 더듬는다(足躡天根, 手探月窟)"라는 말이라야 거의 엇비슷할 것이다.

돌아보건대 우물 안 개구리 같은 내 좁은 소견으로 어찌 감히 여기에 한 마디 말이나마 덧붙이겠는가? 다만 그 빛나는 시문에 감탄하면서 오로지 설법하는 곁에서 돌덩이가 끄덕이던 고사를 흉내 낼 따름이다.

83세 노인 해초(海初) 홍현보(洪顯普)가 서문을 짓다.

建陽元年五月, 俄皇戴冠卽位, 桂庭閔尙書以賀使, 奉節西征. 參書官春坡金君膺命伴行, 七閱月而返耳. 君於視務之暇, 紀其所經, 詠其所覩, 裒然成局, 屬余弁言. 奉而卒業, 不覺口呿. 盖其發軔, 始於東洋, 星軺御風, 仙槎犯斗, 徊翔乎西洋諸國, 至于俄都. 竣事而歸路由朔漠, 計其程途, 水陸六萬餘里之間. 鯨波鼇帆之危, 瞥瞥過眼, 虎牙羊腸之險, 在在關心, 而竟無颶母石尤之阻·注車注舡之患, 平步雲行, 屆于我境, 此豈非一片丹衷, 神明所照, 皇靈攸曁, 造次左右默佑而然歟. 尙書激天之忠, 春坡足下衛國之誠, 皭然可質於是役矣. 至若游覽各邦, 山川風土之美, 樓臺市肆之盛, 百貨雲委, 萬寶山積, 奇器異製, 出鬼入神, 功奪造化者, 不可摟數, 而領略鈔胥, 收攬吟咏, 文不欲閎而自閎, 詩弗求奇而自奇, 當今逸響, 古亦無比. 任昉述異之紀, 多涉荒詭, 尤侗竹枝之詞, 秪緣紀聞, 豈若是卷所載, 無非躬蹈目擊之眞哉. 使人讀之, 形神俱往于泱漭杳冥之際, 殊方絶域, 亘古所無之瑰觀譎狀, 森羅縱橫於指顧之間, 無遏無幽, 端倪莫測. 金翅劈海, 香象渡河, 不足喩其萬一, 足蹋天根, 手探月窟, 庶幾近之. 自顧坐井之見, 何敢贊一辭於其間哉. 徒能歎其光燄, 聊擬頑石點頭於說法之側云爾.

八十三叟 海初洪顯普序.

    홍현보(洪顯普, 1815~?)는 의과 출신의 중인으로, 김정희의 문하로 알려져 있다. 서문과 발문을 쓴 사람들 가운데 가장 연배가 높은데 1852년생인 김득련과는 한 세대 이상의 차이가 난다.

    서문의 내용은 그리 복잡하지 않다. 춘파(春坡) 김득련이 계정(桂庭) 민영환이 이끄는 러시아 황제 대관식 하례를 위한 사절단의 일원이 되었는데, 수륙 6만여 리의 위험한 길을 무사히 다녀왔고 그동안 대단한 걸작을 써서 가져왔다는 것이 그 개요이다. 무사히 다녀올 수 있었던 이유는 사절단의 충심(衷心)을 신명(神明)과 황령(皇靈)이 알아보았기 때문이고, 대단한 걸작이 된 이유는 거대한 장관과 신묘한 문물을 보고 시문을 썼기 때문이라고도 했다. 즉 "문장은 굉장하기를 바라지 않아도 절로 굉장하게 되고, 시는 기이하기를 구하지 않아도 절로 기이하게 된다(文不欲閎而自閎, 詩弗求奇而自奇)"라는 말로 걸작의 탄생을 설명한 셈인데, 이는 문면만 따진다면 "만 권의 책을 읽지(讀萬卷書)" 않더라도 "만 리의 길을 간(行萬里路)" 것만으로 대단한 문장을 쓸 수 있다는 말이 된다. 송나라 장뢰(張耒)의 「이추관에게 답하는 글(答李推官書)」에서 "강

수, 회수, 황하, 호수의 물은 이치가 통달한 글과 같아서, 기이함을 구하지 않아도 기이함에 이른다(江淮河海之水, 理達之文也. 不求奇而奇至矣)"라고 한 논리와도 상통하는 바가 있다.

김득련은 사실 기차와 기선을 타고 근대적 문물이 가득한 도시들을 이동하고 구경했다. 그렇지만 홍현보는 그런 곳을 본 일이 없으니, 김득련의 시를 보아도 그것이 어떤 것인지 구체적으로 상상하기 어려웠을 것이다. 그래서인지 홍현보의 서문에는 책에서 보았을 법한 기이한 문물이나 이야기들이 전고로 등장한다.

먼저 관용적인 어휘이기는 하지만, 기차와 기선이 아닌 "성초(星軺)"와 "선사(仙槎)"가 언급된다는 점이 눈에 띈다. '성초'는 사신의 수레를 뜻하며, '선사'는 신선이 타는 배를 뜻한다. 사행이 육로와 해로를 모두 거쳤으니, 각기 기차와 배에 대응되는 표현인 셈이다. "범두(犯斗)"는 두우성(斗牛星)을 범했다는 말인데, 장건(張騫)이 한 무제의 명을 받들고 황하(黃河)의 근원을 찾으러 갔다가 은하수까지 갔다는 전설에서 유래한 말이다. 고전에 익숙한 사람이 '먼 곳까지의 사행'으로 떠올릴 수 있는 말일 것이다.

역시 수사에 불과할 수도 있지만, 기이한 소문의 사례로는 "후범(鱟帆)"을 들 수 있다. 바닷게의 일종으로 생각되는 '후어(鱟魚)'는 등에 뼈가 있는데 바람이 없으면 이 뼈를 눕히고 바람이 불면 이 뼈를 돛처럼 편다고 한다. 그 모양이 돛을 편 배와 같다고 해서 이를 '후범'이라 하는 것이다. 먼바다에서는 이런 일도 볼 수 있다고 사람들은 생각했을 것이다. "구모(颶母)"와 "석우(石尤)"는 모두 바다에 부는 거센 바람을 말하는데, 여기에도 기이한 이야기가 담겨 있다. '구모'는 태풍이 올 조짐을 보여준다는 무지개 모양의 구름이니, 그 구름이 나타나면 태풍, 즉 '구모풍(颶母風)'이 일어난다고 한다. '석우'는 석 씨(石氏)의 딸이 배를 타고 장사하러 떠났다가 돌아오지 않는 남편 우 씨(尤氏)를 그리워하다 죽은 뒤에 큰 회오리바람이 되어 배를 타고 떠나는 상인들을 막겠다고 한 데서 유래한 말인데, 상인들은 출항에 앞서 부는 큰바람을 '석우풍(石尤風)'이라 일컬었다고 한다.

아득하고 기이한 이역(異域), 실상은 사절단이 되어 돌아볼 수 있었던 '근대 문명'을 갖춘 여러 나라를 표현하는 데 사용한 어구도 이러한 맥락에서 이해할 수 있다. 만분의 일도 비유할 수 없다고 한 "금시조가 바다를 가르듯 푸른 코끼리가 강을 건너듯(金翅劈海, 香象渡河)"이라는 말만 해도 흔히 볼 수 있는 풍경을 묘사한 것이 아니다. "금시조(金翅鳥)"는 고대 인도의 전설에 등장하는 거대한 새로 산스크리트어 가루다(Garuda)의 음역인 가루라(迦樓羅)의 한역(漢譯)이니, 그 머리와 날개가 금색이어서 이렇게 번역한 것이다. 새들의 왕으로 성질이 사나우며, 양 날개를 펴면 그 길이가 336만 리이며 하루에 용왕 하나와 작은 용 500마리를 먹는다고도 한다. 장자의 대붕(大鵬)에 못지않은 새인 셈이다. "향상(香象)"은 산스크리트어 간다스틴(Gandha-hastin)의 음역인 '건타아제(乾陀訶提)'의 한역으로, 푸른색의 큰 덩치에 향기가 나기에 이렇게 번역한다. 대력금강보살 또는 호계금강보살의 상징이라고도 한다. 향상이 건너는 강이란 역시 상징적인 의미가 강한 갠지스강이다. '향상도하(香象渡河)'는 불교에서는 깨달음의 경지를 나타내는 말로 사용되기도 하는데, 『우바새계경(優婆塞戒經)』에서 강바닥을 걸어서 건너는 코끼리를 등장시킨 데서 그러한 사례를 찾을 수도 있다. '금시조'와 '향상'은 중국에서는 시인의 대단한 경지를 비유하는 말로 사용되기도 했는데, 남송(南宋) 엄우(嚴羽, ?~1245)의 『창랑시화(滄浪詩話)』에서 이백과 두보의 시를 두고 "금시조가 바다를 가르고 푸른 코끼리가 강을 건너는 듯하다(如金翅劈海, 香象渡河)"라고 평한 데서 그런 예를 찾아볼 수 있다.

'83세 노인' 홍현보가 떠올릴 수 있는 낯선 곳의 기이한 이야기들은, 비록 이 서문에서 언급되지 않았다 하더라도 '임방의 『술이기』'나 '우통의 죽지사'에서는 찾아볼 수 있었을 듯하다. 이 둘은 사람들이 흔히 갈 수 없는 이역을 다루던 전통적인 방식을 대표하는 문장을 담은 문헌이며 시편이다.

그렇지만 홍현보는 김득련의 시집이 『술이기』나 「외국죽지사(外國竹枝詞)」와는 차원을 달리하는 내용을 실은 것임을 알고 있었던 듯하다. 그래서 많은 차이가 있다는 점을 지적했으며, 동시에 그런 전통적인 문헌에 익숙한 자신은 "완석점두(頑石點頭)"할 수밖에 없다고 했다. '완석점두'란 동진(東晉) 때의 고승인 축도생(竺道生)이 호구산(虎丘山)에서 돌들을 모아놓고 『열반경(涅槃經)』을 강론하자 돌들이 모두 고개를 끄덕였다는 고사에서 유래한 말이다. 여기서 "완석(頑石)"은 무딘 돌이라는 말이며, '頑'은 '무디다, 둔하다, 재주가 없다'는 뜻이다. 무딘 돌과도 같은 자신도 고개를 끄덕이게 된다고 했으니, 이는 '83세 노인'이 보낼 수 있는 최상의 칭송이라 할 수 있다.

두 번째 서문: 김석준

우리나라 사람들은 본디 멀리 유람하기를 좋아하지 않으니, 간혹 대양(大洋)으로 나갈 일이 생기면 곧 어려워하며 꺼리는 기색을 드러내곤 한다. 그런 까닭에 근래 수십 년 사이에는 일본과 영국, 미국에 가는 것을 다들 가장 멀리 가는 유람이라고 여겼다. 그러면서도 험한 풍랑을 만나게 되면 마치 한나절도 견디지 못할 듯이 두려워하고 경계한다. 그런데 춘파는 수륙으로 7만 리를 지나 8개국을 구경하고 돌아왔다. 붉고 푸른 만 굽이 파도를 마주하여 악어의 등이나 고래의 수염과 같은 기괴한 것이 솟구쳐도 평탄한 길을 보듯 하였으니, 만약 독서의 힘이 없었더라면 어찌 이에 이를 수 있었겠는가. 우리나라 사람의 '원유(遠遊)'는 춘파로부터 비롯하니, 더욱 장하지 아니한가. 기이하도다.

춘파가 내게 시집 한 권을 보여주며 교열을 요청하고 서문을 부탁하였다. 시문에 능하지 못한 내가 어찌 욕되게도 그 명을 받들

수 있겠는가. 그렇지만 시란 안에 가득 차서 밖으로 발현되는 것이며, 이치가 얻어져야 경지 또한 얻어지는 것이다. 비록 천백 마디의 말로 이루어진 산문이라도 읽을수록 빠져드는 법이거늘, 하물며 그 경지를 얻고 마음껏 유람한 사람의 시임에랴. 그 시는 고체(古體)와 금체(今體)를 아울러 100여 편이다. 혼백을 움직이고 마음을 씻어낼 만큼 드넓고도 성대한 경지로 풍속을 관찰하고 기록하니, 깊은 이치와 전아한 품격이 지극하지 않은 바 없다. 또한 깊이 배어들어 감화시킬 만한 충효(忠孝)의 말이 문장에서 우뚝하고 시구에서 생동하니, 참으로 굳이 전하려 하지 않더라도 절로 전해질 것이다.

지금 춘파는 사신의 명을 받아 그 일을 무사히 마쳤다. 또한 다른 사람보다 몇 배나 멀리까지 유람하였다. 그런즉 문장이 더욱 진전되었을 것임은 그 대략이나마 알 수 있다. 나는 일본을 유람하고서 시 몇 편을 얻었지만, 유람도 시도 모두 춘파에는 크게 미치지 못한다. 아, 늘그막에 춘파의 시를 읽으니, 내가 그 땅을 유람하는 듯이 황홀하여 흉금이 트이는 듯하다. 또한 뒷사람에게 그 시를 읽게 한다면, 문을 나서지 않고도 가히 천하를 알게 할 수 있을 것이다. 이 어찌 춘파를 위해서만 장하다 할 것이겠는가. 기뻐하며 서문을 쓴다.

병신년(1896) 대한에 소당 김석준이 서문을 쓰다.

東人素不喜遠遊, 或出洋輒有難色. 故數十年來, 往日國與英米者, 謂皆最遠. 然至於風濤之險, 恐懼誠愼, 若不可以終日. 春坡歷水陸七萬里, 觀八國而返, 當赤靑萬折之波, 而鰐背鯨鬣, 怪奇奮騰, 皆視如坦途. 苟無讀書力, 烏可到此. 東人之遠遊, 自春坡始, 尤不爲壯乎. 奇哉. 春坡示詩一卷, 要點定仍索序, 余非能文, 奚辱命之. 然詩內充而外發, 理得而境亦得, 雖千百言, 讀逾不厭, 況得其境而擅其游者乎. 詩凡古今體百餘篇, 以淶漫滂溥動魄盪心之境, 採風紀俗, 幽奧典雅, 靡不彈焉, 而忠孝之辭, 濡染而蒸陶, 蔚乎著章, 翻乎翔藻, 固不欲傳而自傳也. 今春坡膺專對之命, 克竣使事, 且遠遊已倍徙他人, 則文章之更進, 可知其梗槪. 余游日本, 得若干詩, 游與詩, 皆遜於春坡多矣. 嗟乎. 垂老之日, 讀春坡詩, 怳如身遊其地, 以曠胸次, 亦使後人讀之, 不出戶可知天下, 此奚但爲春坡壯之. 喜而爲之序.

丙申 大寒日 小棠金奭準序.

　소당(小棠) 김석준(金奭準, 1831~1915)은 중국어 역관 출신으로, 앞의 서문을 쓴 홍현보와 함께 김정희 문하의 인물로 일컬어지기도 한다. 1863년에는 아버지를 만나러 동래에 갔다가 일본에 대한 견문과 잡기(雜記)를 참작하여 22수의 율시로 이뤄진 「화국죽지사(和國竹枝詞)」를 쓰기도 했으니, 이역(異域)의 풍속을 시로 읊는 전통에 익숙한 사람이라고 해도 좋을 것이다. '죽지사(竹枝詞)'란 원래 악부의 일종으로, 지방의 풍속을 읊는 노래였다. 특히 외국의 풍속과 문물을 읊은 죽지사를 '외국죽지사' 또는 '외방죽지사'라고 일컫는데, 앞에서 홍현보가 거론한 우통의 「외국죽지사」와 김석준의 「화국죽지사」가 모두 여기에 속한다. 김석준은 김득련의 유람과 시에 대해 논평할 만한 경험을 갖춘 인물이었던 셈이다.

　김석준은 먼저 '원유(遠遊)'를 거론한다. 김득련의 유람과 시에서 발견할 수 있는 가장 큰 특징이 여기에 있다고 생각했기 때문일 것이다. 김석준은 세상이 달라졌다고 해도, 일본이나 미국, 영국 정도를 여행하면 '원유', 즉 멀리까지 가는 여행이라 일컬을 수야 있다고 했다. 그렇지만 김득련의 유람을 보고 나니 8개국을 거치는 7만 리 길을 가서 지구를 일주하는 여행 정도는 되어야 비로소 '원유'라고 일컬을 수 있을 것 같다고 말한다. 세상이 바뀌었으니, 모든 기준 또한 바뀌는 것이다.

　김득련의 '원유'를 설명하고 상상하는 대목에서는 대체로 평이(平易)한 표현을 사용한 듯하지만, 중의적이거나 적어도 하나의 뜻으로 단정하기 어려울 법한 구절도 보인다. 예컨대 "악배경엽(鰐背鯨鬣)"은 악어의 등과 고래의 수염이라는 말이지만, 대양에 일렁이는 큰 파도의 형상을 비유하는 말로도 이해할 수 있다. 즉 대양에서는 악어나 고래 같은 특이한 동물이 파도 속에 있다는 말이 될 수도 있지만, 대양에 악어 등이나 고래수염 같은 큰 파도가 일렁인다는 뜻이 될 수도 있는 것이다. 그런데 후자의 경우라면 시간의 문제도 함께 고려할 필요가 있다. '경엽(鯨鬣)', 즉 고래수염이 새벽 또는 황혼 무렵의 붉은 바다에 일렁이는 파도로 풀이될 만한 여지가 있기 때문이다. 당나라 피일휴(皮日休)의 시에 보이는 "고래수염 새벽에 흔들리니 봉우리는 참으로 불타는 듯하고, 바다거북 눈동자가 밤에 잠기니 섬은 도로 어둑해지네(鯨鬣曉掀峯正燒, 鼇睛夜沒島還陰)"라는 구절이 그 단서가 될 수 있다. 바로 앞에서는 "적청

(赤靑)"의 파도를 말했으니, 이 또한 새벽 혹은 황혼과 낮의 시간대와 연관된 표현으로 이해할 만한 여지가 있다.

다음으로는 김득련으로부터 교열과 서문을 부탁받았다고 했다. "점정(點定)"은 하나하나 따져가며 수정한다는 뜻이니, 비평과 교열의 의미로 풀이할 수 있다. "욕(辱)"은 겸사(謙辭)이다. 자신이 요청대로 교열과 서문을 부탁하는 명령에 따른다면 그것이 도리어 부탁한 사람을 욕되게 한다는 말이 된다. 자신은 그럴 만한 자격이 없다는 것이다. 물론 외국죽지사를 쓴 바 있는 20년 연상의 선배인 자신이 서문을 쓸 자격이 없다고 말하는 것은 지나치니, 이는 분명 겸사일 뿐이다.

문학 특히 시에 대한 일반론을 이어간 데서 그런 점을 더욱 분명히 알 수 있다. 김석준은 시란 "안에 가득 차서 밖으로 발현되는 것이며, 이치가 얻어져야 경지 또한 얻어지는 것(內充而外發, 理得而境亦得)"이라고 했다. '원유'에서 얻은 견문이 시로 발현되는 과정이 그렇다는 것이다. "이치가 얻어진다(理得)"라는 말은 절로 이치를 터득한다는 뜻이니, 이 구절은 시가 단순히 밖으로 발현되는 데 그치지 않고 그 속에 절로 터득한 이치를 담게 된다는 뜻이 된다. 이러한 과정은 산문과도 다르다고 했다. "천백(千百)"은 천 또는 백, 즉 많음을 뜻하는 말이기도 하지만, 산문을 가리키는 말로 널리 쓰였다. 최해의 『졸고천백(拙藁千百)』에서 그러한 예를 찾을 수 있다. 산문이라도 "읽을수록 싫증이 나지 않는다(讀逾不厭)"라고 했는데, '절로 터득한 이치까지 담은 시'는 더욱 그럴 수밖에 없을 것이다.

김석준의 서문에 쓰인 단어 가운데 몇 가지는 짤막하게나마 설명이 필요할 듯하다. "탄만(汰漫)"은 물이 광원(廣遠)한 모양을 뜻하며, "방비(滂濞)"는 물이 세차게 쏟아지는 소리를 뜻한다. "전대(專對)"는 사신이 질문을 받으면 답변을 도맡아 했던 데서 유래한 말이니, '사신'으로 풀이할 수 있다. "배사(倍蓰)"는 다섯 배를 뜻하는 말인데, 여기서는 몇 배 또는 여러 배 정도의 뜻으로 풀이할 수 있다. "흉차(胸次)"는 '흉금(胸襟)'을 뜻하는 말이다.

세 번째 서문: 최성학

조약 체결 이후로 대양(大洋)에 나가본 사람이 손가락으로는 다 헤아릴 수 없을 정도로 많지만, 그들은 자신이 간 나라를 둘러보았을 뿐인데도 그 유람이 대단했다고 과시한다. 그런 까닭에 여러 차례 선발될 수 있으면 그것을 더욱 영예롭게 여기곤 한다.
일찍부터 박학으로 소문났던 내 친구 춘파는, 올해 봄에 명을 받아 러시아로 갔다. 러시아는 유럽의 북쪽에 있으니, 춘파는 8개국을 거쳐 7만 리 길을 가야 했다. 그 길에서는 평탄하거나 험준한 산천과 민속, 괴이하거나 신기한 초목과 금수를 빠짐없이 불러 모으게 되니, 이런 것들은 입으로는 다 말할 수 없어도 시로는 그려낼 수 있는 법이다. 그 시는 때로는 웅장하게 때로는 섬세하게 삼라만상을 어지럽게 펼쳐내니, 보는 사람의 마음과 눈을 모두 놀라게 한다. 가히 "고요히 찾았다가 호탕하게 빼앗는다(冥搜豪奪)"라거나 "꽃다운 빛을 토하고 맑은 기운을 받아들인다(吐納

英灝)"라고 일컬을 만하다. 그러나 이 사행(使行)은 지구를 돌며 구경하여 이미 흉금을 넓혔고 각국의 정치와 제도의 동이(同異)도 살폈으니, 장차 정사를 돌보는 데 도움이 될 수 있을 것이다. 그런즉 어찌 보통의 유람과 비길 수 있겠는가? 걸맞은 사람을 사절로 선발한 일을 춘파에게서 볼 수 있을 것이다.

아, 아득한 세상에는 바람과 파도가 거센데, 이 지구를 일주한 사람이 몇이나 되는지는 아직 모르겠다. 그렇지만 시도 일도 모두 기이하니, 그 시를 읽으면 그 거쳐온 곳이 이와 같음을 상상할 수 있을 것이다. 마무리 삼아 말하자면, 증기기관을 처음 만든 사람은 참으로 신묘(神妙)하다고 할 것이다.

동생 최성학이 삼가 쓰다.

自和約成, 而士或出洋者, 指不勝屈, 止觀於所適之國, 夸其遊歷. 故得與重選尤榮焉. 余友春坡嘗以博學聞, 是年春, 啣命赴俄. 俄在歐洲之北, 於路經八國行七萬里, 凡山川民俗之夷險, 與夫草木禽獸之怪奇, 延攬無遺, 口弗能道, 而詩能寫之. 熊熊然閃閃然, 萬狀紛披, 心目俱駴, 可謂冥搜豪奪吐納英灝者乎. 然是行也, 環地球而觀之, 旣曠胸懷, 又諏各國治模制度之同異, 將有補於從政, 則豈尋常遊歷者比哉. 而克稱其選而不辱, 於春坡見之. 嗟虖. 茫茫世宇, 風濤湏洞, 姑未知環球若幾人, 而詩與事幷奇, 讀之, 可想其過境如此. 統言之, 創造汽機者, 神乎妙矣.

如弟崔性學拜敍.

19세기 말에 이르면 조선은 청이나 일본의 범위를 넘어서서 서구 여러 나라와도 조약을 통해 외교 관계를 맺는다. 미국과의 조약(1882) 이후로 당시까지 영국(1883), 독일(1883), 이탈리아(1884), 러시아(1884), 프랑스(1886), 오스트리아(1892)와 조약을 맺었고, 얼마 뒤에는 벨기에(1901), 덴마크(1902)와도 조약을 맺게 된다. 과거와는 비교가 어려울 정도로 멀고 다양한 나라에 가볼 기회가 생긴 셈이다. 그렇지만 사신 또는 사절로 외국을 방문하게 되면 그 나라만 둘러볼 수 있을 뿐이다. 그러니 여러 차례 사절단에 선발되어야 다양한 나라를 돌아볼 기회를 얻을 수 있게 된다. '중선(重選)', 즉 여러 차례 선발되는 것은 당연히 영예로운 일이지만, 특히 이 시대에는 여러 낯선 나라를 둘러보는 귀한 기회를 얻었다는 뜻이기도 하므로 더욱 영예로운 일로 여겨졌다.

이러한 사정에 비춰보면, 춘파 김득련의 러시아 사행은 단 한 번만으로도 '중선'을 넘어설 만한 특별한 일이라고 평할 수 있다. 단순하게 말한다면, 여덟 나라를 경유한 김득련의 경험은 여덟 차례 사절로 선발되어야 얻을 법한 것이라고 할 수 있다. 물론 지구를 일주할 만큼 큰 규모에, 당시로서는 가장 먼 곳까지 둘러볼 수 있었던 기회는, 여덟 차례 선발된다고 해서 얻을 수 있는 것도 아니다. 그만큼 김득련의 러시아행은 당시에 특별한 일이었다.

"입으로는 말할 수 없어도 시로는 그려낼 수 있다(口弗能道, 而詩能寫之)"라는 발언은 시가 가진 함축성을 강조한 것이라 이해해도 좋을 듯하다. 김득련은 자신의 시가 한 번의 웃음거리에 부칠 정도라며 겸양의 자세를 보였지만, 최성학은 적어도 시의 본질이나 기능에 주목한다면 김득련의 시에 충분한 가치가 있다고 지적한 셈이다.

실제 시는 어떠한가? 최성학은 김득련의 시가 때로는 웅장하게 때로는 섬세하게 삼라만상을 현란하게 펼쳐냈다고 했다. 그것을 또한 "명수호탈(冥搜豪奪)"이나 "토납영호(吐納英灝)"로 표현할 수 있다고 했다. '명수(冥搜)'는 고요히 찾거나 사색한다는 말이며, '호탈(豪奪)'은 호탕하게 빼앗는다는 말이다. 아마도 사람의 마음을 뒤흔든다는 말일 듯하다. 윤기(尹愭)의 시에 "계수나무가 꽃을 토하다(桂吐英)"라는 표현이 있고 〈화산별곡〉에 "연기 기운 흩어지고 맑은 기운 들어오네(軼煙氛納灝氣)"라는 구절이 있으니, "토납영호"는 꽃다운 빛과 맑은 기운을 내뿜고 들이마신다는 뜻으로 풀이할 수 있다. "토납"에는 묵은 기운을 입으로 내뿜고 새 기운을 코로 들이마셔서 신선 되기를 배우는 술법의 뜻도 있으니, 이를 고려하면 '토납영호'는 선경(仙境)에서 노닌다는 말로 이해할 수도 있다.

서문을 마무리하며 증기기관을 처음 만든 사람을 칭송한 것은 특이해 보인다. 기본적으로는 김득련의 세계 일주가 가능한 이유가 '기선'에 있다고 여겼기 때문에 이 말을 덧붙였을 것이다. 그렇지만 근대 자체나 근대의 새로운 세계를 대변하는 문물이 증기기관이라고 생각했기 때문일지도 모른다. 홍현보나 김석준에게서는 볼 수 없었던 감각이라고 해야 할 것이다.

"여제(如弟)"는 의동생을 뜻하는 말인데, 사실 나이로는 어색해 보이는 말이기도 하다. 그렇지만 필사본의 서문 뒤에 붙인 최성학의 「춘파사백환구소상찬(春坡詞伯環璆小像贊)」에서는 김득련을 "사백(詞伯)"이라 일컬었으니, '여제'는 이와 대비되는 말로 이해할 수 있을 것이다. 원래 '사백'이란 시문에 능한 사람이나 문사를 높여 일컫던 말이다.

「춘파사백환구소상찬」, 즉 지구를 일주한 김득련의 소상(小像)에 부친 찬시는 필사본에만 실려 있으니, 교토에서 시집을 간행한 이후에 김득련이 받은 것인 듯하다. 이 소상찬에서는 사행의 일원으로서의 면모를 강조하고 있다. 여기서 사용한 "반돈(盤敦)"이라는 말을 직접적인 표현의 사례로 들 수 있는데, '반돈', 즉 주반(珠槃)과 옥돈(玉敦)은 천자가 제후와 회맹(會盟)할 때 사용했다던 예기(禮器)의 이름이다. 둘 다 나무로 만들되 주반에는 피를 담고 옥돈에는 밥을 담았다고 한다. 다만 이미 천자와 제후의 관계는 사라진 시점이므로, 여기서는 외교 행사나 외교 사절들의 모임을 뜻하는 말로 이해해야 마땅할 것이다. 소상찬의 전문은 다음과 같다.

> 눈썹엔 푸른 노을 맺혔고,
> 정신은 맑은 가을을 잡았네.
> 독서의 힘에 의지하여
> 일찍이 지구를 일주하더니
> 글솜씨를 발휘하니
> 아무리 작은 것도 모두 거둬들였네.
> 아,
> 너른 바다 흘겨보며 태연자약 담소하고
> 사절의 풍류를 지극히 하였네.

뒷날 사행길 오르는 이 있다면

모름지기 이 여행에서 질정 받아야 하리라.

眉結靑霞, 神挹淸秋.

仗讀書力, 曾環地璆.

發揮詞藻, 無微不收.

嗟乎.

睨層溟談笑自若, 極盤敦之風流.

後雖有乘槎者, 必來就正於此游.

─「춘파사백환구소상찬(春坡詞伯環璆小像贊)」

1부

조선을 떠나며

제물포항

4월 1일 사절단 일행은 제물포항에서 작은 배에 올라 바다로 나가서 군함 그레먀시호에 옮겨 타고 상하이로 향했다. 세계 일주 여정의 첫 항해였다. 당시 제물포항은 서울에서 가장 가까운 항구이자 서양 문물이 들어오는 중요한 관문이었다. 그림은 베버(Th. Weber)가 사진을 참고하여 그린 삽화인데, 지리학자 샤를 바라(Charles Varat)가 1888년 조선을 탐사한 뒤에 남긴 「한국 여행(Voyage en Corée)」(1888~1889)에 실렸다.

1

우리나라가 러시아와 수교한 지 10여 년이 되었건만 아직 답례의 사절을 보내지 못했다. 이제 러시아 새 황제의 대관식이 5월 26일로 정해지니, 오대주 각국에서 사절을 보내 하례함에 우리나라도 또한 사신을 파견하기로 했다. 건양 원년(1896) 3월 11일에 궁내부 특진관 종1품 민영환을 특명전권공사로 삼고, 학부 협판 윤치호를 수원(隨員)으로, 3품 김득련을 2등 참서관으로, 외부주사 김도일을 3등 참서관으로 삼아 러시아 수도로 가게 했다. 나는 원체 재주가 부족하고 학식이 모자라니 이 직책에 걸맞지 않고, 게다가 어머님의 풍환이 여러 해 차도가 없으니 자식의 인정과 도리로 그 곁을 떠나기가 참으로 어려웠다. 누차 이런 사정을 아뢰었으나 끝내 체직(遞職)을 허락받지 못하였다. 이에 4월 1일에 길을 떠나게 됨에 마루에 올라 절하여 하직하고자 하나, 가슴이 메어 말이 나오지 않는다. 삼가 이에 회포를 드러낸다.

我邦通好俄羅斯國十餘年, 尙未報聘. 今値俄新皇戴冠卽位之期, 在於五月二十六日, 五洲各邦專价相賀, 我邦亦爲派使. 建陽元年三月十一日, 宮內府特進官從一品閔[泳煥]爲特命全權公使, 學部協辨尹[致昊]爲隨員, 三品金得鍊爲二等參書官, 外部主事金[道一]爲三等參書官, 往赴俄都. 不佞本以譾劣蔑學, 不稱是職, 重以慈闈風患, 經年彌留, 人子情理, 實難離側. 屢度陳情, 竟未蒙遞. 迺於四月一日發程, 登堂拜辭, 抑塞不能言. 謹此述懷.

> 1 어머님은 오래도록 풍환 앓으시는데
> 이 아들은 이제 먼 길 떠나옵니다.
> 하직 인사 올리고 싶건만 그리하지 못함은
> 어머님 마음 위로할 말이 없어서랍니다.
> 慈闈彌風患, 小子今遠征.
> 欲辭還未拜, 無語慰親情.

> 2 아버님은 명하시네, 서둘러 떠나거라.
> 나랏일에 감히 사사로운 정을 말하랴.
> 바라건대 먼 길에 아프지 말라.
> 네 한 몸은 스스로 돌봐야 하나니.
> 家君命催發, 王事敢言私.
> 遠路希無病, 一身汝自持.

 첫 번째 작품과 세 번째 작품은 한눈에 파악하기 어려울 정도로 제목이 긴데, 이는 흔한 일은 아니다. 문집에 수록된 시 가운데 제법 긴 제목을 가진 사례가 없지는 않지만, 그것은 대체로 사후에 유작을 정리하면서 임의로 제목을 붙이지 않아서 그렇게 된 것이다. 『환구음초』는 작가 김득련이 자기 손으로 정리하고 다듬어 간행한 시집이므로, 조금 다른 어떤 사정이나 의도가 있었다고 보아야 할 듯하다. 보통의 경우라면 떠나면서 회포를 드러낸다는 뜻에서 '임별술회(臨別述懷)'라는 제목을 붙이고 현재의 긴 제목을 서(序)로 붙여 '임별술회병서(臨別述懷倂序)'라 하는 편이 자연스럽다. 그렇지만 그렇게 되면 주석에 가까운 '서(序)'에 외교 관계나 사절 임명과 같은 중대한 사건이 기록되는 셈이 된다. 약간은 불편할 수 있는 이런 상황을 피하고자 했던 것일까? 정확히 알 수는 없지만, 원문에 대두법(擡頭法) 등 왕을 높이기 위한 표기법을 사용한 점을 고려하면 이런 가능성도 생각해 볼 만하다.

이 작품의 긴 제목에는 조선과 러시아의 외교 관계와 사절단 파견의 배경이 기록되어 있다. 그것은 김득련이 경험한 세계 일주 여행의 배경이기도 하므로, 우선 이에 대해 간략하게나마 살펴볼 필요가 있다.

조선과 러시아는 1884년에 조·러 통상 조약을 체결하여 국교를 맺었다. 보빙(報聘)은 답례로 방문함을 뜻하는 말이다. 조선은 1883년 7월에 미국에 보빙사를 파견하는데, 이는 1882년에 체결된 조미수호통상조약에 따라 미국이 1883년 5월 19일에 초대 공사 푸트(L. H. Foote)를 보낸 데 대한 답방의 형식을 취한 것이었다. 조선의 보빙사는 정사 민영익(閔泳翊), 부사 홍영식(洪英植), 종사관 서광범(徐光範)으로 구성되었으며, 수행원으로 유길준(兪吉濬), 변수(邊燧), 고영철(高永喆) 등이 동행했다. 민영익 등은 미국에서의 임무를 마친 뒤에 유럽 여러 나라도 방문하고 이듬해 귀국했다. 이런 사정을 고려하면 1884년에 조약을 맺고 수교한 러시아에 대한 답방, 즉 '보빙'은 상당히 지체된 셈이다.

'러시아의 새 황제'는 니콜라이 2세(1868~1918, 재위 1894~1917)였다. 그는 알렉산드르 3세(1845~1894, 재위 1881~1894)의 장남으로 태어나 1881년에 황태자에 책봉되었고, 1894년 11월 1일에 세상을 떠난 아버지의 뒤를 이어 황제가 되었다. 1896년 5월 26일로 정해진 '대관·즉위의 기일(戴冠卽位之期)'은 이미 황제의 자리에 오른 지 1년 6개월 정도 지난 후 치르게 된 공식적인 대관식(戴冠式)의 날짜로 이해할 수 있다.

조선의 사절단은 정사인 특명전권공사 민영환과 수원(隨員) 윤치호, 2등 참서관 김득련, 3등 참서관 김도일로 구성되었으며, 뒤에 이들은 민영환의 종인(從人) 손희영과 러시아 공사관 서기관 스테인(師德仁, Stein)과 함께 떠난다. 다만 사절단의 임명이 같은 날 이뤄지지는 않았는데, 김득련의 일기인 『환구일록』에 의하면 이 작품의 제목에 언급된 "3월 11일"에는 민영환만 임명되었으며, 윤치호, 김득련, 김도일은 3월 19일에 임명되었다. 이는 시집에서는 일기만큼 상세하게 기록하기 어렵기 때문인 것으로 보인다. 이런 사정을 고려하면, 시의 제목과 본문을 이해하기 위해서는 일기의 기록을 참고해야 한다. 예컨대 제목에 포함된 "부족한 재주와 모자란 학식으로는 이 직책에 걸맞지 않다(以讖劣蔑學, 不稱是職)"라는 구절은 "부족한 재주와 모자란 학식, 우물 안 개구리와 같은 제한된 식견으로는 사신의 명을 받들어 대양에 나아가는 직책에 걸맞지 않다(以讖劣蔑學, 井蛙局見, 不稱奉使出洋之職)"라는 뜻으로 풀이해서 이해하는 편이 좋을 것이다.

이제 시를 살펴보자. 첫 번째 시는 어머니께 올리고 싶은 말씀을 담고 있다. 차마 말이 나오지 않지만, 그래도 시에서나마 마음속에 담아둔 감회를 드러낸다면 이렇게 표현할 수 있다는 것이다. 제1구의 "彌"는 제2구의 "수"과 대(對)를 이루는 말이지만, 여기서는 제목과 일기에 언급된 "미류(彌留)", 즉 병이 오래도록 낫지 않음을 뜻하는 말로도 이해할 수 있다. 오랜 시간 동안 병석에서 일어나지 못하는 어머니 곁을 떠나야 하는 아들의 심정을 먼저 말한 셈이다. 제3구에서는 "배사(拜辭)", 즉 하직 인사를 차마 올리지 못하는 상황임을 말하고, 제4구에서는 어머니를 위로할 만한 말을 찾지 못했기 때문이라고 그 이유 또는 심정을 밝혔다. 병석에 계시기에 떠나면서 절을 올리지 못하는 것일 수도 있겠지만, 하직 인사라는 마땅한 도리조차 다하지 못하게 된 아들의 심정은 '도리어'나 '오히려'로 풀이될 수 있는 "還"에 담은 듯하다. 아픈 어머니를 떠나는 심정은 이처럼 간절한 것인지도 모른다.

두 번째 시는 아버님의 말씀을 옮긴 것이다. 아버지는 "왕사(王事)", 즉 왕을 대리하는 사신의 큰 임무를 맡은 아들에게 사사로운 정을 말할 수 없다. '나랏일에 감히 사사로운 정을 말하지 못한다(王事不敢言私)'는 가르침을 따라서 출발을 재촉할 뿐이다. 그러면서도 객지에서 아프지 않도록 주의하라는 말을 가만히 덧붙인다. '가군(家君)'의 자세를 지키되, 아들을 아끼는 마음 또한 드러내 보인 셈이다.

4월 1일은 러시아까지의 긴 여정을 시작하는 날이다. 아버님께 인사를 올리고 나선 김득련은 집안사람과 벗들에게 이별을 고하는데, 전송하러 강가에 나오지는 말라고 한다. 그리고 민영환 등의 사절단 일행을 만난다. 이후 사절단 일행이 임금에게 올리는 하직 인사인 사폐(辭陛)를 한 것이 7시 무렵[辰初]이니, 상당히 이른 시간에 작별이 이뤄진 셈이다.

한편 민영환과 윤치호도 이날 떠나는 광경을 간략하게 기록했다. 민영환의 사행 일기인 『해천추범』은 김득련의 『환구일록』을 거의 그대로 옮긴 것이라고도 할 수 있지만, 이 대목은 개인적인 일정이므로 조금 바꿔두었다. 기록을 비교해 보면 가족 구성원이나 생활 방식의 차이도 어느 정도 짐작해 볼 수 있다. 민영환과 윤치호 모두 아버지를 언급하지는 않았는데, 민영환의 아버지는 세상을 떠났고 윤치호의 아버지는 다른 곳에 머물렀기 때문일 것이다. 윤치호는 아버지 윤웅렬을 이날 오후 마포에서 베풀어진 전별연에서 만난다. 윤치호는 서자였으며, 1907년에 이르러 적자로 인정받는다.

일찍 일어나 어머니께 하직 인사를 올렸다. 집안일은 동생 영찬에게 맡기고, 집사람과 작별하였다.²

—『해천추범』 4월 1일

간밤에 집에서 잤다. 5시에 일어나 여행 준비를 했다. 아침 6시 30분에 사랑하는 어머니에게 애정 가득한 작별 인사를 하고 집을 떠났다.³

—『윤치호 일기』 4월 1일

2

폐하께 하직 인사 올릴 때 들어오라는 명을 받고 알현하고서 "잘 다녀오라"라는 말씀을 삼가 받드니, 나는 영광스럽고 황송함을 이길 수 없었다. 삼가 이 말씀을 기술한다.
辭陛之時, 承召入對, 伏奉善去來之聖諭, 臣不勝榮惶. 恭述識之.

러시아에 하례하러 사절이 떠나는데,
참서관에 뽑혔으되 재목 아니라 부끄럽네.
하직 인사 올리는 날 남다른 은총 받자오니,
폐하의 간곡한 말씀, 잘 다녀오라.
爲賀俄邦使節開, 參書騰選愧非材.
寵恩偏荷辭朝日, 天語諄諄善去來.

국왕께 하직 인사를 올리고서 "잘 다녀오라(善去來)"라는 말씀을 들었던 일을 기록한 작품이다. 원문에서는 제목과 본문에서 국왕을 높이기 위한 표기법을 사용했는데, 원본을 얼핏 보면 어디까지가 제목이며 어디서 끊어지는지 한눈에 들어오지 않아 당황할 수도 있다. 제목에서 자신을 나타내는 '臣'을 작은 글자로 표기한 점도 하나의 사례로 들 수 있는데, 『환구일록』에서도 해당 부분의 내용에 이런 표기가 보인다.

내용이 그러하니만큼 국왕과 관련된 용어도 여럿 찾아볼 수 있다. "사폐(辭陛)"는 사신이 떠나면서 왕께 하직 인사를 올리는 일을 뜻하는 말이며, "승소(承召)"는 불러들이는 임금의 명을 받음을 뜻하는 말이다.

"성유(聖諭)"는 칙유(勅諭)이니, 곧 국왕의 말씀이다. "입대(入對)"는 궁궐에 들어가 임금을 알현(謁見)하던 일로 풀이할 수 있다. 이 용어들을 풀이하지 않고 그대로 옮겨야 정확한 해석이라 할 수 있을지도 모른다.

시의 내용을 살펴보자. 제1구와 제2구에서는 적절한 재목이 못 되는데도 러시아에 하례하기 위한 사절단의 참서관으로 뽑힌 자신의 상황을 말했는데, "응선(膺選)"은 당선(當選), 즉 선발됨을 뜻하는 말이다. 이 두 구는 앞의 시 제목에서 쓰인 "재주가 부족하고 학식이 모자라니 이 직책에 걸맞지 않다(以譾劣蔑學, 不稱是職)"라는 표현과 거의 같은 의미이다. 제3구에서는 하직 인사 올리는 날에 국왕의 은총을 "편하(偏荷)", 즉 치우치게 받았다고 했는데, 그 은총이 보통의 경우 또는 보통의 사람은 받을 수 없을 만큼 특별하고 대단한 것이었다는 말이다. 여기에 쓰인 "사조(辭朝)"는 관리나 사신이 떠나면서 임금께 하직 인사를 올리던 일을 뜻하니, 곧 사폐와 같은 말이다. '朝'는 평성이고 '陛'는 상성이니, 평측을 위해 다른 말을 쓴 것이라 이해해도 좋을 것이다. 제4구에서는 그 은총이란 국왕이 "잘 다녀오라"라는 간곡한 말씀을 내려주신 것임을 밝혔다. "잘 다녀오라"라는 국왕의 특별한 말씀을 전하기 위해 이 시를 쓴 것이라 해도 좋을 법하다.

시에서 다룬 사절단의 하직 인사 사폐는 4월 1일 진초(辰初), 즉 아침 7시에 거행되었다. 다만 그 행사가 성대할 수는 없었으리라 짐작할 수 있는데, 당시가 1896년 2월 11일 이후 국왕이 러시아 공사관에 머물던 '아관파천(俄館播遷)'의 시기에 해당하기 때문이다. 그리고 보면 김득련이 "서궁(西宮)"에서 사절단을 만나 사폐를 하러 갔다고 한 것이나 민영환이 『해천추범』에서 '궁궐'의 위치나 이름을 언급하지 않은 데는 나름의 이유가 있을 법도 하다. 여기서 김득련이 말한 서궁은 지금의 덕수궁인 경운궁으로 짐작되는데, 당시에는 이곳을 거쳐 더 높은 곳에 있던 러시아 공사관으로 올라갈 수 있었다.

윤치호는 러시아 공사관에서 국왕께 올린 이 하직 인사를 무덤덤하게 묘사했다. 김득련과 같은 감격을 드러내지 않았음은 물론이고, '작은 것들(little things)', 즉 별로 중요하지 않은 자그마한 만남 정도로 간략히 처리했다. 굳이 '공사관(Legation)'이라는 장소를 밝힌 데는 나름의 이유가 있었을 것이다. 윤치호의 기록은 다음과 같다.

> 소소한 행사에 참석하고자 러시아 공사관으로 갔다. 8시에 전하와 세자에게 작별을 고했다. 곧바로 공사관을 떠났다.[4]
>
> ―『윤치호 일기』 4월 1일

3

친서 한 통과 국서 한 통을 삼가 받들고 마포나루에 당도했다. 내부대신 박정양, 외부대신 이완용, 내각 총서 이상재, 외부 협판 고영희, 탁지부 협판 이재정, 농상공부 협판 이채연, 군부 협판 백성기, 중추원 의관 윤웅렬, 학부 참서관 이경직, 경무관 백명기가 함께 모여 기다리고 있었고, 농상공부대신 조병직이 뒤따라 이르렀다. 외부와 탁지부에서 전별연을 마련하여 사행을 전송하니, 이는 사신의 임무를 중히 여겨 먼 길 떠남을 위로하고자 함이다.

敬奉親書一度·國書一度, 行到麻浦津. 內部大臣朴[定陽]·外部大臣李[完用]·內閣總書李[商在]·外部協辦高[永喜]·度支部協辦李[在正]·農商工部協辦李[采淵]·軍部協辦白[性基]·中樞院議官尹[雄烈]·學部參書官李[庚稙]·警務官白[命基], 齊會以對. 農商工部大臣趙[秉稷], 追至. 而自外部度支部設餞送行. 此重使事而慰遠征也.

강가에 조장(祖帳) 베풀어 사행을 전송하니,
서글퍼라 이별 노래는 소리조차 안 나오네.
마부의 길 재촉에 총총히 떠나게 되니,
석별의 정은 미처 다 퍼지도 못하네.
祖帳江頭送使行, 驪歌怊悵不成聲.
僕夫催路悤悤發, 未盡諸公惜別情.

마포나루에서 베풀어진 전별연의 광경과 그곳에서의 감회를 노래한 작품이다.

　　제1구에서는 전별연의 풍경을 말했다. "조장(祖帳)"은 전송하는 잔치인 조연(祖筵)을 위해 치는 장막을 뜻하는 말이니, 관원들이 마포나루에 전별연을 위한 장막을 설치하고 기다리다가 사행을 맞이했음을 알 수 있다. 제2구는 이별 노래를 부르는 광경을 그렸는데, 서글픈 감정에 노랫소리조차 제대로 나오지 않았다고 했다. 여기서 "여가(驪歌)"는 먼 옛날 불렸다는 이별 노래인 〈여구가(驪駒歌)〉이다. 『한서』 「왕식전(王式傳)」에 "객은 '여구'를 노래하고, 주인은 '객무용귀(객이여 돌아가지 마오)'를 노래한다(客歌驪駒, 主人歌客毋庸歸)"라는 구절이 있는데, 그 주석에 '여구(驪駒)'는 객이 떠나려 할 때 부르는 노래이나 이미 실전(失傳)되었다는 말이 보인다. 다만 〈여구가〉의 수장(首章) 또는 일부는 『대대례(大戴禮)』에 실렸는데, 그 가사는 "검은 망아지 문에 있으니, 마부가 함께 있도다. 검은 망아지 길에 있으니, 마부가 멍에를 다스리도다(驪駒在門, 僕夫具存. 驪駒在路, 僕夫整駕)"이다. 마포나루의 전별연에서 이미 실전된 〈여구가〉를 불렀을 리는 없으니, 〈여구가〉는 이별 노래를 대표하는 시어로 사용되었다고 해야 할 것이다.

　　제3구에서는 서둘러 길을 떠나야 했던 사정을 말하고, 제4구에서는 급히 떠난 까닭에 미처 석별의 정도 다 펴지 못했다는 아쉬움을 드러냈다. 뒤에 살펴보겠지만 배에 올라 영등포를 거쳐 오류동에서 점심을 먹고 6시에는 인천에 도착해야 하는 일정이었으니, 실제 마포나루에서 지체할 만한 여유도 없었을 것이다. 제3구에서 "복부(僕夫)", 즉 사내종을 거론한 부분은 주의할 필요가 있는데, 그대로 받아들이면 종놈이 재촉해서 서둘러 떠날 수밖에 없었다는 다소 부자연스러운 의미가 되기 때문이다. 이 대목은 제2구에서 언급한 〈여구가〉를 다시 인용했다고 이해하는 편이 자연스러울 듯한데, 이에 의하면 '복부'는 〈여구가〉에서 검은 망아지와 함께 언급된 '마부'로 풀이할 수 있다. 이렇게 보면, 실제 '재촉하는 사내종'이 없었을지라도 전별연에서 이별 노래를 들으며 서둘러 떠나야만 하는 상황임을 스스로 깨닫게 되었다고 이 구절을 파악할 수 있을 것이다.

이 시에 서술된 전별연은 일기와는 다소 차이가 있다. 아무래도 일기는 시간 순서로 기록하는 것이므로 더 상세하고 구체적일 수밖에 없다. 사절단의 준비 과정에서부터 일기의 기록을 따라가면서 세부적인 사항을 조금 살펴보기로 한다.

먼저 3월 31일에 국기 세 장과 '대조선국특명전권공사지인(大朝鮮國特命全權公使之印)'이 새겨진 인장, '대조선국특명전권공사지장(大朝鮮國特命全權公使之章)'이 새겨진 도장이 외부(外部)로부터 사절단에 전달되었다. 이날 윤치호는 러시아 공사관에서 다음 날 8시에는 서울을 떠나야 한다는 일정을 확인했다.

하직 인사를 올리기 위해 러시아 공사관에 갔을 때 사절단은 친서(親書) 한 통과 국서(國書) 한 통을 전달받는데, 시의 제목에서 삼가 받들었다고 한 "친서 한 통과 국서 한 통"이 이 서신들일 것이다. 다만 일기에는 "친서축사를 동봉했다(親書祝辭同封)", "(국서는) 부본이 있다(有副本)"라는 주석이 있으니, 당시 축사와 친서 부본도 함께 전달되었을 것임을 짐작할 수 있다. 또 『해천추범』에는 "위임장(委任狀) 한 통과 훈유(訓諭) 한 통"이 추가로 쓰여 있는데, 이는 민영환에게 따로 내린 문서이기 때문일 듯하다. 『환구일록』의 서두에는 사절단 파견의 조칙에서부터 러시아 황제의 답서에 이르기까지 13종의 문서를 옮겨두었는데, 이 가운데 국서, 친서, 친서와 함께 올릴 축사[親書祝辭], 훈유, 위임장이 포함되어 있다.

사폐를 마친 사절단은 돈의문(敦義門)으로 나와 갈림길에서 기다리던 법부대신 이범진(李範晉)을 만나 악수하고 작별하며, 이후 마포나루에서 베풀어진 전별연에 참석한다. 시에서는 언급되지 않았던 이범진과의 작별이 먼저 이루어졌던 셈이다. 반면에 뒤늦게 따라온 전송객으로 언급된 농상공부대신 조병직의 경우에는, 일기에서는 사절단이 마포나루의 전별연 자리를 떠나 영등포를 건넜을 때 군부 참령 윤철규(尹喆圭)와 함께 찾아와 작별한 것으로 기록되어 있다. 조병직은 마포나루 전별연에서 이별 노래를 부른 전송객 가운데는 없었던 셈이다.

한편 민영환은 "동생 민영찬이 여기에 와서 작별하니, 슬픔을 이루 형언할 수 없다(舍弟泳瓚來此分別, 悵不可形言)"라는 말을 덧붙였는데, 이를 보면 공식적인 직함은 없되 친분이 있는 이들 가운데 전별연에 참석한 이도 있었을 법하다. 다만 앞에서 보았듯이 김득련은 벗들에게 전송하러 강가에 나오지 말라고 부탁했으니, 따로 김득련을 찾은 전송객은 없었으리라고 짐작할 수 있다. 윤치호는 '아버지'(윤웅렬)와 함께 이완용, 박정양, 고영희, 이재정, 이상재, 이경직이 참석한 '전별연(farewell party)'을 짧게 기록했는데, 이별 노래나 슬픔 등은 말하지 않고 '깔끔한 한식(handsome Corean dinner)'이 차려져 있었다는 점만 말했다. 또 10시에 전별연 자리를 떠났다고 했다.

전별연 자체에 대한 기록을 살펴보면 시에서 말한 것과는 약간의 차이가 있음을 확인할 수도 있다. 우선 『환구일록』에는 "술잔을 잡고 이별을 말하며 양관곡을 불렀다(把樽話別, 送唱陽關)"라는 구절이 있는데, '여가'로 일컬어진 이별 노래는 실제로는 〈양관곡(陽關曲)〉이었음을 알 수 있다. 〈양관곡〉은 당나라 시인 왕유(王維)가 벗을 떠나보내며 읊은 시 〈송원이사안서(送元二使安西)〉의 별칭인데, 조선에서는 이별할 때 '양관삼첩(陽關三疊)'의 방식으로 이 노래를 불렀다고 한다. '버들[柳]'이 '머물다[留]'의 음과 가까운 까닭에, 이 시에서는 버들을 말하여 벗이 떠나지 말고 머물기를 바라는 마음을 담았다고 풀이하기도 한다. 첫 구절을 따서 '위성곡(渭城曲)'이라 일컬어지기도 하는 〈양관곡〉의 전문은 다음과 같다.

> 위성의 아침 비가 가벼운 먼지를 적시니,
> 객사엔 푸르고 푸른 버들 빛이 새롭구나.
> 그대에게 권하노니 한 잔 다시 비우시게나.
> 서쪽 양관으로 나가면 아는 이도 없으리니.
> 渭城朝雨浥輕塵, 客舍靑靑柳色新.
> 勸君更盡一杯酒, 西出陽關無故人.

김득련의 일기에서는 "동행한 러시아 장교의 재촉으로 인해 곧바로 헤어졌다(因同行俄軍將官之促程, 仍分手)"라는 구절도 찾아볼 수 있는데, 민영환은 『해천추범』에서 이를 생략했다. 어차피 빠듯한 일정임은 누구나 알고 있었으니, 누가 재촉한들 혹은 특별히 재촉하는 사람이 없었다 한들 그리 중요하지 않은 문제일 수 있다. 다만 이 구절을 시의 내용에 그대로 적용한다면 길을 재촉한 사람은 복부, 즉 사내종이거나 마부가 아니라 러시아 장교로 볼 수 있는데, 사절단에서 시일에 맞춰 러시아까지 가려면 서둘러야 한다는 점을 분명히 아는 사람이 '러시아 장교' 외에는 없었을 것임을 고려하면 실제로 스테인이 서둘렀을 가능성도 생각해 볼 수 있다. 한 번도 가본 적 없는 먼 길을 떠나면서 석별의 정을 나누는 조선의 사절단과 차질이 생기지나 않을까 하여 마음 졸이는 러시아 관리의 대조적인 모습 또한 이 시에서 찾을 수 있는 흥미로운 대목일 법하다.

4 갈림길에서 읊조려 우정 협판에게 주다
臨歧口號呈雨亭協辦

지난해 이 강가에서 시를 주며 이별했으니,
일본에 사신 가는 그대를 내가 전송했지요.
오늘은 러시아 가는 나를 그대가 전송하는데,
구슬픈 심정 한가지라 헤어지기는 어렵구려.
去年贈別此江濱, 奉使和邦[*] 我送君.^{**}
今日赴俄君送我, 一般情緒悵難分.

  "구호(口號)"는 입으로 읊조린다는 뜻인데, 흔히 즉석에서 짓는 시, 즉 즉흥시를 가리키는 말로 사용된다. "우정(雨亭)"은 마포나루에서 베풀어진 전별연에 참석했던 외부 협판 고영희의 호이니, 이 시는 전별연 자리에서 만난 고영희에게 준 즉흥시였음을 알 수 있다. 보통 이별하는 자리에서는, 전송하는 사람이 일종의 정표로 시문을 지어서 떠나는 사람에게 주는 것이 일반적이다. 이런 시를 증별시(贈別詩)라 하며, 이런 문장을 송서(送序)라 한다. 이런 시문에서는 떠나는 사람에게 전하는 당부나 격려의 말이 포함되지만, 떠나는 사람이 전송하는 사람에게 준 이

---

* (원주) 일본을 '화국'이라 일컫기도 한다(日本或稱和國).
** (원주) 작년 여름에 우정이 전권공사로 일본에 나가 주차했다(昨夏雨亭以全權公使出駐日本).

시에서는 그러한 면을 찾아보기는 어렵다. 이별을 앞두고 읊었으니 임별시(臨別詩)라 할 수는 있겠으나, 아무래도 증별시와는 성격이 다르다.

고영희는 김득련과 어떤 인연이 있는가? 작년에 김득련은 고영희에게 어떤 증별시를 주었으며, 이번에 고영희는 김득련에게 증별시를 주었을까? 뒷날 고영희가 정미 7조약과 강제 병합에 관여하는 등 대표적인 친일파 관료로 활동했기 때문인지 이런 의문에 답할 만한 구체적인 자료는 찾기 어렵지만, 고영희와 김득련이 모두 역관 가문 출신이라는 공통점이 있다는 점은 여기서 지적해 둘 필요가 있다.

고영희(高永喜, 1849~1916)는 1867년에 역과에 급제하고 이후 일본어 역관으로 활동했는데, 그 부친은 중국어 역관이었다. 1852년생인 김득련도 역관 가문 출신이며, 1873년에 역과에 급제하여 중국어 역관이 되었다. 1888년 박문국 주사를 거쳐 참의 내무부사, 의정부 참의, 내각 참서관 등을 역임했으니, 역과에 급제한 뒤 경향의 여러 관직을 거쳤다는 점에서 대략적으로는 고영희와 유사한 경로를 밟았다고 말할 수도 있다. 물론 이를 두고 정치적 지향이나 경로가 같았다고 말하기는 어렵지만 말이다. 고영희는 1895년 5월 10일에 특명전권공사로 일본에 파견되는데, 3개월 뒤에 사임한다. 이 때문에 1896년 4월의 전별연 자리에 외부 협판으로서 참석할 수 있었다.

시의 내용은 어떤 의미에서는 희작(戲作)으로 지목할 수 있을 만큼 단순해 보인다. 지난해와 올해, '나[我]'와 '그대[君]'를 대비시킨 제2구와 제3구의 대구가 눈에 띄는 표현법이다. 다만 제1구에 "분(濆)"을 '물가'라는 뜻으로 쓴 것은 흔한 용법이 아니어서 주의할 필요가 있다. 앞의 시에서처럼 "강두(江頭)"로 표현하거나 물가를 뜻하는 '빈(濱)'을 쓰는 편이 보통이겠지만, '분(濆)'이 '평성 문운(文韻)'에 속하는 글자이므로 이를 운자로 쓴 것이다.

5 인천항에서 기선을 타고 곧바로 상하이로 향하다
仁港乘汽船直向上海

1 사신 가는 길은 서쪽으로 향하니,
   인천항 출항하여 곧장 앞으로 내달렸네.
   이틀이면 천오백 리 길 갈 수 있으니,
   우쑹강 어귀에서 잠시 뱃전에 나서네.
   皇華一路向西天, 仁港開輪直駛前.
   二日能行千五百, 吳淞江口暫停舷.

2 강언덕엔 푸릇푸릇 수양버들 늘어지고,
   버들 그늘 깊은 곳엔 인가가 강에 비치네.
   비로소 강남에 봄빛 일찍 옴을 믿겠으니,
   청명에도 온 산 가득 꽃이 피었구나.
   [때는 음력 2월 중순인데, 우리나라와 비교하면 두 절기(節氣) 정도 이르다.]
   兩岸靑靑楊柳斜, 柳陰深處映人家.
   始信江南春色早, 淸明開盡滿山花.
   [時陰曆二月中旬, 較我邦可早二節候.]

사절단은 4월 1일 6시에 인천 제물항(濟物港)에 도착했다. 전송객이 작별할 시간도 없을 정도로 서두르면서 일행은 작은 러시아 배에 올랐고, 10여 리를 가서 7시에 러시아 군함 그레먀시호(Гремящий, Gremyashchy)에 옮겨 탔다. '천둥'이라는 뜻을 가진 이 군함은 『환구일록』에는 '쑤레먀시'로 표기되어 있는데, 다음 날 오전 10시에 닻을 올리고 이틀을 항해하여 상하이에 도착할 예정이었다. 윤치호는 제물포에 당도한 시간이 5시라고 썼으나, '작은 러시아 배'를 언급하지 않는 등 대략적으로만 기록하고 있어서 어느 쪽이 정확하다고 말하기는 어렵다. 이날 저녁 8시에는 이 배에서 처음으로 서양 음식[洋饌]을 맛보게 되는데, 김득련은 "음식은 정결하여 식욕을 돋게 할 만하다(饌品精潔, 可以醒胃)"라고 평했다.

그레먀시호는 4월 2일 10시에 출발했다. 스테인은 전날 인천에 남았는데, 이날 8시에 여비로 쓸 은을 찾아서 합류했다. 이날은 날씨가 맑고 바람이 잠잠하여 멀미로 고생하는 사람도 없으니, 모두 앞길이 이와 같기만 축원했다. 3일에도 마찬가지였는데, 밤이 깊어지자 바람이 조금 불었다. 4일 오전 10시에 배는 우쑹강[吳淞江]에 도착했고, 얼마 뒤에 신후[申滬], 즉 상하이에 정박했다. 김득련은 이날 일기의 말미에 "인천에서 상하이까지는 1,500리다(自仁港至申滬, 一千五百里)"라고 거리를 기록했다.

김득련은 4일의 일기에서 배 위에서 바라본 중국 땅, 우쑹강 주변의 풍경을 기록했다.

배는 쉬지 않고 나아가서 오전 10시에 우쑹강에 이르렀다. 양편 강언덕에는 푸른 버드나무 가지가 늘어져 봄빛이 아름답다. 우리나라 서울과 비교하면, 계절이 한 절기 정도 이르다. 오늘은 음력 청명이다. 성묘하고 지전(紙錢) 태우는 사람들이 끊임없이 오가니, 우리 풍속과 한가지다. 고개를 돌려 동쪽을 바라보니, 집과 나라를 그리워하는 마음이 더욱 간절해진다.[5]

— 『환구일록』 4월 4일

    우쑹강과 상하이는 서울보다 남쪽에 있으니, 더 빨리 봄 날씨가 온다. 그 차이를 일기에서는 "1후(候)"라고 하고 시 둘째 수의 주석에서는 "2절후(節候)"라고 했는데, 두 가지 표현이 같은 것인지, 정확히 얼마를 뜻하는지 분명하지 않다. '후(候)'에 여러 가지 뜻이 있기 때문이다. '후'는 보통 절기나 계절로 풀이하지만, 『소문(素問)』에서는 1후를 5일로 풀이하고, 3후가 1기(氣), 6기가 1시(時, 계절), 4시가 1년이 된다고 했다. 다만 오늘날의 기후를 기준으로 생각해 보면, '후'는 절기로 이해하는 것이 적절할 듯하다. 1년에 24절기가 있으니, '1후'는 대략 15일이며 '2절후'는 대략 30일이 된다. 김득련은 보름에서 한 달 정도 일찍 봄이 온 우쑹강 주변을 배 위에서 본 셈이다.

    시로 돌아가 보자. 첫째 수에서는 인천항을 떠나 우쑹강 어귀에 닿기까지의 일을 말했다. 제1구에서는 사절단이 서쪽으로 가야 할 것임을 말하고, 제2구에서는 실제 인천에서 배를 타고 곧장 상하이로 갔음을 말했다. 여기서 "황화(皇華)"는 사신을 뜻하는데, 임금이 사신을 보내면서 간곡히 당부하는 내용을 담았다는 『시경』「소아(小雅)」의 〈황황자화(皇皇者華)〉에서 유래한 말이다. 그 서두는 "반짝반짝 빛나는 꽃들이여, 저 언덕 진펄에 피었네. 부지런히 달리는 사나이는, 행여 못 미칠까 매양 염려하도다(皇皇者華, 于彼原隰, 駪駪征夫, 每懷靡及)"라고 되어 있다. 사절단의 목적지 러시아가 서쪽에 있기에 사신 가는 길이 서쪽으로 향한다고 말한 듯한데, 실제로는 이후 일본을 거쳐 태평양을 건너 아메리카와 유럽을 지나는 동쪽 길을 가게 되니 이 말과는 어긋나는 셈이다. 그렇지만 4월 5일의 일기에서 확인할 수 있듯이 애초의 계획은 프랑스 공사선(公司船)을 타고 홍콩을 거쳐 서쪽으로 갈 계획이었으니, 4일의 시점에서는 잘못된 말이라고 보기는 어렵다.

제3구에서는 이틀 동안 1,500리 물길을 갔음을, 제4구에서는 그 결과로 이틀 뒤 우쑹강 어귀에 도착하여 강변을 바라보게 되었음을 말했다. 제4구의 "정현(停舷)"은 이전의 번역에서는 대부분 "배를 멈추었다"라고 풀이되었는데, 일기에 우쑹강에서 배를 멈추었다는 기록이 없으니 그 풀이를 그대로 받아들여도 좋을지 다소 의문스럽다. 배를 멈춘다는 뜻으로는 '정선(停船)'을 쓰는 편이 일반적이고, 천(天), 전(前), 현(舷), 선(船)이 모두 '평성 선운(先韻)'에 속하니 '정선'이라고 써도 압운에는 문제가 없다. 그렇다면 배를 멈추는 것이 아닌 무언가 다른 뜻을 표현하려고 한 것은 아닐까? 멈추는[停] 것이 배가 아니라 배에 탄 사람이라고 이해한다면, 바다를 이틀 항해한 뒤 육지를 만나자 승객들이 절로 뱃전에 나와 구경하게 된 광경을 묘사했다고 풀이해도 좋지 않을까? '舷'이 '船'의 오자 혹은 통용자(通用字)일 가능성을 배제할 수는 없지만, 일기 내용이나 둘째 수의 시상을 고려하면 이런 풀이가 더 자연스러울 법하다.

둘째 수에서는 우쑹강 연안의 풍경을 그려냈는데, 그 착상은 앞서 살펴본 4일의 일기에서 찾을 수 있을 듯하다. 제1구와 제2구에서는 양쪽 강변의 풍경을 그렸는데, 천천히 지나가는 배 위에서 바라본 풍경이라고 이해해야 자연스러울 듯하다. 버드나무 혹은 수양버들[楊柳]은 물가나 습지에서 잘 자라며, 푸르게 물이 오른 버들가지는 강 위로 늘어진다. 버드나무가 드리운 그늘[柳陰]은 강변에도 강물 위에도 생길 수 있다. 다만 여기서는 강물 위를 가리키는 것으로 이해하는 편이 자연스러울 듯한데, 그곳에 인가(人家)가 "비친다[映]"라고 했기 때문이다.

제3구와 제4구에서는 배에서 본 원경(遠景)을 그린 듯하다. 청명에도 온 산에 꽃이 활짝 피어 있는 풍경을 보고서 "강남에는 봄이 빨리 온다"라는 설(說)을 자기 눈으로 확인했다는 것이다. 과거에도 세시 풍속이나 절기, 동식물을 논하거나 중국 경전의 자구를 풀이할 때 중국과 한반도의 기후 차이를 가끔 의식하고는 했지만, 의문을 품는 것과 직접 보고서 의문을 푸는 것은 다르다. 김득련은 그런 특별한 경험을 했던 셈이다. 물론 "강남에 봄빛이 일찍 온다(江南春色早)"라는 말은 어느 정도 관습화된 표현이기도 하니, 책에서 읽어 알 수도 있는 말이기는 하다. 그렇지만 누군가 성현(成俔, 1439~1504)의 〈고취곡(鼓吹曲)〉에서 "강남엔 봄이 일찍 오니, 꽃과 버들 교외에 가득하도다(江南春色早, 花柳滿郊墟)"라는 구절을 읽고서 실제 강남의 봄 풍경을 본다면, 그 사람이 느끼는 감동은 더욱 클 수도 있었을 듯하다.

2부

청나라와 일본을 거쳐 태평양을 건너다

황후호(The Empress of China)

상하이에 도착한 사절단은 원래 계획한 배편을 놓친 까닭에 일본과 미국을 들러서 태평양과 대서양을 건너는, "동쪽으로의" 여정을 취하게 된다. 이 여정에 따라 먼저 승선하게 된 배가 영국의 상선인 황후호였다. 황후호는 1896년 4월 9일 상하이를 떠나 일본의 나가사키, 고베, 요코하마 등에 잠시 정박한 뒤에 태평양을 건너 밴쿠버항에 도착한다. 13일간 1만 3,000리가 넘는 항해였다.

6 상하이에 정박하다
泊上海

[1] 상하이는 통상한 지 50년에
각국의 빼어난 기예 모두 거둬들였네.
강변 일대는 서양의 조계지니,
가지런한 거리가 부두와 접해 있네.
申滬通商五十秋, 各邦巧藝不勝收.
沿江一帶洋租界, 齊整街衢接碼頭.

[2] 누대와 선박은 그림 속에 떠 있는 듯하고,
안개 속 달빛에 생황과 노랫소리 곳곳에서 노니네.
사람 마음이야 번화하기를 다투나니,
이 땅이야말로 가히 동양 제일이라 하리로다.
樓臺舟楫畵中浮, 烟月笙歌處處遊.
人心祇鬪繁華盛, 儘是東洋第一區.

그레먀시호는 우쑹강을 지나 목적지인 상하이에 닿았다. 여기서 프랑스 공사선(公司船)에 올라 홍콩을 거쳐 러시아로 향할 계획이었다. 물론 사정상 공사선이 아닌 다른 배를 타게 되지만, 어쨌거나 그레먀시호의 역할은 여기까지였던 셈이다. 사절단은 배를 기다리느라 며칠 상하이에 머물러야 했는데, 그동안 김득련은 상하이의 인상을 기록했다. 처음 상하이에 도착했을 때의 기록은 이렇다.

잠시 뒤에 배가 상하이에 정박했다. 여러 나라 기선이 댈 곳을 찾아 서성거리고 서양식 고층 건물이 하늘을 찌를 듯 솟았으며 물화는 구름처럼 모여드니, 참으로 동양 제일의 번화한 대항구다. 스테인이 먼저 뭍에 내려 프랑스 조계의 콜로니 호텔[Hotel des Colonies]에 숙소를 정하고, 일행은 짐을 챙겨서 뷰브노프 함장 이하 장교들과 작별했다. 작은 배를 타고 부두에 닿으니, 이미 마차가 와서 기다리고 있었다. 나란히 앉아 빨리 달리는데, 가히 "수레는 흐르는 물과 같고 말은 헤엄치는 용과 같다"라고 이를 만하더니 금세 호텔에 이르렀다. 호텔은 3층 건물인데 구조와 배치가 똑같은 집들이 이어져 몇십 간인지 알 수 없었다.[6]

─『환구일록』4월 4일

"신호(申滬)"는 상하이의 별칭이다. 상하이는 전국시대 춘신군(春申君)의 봉지였기에 '신(申)'이라고 일컬어지기도 하며, 진나라 때 사용된 낚시 도구인 '호(扈)'와 연관된 우쑹강 하류의 별칭 '호독(扈瀆)'으로부터 유래한 명칭인 '호(滬)'로 일컬어지기도 했다. 송나라 말기에 상해진(上海鎭)이 설치되었으니, '신호'는 더 이른 시기의 지명인 셈이다.

상하이는 1843년에 정식으로 개항되는데, 이는 아편전쟁 이후 체결된 1842년 난징 조약에 5개의 개항장 가운데 하나로 포함된 결과였다. 이후 영국, 미국, 프랑스가 상하이에 조계(租界)를 설치했고, 이 조계지들을 중심으로 도시가 건설되기 시작했다. 김득련은 개항된 지 50여 년이 지나서 상하이를 방문한 것인데, 이 무렵의 상하이는 거대한 근대적 항구도시로 성장하고 있었다.

김득련은 그런 상하이의 첫인상을 서술하면서 과거 역사와 문장에서 유래한 표현을 활용하는데, 여기서 전환기의 전통적 지식인의 면모를 잠시 엿볼 수 있다. 우선 항구에 수많은 배가 정박한 모습을 "미진(迷津)", 즉 배가 정박할 만한 곳을 찾아 헤맨다고 표현한 대목은 왕발(王勃)의 〈등왕각서(滕王閣序)〉에 있는 "큰 배들이 댈 곳 찾아 서성거리는데, 청작과 황룡을 그린 배들이로다(舸艦迷津, 靑雀黃龍之舳)"라는 구절에서 유래한 것이다. 상하이 항구가 수많은 배로 북적이는 모습을 이렇게 말한 것인데, 그 배가 '기선'이라는 점은 왕발의 시대와는 달라진 풍경이다. "수레는 흐르는 물과 같고, 말은 헤엄치는 용과 같다(車如流水, 馬如游龍)"라는 구절은 『후한서』「황후기(皇后紀)」의 "명덕마황후(明德馬皇后)"에서 외척들의 사치스러운 모습을 지적하면서 쓴 말인데, 후대에는 화려한 거마(車馬)의 왕래가 빈번한 것을 형용하는 말로 사용되었다. 다만 김득련의 일기에서는 말과 수레, 즉 마차가 매우 빠르다는 문자 그대로의 뜻으로 이해하는 편이 문맥상 자연스러우니, 『후한서』의 전고가 갖는 원래의 뜻을 그대로 차용하지는 않은 듯하다.

사절단은 프랑스 조계지의 호텔에 머무르다가 11일에 영국 상선 황후호(The Empress of China)에 승선한다. 그동안 그들은 같은 호텔에 머물던 민영익과 민영기, 러시아 영사 레딩, 상하이 해관에서 근무하던 묄렌도르프, 일본 영사 에이타키(永瀧久吉) 등과 만났으며, 장원(張園)과

우원(愚園) 등을 방문하기도 했다. 호텔을 나와 외출하면 상하이 거리를 볼 수 있었는데, 김득련은 낮과 밤의 풍경을 다음과 같이 관찰했다.

(장원에서 차를 마시고 나서) 돌아오는 길에 여러 부둣길을 두루 돌아보았다. 거리는 머리털처럼 곧고, 길 양쪽에는 중국과 서양 점포가 늘어서서 빈 땅이 없었다. 갖가지 진귀한 보물이 구름이나 산처럼 쌓여 마치 페르시아의 시장에 들어선 것처럼 사람의 눈을 어지럽게 한다. 이루 다 기록할 수가 없다.[7]

─ 『환구일록』 4월 7일

밤이 되자 인력거를 타고 거리에 나가서 여러 부둣길을 두루 돌아보았다. 전등과 가스등이 종횡으로 이어져 점포가 야시장을 이루었는데, 등불은 휘황찬란하여 마치 대낮과 같았다. 곳곳의 다루(茶樓) 위에는 화장한 여인들이 빽빽하게 늘어서고 관현(管絃)의 악기를 성대하게 연주하니, 오가는 객들은 희희낙락 분주하여 앞다퉈 놀이판을 펼친다. 이는 장사치들이 객지에서 종일 일하다가 밤에 잠시 짬을 내서 마음을 터놓고 즐기는 것이니, 날마다 이러하다고 한다. 가히 "안개 속 달빛은 10리에 아득하고, 생황 반주에 노랫소리는 사계절 들끓는다"라고 이를 만하다.[8]

─ 『환구일록』 4월 8일

이제 시로 돌아가 보자.

첫째 수에서는 개항한 지 50여 년이 지난 상하이의 풍경과 인상을 제시했다고 할 만한데, 처음 도착했을 때의 감상과 함께 장원에서 돌아오는 길에 본 거리의 풍경을 담은 것으로 보인다. 제1구와 제2구에서는 난징 조약에 따른 개항과 통상의 결과로 상하이에 세계 각국의 정교하고 빼어난 기술과 문물이 모이게 되었다고 했다. 물론 상하이가 '거둬들인다[收]'고 해서 중국이 그 기술이나 문물을 소유하게 되었다고 말할 수는 없다. 제3구와 제4구에서 짐작할 수 있듯이, 상하이의 발전된 면모는 서구 열강이 독립적인 행정, 무역, 생활을 누리던 '서양의 조계지'에서만 드러나기 때문이다. 영국, 미국, 프랑스가 상하이의 토지를 조차하면서 형성된 조계지를 중심으로 한 도시 건설의 결과로 19세기 말의 상하이는 과거의 신호(申滬)나 상해진(上海鎭)과는 완전히 다른 풍경을 띠게 된다. 이에 김득련은 4월 7일의 일기에서 말한 바처럼 "머리털처럼 곧은(街衢髮直)" 상하이의 시가지를 보게 되는 것이다.

  둘째 수에서는 변화한 상하이의 풍경을 읊었는데, 4월 8일 일기에서 기록한 야경(夜景)에서부터 시상을 얻었으리라고 짐작된다. 제1구에서는 그림 속에서나 볼 법한 누대와 선박을 등장시켰는데, 김득련은 상하이에 들어서면서 이미 '서양식 고층 건물(洋製樓屋)'과 '여러 나라의 기선(各國汽船)'을 본 바 있다. 물론 8일 밤에도 부둣길을 돌아보며 화장한 여인들이 늘어선 다루(茶樓)를 지켜보았으니, 시를 읊으면서 그때 본 누대와 선박을 떠올렸을 수도 있다. 여기서 '떠 있다[浮]'라는 동사를 사용한 것은 누대는 높은 곳에 있고 배는 물 위에 있기 때문인 듯하다. 물론 운자이기도 하니, 뜻보다는 압운에 유의해서 이 글자를 쓴 것일지도 모른다. 제2구에서는 8일에 본 야경을 압축적으로 드러내려 한 듯한데, 일기에서 그 풍경 묘사를 마무리하며 제시한 "안개 속 달빛은 10리에 아득하고, 생황 반주에 노랫소리는 사계절 들끓는다(煙月之光迷十里, 笙歌之聲沸四時)"라는 구절을 여기서 그대로 쓰고 있기 때문이다. 그러니까 물안개가 자욱한 강변 부둣길을 비추는 달빛, 휘황찬란한 전등과 가스등을 밝힌 야시장, 화장한 여인들과 여러 악기를 든 악공들의 연주와 노래, 그 아래 여기저기서 놀이판을 벌이는 장사치들까지 여기에 담아내려 했을 법하다.

제3구와 제4구에서는 번화함을 기준으로 본다면 상하이가 제일이라고 단언했다. 이는 8일에 지켜본 야경에서 끌어낸 말일 수도 있지만, 상하이에 들어선 첫날 기선, 건물, 물화를 보면서 언급했던 "동양 제일의 번화한 대항구(東洋第一繁華之巨港)"라는 말과도 유사하니 그 첫인상에서 끌어낸 말이라고 해도 좋을 것이다. 어느 쪽이건 상하이의 인상은 '동양 제일'이라는 말로 요약할 수 있을 듯한데, 김득련이 과연 그 상하이가 곧 상하이의 조계지일 뿐일 수도 있다는 점을 인식했는지는 짐작하기 어렵다.

7 양식을 먹으며 장난삼아 짓다
喫洋餐戲題

식탁보 깐 긴 테이블에 메뉴판 펼치고,
우유와 빵은 눈앞에 쌓아두었네.
수프, 고기, 생선, 샐러드 차례로 내놓으니,
나이프, 포크, 스푼, 접시를 돌아가며 바꾸네.
제철 아닌 진기한 과일이 유리 쟁반에 오르더니,
각양각색 향기로운 술이 유리잔을 채우네.
끝으로 내온 커피를 마신 뒤에
긴 회랑 거닐며 담배를 피웠네.
舖巾長桌食單開, 牛奶麵包當面堆.
羹肉魚蔬供次第, 刀叉匙楪換輪回.
不時珍果登玻架, 各樣香醪滿瑪杯.
終到珈琲茶進後, 長廊散步吸烟來.

  양식 식사라는 특이한 소재를 다루고 있어서 일찍부터 주목받은 작품이다. 그렇지만 제목에서 이미 언급하고 있듯이 희작(戲作), 즉 장난삼아 지은 작품이어서, 압운과 평측에 유의했을 뿐 크게 공들이지는 않았을 가능성이 있다. 뒤에 간행본을 재정리하면서 필사했으리라고 짐작되는 규장각한국학연구원 소장 필사본에서는 이 작품을 본문 위에다 옮겼는데, 이는 별 가치가 없다고 여겨서 제외하려 한 흔적일지도 모른다. 물론 단순한 실수였을 수도 있지만, 오늘날의 독자가 공감하고 관심을 가질 만한 요소가 많다는 점은 분명하다. 그러고 보면 작품의 가치를 결정하는 것은 때로는 작가보다는 독자 쪽일 수 있다고 말해도 좋을 듯하다.

제1구와 제2구는 양식을 제공하는 식탁의 모습을 그렸다. 식탁보를 깔아둔 긴 식탁, 그 위에 놓인 메뉴판, 식전 빵과 우유가 차려진 광경을 떠올릴 수 있는데, 이는 한국 음식을 먹던 장소의 광경과는 상당히 달랐을 듯하다. 제3구와 제4구는 양식 특유의 음식과 식사 용구의 종류가 나열되고 있어 오늘날 독자의 눈에는 흥미롭게 보일 만하다. 만약 이 시가 식사 과정을 시간순으로 포착했다고 이해한다면, 이 두 구는 전채부터 주요리까지 음식이 나오고 그 음식에 어울리는 도구를 사용하여 식사하는 과정을 그린 것이라고 볼 수 있다. 제5구와 제6구는 디저트를 내는 광경을 그렸으리라고 짐작된다. 서양 식사를 처음 접했을 때 과일과 디저트 와인을 내는 것, 그것도 유리 쟁반이나 유리잔에 담아내는 광경은 상당히 이국적으로 느껴졌을 법하다. 제7구와 제8구에서는 마지막 디저트로 나온 커피를 마시고 밖에 나와 회랑을 거닐며 담배를 피우는 장면을 그렸다. 마지막에 '오다[來]'라는 말을 쓴 이유나 의미가 무엇인지는 분명하지 않은데, 특별히 뜻을 새길 필요가 없는 운자로 이해하는 편이 자연스러울 듯하다.

이 시가 '희작'이라고 말했지만, 그래도 김득련이 이 시를 쓰게 된 계기나 이유는 있었을 것이다. 언제, 무엇을 보고, 어떤 생각이나 감정을 갖고 이 시를 읊었을까? 정확히 알 수는 없지만, 『환구일록』에서는 부분적이나마 그에 대한 단서를 찾아볼 수 있다.

김득련이 4월 1일 저녁 8시에 러시아 군함 그레먀시호에서 처음 서양 음식을 맛보았음은 앞서 말한 바 있는데, 상하이로 가는 이틀 동안 거의 같은 음식을 먹었을 것이다. "저녁 식사 이후 갑판에서 산보했다(夕飯後散步加板)"라는 4월 3일의 기록 정도를 볼 수 있을 뿐이니, 특별히 다른 음식은 아니었을 것이다. 1일에 내렸던 "음식은 정결하여 식욕을 돋게 할 만하다(饌品精潔, 可以醒胃)"라는 평가 역시 크게 달라지지 않았을 법하다.

상하이에 머물던 동안에는 숙소인 콜로니 호텔에서 주로 식사했던 듯한데, 외부에 있는 '장원'에서 차를 마시거나 식사하기도 했다. 사절단은 4월 7일에 이곳에서 차를 마셨으며, 4월 9일에는 참의 이근배(李根培)의 저녁 초대를 받았다. 김득련은 '장원'의 풍경을 이렇게 기록했다.

> 이곳은 중국인이 서양식 제도를 본떠 만들었다. 연못, 정자, 나무가 가지런하고 그윽한데, 옥란, 복숭아, 살구가 활짝 피어 답청객(踏靑客)으로 종일 떠들썩하다. 이것이 참으로 "아무나 찾아와 사시사철 꽃을 보도록 내버려 둔다"라는 시구에 어울린다.[9]
>
> ―『환구일록』 4월 7일

당나라 두순학(杜荀鶴)의 "학을 놓아 신선을 찾으러 보내고, 아무나 찾아와 사시사철 꽃을 보도록 내버려 둔다(放鶴去尋三島客, 任人來看四時

花"라는 시구에 어울릴 만큼 수많은 사람이 마음껏 꽃을 구경하고 있다고 기록했는데, 건물이나 음식보다는 정원에 주목한 것처럼 보인다. 장원에서는 서양 음식을 내놓았으리라고 짐작되지만, 김득련의 기록에서는 이에 주목한 흔적을 찾기는 어렵다. 이미 서양식 식사에 익숙해져서 특이한 일이라고 여기지 않게 되었기 때문일까.

그런데 윤치호가 남긴 기록에는 김득련으로 짐작되는 인물이 서양 음식을 접하고 고민하는 장면이 등장한다.

> 내가 서울을 떠난 이래 겪은 시련들 가운데 하나는 외국 식탁의 요리와 예절에 나 자신을 적응시키는 일이었네. 처음 며칠 동안은 아무것도 먹을 수가 없었어. 입술을 찢지 않고 혀를 찌르지 않으며 고기 따위의 조각을 옷에 떨구지 않으면서 오래된 야만 시절의 유산인 나이프와 포크를 다루는 데는 상당한 기술이 필요했거든.[10]
>
> — 윤치호, 「어느 한국인의 해외 여행(The Korean Abroad)」(1897)

윤치호는 러시아 사절단 가운데 한 사람인 Mr. Kim의 편지를 구해서 그의 허락을 받고 영어로 번역해서 《코리안레포지터리(The Korean Repository)》에 실었다고 했는데, Mr. Kim이란 김득련으로 추정할 수밖에 없다. 그렇지만 김득련의 한문 편지를 번역했다는 말은 윤치호의 주장일 뿐이며, 실제로는 윤치호가 허구적으로 만들어낸 편지일 가능성이 크다. 박주영은 박사 학위 논문인 「한말 지식인의 근대 경험과 양가적 정체성」(2020)에서 이러한 사실을 밝힌 바 있는데, 설득력이 높다고 판단된다. 어쨌거나 이 편지에서는 나이프와 포크를 제대로 다루지 못해서 며칠 동안 아무것도 먹지 못하는 조선인 여행객의 모습을 그려냈다고 할 수 있는데, 이처럼 당황하거나 곤란해하는 면모는 김득련의 시에서는 읽어내기 어렵다. 게다가 김득련은 처음부터 서양 음식에 만족해하지 않았던가? 왜 그럴까? 김득련이 '사절단의 일원'이었다는 점을 생각하면, 그 이유는 어렵지 않게 짐작할 수 있다. 사절단에는 윤치호처럼 서양 음식이나 식탁 예절에 익숙한 인물이 포함되어 있었고, 민영환이나 김도일 또한 서양 음식을 처음 대하지는 않았을 가능성이 크다. 다른 사람에게 물어보거나 그도 아니면 따라 하면 그만이었던 셈이다. 어쩌면 나이프와 포크를 앞에 두고 고민하는 모습은 윤치호 자신의 과거 경험에서 가져온 것일지도 모른다.

윤치호는 30여 년 후의 회고담에서는 '음식'에 대해 조금 다른 이야기를 하는데, 러시아 사행 당시에 이미 세상이 꽤 열린 판이어서 '순전한 서양식 요리'를 탈 없이 잘 먹었다고 술회했다. 다음은 1927년에 발표한 윤치호의 회고담 일부인데, 오늘날의 표기법과 표현에 맞추어 고쳐서 제시한다.

예나 이제나 할 것 없이 외국에 가려면 음식이 큰 문제라. 요즘도 우리 유학생들은 일본만 가더라도 김치 짠지를 못 잊어 야단이며 고추장 단지를 끌고 다닌다는 소문을 가끔 듣는다. 일본만 해도 도쿠가와 막부 시대부터 메이지 초년까지 외국 사절을 갈 때는 미소(된장) 통, 다꾸앙(짠지) 통을 끌고 다녔다는 이야깃거리가 많지만, 우리가 러시아[露西亞]에 갈 때만 하여도 세상이 꽤 열린 판이라 그런 수선스러운 일은 없이 선중(船中), 차중(車中)에서나 그곳에 가서도 순전한 서양식 요리로 뱃병 없이 무사통과하였다.

—《별건곤》제6호(1927. 4.)

8   나가사키항에 닿다
抵長崎港

바다 위에 기이한 산봉우리 홀연 나타나더니,
뱃사람이 가리키며 나가사키라 하네.
일본의 경장을 이로부터 볼지니,
건물이며 거리, 항구 모두 서양식이네.
海上峰巒忽逞奇, 舟人指點是長崎.
和國更張從此見, 屋樓街港盡西規.

일본 나가사키는 원래 러시아 사절단이 들를 예정이 없던 곳이었다. 배편을 바꿀 수밖에 없었던 사정으로 인해 들르게 되었지만, 김득련은 그곳에서 변화된 일본의 면모를 목격하고 몇 편의 시를 남길 기회를 얻게 된다.

나가사키로 향하게 되었던 과정을 일기에서 잠시 살펴보자.

러시아 사행은 처음에는 상하이에 도착한 뒤 프랑스 공사선에 탑승하여 홍콩을 거쳐 앞으로 갈 생각이었다. 그런데 상하이에 조금 늦게 도착한 까닭에 다른 사람들이 그 배의 선실을 모두 선점하였고 다시 변통할 수도 없었다. 다음 배를 기다리려 하나, 그러면 러시아 수도에서 베풀어지는 하례(賀禮) 날짜에 맞추지 못할까 근심되었다. 스테인이 여러 방면으로 널리 찾아보니, 마침 태평양으로 가는 영국 상선 황후호가 있어 장차 이 배를 타고 앞으로 가기로 했다. 서쪽을 향하려던 노정이 동쪽을 향하는 길로 바뀌었으니, 여행의 온갖 일들은 누구도 미리 정할 수 없음이 이와 같다. 이 상선은 며칠 안에 홍콩에서 상하이로 올 것이요, 11일에 출항하여 나가사키를 지나 요코하마에 들렀다가 태평양을 건널 것이다. 뉴욕을 거쳐 다시 (다른 배를 타고) 대서양을 건너 런던과 베를린을 지나서 러시아 옛 수도 모스크바에 도착할 예정이다. 서쪽으로 가는 길과 비교하면 두서너 날 정도 더딜 것 같다고 한다.[11]

— 『환구일록』 4월 5일

    태평양을 건넌 다음에는 북아메리카 대륙을 가로질러 뉴욕에서 다른 배로 갈아타야 한다. 원문에는 황후호의 항로가 다소 불분명하게 기록되어 있는데, 어쩌면 뉴욕에서 다른 배로 갈아타야 한다는 점을 당시에는 알지 못했는지도 모른다. 황후호의 실제 경로를 고려하여 번역하면, 사절단의 변경된 일정은 위와 같이 정리할 수 있다. 어쨌거나 원래 계획했던 배편을 구하지 못한 결과로 일본과 미국을 지나고 태평양과 대서양을 건너는 여정을 취하게 된 것은 분명한 사실이다.

    다만 30여 년 뒤에 윤치호는 경로를 바꾸게 된 이유를 조금 달리 회고한다. 약간은 결과론적인 발언처럼 보이지만, 어쩌면 윤치호의 당시 의견이 이와 같았을지도 모른다. 서쪽으로 가는 다음 배를 기다릴 것인지 아니면 동쪽으로 가는 배에 오를 것인지를 결정해야 하는 상황에서, 윤치호는 아래와 같은 이유에서 동쪽으로 가는 배를 타야 한다는 의견을 내놓았을지도 모르겠다. 물론 그것은 사절단의 공식적인 의사 결정 과정과는 다소 거리가 있었을 것이다. 다음은 앞의 시에서 살펴보았던 1927년 회고담인데, 역시 오늘날의 표기법과 표현에 맞추어 고쳐서 제시한다.

> 바로 시베리아[西伯利亞]를 거쳐서 러시아 수도에 들어간다면 노정은 가까울는지 모르지만 그래도 모처럼 떠나는 대사의 일행이 지나는 길의 산천과 구미(歐米)의 국경을 겉으로라도 볼 겸하여 상하이에서 북미를 거쳐 서유럽으로부터 러시아 수도에 들어가는 길을 취하게 되었다. 4,000년 이래 갇혀 있던 조선의 깃발이 태평양 만 리 창해에 흩날리고, 캐나다[加柰陀], 미국[合衆國]에 흩날리고, 대서양을 건너 영국의 수도를 지나 독일의 국경을 횡단하고 러시아의 관문에 들어서게 될 제 과연 역사의 변천과 세파(世波)의 추이에 금석현수(今昔懸殊)의 감(感)이 없을 수 없었다.
>
> ─《별건곤》제6호(1927. 4.)

황후호는 4월 9일 밤 상하이에 도착했는데, 10일에는 이튿날 오전 7시에 출항할 예정임을 알려왔다. 사절단은 짐을 꾸리는 한편으로 호텔로 방문한 일본 영사 에이타키를 맞이했다. 11일 아침 마차를 타고 부두에 가서 작은 배를 타고 우쑹강 어귀로 나가 황후호에 올랐다. 김득련은 웅장하고 아름답기로 유명한 이 배를 실제로 보니 소문보다 더 뛰어나다고 했고, 윤치호는 휘황찬란한 이 배의 일등 선실과 중간 등급 선실(intermediate class) 사이에는 큰 차이가 있다고 했다.

황후호는 11일 오전 11시에 나가사키로 향했다. 밤에는 바람에 배가 조금 흔들리기도 했다. 12일에도 바람이 있었지만, 배가 큰 까닭에 멀미하는 사람은 없었다. 배는 오후 5시에 나가사키에 닿았고, 그곳에서 석탄을 실었다. 사절단은 6시에 상륙하여 러시아의 태평양 함대 제독과 영사를 방문하고서 9시에 배로 돌아왔다. 나가사키 땅을 밟은 시간은 그리 길지 않았던 셈이다. 김득련은 일기에 나가사키에 대해 "이곳은 일본에 들어가는 첫 항구이다. 산천은 수려하고 가옥은 즐비하며 상업이 번창하여 한 번 둘러볼 만한 곳이다(此處卽入日本之初港, 而山川明媚, 家屋櫛比, 商業興旺, 一可觀處也)"라고 기록했다.

시에서는 일기보다는 어느 정도 극적인 장면을 연출한다. 상하이에서부터 1,500리를 항해하니 바다 위로 산봉우리가 하나 보인다. 황후호 위에서 바라보니, 산봉우리에서 기이한 기운이 솟아나는 듯하다. 그러자 선원들이 그곳이 나가사키라고 알려 준다. 여기까지가 앞의 두 구이다. 바다 위에서 보았을지, 잠시 상륙했을 때 보았을지는 알 수 없지만, 김득련은 건물, 거리, 항구가 모두 서양식인 '일본의 경장'을 나가사키에서 볼 수 있다고 말했다. 필사본에서는 제3구의 "경장(更張)"을 "개명(開明)"으로 고치는데, 평측의 차이는 없으니 좀 더 적절한 어휘를 찾으려 한 결과로 짐작할 수 있다. 물론 지나친 추측이기는 하지만, 어쩌면 데지마(出島)를 중심으로 메이지 유신 이전부터 오랫동안 외국과 교류했던 나가사키의 역사를 인식하게 된 결과가 아닐까 생각해 볼 수도 있다.

9 시모노세키를 지나며
過赤馬關

연이틀 항해해도 안개는 걷히지 않더니,
먼 봉우리가 때때로 맑은 바다에서 나오네.
깊은 밤 시모노세키 앞을 지나왔으니,
안타깝도다, 배 멈추고 한 번 둘러보지도 못했구나.
連日舟行霧不開, 遠峯時自鏡中來.
夜深赤馬關前過, 恨未停輪一覽廻.

　시모노세키(下關)는 혼슈의 서쪽 끝에 있는 야마구치현에 속한 항구로, 세토 내해(瀨戶內海)로 들어가는 교통의 요지에 있다. 1905년부터는 부산에서 이곳까지 정기적인 배편이 운행되기도 했다. 이곳은 이전에는 '아카마가세키(赤馬關/赤間關)' 또는 '바칸(馬關)'으로 불렸으며, 1902년에 와서 공식적으로 시모노세키라는 명칭을 갖게 되었다고 알려져 있다. 사절단이 지나갈 때의 공식 명칭은 '아카마가세키'였던 셈이다.

　청일전쟁 이후인 1895년 4월 17일에 청과 일본 사이에 조약을 맺은 곳으로도 유명한데, 사절단이 황후호를 타고 이곳을 지난 시점은 시모노세키 조약 체결 이후 약 1년이 되어가던 무렵이었다. 김득련이 이곳을 지나면서 청일 간의 조약을 의식했다는 근거를 찾을 수는 없지만, 그가 이 큰 사건을 몰랐을 리는 없다.

황후호는 석탄을 싣느라 13일 오전 10시 무렵에야 겨우 출항했다. 그렇지만 오후 7시 무렵에 닻을 내리고 멈췄는데, 이는 짙은 안개로 인해 뱃길을 찾을 수 없기 때문이었다. 14일 오전 8시에야 다시 출발하는데, 김득련은 이후의 일을 이렇게 기록했다.

> 오전 8시에 배가 떠나 앞으로 나아갔다. 섬들이 자주 눈에 들어오니, 여기가 내해(內海)임을 알 수 있었다. 시모노세키를 이미 지나쳤으니, 그곳에 한 번 올라가 둘러보지 못한 것이 한스럽다.[12]
>
> —『환구일록』 4월 14일

『환구일록』의 기록을 참고하면, 시의 제1구에서 말한 이틀[連日]이란 곧 4월 13일과 14일을 가리키는 말임을 알 수 있다. '연일'은 보통 '여러 날'로 풀이되지만, 여기서는 '다음 날까지 연달아', 즉 이틀 동안이라는 뜻이 된다. 규장각한국학연구원 소장 필사본에서는 "連日"을 "二日"로 고쳤는데, 이러한 혼란을 방지하기 위함인 듯하다. 이로 인해 평측에도 변화가 생기기는 하지만, 첫 글자이므로 큰 문제는 아니다. 제1구는 황후호가 연이틀 짙은 안개 속을 항해했다는 뜻으로 풀이되는데, 실제로는 짙은 안개로 앞길을 분간하기 어려우니 밤에는 닻을 내렸다가 날이 밝자 다음 날 다시 항해한 것이라고 말할 수 있다.

제2구에서는 갑자기 바뀐 바다의 풍경을 그렸다. "먼 봉우리[遠峯]"란 멀찌감치 보이는 섬일 것이며, "거울 속[鏡中]"이란 잔잔하고 맑은 바다일 것이다. 일기에서는 "섬들이 자주 눈에 들어온다(頻見島嶼入眼)"라고 말했지만, 시에서는 그 섬들이 거울처럼 잔잔하고 맑은 바다에서 수시로 나타난다고 표현했다. 제2구에서 그린 바다의 풍경은 사실 '내양(內洋)' 곧 내해(內海), 즉 육지 사이에 있거나 육지로 둘러싸인 바다의 풍경일 것이다. 구체적으로는 배가 세토 내해(瀨戶內海)에 들어왔기에 이처럼 물결은 잔잔해지고 섬은 많아졌다고 이해할 수 있다.

제3구에서는 이미 시모노세키를 지나쳤다는 사실을 깨닫게 되는데, 제2구에서 말했듯이 잔잔하고 맑은 세토 내해를 항해하고 있다면 배는 이미 시모노세키를 지나왔을 것이기 때문이다. 다만 일기의 기록을 참고하면 실제로 "깊은 밤에[夜深]" 그곳을 지나갔는지는 단정하기 어려운데, 만약 그렇지 않다고 하면 눈으로 확인하지 못하는 동안에 그곳을 지나갔다는 의미로 이 말을 썼다고 이해해도 좋을 듯하다.

제4구에서는 알지 못하는 사이에 시모노세키를 지나쳐 버리고서 그곳을 둘러보지 못했다는 점을 탄식하고 있으니, 지나간 일을 두고 안타깝게 여기는 셈이다. 그렇지만 관광선이 아닌 황후호를 일부 승객의 마음대로 세울 수는 없는 노릇이다. 그러고 보면 "둘러보지[覽廻] 못했다"라는 시의 표현이나 "올라가 둘러보지[登覽] 못했다"라는 일기의 언급이나 실제로 가능하지는 않았을 듯하다. 시모노세키에 이처럼 특별한 관심을 둘 만한 이유가 있었기에 안타깝게 여긴 것이라면, 그 이유가 무엇이었을지 생각해 볼 만한 가치는 있다.

10 고베에 잠시 정박하다
暫泊神戶

고베는 근년에야 비로소 이름이 알려졌지만,
지극히 개명한 대도회로다.
남의 손 빌리지 않고 경영하였으니,
모두 일본인이 분발하여 이룬 것이네.
神戶年來始著名, 大都會處極開明.
經營不待他人手, 盡是和民奮勵成.

황후호는 4월 15일에 고베항에 들렀는데, 승객이 아니라 식량을 싣기 위해서였다. 그래서 승객들은 화물을 싣는 동안 배에서 기다려야 했다. 사절단은 갑판 위를 거닐다가 서울에서 몇 년을 생활하여 언어가 대략 통하는 미국인들을 만나서 대화를 나누기도 했다. 오전 5시부터 오후 1시까지 항구에 정박했으니, 아마 배 위에서나마 고베의 풍경을 살펴볼 수도 있었을 것이다. 김득련은 일기에서 당시의 일을 이렇게 기록했다.

오전 5시에 고베에 이르러 잠시 배를 멈췄는데, 쌀과 채소 등의 화물을 싣기 위해서였다. 항구 방면은 평탄하고도 넓다. 기선은 정박할 곳을 찾아 헤매야 할 만큼 많고 건물은 해안에 이어져 있으니, 나가사키에 비한다면 더 큰 도회지이다. 도쿄까지 바로 통하는 기차가 있는데, 하루 밤낮이면 닿을 수 있다고 한다. 나가사키에서 여기까지는 1,140리이다.[13]

— 『환구일록』 4월 15일

상하이에 오가는 수많은 배를 묘사할 때 사용한 '미진(迷津)', 즉 정박할 만한 곳을 찾아 헤매야 할 만큼 많은 배가 있다는 표현을 여기서도 사용한 점은 주목할 필요가 있다. 상하이만큼이나 정박한 배의 수가 많다고 느꼈으리라고 여기서 짐작할 수 있기 때문이다. 석탄을 실었던 나가사키보다 더 큰 도시라는 언급은 그래서 자연스럽게 느껴지기도 한다. 게다가 도쿄까지 한나절이면 갈 수 있는 직통 기차까지 있다고 했으니, 내륙 교통망까지 잘 정비된 도시라고 판단할 수 있었을 것이다. 기차를 언급하며 "말했다[云]"라고 표현했으니, 누군가로부터 고베에 대한 정보를 들었으리라는 점도 여기서 짐작할 수 있다. 고베항에 정박한 황후호 위에서 누군가와 대화 중 고베가 화제에 올랐다면, 일기에는 남지 않은 정보를 제법 많이 들었을지도 모른다.

시에도 고베에 대한 나름의 정보를 담았는데, 여기에는 본 것과 들은 것, 어쩌면 읽은 것까지 포함된 듯하다. 배 위에서만 바라본 항구도시를 묘사한 것이라고 보기는 어렵다고 생각되는 구절이 발견되기 때문이다.

제1구는 고베에 대한 세평(世評)이나 풍문을 옮긴 것처럼 보이지만, 고베의 최근 역사를 의식한 결과로 이해할 수도 있다. 고베는 1858년 미일 통상 조약에 의해 개항이 결정된 항구 가운데 하나였으며, 막부

말기인 1868년 1월에 실제로 개항했다. 그렇지만 당시의 명칭은 효고(兵庫)였다. '고베'가 시로 성립된 것은 1889년 4월 1일의 일인데, 이 지명은 여기에 이쿠타신사(生田神社)의 신봉호(神封戶), 즉 신사에 기부된 봉호 마을이 있었던 데서 유래한 것이라고 한다. "연래(年來)"는 '지나간 몇 해', 즉 '최근 몇 해 사이'의 뜻이며, "저명(著名)"은 세상에 이름이 드러난다는 말이니 유명하다는 뜻이다. 글자 그대로 풀이한다면, 최근 몇 해 사이에 유명해졌다는 뜻이다. 개항 이후로 크게 발전되었고 또 이에 따라 최근에 유명해졌다고 풀이할 수 있는 것이다. 이때 그처럼 널리 알려지게 된 것이 몇 년 사이라고 할 수 있을지 의문을 품을 수도 있다. 공교롭게도 사절단이 '고베시'가 성립된 지 7년 정도 지난 시점에 이 항구에 들렀으니, '고베'라는 이름을 얻고 그 이름이 널리 알려지게 된 것이 최근 몇 년 사이라고 이해하는 편이 더 자연스러울지도 모른다.

제2구에서는 고베의 규모나 발전상이 "대도회"라고 평할 만하다는 점을 말했다. 배 위에서 바라본 항구의 규모와 건물의 제도, 누군가에게 들었을 도쿄까지의 직통 기차 등 교통망 등의 정보를 종합하여 이러한 판단을 내렸을 것이다. 고베의 '신문물'에 대한 소문까지 더해졌는지는 알 수 없지만, 도시의 개명(開明) 정도는 과거부터 이미 잘 알려졌던 도시들보다 더 높은 수준이라고 판단했을 법하다.

제3구와 제4구에서는 '지극히 개명된 대도회'인 고베가 타인, 즉 외국인이 아닌 일본인의 경영과 노력으로 이루어진 것임을 말했다. 사실 여부를 떠나 김득련이 이렇게 판단했다는 점은 분명한데, 다만 그 근거가 무엇인지는 확인하기 어렵다. 적어도 고베에서의 일을 기록한 일기에서는 찾기 어렵다. 다만 시구와 비슷한 표현이 일본을 떠날 때의 기록에 등장한다는 점은 유의할 만한데, 17일의 일기에는 날로 발전하고 새로워지는 도쿄의 문물을 회상하면서 "이는 모두 이 나라 사람들이 서양의 제도를 근면하게 배워서 이처럼 개명된 것이요, 남의 손을 빌린 것이 아니다(此皆本邦之人勤學西法, 進此開明, 不借他人之手也)"라고 기록해 두었다. 이 구절에 주목하면, 제3구와 제4구의 발언은 일본 전체의 '개명'에 대한 평가라고 해도 좋을 것이다. 어쩌면 그것이 조선은 물론이고 청나라 상하이와도 구별되는 특징이라고 판단했을 법하다.

11 요코하마에 이르다
次橫濱

상하이가 어찌 이 요코하마만 하겠는가.
부둣길과 건물이 경쟁하듯 새로워지는구나.
게다가 번개처럼 달리는 기차 있으니,
한 시간이면 곧바로 도쿄에 닿는구나.
上洋何似此橫濱, 碼路樓舖競鬪新.
還有汽車能電掣, 東京直抵半時辰.

제목의 '次'에는 '至'나 '及'의 뜻도 있으므로, '이르다' 또는 '당도하다'의 뜻으로 풀이할 수 있다. 이 글자에는 '머물다[留宿]'의 뜻도 있으나, 사절단이 요코하마에서 숙박하지는 않았으므로 그러한 뜻으로 풀이하기는 어렵다.

황후호는 4월 15일 오후 1시 무렵 고베를 떠나서 이튿날인 16일 오후 1시 무렵 요코하마에 도착했다. 만 하루 동안 1,110리를 항해한 것인데, 바람에 배가 몹시 흔들려 편히 잘 수는 없었다고 한다. 사절단은 요코하마에서 러시아 영사를 만난 뒤 바로 기차를 타고 도쿄로 갔고, 이튿날 아침에 잠시 의화군(義和君)을 찾아뵙고서 도쿄에서 기차를 타고 요코하마에 돌아와 태평양을 횡단할 준비를 마친 황후호에 오른다. 결국 요코하마에는 두 번 들른 셈이 되지만, 실제 머물렀던 시간은 얼마 되지 않는다.

요코하마에 대한 감상은 16일의 일기에는 거의 드러나지 않는다. 17일 요코하마에서 출항하며 일본에서의 견문을 회고하면서 요코하마를 떠올리는데, 일기에서는 "수려한 산천, 견고하게 쌓은 부두, 높고 큰 건물, 잘 정비된 거리, 끊임없이 이어진 전등과 가스등이 사람의 눈앞을 갑자기 환하게 했다(山川之秀麗, 埠碼之堅築, 樓屋之高大, 街路之整齊, 電煤之絡繹, 令人眼界忽明)"라고 썼다. 산천을 제외하면, 요코하마를 회상하면서 모두 '개명(開明)'의 결실을 떠올린 셈이다.

이제 시로 돌아가 보자.

제1구에서는 앞서 둘러보았던 상하이의 발전상이 요코하마에는 비길 바가 아니라고 단정했다. 상하이의 개명을 보고서 "각국의 빼어난 기예를 모두 거둬들였다(各邦巧藝不勝收)"라고 판단했건만, 그것이 요코하마에는 미치지 못함을 이제는 깨달았다는 것이다. 한편 "상양(上洋)"은 '상하이'의 명나라 때의 별칭인데, 이 무렵에 널리 쓰이던 말은 아닌 듯하다. 의도적으로 옛 지명을 사용했을 수도 있지만, 상성인 '海'를 피해 평성인 '洋'을 썼다고 이해하는 편이 자연스럽다. 평성인 '洋'을 쓰면 상성인 '似', 평성인 '橫'과 어울리기 때문이다. 제2구에서는 나날이 새로워지는 부둣길과 건물을 언급했는데, 이는 제1구에서 내린 판단에 대한 근거가 될 수 있을 것이다.

제3구와 제4구에서는 기차를 거론했다. 1872년에 도쿄의 신바시(新橋)와 요코하마를 잇는 일본 최초의 철도가 개통되었으니, '요코하마-도쿄' 구간을 기차로 이동한 사절단은 일본 최초의 철로를 목격한 셈이다. 기차로 도쿄까지 가는 데 걸린 시간인 '반 시진(半時辰)'은 곧 1시간인데, 하루를 12시(時)로 나누는 시간 계산법을 사용했기 때문이다. 한편 『환구일록』에서는 "기차역에 이르러 기차를 타고 80리 길을 가서 1시간 만에 도쿄의 우리 공사관에 들어갔다(至汽車廠, 登車行八十里, 一點鍾入東京我公使館)"라고 기록했으니, 걸린 시간은 거의 같게 말한 셈이다. '요코하마-신바시' 구간의 철도 개통 시 두 역 사이의 직선거리를 23.8킬로미터, 예상 소요 시간은 53분이었는데, 사절단이 밝힌 수치는 이와 거의 비슷하다.

"번개처럼 달리는 기차"라는 말에서 사절단이 기차를 타고 도쿄로 이동한 사실을 짐작할 수 있지만, 또한 상하이와 대비되는 요코하마의 발전상을 떠올릴 수도 있다. 상하이에 도착한 뒤의 일기에서는 기차는 언급하지 않고 "수레는 흐르는 물과 같고 말은 헤엄치는 용과 같다(車如流水, 馬如游龍)"라는 말에 부합하는 마차만 거론했기 때문이다. 사실 상하이에는 1876년에 14.5킬로미터 길이의 철도가 부설된 바 있으니, 상하이는 비교적 이른 시기에 철도를 운영한 도시였다고 할 수 있다. 그렇지만 영국인들이 건설한 이 철도는, 정부와의 갈등 끝에 운영 1년 만에 철거되고 말았다고 한다. 어쨌거나 조선의 사절단은 상하이에서는 철도와 기차를 보지 못했는데, 이 때문인지 김득련은 상하이와 일본 도시 간의 중요한 차이점으로 기차를 떠올렸다.

12 기차를 타고 도쿄에 들어가다
乘火輪車入東京

도쿄에 이르자 눈이 번쩍 뜨이니,
번화한 풍경이란 말 독차지할 만하도다.
참으로 구경하느라 겨를 없게끔 하니,
정말 산음(山陰) 길 가는 것과 같도다.
及到東京眼忽明, 繁華形勝此專名.
令人應接眞無暇, 絶似山陰道上行.

사절단은 4월 16일 오후 1시 무렵 요코하마에서 하선(下船)하여 잠시 러시아 영사를 만난 뒤 기차를 타고 도쿄로 향한다. 1시간 정도 시간이 걸렸다고 했으니, 아마도 기차는 2시에서 3시 사이에 도쿄로 들어갔을 것이다. 도쿄에서 공사관에 들른 사절단 일행은 '신정(申正)', 즉 4시 무렵에 의화군의 숙소를 찾았다가 뵙지 못하고 돌아왔다. 결국 이 시는 2~3시 정도의 오후 시간에 기차로 요코하마에서 도쿄로 들어오면서 본 풍경과 감회를 읊은 작품이라고 말할 수 있다.

제1구의 "안총명(眼忽明)"은 눈이 갑자기 밝아진다는 뜻인데, 매우 좋은 것 또는 매우 가치 있는 것이 눈앞에 있어 눈을 크게 뜨고 보게 되었다는 말로 풀이할 수 있다. 강희맹의 〈제서강중북정록후(題徐剛中北征錄後)〉에는 "경박한 소리 시끌시끌 사람의 귀를 어지럽히더니, 그대의 시를 얻게 되매 내 눈이 갑자기 밝아지네(澆音哇咈亂人聽, 到得君詩眠忽明)"라는 구절이 있는데, 이는 듣고 싶지도 않을 만큼 경박한 소리를 듣다가 서거정의 『북정록(北征錄)』을 접하자 눈이 갑자기 밝아진 것처럼 절로 잘 보이게 되었다는 말이다. 실제로는 늘 경박하고 보잘것없는 시문들만 보다가 뛰어난 시를 보게 되자 자세히 보기 위해 절로 눈을 크게 떴다는 뜻으로 풀이할 수 있다. 도쿄에 들어섰을 때 김득련이 절로 눈을 번쩍 뜨고서 보게 된 것은 무엇일까?

제2구에서 내놓은 답은 "변화한 풍경[繁華形勝]"이다. "전명(專名)"은 이름 혹은 그 이름에 맞는 지위를 독점한다는 말이니, '변화한 풍경'이라는 말에 가장 잘 어울리는, 그 말을 독점할 만한 풍경이 도쿄에 있다는 뜻이 된다. 그 풍경의 구체적인 면모는 일기에서 조금이나마 엿볼 수 있다.

> 정오에 출발하여 동쪽으로 향했다. 그저께 요코하마에 정박하니, 수려한 산천, 견고하게 쌓은 부두, 높고 큰 건물, 잘 정비된 거리, 끊임없이 이어진 전등과 가스등이 사람의 눈앞을 갑자기 환하게 했다. 동경에 들어가자 배치된 모든 것이 참으로 오묘한데, 정밀함에도 더욱 정밀하기를 구하고 날로 또 날로 새로워지고 있다. 이는 모두 이 나라 사람들이 서양의 제도를 근면하게 배워서 이처럼 개명된 것이요, 남의 손을 빌린 것이 아니다.[14]
> ―『환구일록』4월 17일

요코하마의 풍경을 묘사할 때 사용한 "눈앞을 갑자기 환하게 했다

(令人眼界忽明)"라는 표현은, 기차가 도쿄에 들어올 때 그 풍경을 보면서 "눈이 번쩍 뜨였다(眼忽明)"라고 말할 때 다시 사용되었다. 그렇다면 두 곳의 풍경이 모두 절로 눈을 크게 뜨고 자세히 보게 될 만큼 대단하다는 뜻인데, 요코하마에서 도쿄로 들어왔으니 뒤에 본 도쿄의 풍경이 더욱 대단하다는 말로 이해할 수 있다. 정도의 차이이기도 하겠지만, 그 이유는 "精益求精, 日新又日新", 즉 더 정밀하고 새로워지기 위한 노력을 게을리하지 않는다는 데 있다고 보아야 할 것이다. 그래서 "변화한 풍경"이라는 말은 도쿄가 독차지해도 좋을 만하다고 감탄하게 되는 것이다. 한편 『환구일록』의 구절은 4월 17일 일기에 실려 있으니 엄격하게 따진다면 '그저께(再昨)' 요코하마에 정박했다는 말은 정확하지 않은 셈인데, 요코하마항을 떠나 태평양으로 나가면서 이처럼 회상하고 있음을 고려하면 일기를 쓴 시점은 17일 밤일 것이니 어쩌면 틀린 말은 아닌지도 모른다.

다시 시로 돌아가 보자. 제3구와 제4구에서는 왕휘지(王徽之)의 '산음도상 응접불가(山陰道上應接不暇)' 고사를 인용하여 변화한 도쿄의 도시 풍경에 감탄하고 있다. 왕휘지는 왕희지의 다섯째 아들인데, 산음(山陰), 즉 지금의 소흥(紹興)에 살던 벗 대규(戴逵)를 자주 찾아갔다고 한다. 산음으로 가는 길은 경물이 아름답기로 유명한데, 『세설신어(世說新語)』의 「언어(言語)」에는 왕휘지가 "산음의 길을 가다 보면 산천이 절로 빛나서 사람이 구경하느라 겨를이 없게끔 한다(從山陰道上行, 山川自相映發, 使人應接不暇)"라고 말했다는 구절이 실려 있다. 산음의 길에 대해서는 "수많은 바위가 빼어남을 다투어서 사람이 구경하느라 겨를이 없게끔 한다(千巖競秀, 使人應接不暇)"라는 말도 전한다. 결국 이 두 구는 대단한 풍경이 너무 많아서 산음 가는 길에서처럼 이루 다 구경할 수 없다는 말로 감탄의 심정을 드러낸 셈이 된다.

13 우리 공관에서 하룻밤 묵고 읊어서 서기 유찬에게 보이다
我公館止宿一宵 示劉書記燦

부평초 같은 해외의 인연에 뒷날은 기약할 수 없어,
등불 돋워가며 이야기하노라니 하룻밤이 길구려.
감사하게도 아침밥 한식으로 지어주시니,
집에서보다 오히려 더 입에 맞는구려.
   [정갈하게 음식을 준비했는데, 한결같이 우리식 음식이어서 매우 입에 잘 맞았다.]

海外萍緣本不期, 挑燈却話一宵遲.
多謝朝餐炊我法, 適宜還勝在家時.
   [精備肴饌, 一如我法, 極爲適口.]

사절단이 도쿄에 머문 시간은 만 하루가 되지 않는다. 앞의 시에서 보았듯이 16일 오후 2시에서 3시 사이에야 도쿄역에 도착했을 것이며, 17일 오전 9시에 도쿄역에서 요코하마행 기차에 올랐다. 그 사이에 사절단은 의화군의 숙소를 두 차례 찾았다. 16일 오후 4시 무렵에는 모두 함께 방문했다가 뵙지 못한 채 돌아오고, 17일 오전 8시에는 민영환과 윤치호가 방문해서 인사를 드리고 돌아온다. 결국 김득련은 의화군을 뵙지는 못한 셈이다. 또한 16일 오후 7시 무렵에는 러시아 공사 스페이에르(斯婆兒, Speyer)의 초대를 받아 러시아 공사관에 가서 식사하고 밤

늦게 돌아왔다. 도쿄를 둘러보거나 따로 누군가를 만날 여유는 없었을 것이다.

도쿄에서 김득련과 대화했을 법한 사람은 공사관 서기 유찬(劉燦)이다. 『대한제국 관원 이력서』에는, 1870년생으로 1883년에 영어와 일본어를 배우고 1886년에 육영공원에서 수학했으며 1895년 5월에 서기생(書記生)으로 주일 공사관에 부임했다고 기록되어 있다. 당시 서리공사(署理公使) 이태직(李台稙)은 귀국하고 신임 공사 이하영(李夏榮)이 부임할 예정이어서 서기 한영원(韓永源)은 신임 공사를 맞이하러 고베로 갔기 때문에, 공사관에서는 유찬 혼자 사절단을 맞이해야 했다. 17일에 유찬은 아침 식사를 준비했고 잠시 이야기를 나눴으며, 요코하마에 정박한 황후호까지 사절단을 따라가서 배웅했다. 17일 아침의 식사와 대화 장면은 이러하다.

> 유 서기가 아침을 한 상 차렸는데, 우리 음식으로 정갈하게 준비했다. 한결같이 양식(洋食)을 먹던 터에 식욕이 돋아 실컷 먹었다. 유 서기의 말을 듣건대, 게이오 의숙에 있는 우리 학도 150여 명이 학비가 부족하여 고초를 면치 못하고 있으며 또 문제를 많이 일으켜 창피함을 견디기 어려운데 의숙의 주인인 후쿠자와 유키치는 우리 학부(學部)와 약조가 있다는 이유로 돌아가기를 허락하지 않는다고 한다. 서울에 있을 때 이미 이 일을 들었는데, 마땅히 학부에서 약조를 고치고 신임 공사가 오면 반드시 바로잡아야 할 것이다.[15]

― 『환구일록』 4월 17일

김득련을 포함한 사절단이 서양 음식에 잘 적응했다는 점은 앞에서 희작인 〈양식을 먹으며 장난삼아 짓다〉를 살펴보면서 확인할 수 있었다. 김득련과 윤치호 모두 그렇게 기록했으니, 아마 사실일 것이다. 그렇지만 사절단에게 양식이 '우리식(我法)'의 음식, 즉 한식을 완전히 대신할 수는 없었던 모양이다. 김득련은 마음껏 먹고 감사한 마음을 시에 담았으며, 윤치호는 일기에서 식사에 대해 따로 언급했다. 윤치호는 4월 17일의 일기에서 "오전 8시 무렵 아침 식사를 했다. 한식을 매우 맛있게 먹었다(Breakfasted about 8 a.m. Enjoyed the Corean food very much)"라고 아침 식사에 대해 기록했는데, 비록 식사를 마련한 유찬을 따로 언급하지는 않았지만 'Corean food'라고 따로 언급할 만큼 이날 아침 식사는 인상적이었던 듯하다.

한편 유찬과 김득련, 그리고 사절단이 나눈 대화가 어떤 것이었는지 모두 확인할 수는 없지만, 게이오 의숙의 유학생 문제가 중요한 화제였음은 짐작할 수 있다. 다만 "문제를 많이 일으켜 창피함을 견디기 어렵다"라는 구절의 뜻은 분명하지 않은데, 어쩌면 윤치호가 언급하는 절도 사건을 말하는 것인지도 모른다. 윤치호는 4월 17일의 일기에 "듣건대 후쿠자와 학교[게이오 의숙]에 다니는 이른바 학생들 가운데 세 사람이 금고를 부숴 열었다가 체포되었다고 한다"라고 기록하면서 박영효 등이 '관상'만 보고서 자질이 부족한 자들을 학생으로 뽑은 탓이라고 비판했다.

이제 시로 돌아가 김득련이 유찬과의 인연을 어떻게 그려내는지 살펴보자.

제1구에서 "평연(萍緣)"은 부평초처럼 떠도는 인연을 말하며, "불기(不期)"는 기약하지 못한다는 뜻이니 후기(後期), 즉 뒷날 만날 약속을 두지 못함을 말한다. 해외에서 만난 유찬과는 언제 다시 만날 수 있을지 알 수 없다는 말이다. 제2구에서 "도등(挑燈)"은 등잔의 심지를 돋운다는 뜻이니, 밤에도 이야기하기 위해 불을 밝힘을 말한다. "일소지(一宵遲)"는 하룻밤이 길다는 뜻이니, 등불을 밝히고 밤새 이야기하는 광경을 말한 듯하다. 다만 '遲'는 운자로 쓰인 글자이니 특별한 뜻은 없을지도 모르는데, 이 경우에는 '밤새' 또는 '하룻밤 내내' 정도의 뜻으로 풀이할 수 있다. 두 사람은 언제 다시 만날지 모르는 처지이기에 이처럼 밤을 새워가며 이야기했을 것이다. 제3구와 제4구에서는 아침을 한식으로 마련해 준 데 대한 감사의 뜻을 담았다. 이 '한식 아침 식사'는 먼 여행을 앞둔 사절단에게는 분명 특별했을 테니, 이에 대한 감사의 마음을 시에 담는 것은 적절한 일이라고 할 수 있다.

14   태평양에서 일출을 보며
太平洋觀日出

크고 거친 파도 끝도 없이 펼쳐지더니,
해 뜨는 부상이 바로 눈앞에 있네.
만 갈래 붉은빛 바다 밑까지 꿰뚫더니,
한 바퀴 아침 해 홀연 하늘로 떠오르네.
鯨濤鼉浪浩無邊, 咫尺扶桑在眼前.
萬道紅光通海底, 一輪初日忽升天.

4월 17일 정오에 황후호는 요코하마를 떠났다. 이제 태평양을 가로질러야 한다. 이 넓은 바다에서 승객들은 날씨가 좋으면 갑판에 올라가 바람을 쐬지만, 파도와 바람이 거센 날이면 멀미에 시달리거나 오가지도 못하고 방에 갇혀 지내야만 했다. 물론 왼쪽 무릎을 다쳐서 "아픈 다리 때문에 항해 도중 내내 선실에 들어앉아 있었다"라고 기록한 윤치호에 비하면 다른 사람은 사정이 나은 편이었을 것이다. 그렇다고 해도 28일에 빅토리아섬(Victoria Island)에 들렀다가 29일에 밴쿠버(Vancouver)에 닿을 때까지는, 배에서 그저 광활한 바다만 볼 수 있을 뿐이었다.

물론 갑판이나 선실에 머무른다고 해서 태평양을 건너는 일이 특별하지 않을 수는 없었을 것이다. 김득련은 날짜변경선을 지나면서 '4월

22일'이 이틀 동안 나타나는 원리를 설명했으며,『환구일록』에 '4월 22일'의 일기를 두 차례 써두었다. 4월 25일에는 선상에서 베풀어진 자선 모임인 '육아원(育兒院) 조선회(助善會)'에 기부를 하고, 의사들이 갑판 위에서 우두(牛痘)를 접종하는 장면을 보았다.

가장 강렬한 시각적 경험은 일출을 본 일인 것 같다. 4월 26일의 일기에 바다에서 본 일출의 광경을 묘사하고, 뒤에 그 장면을 시로 다시 읊었다.

> 오전 4시에 잠이 깨어 갑판에 올라가 사방을 바라보니 바닷물과 하늘이 맞닿아 있었다. 홀연 동쪽 끝에 붉은빛이 올라왔다 가라앉았다 하더니, 만 갈래의 빛이 쏘듯이 눈을 비추었다. 얼마 지나지 않아 태양이 이글거리며 올라오는데 그 크기가 무엇으로도 비할 바가 아니니, 진실로 장관이었다.[16]
> ─『환구일록』4월 26일

이제 시에서는 일출 광경을 어떻게 그렸는지 살펴보자.

우선 제1구에서는 며칠 동안 배에서 경험한 태평양의 면모를 말했다. "경도악랑(鯨濤鰐浪)"은 고래같이 크고 악어같이 거센 파도라는 뜻인데, 큰 바다를 가리키는 말로 이전부터 자주 사용되었다. 다만 여기서는 크고 거센 파도 자체를 가리키는 말로도, 그런 파도가 치는 바다를 가리키는 말로도 해석할 수 있을 듯하다. 그렇다면 이 구는 큰 파도가 끝도 없이 계속 이어진다는 뜻이거나 큰 파도가 치는 바다(태평양)가 끝도 없을 만큼 넓게 펼쳐져 있다는 뜻일 수 있다.

제2구에서는 태평양을 항해하다 보니 해가 뜨는 곳이라는 "부상(扶桑)"을 "지척(咫尺)", 즉 바로 눈앞과 같은 매우 가까운 거리에서 목격하게 되었다고 했다. 부상은 동쪽 바다에 있다는 신목(神木)이니, 아침이면 해가 이 나뭇가지를 떨치고 솟구쳐 떠오른다고 이야기되고는 한다. '부상'이라는 전설 속의 나무가 일본을 가리키는 말로 사용되기도 했는데, 『동문선』에 실린 권채(權採)의 글 서두에서 "일본은 부상의 지경에 나라를 세웠으니, 정치는 간명하고 백성은 순박하다(日本氏, 國於扶桑之域, 政簡民淳)"라고 한 것을 하나의 사례로 들 수 있다. 일본이 세계의 동쪽 끝이라고 여기던 시절에는 이런 표현이 당연했겠으나, 일본보다 동쪽인 태평양 한가운데서 해가 뜨는 광경을 지켜보게 되었으니 이제 일본은 '부상'이라 일컬을 수 없게 되지 않았을까? 물론 언어와 문장에는 관습의 힘이 영향을 미치지만, 당시 이런 생각을 한 번쯤 했을 법도 하다.

제3구와 제4구에서는 해가 뜨는 광경을 묘사했다. 일출을 보는 곳이 땅은 없고 물만 있는 태평양이니, 일출 광경에 산이나 언덕에 빛이 가려지는 일은 없을 것이다. 만 갈래의 붉은빛은 그대로 넘실거리는 바다 밑바닥까지 이어졌다가 얼마 뒤에 '거대한 바퀴' 모양의 해가 되어 올라온다. 이 광경은 일기에서 말한 것처럼 '장관'이라고 할 수밖에 없을 것이다.

15 밤새도록 북풍이 세차게 불어 배가 더욱 심하게 흔들리니,
절로 나그네 시름이 일어난다
徹夜北風大作, 船簸尤甚, 令人自動羈懷

늦봄 날씨가 가을보다 차가운데,
밤새 북풍 불더니 비도 그치지 않네.
먼 땅이라 계절도 다름을 이제 알겠더니,
나그네 시름에 시간 흘러가는 것만 깨닫네.
외로운 배 태평양을 곧바로 건너더니,
내일이면 아메리카 땅에 올라가겠네.
앞길 헤아려 보건대 아직 절반도 못 갔으니,
갈길 바쁜 나그네라 잠시 쉬기도 어렵구나.
暮春天氣冷於秋, 徹夜罡風雨不收.
遠域方知時候異, 羈懷偏覺歲華流.
孤帆直渡太平海, 明日將登美駕洲.
更算前途猶未半, 忩忩行色暫難休.

김득련이 태평양에서 펼쳐지는 일출의 장관을 보았던 4월 26일에는, 밤이 되자 큰 북풍이 불어온다. 23일에 앞으로는 '태평양'이라는 이름에 부합할 만큼 바다가 평온하리라던 말을 선원에게 들었지만 약간은 불안했을 법도 하다. 거센 바람은 밤새 불었다. 이튿날의 일기에는 이렇

게 기록했다.

> 4월 27일[음력 15일] 맑음. 북풍이 조금 멈추었으나, 날씨는 여전히 차다. 뱃사람이 말하기를 내일은 뭍에 닿을 것이라 한다. 10여 일 몹시 흔들리던 중에 이 말을 들으니 매우 기뻤다. 이 하룻밤을 보내려 하니 다시 지루함을 깨닫는다.[17]
>
> —『환구일록』 4월 27일

사절단이 떠난 1896년은 공식적으로 처음 양력을 사용한 해였다. 그래서인지 일기에는 양력으로 날짜를 표기했는데, 그 뒤에 여전히 관습적으로 사용되던 음력 날짜도 덧붙였다. 바람은 잦아들었으나, 날씨는 바람 불 때처럼 여전히 서늘하다. 그래도 내일은 육지를 볼 수 있다는 말을 들으니 기쁘기 그지없다. 풍랑에 흔들리던 배에서 벗어나게 된다는 생각에 맞이하는 밤이지만, 여전히 배 위에 머무는 처지에서 할 수 있는 일은 별반 없다. 지루한 상황에서 김득련은 어떤 생각을 했을까? 일기에서는 별다른 말을 하지 않았는데, 시에서는 어떠할까?

제1구와 제2구에서는 26일 밤부터 27일까지 이어진 날씨를 말했다. 27일에는 북풍이 조금 잦아들었다고 했으나, 비는 여전히 뿌리고 있었던 모양이다. 여기서 '강풍(罡風)'은 북풍 또는 거센 바람을 뜻하는 말이니, 일기에서 쓴 '북풍(北風)'과 같은 뜻이라 할 수 있다. 입성인 '北'을 평성인 '罡'으로 바꾸면 측성(仄聲)이 세 글자 이어지지는 않게 되니, 이를 고려해서 다른 단어를 선택한 것인지도 모르겠다.

제3구와 제4구에서는 '먼 이역의 날씨'에 대해 생각해 보다가 먼 길을 여행하고 있는 자신의 처지를 돌아본다. 상하이에서는 이전에 들었던 "계절이 빨리 온다"라는 말을 믿게 되었다면, 이제 태평양을 건너면서는 먼 이역 땅에서는 같은 날짜라도 계절이 다를 수 있음을 알게 된다고 했다. "세화(歲華)"는 시간을 뜻하는 말이다. 여기서 '시간'의 흐름을 언급한 이유는 무엇일까? 나그네의 처지라 세월이 유독 빨리 흐르는 것처럼 느껴진 것일까? 그럴 수도 있겠지만, 이어지는 구절들을 보면 임무를 수행하기 위해 시간을 다투어야 하는 사절단의 일원이기 때문이라고 이해하는 편이 좋을 법하다.

제5구와 제6구에서는 "내일은 뭍에 닿을 것"이라는 선원의 말을 인용하여 사절단의 현재 상황을 말했다. 여기서 태평양(太平洋)을 "태평해(太平海)"로, 아메리카주(亞美理駕洲)를 "미가주(美駕洲)"로 말한 것은 평측과 글자 수를 고려한 결과일 듯하다. 제7구와 제8구에서는 러시아까지의 여정을 계산해 보고서 급해진 마음을 토로했다. "행색(行色)"은 보통 차림새나 태도, 몰골 등을 뜻하는 말이지만, 여기서는 나그네의 처지나 차림이라는 뜻으로 풀이하는 편이 자연스러울 듯하다.

제목에서 언급한 "나그네 시름(羈懷)"이란 이처럼 조급해지는 사절단의 마음을 가리키는 말이라고 해도 좋지 않을까? 집 떠난 지 이미 한 달 정도 지났으니 객수(客愁)나 향수(鄉愁)도 없지 않겠지만, 적어도 이 시점까지는 사절단의 임무와 그것을 이루기 위한 기한(期限)이 더 큰 '시름'의 모습이 아니었을까 생각된다.

3부

아메리카와 유럽의 여러 나라를 지나며

루카니아호(The Lucania)

대서양을 건너는 배편은 루카니아호였다. 황후호보다 두세 배 컸고 승객만 1,800여 명이었다. 사절단은 기차로 아메리카 대륙을 횡단하여 미국 뉴욕에서 승선하는데, 루카니아호는 1896년 5월 9일에 출항하여 대서양을 건너 아일랜드의 퀸스타운(15일)을 들른 뒤에 영국의 리버풀에 도착한다. 뉴욕에서 리버풀까지 9,400리의 항해였다.

16 밴쿠버항에 올라
登鴬口港

[캐나다 땅은 지금 영국에 속해 있다. 요코하마로부터 여기까지는 1만 3,000여 리이다(坎拿人地, 今屬英國. 自橫濱到此, 一萬三千餘里)]

배를 타고 열사흘,
나그네 심사 어찌 그리도 아득하던가.
고개 돌려 석목(析木)을 찾아 헤매더니,
신선인 듯 부상(扶桑)을 지나며 발을 씻었네.
하늘과 맞닿은 바다만 보이더니,
이제 육지에 닿았다는 말 들리네.
밴쿠버 항구에 잠깐 올랐다가는,
다시 대서양을 건너가리라.

駕艦十三日, 客心何杳茫.
回頭迷析木, 濯足過扶桑.
但看天垂水, 旋聞岸接疆.
暫登鴬口港, 更渡大西洋.

4월 17일 정오에 요코하마를 떠난 황후호는 광활한 태평양을 가로질러 28일에 빅토리아섬에 들렀다가, 29일 오전 5시에 밴쿠버에 정박했다. 13일 동안 항해하여 1만 3,000여 리를 이동한 것이었다. 날짜로는

12일이 지났지만, 날짜변경선을 지나면서 그사이에 두 번의 '4월 22일'이 있었으니 13일이라고 해야 옳을 것이다. 김득련은 아메리카 대륙에 상륙한 첫날을 이렇게 기록했다.

> 오전 5시 무렵 밴쿠버 항구에 정박하였다. 이곳은 캐나다 부(府)에서 관할하는 땅이다[예전에는 프랑스에 속했고, 지금은 영국령이다]. 해관(海關)에서 나와 짐을 검사하고 나서 뭍에 내려 호텔에 들어갔다. 호텔 이름 또한 밴쿠버인데, 높고 널찍한 5층 건물이다. 오르내리기 불편할까 염려하여 아래층에 집 한 칸을 설치하여 전기로 마음대로 오르내릴 수 있도록 하였는데, 참으로 기발한 발상이다[호텔 건물의 층마다 모두 있다]. 요코하마에서 여기까지 1만 3,000리다. 각자 집에 보내는 편지를 써서 상하이 우편선에 부치고, 이곳에서 잤다.[18]
>
> ─ 『환구일록』 4월 29일

밴쿠버항에 도착한 이후에는 해관(海關), 즉 세관의 짐 검사를 마치고 하루를 묵을 호텔로 향한다. 이 호텔에는 '전기 엘리베이터'가 설치되어 있었는데, 김득련은 최대한 상세히 설명하면서 그 발상에 감탄한다. 전기 엘리베이터는 1880년 무렵에 발명되었으니, 당시의 아메리카 대륙에서도 흔하지는 않았을 것이다. 어쩌면 호텔 측에서 자랑스럽게 소개했을지도 모른다. 다만 시에서는 이 엘리베이터를 특별히 언급하지는 않는데, 뱃길에 시달리고 여정에 쫓기느라 캐나다 밴쿠버에 대해 호기심을 가질 만큼 몸과 마음의 여유가 없었기 때문일지도 모르겠다. 이는 아스팔트 거리(asphalt streets)와 전차(electric cars)를 거론하면서 3년 전보다 크게 발전한 도시 경관에 감탄하는 윤치호와는 다른 태도이다.

이제 시에서 밝힌 밴쿠버항에서의 감회를 살펴보자.

제1구와 제2구에서는 황후호에 올라 태평양을 건넌 경험과 그 감회를 제시했다. '열사흘'이란 실제 항해의 기간이니, 날짜변경선을 건너면서 같은 날을 두 번 보낸 것까지를 합한 날수이다.

제3구와 제4구에서는 항해 기간에 있었던 일을 회고한다. "석목(析木)"은 12성차(星次)의 하나로, 방위로는 인방(寅方), 즉 동북에서 15도 정도 남쪽의 방향에 해당한다. 우리나라 또는 요동 일대를 가리키는 말로도 사용되었는데, 제3구의 경우에는 우리나라로 이해하는 편이 자연스러울 듯하다. 황후호 위에서 하늘을 보며 '석목'을 찾아보려 했으나 쉽게 찾을 수 없었다는 뜻으로 이해하면, 대양에서 흔들리며 항해하는 배 위에서는 고국이 어느 방향인지 가늠하기도 힘들 지경이었다는 말이 될 것이다. 제4구에 있는 "탁족(濯足)"은 굴원(屈原)이 지었다는 〈어부사〉의 "창랑의 물이 맑으면 내 갓끈을 씻고, 창랑의 물이 흐리면 내 발을 씻는다(滄浪之水淸兮, 可以濯吾纓, 滄浪之水濁兮, 可以濯吾足)"라는 구절에서 유래한 말인데, 뒤에는 속세의 먼지[世塵]를 떨어내고 고결함을 지킨다는 뜻으로도 사용되었다. "부상(扶桑)"은 그 가지에서 해가 떠오른다는 동쪽 바다의 신목(神木)인데, 일본을 가리키는 말로도 사용되지만 여기서는 〈태평양에서 일출을 보며〉에서 그렸던 태평양에서의 일출의 광경이 펼쳐진 곳, 즉 태평양의 동쪽 어딘가를 가리키는 말로 이해할 수 있다. 한편 당나라의 사공도(司空圖)는 '이십사시품(二十四詩品)' 가운데

'豪放(호방)'을 논하면서 "탁족부상(濯足扶桑)", 즉 부상 아래에서 발을 씻는다는 구절을 쓴 바 있는데, 김득련이 이를 인용했다고 이해한다면 제4구는 호방한 기상을 드러낸 구절로도 풀이할 수 있다. 요컨대 하늘을 보며 고국이 어느 방향인지 찾아보려 했던 일, 일본보다 더 동쪽 바다에서 부상을 마주하여 일출을 본 일이 태평양을 가로지르는 배 위에서의 특별한 경험이었던 셈이다.

    제5구와 제6구에서는 열사흘 동안 끝없는 바다만 보던 끝에 이제 육지에 닿는다는 소식을 들었다고 했다. 앞의 시에서 언급했던 선원의 말을 다시 되새긴 것이다. 제5구의 "천수수(天垂水)"는 하늘이 물(바다)에 드리웠다는 뜻이니, 하늘과 바다가 잇닿아 있다는 말로 풀이할 수 있다. 태평양이 아닌 육지였다면 하늘은 산과 들, 강과 호수에도 드리울 수 있었을 것이니, 결국 산도 들도 없는 끝없는 바다였음을 말한 셈이다.

    제7구와 제8구에서는 밴쿠버에 상륙하는 심정을 말했다. 밴쿠버는 "잠깐(暫)" 경유하는 곳일 뿐이니, 그곳의 풍경이나 문물에 눈을 돌릴 여유는 없다. 곧바로 앞으로의 여정을 떠올리며, 다시 대서양이라는 광활한 바다를 건너야 함을 깨닫는 것이다.

17

캐나다에서 기차를 타고 동쪽으로 구천여 리를 가다
坎拿大乘火輪車, 向東行九千餘里

[1] 기차는 철로를 타고 나는 듯이 달리는데,
조금도 어긋남 없이 마음대로 가고 멈추네.
누가 이치에 통달하여 이런 방법 알아냈던가.
차 한 잎 끓이다가 신묘한 기구 만들어냈네.
　　[옛날에 영국인 와트가 주전자에 물이 끓자 뚜껑이 들썩거리는 것을
　　보고 이를 미루어 이치를 깨달아서 비로소 증기기관을 만들었다.]
汽輪駕鐵迅如飛, 行止隨心少不違.
透理何人知此法, 泡茶一葉刱神機.
　　[昔英人瓦妬, 見茶罐水沸, 罐蓋或擧或覆, 推此透理, 始造汽機.]

[2] 바람 불고 번개 치듯 험준한 산을 오르더니,
수천수만 강과 산을 눈 깜짝할 사이 지나네.
비장방(費長房)의 축지법은 도리어 번다하더니,
이 기차는 열흘 걸릴 길을 찰나에 가는구나.
風馳電掣上嵯峨, 萬水千山瞥眼過.
長房縮地還多事, 十日郵程在刹那.

4월 30일 오후 2시에 사절단은 기차에 올라 밴쿠버를 떠났다. 열사

3부 아메리카와 유럽의 여러 나라를 지나며　　141

흘 동안의 항해 끝에 육지에서의 하룻밤을 보내고, 바로 길을 떠나야 했던 것이다. 기차는 태평양 연안 밴쿠버에서부터 대서양 연안 뉴욕까지 아메리카 대륙을 가로지르는데, 첫날의 기록은 이러하다.

여기서부터 화륜차[기차라고도 일컫는다]를 타고 장차 동쪽으로 향하여 미국 뉴욕에 갈 것이다. 오후 2시 무렵 기차역에 도착하여 기차가 출발했다. 이 기차는 매시간 90리를 달릴 수 있다고 한다. 객실에는 깨끗하고 호화로운 휘장과 의자가 있고 또 침대가 있으며, 뒤에는 주방 차를 마련하여 수시로 음식을 내놓는다. 기차는 밤낮으로 달리는데, 조금 흔들리기는 하지만 배에 비하면 꽤 평온하다. 지나가는 곳의 땅은 강을 끼고 있고 길도 험한데, 산에는 고가(高架)를 설치하고 물에는 다리를 놓아 그 위에 레일을 깔았다. 기차가 바람이 불듯 번개가 치듯 달리니, 바깥 풍경은 눈 깜박할 사이에 지나가서 거의 꿈속과 같이 희미하니 기억을 할 수가 없었다. 그대로 기차에서 잤다.[19]

—『환구일록』 4월 30일

사절단은 이미 기차로 요코하마와 도쿄를 왕복한 경험이 있었다. 그렇지만 그것은 채 1시간이 되지 않는 비교적 평탄한 구간을 달리는 협궤(狹軌) 기차였다. 캐나다 태평양 열차(Canadian Pacific Train)는 밴쿠버에서 몬트리올까지 험준한 땅을 지나가며 며칠 밤낮을 달려야 했으니, 그에 걸맞은 시설도 갖추어야 했다. 침대를 포함한 객실과 음식을 마련할 주방, 산과 강에 놓인 교량 등이 그런 예인데, 5월 1일에 지나가는 터널도 여기에 포함된다. 1시간에 90리면 대략 시속 35킬로미터 정도의 속도이니, 이 열차는 오늘날의 기준으로는 빠르지 않다. 그렇지만 당시 중국과 일본을 둘러본 정도의 견문을 갖춘 김득련의 눈에는, 그 외양이나 내부 시설, 바깥 풍경 등도 모두 특별해 보였을 법하다. 이는 일기에서 '영국인 부인과 세 딸'과 같은 승객에 관심을 보인 윤치호와는 대조적인데, 아마 이전에도 이 기차에 올랐을 윤치호에게는 외양이나 시설, 풍경 등은 더 이상 흥미롭지 않았을 것이다.

한편 직전에 배를 이용한 장거리 여행을 했기 때문인지, 김득련은 자연스럽게 배와 기차도 비교했다. 흔들림이 덜하다는 것이 요지인데, 이후의 일기를 살펴보면 김득련이 강조하지는 않은 차이 한 가지를 더 찾아볼 수 있다. 대략 이틀에 한 번 정도는 역에 정차한다는 점이다. 이는 승객과 짐, 연료 등을 싣기 위해서였는데, 김득련의 입장에서는 흔들리는 열차에서 잠시 벗어나는 기회가 되었을 것이다.

이제 시로 돌아가 보자.

첫째 수에서는 화륜차(火輪車), 즉 증기기관차에 대한 견문을 말했다. 앞의 두 구에서는 속도, 제어와 같은 외적인 특징에 대해 말했고, 뒤의 두 구에서는 증기기관 또는 증기기관차의 이치와 역사에 대해 말했다. 시 아래에 붙인 주석에서 와트(James Watt, 1736~1819)를 언급했으니, 증기기관에 주목한 것이라고 하는 편이 더 자연스러울 법도 하다.

둘째 수에서는 밴쿠버에서 탄 기차에 대한 감회를 말했다. 제1구와 제2구에서는 험준한 지형에서도 빠른 속도로 달리는 기차의 모습을 그렸다. "차아(嵯峨)"는 높고 험한 산을 뜻하는 말이다. 험준한 산을 오른다거나 만 개의 강과 천 개의 봉우리를 지난다는 말은, 기차에서 첫날 보았던 풍경을 지칭하는 표현일 법하다. 앞서 보았던 일기를 참고하면 험준한 산과 강에 놓인 교량을 건너가며 기차가 빠른 속도로 지나던 광경을 이처럼 말했다고 할 수 있다.

제3구와 제4구에서는 믿기 어려운 신선술(神仙術)인 '축지법'에 빗대어 기차의 신묘함을 드러냈다. 비장방(費長房)은 후한(後漢) 때의 사람인데, 호공(壺公)을 따라가 신선술을 배웠다고 전한다. 비장방은 지맥(地脈)을 줄여서 거리를 가깝게 만드는 축지법을 써서 먼 곳을 빨리 갈 수 있었다고 한다. "다사(多事)"는 일이 많다는 뜻인데, 축지법을 쓰는 방법이나 과정이 그리 간단하지는 않다는 말로 이해된다. 다만 비장방이 호공에게 축지법을 배워서 터득하게 되기까지의 내력이 단순하지 않았음을 표현한 말일 가능성도 있다. "우정(郵程)"은 역도(驛道) 또는 역로(驛路)를 뜻하는 말인데, '여정'의 뜻으로도 쓰인다. 기차의 속도를 생각하면, 여기서는 여정, 즉 여행길 정도의 뜻으로 풀이하는 편이 자연스럽다.

18 대평원을 지나며
經大野

[영국에 속한 땅이다(英屬地)]

아득한 들판 삼천 리에 뻗었으니,
멀리까지 바라봐도 끝없는 하늘뿐.
옛날의 요계(遼薊) 땅은 바라보지 말라.
작은 산천 차마 돌아보지 못하리니.
茫茫野色亘三千, 極望無邊但見天.
莫放昔年遼薊眼, 不堪回首小山川.

기차에 오른 지 사흘째인 5월 2일이 되면, 기차 밖에는 산길 대신 사방이 트인 넓은 들판만 보인다. 김득련은 일기에서 그 들판에서 소와 말을 기르는 광경이 우리나라의 동목국(東牧局)과 유사하다고 기록했는데, '동목국'은 아마도 '종목국(種牧局)' 또는 '동종목국(東種牧局)'을 지칭한 말인 듯하다. 다음 날인 3일에는 더 넓은 들판을 만난다.

오늘 지나는 곳은 평원과 초원뿐이며, 봉우리는 보이지 않는다. 중간에 마을이 있었는데, 바야흐로 경작과 개간에 힘쓰고 있으니 몇 년 지나지 않아 비옥한 땅이 될 것이라 한다. 며칠 동안 지나온 들판은 길이와 너비가 각기 사, 오천 리인데, 모두 영국에 속한다. 영국인이 힘을 다해 황무지를 개간하는 것은 모두 나라를 이롭게 하고 백성을 편안하게 하는 일이니, 그 진보가 어디까지일지는 헤아릴 수도 없다. 지나는 길에 위니펙에 잠시 정차했다. 시가지와 건물이 매우 화려한 대도시인데, 영국 관리가 맡아 다스린다고 한다.[20]

— 『환구일록』 5월 3일

  2일과 3일에 기차가 지나온 들판은 대평원(Great Plains)이라 일컬어지는 거대한 평원 지대이다. 그 길이(長)와 밑변(闊)이 모두 4,000~5,000리에 이른다고 했으니, 그 규모는 당시 웬만한 사람은 상상하기도 어려웠을 정도일 것이다. 이곳을 개간하는 모습을 보면서 영국인에 대해 호감을 느끼거나 어떤 교훈을 찾는 것은 자연스러워 보이기도 한다. 한편 위니펙(Winnipeg)은 대평원 가장자리의 도시이니, 이 도시를 지나고 나면 평원과는 다른 지형을 만나게 된다.

  시로 돌아가 보자. 제1구와 제2구에서는 기차에서 바라본 대평원의 거대한 규모를 말했다. "삼천 리"라고 했으니, 기차가 대평원 가운데를 달리고 있었으리라고 짐작할 수 있다. "극망(極望)"은 눈을 한껏 뜨고 멀리까지 바라본다는 뜻이니, 제2구는 아무리 멀리까지 보려고 해도 끝없는 들판과 하늘만 보인다는 말이다. 〈밴쿠버항에 올라〉에서 하늘과 바다만 보이는 광경을 그리면서 썼던 "하늘과 맞닿은 바다만 보이더니(但看天垂水)"와 좋은 대조를 이루는 표현이다.

  제3구와 제4구에서는 캐나다 대평원의 규모가 중국의 벌판과 비교할 수 없을 정도로 크다는 사실을 말했다. "요계(遼薊)"는 요동과 계주

(薊州)를 합쳐서 일컫는 말인데, 여기서 '계주'는 연경(燕京), 즉 지금의 베이징 동쪽 지역이다. 연행사(燕行使) 일행은 이 지역을 반드시 지나는데, 그때마다 벌판이 끝없이 펼쳐진 풍경에 감탄하고는 했다. 과거의 사행에서 그처럼 광활하게 여겨졌던 '요계', 즉 중국의 벌판은 캐나다의 대평원과 비교하면 '작은 산천'에 지나지 않는다. 이런 감각이나 이런 지식이 그리 특별하지는 않게 된 시기였을지 모르지만, 김득련처럼 직접 체득할 수 있었던 사람은 드물었을 것이다.

한편 제3구와 제4구에서 김득련이 스승으로 받들었던 강위의 시인 〈통군정. 행대 이호익(李鎬翼)의 시를 차운하다(統軍亭, 次行臺韻)〉의 제3구와 제4구, 즉 전구(轉句)와 결구(結句)의 흔적이 보인다는 점도 흥미롭다. 강위는 통군정에 올라 "시험 삼아 명나라 요계 땅 바라보라, 작은 산하 차마 돌아보지 못하리니(試放明朝遼薊眼, 不堪回首小山河)"라고 읊었는데, 김득련이 유사한 표현을 사용한 데는 어떤 의도가 있었을 법하다. 또 여기서 "小"가 『맹자』의 한 구절인 "동산에 올라 노나라를 작게 여기고 태산에 올라 천하를 작게 여겼다(登東山而小魯, 登太山而小天下)"처럼 '작게 여기다'의 뜻으로 쓰였을 가능성도 생각해 볼 수 있다. 그렇게 이해한다면 결구(結句)는 '산하[산천] 작아 보임을 견딜 수 없으리라'로 풀이될 수 있을 것이다. 과거에는 광활한 벌판을 대표했던 중국의 벌판이 캐나다의 대평원 앞에서는 상대적으로 작아 보일 수밖에 없다는 말이 된다.

	슈피리어 큰 호수를 지나며
19	過藪蔽羅如大湖

쪽빛 푸른 물이 거울처럼 펼쳐지더니,
동남으로 활짝 트여 하늘과 이어지네.
영국 땅과 견주면 둘레가 갑절이니,
오대주 가운데 으뜸가는 호수로다.
水色如藍鏡面舖, 東南圻盡接虛無.
較英版地周爲倍, 五大洲中第一湖.

기차에서 바라본 또 하나의 장관은 슈피리어호(Lake Superior)였다. 5월 3일 기차는 위니펙에서 출발하여 산길로 접어들었고 깎아지른 듯한 석벽과 많은 터널(隧道)을 지났다. 4일에도 기차는 산길을 지나더니 곧 큰 호수를 만난다.

지나는 곳은 또한 산길이다. '슈피리어'라는 호수가 있는데, 그 크기는 영국의 갑절이며 너비는 몇천 리인지 아직 모른다. 호수의 표면은 거울같이 평온하고, 그 속에 섬들이 바둑돌처럼 깔려 있다. 빛깔은 쪽빛이요, 맛은 소금기가 없다. 이 호수는 오대주에서 으뜸이다. 종일 호수를 끼고 달리니, 가슴이 맑고 상쾌하여 세속의 근심을 씻어버릴 만했다.[21]

―『환구일록』 5월 4일

슈피리어호는 호수와 바다의 중간 성격을 지녔다고 일컬어지는 카스피해(Caspian Sea)를 제외하면 가장 큰 호수이며, 빙하 침식으로 인해 형성된 빙하호로 알려져 있다. 표면적은 8만 2,000제곱킬로미터이니, 당시 또는 현재의 영국보다 크다고 하기는 어렵다. 일기에서는 크기가 갑절이라 했고 시에서는 둘레가 갑절이라 했는데, 정확한 말은 아닐 법하다. 오늘날의 측량치를 살펴보면 슈피리어호를 포함한 오대호 전체를 합친 표면적은 24만 4,100제곱킬로미터인데, 이는 영국의 면적과 거의 비슷하다.

시는 일기의 내용을 크게 벗어나지 않는다. 제1구와 제2구에서는 달리는 기차에서 바라본 슈피리어호의 풍경을 읊었고, 제3구와 제4구에서는 책에서 읽거나 누군가에게 들었을 법한 호수의 지리 정보를 말했다. 제2구에서 "동남탁진(東南坼盡)"이라 한 것은, 달리는 열차에서는 동남쪽에 끝없는 호수가 펼쳐지기 때문일 것이다. 여기서 "허무(虛無)"는 곧 하늘로 풀이할 수 있다.

5월 5일에도 기차는 호수 주변의 산길을 달리는데, 배에서보다 더 심하게 흔들린다고 했다. 기차는 오후 8시에 몬트리올에 도착했고, 사절단은 1878년에 개업한 당시 최고의 호텔이었던 윈저 호텔(윈소잔, Windsor Hotel)에 투숙했다. 김득련은 몬트리올에 대해 "거리는 등불이 대낮처럼 환하고 건물은 하늘까지 솟아서 상하이는 비할 바 아니다(滿街燈光如晝, 屋樓聳霄, 不可以上海相較)"라고 감탄했고, 윈저 호텔을 "화려하기 비할 데 없는 7층 건물(高七層, 華麗無比)"이라고 기록했다.

20 뉴욕의 부유하고 화려함은 입으로 형언하기 어렵고 붓으로 기술하기도 어렵다

紐約之殷富繁華, 口難形言, 筆難記述

[지구에서 둘째가는 항구이다(地璆上第二港口)]

근심 없는 장춘원이요,
극락 같은 불야성이로다.
항구에 사는 사람 삼백만인데,
돈은 흙처럼 흔하고 술은 샘처럼 솟아나네.
長春園裡無愁地, 不夜城中極樂天.
港內居人三百萬, 揮金如土酒如泉.

5월 6일 오전 9시 무렵 사절단은 기차를 갈아타고 뉴욕으로 향한다. 윤치호는 가장 호화로운 팰리스 기차(Palace car)를 타고 2마일 길이의 빅토리아교(Victoria Bridge)를 건너 오후 10시에 월도프 호텔(Waldoff Hotel)에 투숙했다고 기록했고, 김득련은 길이 6리가 넘는 철교를 건너 오후 9시쯤 뉴욕에 도착했다고 썼다. 김득련은 기차 여행의 거리도 기록했는데, 밴쿠버에서 몬트리올까지가 8,200리이며 몬트리올에서 뉴욕까지가 700리라고 했다. 밴쿠버를 떠나면서 내놓은 "동쪽으로 구천여 리를 가다"라는 말이 크게 어긋나지는 않은 셈이다. 김득련은 '지구에서 둘째가는 항구' 뉴욕의 풍경을 보고 "제반 시설이 몬트리올의 100배는 되는데, 눈이 어질어질하여 형언할 수 없으며 참으로 지구상에서 이름날 만하다(諸般布置百倍於먼트리올, 眼目悅惚不能形言, 眞堪著名於地球上也)"라고 감탄했고, '10층 건물 1,000칸의 규모에 늘 수천 명의 투숙객이 있는' 월도프 호텔에서 잠시 객고(客苦)를 잊기로 한다.

5월 7일 오전 9시 무렵에 뉴욕 주재 러시아 총영사가 사절단을 찾아왔다. 김득련은 '올나롭스끼'로, 윤치호는 '실로로베스키(Silorovesky)'로 표기한 인물이다. 그는 모레(再明), 즉 9일의 배편을 주선해 주었는데, 덕분에 사절단은 이틀 동안 뉴욕을 둘러볼 수 있는 여유를 얻게 되었다. 사절단은 워싱턴 주재 공사 서광범(徐光範, 1859~1897)에게 뉴욕 도착을 알리는 전보를 보내고, 우리나라와 다를 바 없는 날씨와 화초를 감상했다.

5월 8일에는 정오에 서광범이 기차를 타고 와서 방문한다. 이어 오후 3시 무렵에는 러시아 총영사를 방문하는데, 총영사 부인의 제안에 따라 공원[Central Park], 주점, 철교, 고층 건물 등을 돌아보게 된다. 공원에서는 수십 길 높이에다 4,000년 전의 유물인 "이집트에서 옮겨온 돌비석(埃及國移來石碑)"도 보았다고 했는데, 이 돌비석은 '클레오파트라의 바늘'로 일컬어지는 오벨리스크로 짐작된다. 이 오벨리스크는 1880년에 뉴욕으로 옮겨졌는데, 거대한 화강암 오벨리스크를 옮기기 위해 배[클레오파트라호]를 변형하는 대규모 작업이 이뤄졌기 때문에 당시 큰 화제가 되기도 했다. 이집트의 소중한 고대 유물을 미국으로 옮긴 일은 논란이 될 수 있지만, 먼 나라 조선의 사절단이 당시 미국에서 큰 화제였던 유물을 직접 볼 수 있었다는 점은 의미가 있다. 밤 8시 무렵에는 전기박람회를 관람하는데, 이때의 일은 별도의 시로 읊었다.

8일 일기의 말미에는 사흘간의 뉴욕 체류를 마무리하는 감회를 정리해 두었다. 먼저 이 부분을 살펴보자.

> 대개 뉴욕항은 몇십 리를 넘지 않는다. 거리는 사통팔달로 뻗었는데, 자로 잰 듯이 폭이 맞는 도로가 머리카락처럼 곧게 뻗어 있다. 좌우의 상가 건물은 4~5층에서부터 10여 층에 이르기까지 화려한 빛깔로 번쩍인다. 밤이면 전기등과 가스등을 환하게 밝히니, 별과 달이 빛을 잃을 지경이다. 거리 위쪽에는 고가다리를 세우고 철로를 놓아서 기차를 통행하게 하는데, 가는 곳마다 또한 그러하다. 거주하는 사람은 300만에 가깝다. 밤낮없이 사람의 어깨가 맞닿고 수레바퀴가 부딪칠 정도로 복잡하고, 사시사철 쉼 없이 음악과 노랫소리, 놀이가 이어진다. 가히 "장춘원 안에는 근심할 땅이 없고, 불야성 가운데는 극락의 하늘이라(長春園裏無愁地, 不夜城中極樂天)"라고 일컬을 만하다. [이곳에는 아프리카주 흑인이 많다. 각기 다른 사람에게 고용되어 일하는데, 힘이 세고 충성스러우며 부지런하다.][22]
>
> ―『환구일록』 5월 8일

상하이가 비할 바도 못 된다던 몬트리올. 그 몬트리올보다 100배는 잘 갖춰진 도시 뉴욕의 풍경은 형언할 수조차 없는 것이었다. 잘 정비된 거리와 화려한 시가지, 거기에 더해 고가철도와 같은 교통망이 갖춰져 있었다. "견마곡격(肩磨轂擊)", 즉 사람의 어깨가 맞닿고 수레바퀴가 부딪칠 만큼 붐빈다는 말은 300만 인구의 뉴욕에 적합한 표현이었다.

『사기(史記)』「소진열전(蘇秦列傳)」에서는 임치(臨菑)의 길을 두고 "수레바퀴가 부딪치고 사람의 어깨가 닿는다(車轂擊, 人肩磨)"라고 했지만, 전국 시대의 임치가 근대 뉴욕에 비길 바는 아니었을 것이다.

김득련은 뉴욕을 장춘원(長春園)과 불야성(不夜城)으로 표현했다. '장춘원'은 청나라의 황실 정원 가운데 하나이니, 원명원의 동쪽에 있다. '불야성'은 등불을 켜서 밤에도 대낮같이 밝은 곳을 일컫는 말인데, 밤에도 해가 떴다는 산동(山東) 불야현(不夜縣)의 성에서 유래했다고 전한다. 다만 '장춘원'은 날씨가 항상 봄날처럼 따뜻하여 만물이 잘 자랐다는 '장춘포(長春圃)'의 뜻으로 쓴 말로 이해할 수도 있을 듯한데, 장춘포는 갈홍(葛洪)이 천하 명산을 편력하다가 연단(鍊丹)할 장소로 찾아냈다고 하는 곳이다. 뉴욕은 분명히 항상 봄처럼 만물이 자라나는 땅이요, 항상 대낮처럼 불이 꺼지지 않는 공간이었다.

시로 돌아가 보자. 제1구와 제2구는 일기에서 등장시킨 "長春園裏無愁地, 不夜城中極樂天"이라는 구절을 그대로 가져와서 뉴욕의 풍경을 표현했다. 출처가 있는 말인 듯도 한데, 정확한 것은 아직 확인하지 못했다. 다만 "땅(地)"과 "하늘(天)"은 대구를 위해 쓴 말인 듯하므로, 굳이 뜻을 새길 필요는 없을 듯하다. '근심이 없는 장춘원'과 '극락 같은 불야성', 이 두 표현으로 뉴욕을 기술했다고 이해하면 될 듯하다.

제3구에서는 일기에서 밝혔던 뉴욕의 인구를 언급하여 도시의 규모를 말했고, 제4구에서는 대도시 뉴욕의 소비 수준을 비유적으로 표현함으로써 그 부유함의 정도를 말했다. "휘금여토(揮金如土)"는 돈을 흙 뿌리듯 마구 쓴다는 말인데, 그 뜻은 "돈을 물 쓰듯 한다"라고 풀이할 수도 있다. 그만큼 돈이 흔하다는 말이다. "주여천(酒如泉)"은 술이 샘솟듯 한다는 말이니, 끝없이 솟아날 만큼 술이 많다는 뜻이다. 시의 제목에서 말한 "부유함[殷富]"을 이 두 구에서 표현했다고 이해한다면, "붓으로 기술하기 어렵다(筆難記述)"라고 하면서도 붓으로 기술하려 시도했다고 말해도 좋을 것이다.

21 뉴욕 전기박람회를 관람하니, 세상의 만물이 모두 전기로 이루어진다. 또한 관악기, 현악기가 저절로 연주되고, 차와 떡이 삽시간에 준비된다. 그 가운데 가장 기이한 것은, 500리 바깥에 있는 큰 폭포에서 소리를 끌어와서 물그릇 속에 담아둔 것이다. 귀 기울여 들으면, 그 소리가 사람을 떨리게끔 한다.

往觀紐約電氣博覽會, 世間凡物, 皆以電機造成. 且管絃自奏, 茶餠霎備, 而其中最奇者, 五百里外有大瀑, 引其聲, 貯水器中, 側耳聽之, 令人生懍.

천태만상 온갖 사물이 저마다 공을 이루니,
전기로 돌려서 조화옹의 솜씨를 빼앗았네.
가장 기이하고 이치 헤아리기 어려운 것은,
통 속에 담긴 깊은 산의 폭포 소리로구나.

千形萬象各成功, 一電翻輪奪化工.
最是怪奇難測理. 空山瀑響在筩中.

사흘여의 뉴욕 체류 기간에 김득련이 가장 크게 감탄하는 장면은 전기박람회 관람에서 찾을 수 있다. 김득련은 5월 8일 밤에 관람한 내용을 비교적 상세히 일기에 적었으며, 따로 한 편의 시로 읊기도 했다. 일기의 내용은 다음과 같다.

밤 8시 무렵 전기박람회사에 갔다. 통신이나 등불뿐 아니라 천만 가지 만물 가운데 전기로 이뤄지지 않는 것이 없는데, 모두 다 기록하기는 어렵다. 그 가운데 더욱 기이한 것이 있었다. 여기서 500리 떨어진 곳에 큰 폭포가 있는데 그 소리가 매우 웅장하다. 그 소리를 전기로 끌어와서 작은 통 속에 담아두었는데, 귀 기울여 들어보면 물이 거세게 부딪히며 떨어지는 듯하여 듣는 사람을 떨리게끔 한다. 또 관악기와 현악기를 합주하는데, 음악의 절조가 어긋남이 없다. 또 차와 떡을 내오는데, 모두 눈앞에서 삽시간에 만들어진다. 진실로 생각하기도 어려운 기이한 일이다. 또한 배와 수레가 전기를 이용하여 절로 다니게끔 만들고자 하는데, 바야흐로 이런 이치를 궁리하고 연구하는 사람이 있다고 한다.[23]

—『환구일록』 5월 8일

대서양 배편을 기다리는 일 말고는 별다른 일정이 없었던 8일 오후에 사절단은 러시아 총영사 실로로베스키의 부인과 함께 센트럴 파크와 그 주변을 돌아보았다. 그리고 밤에는 '전기박람회사'에 들러 전기로 운용되는 문물을 살펴볼 수 있었다. 통신이나 전기등이야 이미 여러 곳에서 볼 수 있었지만, 처음 접하는 사물 또한 적지 않았다.

김득련의 일기와 시에서는, 이 신묘한 사물들 가운데서도 가장 신묘한 '먼 곳에서 나는 소리를 저장하는 장치'에 주목한다. 이 기구는 1877년에 발명된 이후 거듭 개량되고 있던 '축음기'로 짐작되지만, 소리를 담아둔다는 '물그릇(水器)'이나 '작은 통(小筒)'이 무엇을 지칭한 것인지는 분명하지 않다.

시를 살펴보면, 제1구에서는 전기박람회의 풍경, 특히 전시된 사물들의 면모를 그렸으며, 제2구에서는 그 사물들이 전기를 이용하여 조화옹, 즉 조물주의 일을 빼앗았다고 할 만큼 대단하다는 점을 말했다. "번륜(飜輪)"은 '돌리다' 또는 '바퀴를 돌리다'로 풀이될 수 있는데, 후자의 경우 바퀴는 톱니바퀴나 수레바퀴로 이해할 수 있을 듯하다. 제3구와 제4구에서는 시의 제목과 일기에서 기술한 '가장 신이(神異)한 기구'에 대해 말했다. 여기서 "공산(空山)"은 인적이 없는 깊은 산을 뜻하는 말이다.

그런데 김득련이 이처럼 감탄하면서 기록한 전기박람회 관람은 윤치호의 관심을 끌지는 못했던 듯하다. 아마도 그간의 경험에서 오는 정보와 감각의 차이 때문이었을 것이다. 그렇다면 윤치호는 무엇을 주목했을까?

윤치호는 대서양을 항해하는 배에서 11개의 '뉴욕에서의 단편적 기억'을 정리한다. 미국 유학의 경험이 있는 윤치호는 이 "짧은 사흘(three short days)"을 소중한 기회로 받아들였는데, 브로드웨이를 비롯한 도시 곳곳을 돌아보면서 놀라운 꿈과 같은 감동을 누렸다. 이와 함께 그는 사절단의 다른 구성원은 느끼지 못할 만한 분위기를 감지하기도 한다. '조선의 사절단'을 바라보던 당시 뉴욕 사람들의 시선을, 여기서 윤치호의 눈을 통해 엿볼 수 있다.

7. 뉴욕에서는 웨이터들 말고는 모든 것이 바빠 움직인다. 사람이 허기지게 되는 경우는 둘이다. 하나는 먹을 것이 아무것도 없는 경우이고, 다른 하

나는 멋진 호텔에 머무는 경우이다.[24]

8. 웃고 미소를 짓는 것은 행복하다는 표시이다. 분명 이상한 옷을 입고 있는 우리는 뉴욕에서 많은 사람들을 행복하게 하는 순박한 원인 제공자가 되었다. 그러나 이 '자유의 나라' 후손들이 불손하게도 우리를 보려고 발광하는 그 모습을 나는 감당하지 못하겠다.[25]

—『윤치호 일기』 5월 9일

22 대서양을 건너는 배 안에서
大西洋舟中

집 떠난 지 석 달째
사만 리 길은 멀기도 하네.
풍속이 생소한 여러 나라 둘러보고,
남다른 옷차림으로 대양을 건너네.
부모님 그리다가 자주 꿈에서 뵙고,
대궐 바라보며 매번 봉장(封章) 올리네.
사신 일은 어느 때나 마칠까.
하늘 끝에서 다른 생각할 겨를이 없네.
離家三閱月, 四萬路何長.
殊俗觀諸國, 畸裝涉大洋.
思親頻托夢, 望闕每封章.*
使事何時竣, 天涯處未遑.

5월 9일 오후 1시 무렵 사절단은 영국 상선 루카니아호(The Lucania)에 승선했다. 배는 황후호보다 두세 배 컸고, 승객은 1,800여 명이었다. 서광범이 부두까지 배웅한 뒤에 500리 거리의 워싱턴으로 돌아가

---

* (원주) 그 사이에 공무(公事)가 있으면, 전보로 대신 아뢰었다(間有公事, 屢以電報代奏).

고, 사절단은 대서양을 건너기 시작했다. 12일에야 배 한 척을 마주칠 정도로 바다는 한산했지만, 승객을 갑판에 다 수용할 수 없을 정도로 배 안은 붐볐다. 그 덕분인지 다른 승객의 이야기를 듣기도 했다. 루카니아호는 15일에 아일랜드에 잠시 들렀다가 16일에 영국 리버풀항에 도착했다. 뉴욕에서부터 항해한 거리는 9,400리였다.

김득련은 대서양을 가로지르는 루카니아호 위에서 시를 읊었다.

제1구와 제2구에서는 대서양까지의 시간과 거리를 말했다. 제1구에서는 "집 떠난 지 석 달"이라고 말했는데, 실제 시간을 계산하면 조금 의아할 수도 있다. 4월 1일에 출발했고 이제 5월 중순 정도이니, 실제로는 한 달 반 정도가 지났을 뿐이기 때문이다. 다만 '석 달'을 '석 달째'의 뜻으로 풀이하면 이러한 표현은 이해될 수 있다. 4월 1일(음력 2월 19일), 즉 음력 2월에 출발했으니, '음력 4월'이 시작되는 시점에 대서양 위에 있다면 석 달째 여행하는 셈이 되는 것이다. 그렇다면 5월 13일(음력 4월 1일)이나 14일에 김득련이 이 시를 읊었으리라고 짐작해 볼 수도 있다. 제2구에서 말한 "사만 리 길(四萬路)"은 대략적인 수치일 것이다. 김득련의 기록을 정리하면 사절단이 서울-인천(80리), 인천-상하이(1,500리), 상하이-나가사키(1,500리), 나가사키-고베(1,140리), 고베-요코하마(1,100리), 요코하마-밴쿠버(1만 3,000리), 밴쿠버-뉴욕(8,900리), 뉴욕-리버풀(9,400리)의 순서로 이동했으니, 대서양 항해를 마치고 리버풀까지 가더라도 3만 6,620리의 길을 간 셈이 되기 때문이다. 요코하마-도쿄의 왕복 거리(160리)를 더하더라도 리버풀까지의 거리는 3만 7,000리가 채 되지 않는다.

제3구와 제4구에서는 '4만 리 길'의 사절단의 일을 말했다. "수속(殊俗)"과 "기장(畸裝)"은 사절단이 그동안 풍속이 '다른' 나라를 거치고 복식이 '다른' 사람들을 만났음을 드러내는 말인데, 대(對)를 이루고 있으므로 '殊'와 '畸'는 같은 뜻으로 이해하는 편이 자연스러울 듯하다. 다만 그리 흔히 사용되지는 않는 '畸裝'이 김득련의 스승 강위(姜瑋, 1820~1884)의 시에서 몇 차례 확인된다는 점은 유의할 필요가 있다. 두 구를 요약하자면 낯선 곳에서 낯선 사람을 만나고 이제 대양을 건너고 있다는 뜻이 될 것이다.

제5구와 제6구에서는 부모와 군주를 그리워하는 마음을 담았다. "망궐(望闕)"은 외지에 나간 사절단이 올리는 '망궐례(望闕禮)'를 뜻하는 듯하지만, '대궐을 바라보며' 정도로 이해해도 좋을 것이다. "봉장(封章)"은 '임금에게 올리는 글'이나 '봉장을 올리는 행위'를 뜻하는 말이다. 제6구 아래의 주석은 '전보'가 '봉장'을 대신하게 되기도 하는 변화된 현실을 말한 것으로 보인다. 먼 이국땅 그리고 대서양 가운데에서 그리운 부모와 군주를 뵐 수 있는 길은 없지만, 그래도 꿈에 뵙거나 봉장을 올리면서 그리워하는 마음을 달랠 수 있었다고 김득련은 말하는 것이다.

제7구와 제8구에서는 사절단의 일이 이어지고 있어 다른 생각을 할 겨를이 없음을 말했는데, 사절단의 일을 잘 마치겠노라는 다짐을 담은 것으로 이해할 수도 있을 듯하다. 다만 특별한 뜻을 전하기보다는 시상을 마무리하려는 의도가 있으리라고도 짐작된다. 여기서 "천애(天涯)"는 하늘 끝 또는 가장자리의 뜻을 갖는데, 대서양까지 간 시점에서는 예전의 어느 때보다 더 적절한 표현으로 보인다.

| 23 | 대서양은 본래 뱃길이 몹시 험하다고들 하는데, 이제 구천 리를 순조롭게 항해하여 리버풀 항구에 닿았다 |

大西洋素稱多險, 船行九千里, 今得利涉, 抵于爾別佛港口*

출항하여 이레 동안 잠시도 쉬지 않고 달렸는데,
험하다던 바닷길 잔잔하여 내내 평안했네.
감히 파도가 충신(忠信) 알아봐서는 아닐지니,
이번 길은 오로지 황령(皇靈)이 도우셨도다.
開船七日暫無停, 化險爲夷一路寧.
非敢波濤識忠信, 此行專是仗皇靈.

　루카니아호는 5월 15일 오전 11시 무렵 잠시 아일랜드의 퀸스타운(Queenstown)에 들러 승객을 내려주었다. '퀸스타운'은 빅토리아 여왕의 방문을 기념하여 1849년에 붙여진 이름인데, 아일랜드 독립 전쟁 중이던 1920년에 '코브(Cobh)'로 바뀐다. 사절단이 들렀을 때의 이름은 아직 영국령의 '퀸스타운'이었으며, 큰 규모의 항구가 운영되고 있었다. 김득련은 "이곳은 예전 아일랜드의 항구인데, 이 나라는 수백 년 전에 자기 뜻에 따라 영국에 합병되었다(此舊愛蘭國港口, 此國數百年前, 自主合倂於英)"라고 내력을 기록했다.

---

* (원주) 영국 땅이다. 지구에서 으뜸가는 항구다(英地. 地璆上第一港口).

1시간 만에 퀸스타운을 떠난 루카니아호는 16일 오전 6시 무렵 리버풀(Liverpool)에 닿았다. 뉴욕에서부터 여기까지 9,400리의 항해를 마친 것이다. 김득련은 "천하제일(寶區第一)의 항구"인 리버풀에서 그리 오래 머물지는 못했다. 8시에 배에서 내려 얼마 뒤 기차를 타고 런던으로 향했기 때문이다. 윤치호는 별로 본 것이 없다면서 일기에 "부두의 부잔교(浮棧橋)와 역은 대영제국의 최고 항구 같은 데서 기대할 수 있을 만큼 크고 사람들로 붐볐다. 그러나 역의 대합실은 조그마했다"라는 리버풀의 인상을 남겼다. 김득련은 리버풀 항구를 보고 "양쪽 해안에 24리의 석축 부두가 이어져 있는데, 건물은 수풀처럼 빽빽하게 들어섰고 배는 꿰어놓은 물고기처럼 줄줄이 늘어섰다. 붉고 푸른 빛이 화려하게 비치고 인가(人家)는 조밀하니, 서쪽으로 온 이래 처음 보는 큰 항구이다(兩岸沿築石碼頭二十四里, 樓屋舟楫, 林立魚貫, 朱碧照耀, 人煙稠密, 西來初見之大港)"라고 기록했다. 비록 맨체스터 운하의 개통(1893) 이후 물동량이 줄어들기 시작했음에도 여전히 세계 제일의 무역항이었던 리버풀에서는, 아쉽게도 이 정도의 관찰만 가능했던 셈이다.

한편 9일 낮부터 16일 아침까지 거의 7일 동안 이어진 대서양 항해는 예상보다는 순탄했던 듯하다. 김득련은 일기와 시에서 이런 순조로운 항해를 '대군주 폐하'의 덕으로 돌렸다.

이 바다는 본래 파도가 심하다고 일컬어지는데, 이번에는 험하던 뱃길이 평탄하게 바뀌었다. 만약 우리 대군주 폐하의 황령(皇靈)이 미치지 않았다면, 어찌 이에 이를 수 있었겠는가?[26]

―『환구일록』 5월 10일

   시의 제목과 본문은 이날의 일기에서 크게 벗어나지 않는 듯하다. 제목의 "이섭(利涉)"은 순조롭게 건넌다는 뜻으로, 『주역』에서 유래한 말이다. 제1구와 제2구에서는 7일의 순조로운 항해를 돌아보며 험한 뱃길이라는 소문과는 달리 이번에는 평온했음을 다행스럽게 여겼다. 제3구와 제4구에서는 험하다던 대서양 바다가 충성스럽고 신뢰할 만한 신하들을 알아보고서 평온한 뱃길을 제공한 것이 아니라 오로지 황령 또는 대군주 폐하의 황령 덕분으로 이처럼 평온하게 항해할 수 있었던 것이라고 했다. 당시의 어법으로는 당연한 말이겠으나, 제3구에서 굳이 '충성스럽고 신뢰할 만한 신하'를 거론한 데는 어떤 배경이 있었을 법도 하다. 누군가 이번에는 유달리 바다가 잔잔했으니 충성스럽고 신뢰할 만한 신하들이 이 배에 탔기 때문이라고 칭찬했을 수도 있고, 어쩌면 사절단 스스로 그런 생각을 품으면서 어떤 다짐을 했을지도 모른다.

24 영국 수도 런던에 들어서다
入英都倫敦

[다시 기차를 타고 갔다(更乘汽車行)]

런던은 정치가 융성하니,
군주와 국민이 서로 신뢰하네.
천하 오대주에선 패권국으로 일컬어지고,
천년 세월 이름난 고을 중 으뜸이었네.
하늘 위에선 신선의 세계요,
인간 세상에선 부귀의 그림이라.
여기 와서 아름다운 풍속 보노라니,
꽃과 달이 온 도성에 가득하네.
政治倫敦盛, 君民意共孚.
五洲稱霸國, 千載鎭名都.
天上神仙境, 人間富貴圖.
我來觀俗美, 花月滿城衢.

5월 16일 오전 8시 무렵 배에서 내린 사절단은 기차로 540리를 이동하여 오후 2시 무렵 런던에 도착한다. 다시 템스강 근처에 있는 로열 호텔(De Keyser's Royal Hotel)에서 저녁을 먹은 뒤에 오후 6시에 기차로 300리를 이동하여 10시 무렵 퀸스보로(Queensborough)에서 배에 오른다. 결국 실제 런던에 머문 시간은 얼마 되지 않았던 셈인데, 김득련과 윤치호 모두 이를 아쉬워했다. 그러면서도 런던에서의 견문을 최대한 상세하게 기록해 두고자 했던 듯하다. 김득련의 일기를 잠시 살펴보자.

> 이 도시에는 500만이 거주한다. 거리, 상점, 집, 수레와 말이 뉴욕과 엇비슷하나 더 웅장하다. 땅은 좁고 인구는 많으니, 곳곳의 거리에는 땅을 파서 여러 층의 터널을 만들었다. 그 속에 또 집도 있고 점포도 있고 철로도 있으며 수레와 말이 오가니, 그 번성함은 천하에서 으뜸이다. 또 행인들은 점잖고 조용하여 조금도 떠드는 법이 없으니, 길에는 말발굽과 수레바퀴 소리만 들릴 뿐이다. 그러니 국법이 엄격하고 명백함을 가히 알 수 있다. 여황(女皇, 빅토리아 여왕)이 즉위한 지 50여 년이 되었는데, 토지를 널리 개척하고 부강을 날로 증진하여 나라는 태평하고 백성은 편안하니 진실로 태평한 시대이다. 수정궁(Crystal Palace), 박물원(博物院), 각급 학교, 그리고 기이한 볼거리와 옛 유적은 각국 가운데 으뜸이지만, 사행의 기일이 촉박한 까닭에 한 번 둘러보지도 못하니 참으로 한스럽다.[27]
>
> ―『환구일록』 5월 16일

정해진 기한에 러시아에 들어가야 하는 사절단에게는, 런던의 번화한 거리와 신묘한 교통망, 각종 관광지와 고적들을 제대로 둘러볼 시간이 없었다. 그래도 그동안 지나왔던 곳 가운데 가장 번화한 도시였던 뉴욕과 비교했고, 특별히 지하의 시설에 대해 언급했다. 이는 뉴욕의 고가철로와 대비될 만한 것이었을지도 모른다. 런던에는 이미 1863년에 지하철이 개통되어 있었으며, 몇 가지 문제에도 불구하고 당시로서는 가장 앞선 수준의 지하 시설들이 갖추어져 있었다. 이러한 기반 시설이나 수정궁을 비롯한 명소들을 둘러볼 만한 여유가 없었고 실제로 방문하지 못했으리라고 짐작되지만, 그것에 대해 듣는 것만으로도 충분히 흥미를 끌 만했을 것이다. 또한 이날 일기의 마지막에는 "영국 수도의 순경으로는 인도 사람을 많이 채용하는데, 그 몸집과 힘이 다른 사람들의 갑절이다(英都巡捕, 多用印度人, 其偉健多力, 倍於他人)"라고 써서 '영국의 인도인'에 대한 정보까지 덧붙여 두었다.

김득련은 짧은 시간 얻은 견문을 바탕으로 런던과 영국의 풍속을 한 수의 시로 읊었다. 캐나다의 대평원을 지날 때 영국인의 성품을 칭송했던 사실을 떠올려 보면, 그 시에 영국 또는 영국인에 대한 칭송을 담았을 것임은 미리 짐작할 수 있다.

제1구와 제2구에서는 런던, 즉 영국의 정치에 대해 말했다. 영국의 정치가 발달한 이유는 군주와 국민이 "공부(共孚)", 즉 서로를 믿는 데서 찾았다. 다만 '孚'는 '符'와 통용되기도 하니, 이런 용법에 따르되 "뜻(意)"을 포함하여 풀이한다면 '뜻이 부합하네' 또는 '뜻을 같이하네'로 해석할 수도 있을 것이다. 두 가지 풀이는 모두 군주와 백성의 단합이 정치 발달의 원인이자 내용이라는 뜻이 되니, 실제 의미에서는 큰 차이가 없을 법하다. 제3구와 제4구에서는 영국과 런던의 위상에 대해 말했다. 영국은 현재 오대주의 나라들 가운데 으뜸이며, 런던은 천년 세월 동안 도시 가운데 으뜸이라 했다.

제5구와 제6구에서는 런던의 면모를 비유적으로 말했는데, 천상에서는 신선들이 노니는 신선경(神仙境)에 비길 수 있고 지상에서는 인간이 누리는 부귀의 면모를 그려낸 부귀도(富貴圖)에 비길 수 있다고 했다. 제7구와 제8구에서는 실제로 접한 런던의 풍속과 풍경을 말했는데, 풍속이 아름다울 뿐 아니라 거리에는 꽃이 가득하고 달이 환히 비춘 풍경으로 그렸다. 다만 "화월만성(花月滿城)"은 저녁 풍경을 그릴 때 사용된 예가 있는 구절이므로, 어쩌면 실경(實景)의 표현이라고 보기는 어려울지도 모르겠다. 앞서 말했듯이 사절단은 오후 2시부터 6시 정도까지 런던에 머물렀다.

한편 사절단을 이끈 특명전권공사 민영환도 영국 땅을 지나며 시를 읊었다. 민영환은 '해천춘범소집(海天春帆小集)'이라는 제목으로 사행 때 읊은 시 11수를 남겼는데, 이 시는 그 가운데 첫 번째 작품이다. 여기서 "영국 땅(英地)"은 리버풀이나 런던이 아닌 캐나다, 즉 태평양을 건넌 후 처음 만난 영국 땅을 가리키는 말일 가능성도 있는데, 어느 쪽이거나 영국을 포함한 서방(西方)의 면모를 목격한 충격과 그로부터 얻은 각성을 드러내고 있다고 요약할 수 있을 것이다. 제목은 긴데, 마지막 부분만 따서 제목으로 삼더라도 무방했을 듯하다. 한 번 살펴보도록 하자.

인천에서 출항한 이후 늘 시를 읊어보려 하였으나, 빼어난 경치를 만나면 그려내기 어렵고 글솜씨 또한 부족하여 끝내 시를 완성할 수 없었다. "금강산에 이르고 보면 감히 시를 지을 수 없다"라는 말씀은 참으로 준비된 말이다. 태평양을 건넌 후 영국 땅을 지나면서 비로소 율시 한 편을 지었다.

發仁港以後, 每欲唫字, 而遇景難摸, 文短辭澁, 終不能成篇. 詩到金剛不敢詩之說, 眞準備語. 渡太平洋後, 過英地, 始成一律.

세계 오대주를 절반으로 나누면,
서방은 극락이라 신선 세계와 같네.
화육(化育)은 하늘이 정하는 바 아님을 만약 안다면,
번영은 힘써 구하는 데 달렸음을 기꺼이 믿을지라.
물과 산은 모두 그림 속의 풍경이요,
바람 불고 비 내리는 것은 뜻하지 않은 때라.
덧없는 삶에서 누가 먼저 깨달을꼬.
탕자는 근심 없되 지혜로운 자 근심하도다.
世界中分五大洲, 西方極樂等仙流.
縱知化育非天限, 肯信興隆在力求.
水水山山皆畵境, 風風雨雨不時秋.
浮生一夢誰先覺, 蕩者無愁知者憂.

— '해천춘범소집'

제목에서 사용한 "문단사삽(文短辭澁)", 즉 문사(文辭)가 부족하고 난삽하다는 말은 겸사(謙辭)일 것인데, 시 읊는 일을 게을리한 데 대한 변명이라 해도 좋을 것이다. "평생 금강산을 위해 시를 아껴왔지만, 금강산에 이르니 시도 시가 되지 못하는구려(平生詩爲金剛惜, 詩到金剛不敢詩)"라는 김삿갓의 시구를 인용하면서 마땅히 시로 읊어야 할 엄청난 풍경 앞에서 오히려 시를 쓸 수가 없었다고 말한 것은, 나름대로 멋이 있는 변명이라 할 수 있을 것이다.

제2구의 "등선류(等仙流)"는 '신선을 기다린다'로도 '선계(仙界)와 대등하다'로도 해석할 수 있을 듯한데, 양쪽 모두 '동방과 비교하면 서방은 신선이 사는 극락'이라는 뜻으로 풀이할 수 있다. 제3구의 "천한(天限)"과 제4구의 "역구(力求)"는 대를 이루는데, 여기서 말하고자 한 바는 이렇게 정리할 수 있다. 화육(化育), 즉 만물을 길러냄은 하늘이 제한하지 않으며, 흥륭(興隆), 즉 번영은 사람이 스스로 구하는 것이다.

제5구와 제6구에서는 태평양을 건너 영국 땅에 이르기까지의 일들을 회고했다. 그림 속에서나 볼 법한 풍경, 생각하지도 못할 때 다가오는 비바람. "水水山山"이나 "風風雨雨"와 같은 식의 표현은 김삿갓도 사용했지만, 다른 이들도 썼다. 이유원(李裕元)의 시에서도 "水水山山仁智樂, 風風雨雨古今忙"과 같은 구절을 찾을 수 있다. 제7구와 제8구에서는 이치나 깨달음, 특히 제3구와 제4구에서 제시한 깨달음을 먼저 얻기 위해서 어떤 자세를 가져야 할 것인지를 말했다. 민영환이 탕자(蕩子)와 지자(知者)의 자세를 대비시킨 속내를 추측해 본다면, 민영환은 자신이나 사절단이 '근심하는 지자(知者)'가 되어야 하겠노라고 다짐한 것은 아닐까. 시 치고는 다소 직설적인 면이 엿보인다.

25

런던에서 기차로 삼백여 리를 가서 새벽에 화륜선을 타고 아침에 플리싱언 항구에 닿았다
自倫敦汽車行三百餘里, 曉乘輪船, 朝泊佛羅勝港口[*]

한밤에 배를 달려 네덜란드 도착하니,
동쪽 경계는 독일과 이어지네.
바닷가 낮고 습한 땅이 지금은 옥토 되니,
화륜 설치하고 제방 쌓아 물결 막은 덕분이네.
舟行半夜到荷蘭, 東界相連日耳曼,^{**}
近海低窪今沃野, 設輪築壩障波瀾.^{***}

사절단은 16일 밤 10시에 영국 퀸스보로에서 배에 올랐고, 500여 리를 항해한 끝에 17일 오전 6시에 네덜란드의 항구에 도착했다. 그 항구의 이름을 김득련은 '佛羅勝' 또는 '풀나싱'이라고 썼고, 윤치호는

---

* (역주) 원문에는 제목 마지막에 "곧 네덜란드의 동쪽 경계이다(卽荷蘭東界也)"라는 구절이 있는데, 플리싱언항은 네덜란드 남서쪽 해안의 항구이므로 '동쪽 경계'라고 말할 수 없다. 이 구절은 원래 시 제2구의 "日耳曼"에 붙은 주석 또는 주석의 일부였는데 제목의 일부로 잘못 편집된 듯하다.
** (원주) 곧 독일이다(卽德國).
*** (원주) 땅이 평탄하여 늘 바닷물에 잠겼는데, 증기 펌프(火輪)를 설치하여 물을 빼고 둑을 쌓았다. 이제는 좋은 밭이 되어 푸른 이삭이 가득하다(地勢坦夷, 每爲海水淹浸, 設火輪洩水築岸, 今爲良田, 黍苗綠遍).

3부 아메리카와 유럽의 여러 나라를 지나며   171

'Flushing'이라고 표기했다. 이 항구는 플리싱언(Vlissingen)이었는데, 윤치호는 영어식 지명을 사용한 것이었다. 김득련과 윤치호 모두 일기에서는 이 네덜란드 항구에 대해 별다른 기록을 남기지 않았는데, 아마도 곧바로 기차로 갈아타고 독일로 향했기 때문일 것이다.

플리싱언은 네덜란드 남서부 제일란트(Zeeland)에 있는 항구로, 유럽에서 북해로 나오는 교통 요지에 있어 수백 년 동안 어업과 무역의 중심지 역할을 했다고 알려져 있다. 특히 17세기의 '네덜란드 황금시대'에는 동인도회사 소속 배들이 여기서 출발했다. 홍수와 전쟁 등으로 한때 침체기를 맞기도 했으나, 이 무렵에는 부두, 운하, 조선소 건설 등의 새로운 개발이 이뤄졌다. 플리싱언은 '네덜란드의 남서쪽 항구'이므로, 시 제목에 붙은 '네덜란드의 동쪽 경계'라는 말은 성립될 수 없다.

시에서는 '플리싱언'이라는 항구보다는 '네덜란드'라는 나라에 주목하고 있다. 제4구에 주석으로 붙인 정보, 즉 바닷물이 범람하던 바닷가의 저습지(低濕地)를 옥토로 바꾼 내력이 그 중심에 있는데, 그런 말을 책에서 읽은 것인지, 배나 기차에서 누군가에게 들은 것인지는 분명하지 않다.

제1구와 제2구에서는 영국에서 네덜란드로, 다시 동쪽 국경을 거쳐 독일로 가는 여정을 말했다. "야반(半夜)"은 한밤중을 뜻하는 말이며, "일이만(日耳曼)"은 '게르만'을 음차한 말이다. 제3구와 제4구에서는 네덜란드의 저지대 간척에 대해 말했다. 여기서 "륜(輪)"은 '화륜(火輪)'이니, 곧 증기기관을 이용한 배수펌프일 것이다. 유럽에서는 탄광 개발을 위해 증기 배수펌프를 발명하고 거듭 개량하여 활용하고 있었다.

26 독일 수도 베를린을 지나며
過德京柏林

프랑스와 싸우고 몇 년 사이 더없이 부강해지니,
굳세고 날랜 육군은 서양에서 으뜸이라네.
되려 질박함을 무척이나 숭상하나니
온갖 공예에선 장인의 훌륭한 뜻 칭송한다네.
戰佛年來極富强, 陸軍勁銳冠西洋.
還憐尙質留餘地, 百藝都稱匠意良.*

　사절단은 5월 17일 오전 6시에 배에서 내려 기차에 올랐다. 윤치호는 이 기차를 "베를린행 급행열차(express train for Berlin)"라고 일컬었는데, 일기에 정오 무렵 독일 땅에 이르러 세관 검사를 받았고 맥주를 맛보았다고 썼다. 기차는 이날 플리싱언에서 베를린까지 1,600리(약 628킬로미터)를 달렸으며, 사절단은 베를린의 '푸리들익棧'에서 저녁을 먹고 잠시 쉴 수 있었다. 윤치호는 "Frederick Station"에서 넉넉한 저녁을 먹었다고 기록했으니, "푸리들익棧"은 호텔이 아니라 역에 있는 식당을 지칭한 말일 것이다. 이 역은 1872년에 세우고 1882년에 운영하기 시작한 베를

---

* (원주) 독일은 민속이 질박하고, 온갖 공예는 지극히 정밀하여 천하에서 으뜸이다(德國民俗質樸, 百工則極精, 甲於天下).

3부 아메리카와 유럽의 여러 나라를 지나며　173

린의 '프리드리히슈트라세 역(Friedrichstraße station)'으로 추정된다.

김득련은 밤 11시에 기차를 갈아타고 독일을 떠났다고 기록했는데, 윤치호는 조금 더 자세한 사정을 일기에 남겼다. "베를린 주재 러시아 대사관에서 온 신사 한 사람이 우리를 러시아 영내로 태워 갈 침대차로 안내했다"라고 말했으니, 이제 목적지인 러시아로 들어가는 기차에 오른 셈이다.

세관 검사와 저녁 식사 및 환승을 위해 두 차례 잠시 멈추거나 내린 일을 제외하면, 사절단은 기차를 타고 지나가면서 독일을 볼 수밖에 없었을 것이다. 윤치호는 그 와중에도 네덜란드와 독일의 마을 풍경, 독일 역에서 파는 맥주의 맛, 미국 여성보다 "꽤 예쁘고 조용한" 독일 여성의 외모와 태도를 언급하고, 역에서 저녁 식사를 하면서 "독일제는 모두 튼튼하다. 칼·포크·식탁·의자·이쑤시개 등등"과 같은 감상을 남기기도 했다.

김득련은 윤치호처럼 섬세한 감상을 남길 만한 여유는 없었겠지만, 독일에 대한 지식이나 정보를 정리하는 한편으로 바깥 풍경에 대한 나름의 감회를 전했다. 또한 읽거나 들었을 정보를 바탕으로 독일을 다룬 시를 한 편 남겼다. 일기의 한 대목을 먼저 살펴보자.

독일은 프랑스와 전쟁한 이래로 나날이 점점 더 부강해지니, 누구도 비길 수 없게 되었다. 정교하고 아름다운 학교와 굳세고 날랜 육군, 의술과 음률은 지극하고 지극하다. 각국의 학자들은 비록 이미 학업을 마쳤더라도 반드시 이 나라에서 교정을 받은 뒤에라야 행세할 수 있다고 한다. 모든 시설이

런던에 못지않은데, 약간 질박하고 예스러운 풍모가 있다. 기차가 지나는 마을 들판에서는 보리와 밀이 익어가고 나물과 꽃이 밭두둑에 가득하니, 제철의 산물과 풍광이 고향 생각을 불러일으킨다.[28]

— 『환구일록』 5월 17일

일기의 "법국(法國)"이나 시의 "불국(佛國)"은 모두 프랑스를 가리키는 말이다. 프랑스와의 전쟁이란 1870년에 프랑스의 선전포고로 시작된 보불전쟁이니, 1871년 1월 파리가 함락되면서 마무리되었다. 5월에 체결된 프랑크푸르트 조약에 따라 50억 프랑의 배상금 지급과 함께 알자스-로렌 지방의 할양이 이뤄지는데, 이에 앞서 1월에 베르사유에서는 독일제국의 성립이 선포되었다. 전쟁 이후의 일련의 과정을 거치면서, 프로이센은 유럽 대륙에서 가장 강력한 군사력을 지닌 '독일제국'으로 재탄생했다. 학교, 육군, 의술, 음률은 이처럼 발전한 독일제국의 현재를 대변하는 사례로 거론되었다고 말할 수 있다.

당시 독일의 수도 베를린과 비견할 만한 도시는 영국의 수도 런던이었다. 김득련은 베를린이 런던에 뒤지지 않으면서도 약간은 "질박하고 예스러운 풍모(樸古之風)"가 있다고 느꼈는데, 그 구체적인 면모가 어떤 것인지는 말하지 않았다. 곡식이 익어가고 꽃이 핀 시골 들판의 풍경을 덧붙인 것 또한 영국과의 차이를 드러낸 말일 수 있는데, 김득련은 영국에서와는 달리 이곳에서는 향수(鄕愁)를 느끼고 있는 듯하다.

시의 표현도 일기의 맥락에서 크게 벗어나지 않은 듯하지만, 고향에 대한 감각은 적어도 '표면적으로는' 드러내지 않았다. 제1구와 제2구에서는 최근의 독일 사정을 말했는데, 보불전쟁 이후 독일제국의 성립과 그에 따른 부국강병(富國強兵)의 실현을 밝혔다. 제3구와 제4구에서는 독일의 민속과 공예 또는 공업에 대해 말했는데, 그 뜻을 원문에 붙인 주석에 밝혔다.

민속, 즉 풍속은 질박하고, 온갖 공예, 즉 공업은 지극히 정밀하다. 이렇게 요약되는 독일의 강점이나 특징은, 어쩌면 서양의 강국을 바라보는 관점을 넘어서는 것일지도 모른다. 삼대(三代)의 변천을 논하는 구절 가운데 "하나라는 충성을 숭상하고, 은나라는 질박함을 숭상하고, 주나라는 화려함을 숭상했다(夏尚忠, 殷尚質, 周尚文)"라는 말이 있으니, 풍속이 질박한 독일은 은나라와 비견될 만하다고 여긴 것인지도 모른다. 일기에 엿보이는 향수도 이러한 약간은 고전적 감각과 무관하지는 않을 듯하다. 그것을 들판 풍경, 민속이나 민풍 등과 같이 구체화할 수 있을지는 모르겠으나, 독일을 바라보는 시선에 영국과는 다른 무엇이 있음은 짐작할 수 있다.

27 폴란드의 옛 도읍
波蘭國古都

[지금은 러시아 국경의 초입이 되었다(今爲俄羅斯初界)]

1 지난날 어엿한 나라였던 폴란드,
이제는 러시아의 한 지방이라네.
궁궐은 예전 그대로 남았고,
저녁 종은 여전히 울리네.
昔日波蘭國, 今俄一府城.
依然宮闕在, 還數暮鍾聲.

2 노래하고 춤추며 번화하던 땅엔,
붉은 꽃만 적막하게 남았네.
유민들은 벼와 기장에 느꺼워하나니,
때로 봄바람 맞으며 눈물짓네.
歌舞繁華地, 殘花寂寞紅.
遺民禾黍感, 時有泣春風.

5월 17일 밤 11시에 베를린을 떠난 기차는 밤새 820리를 달려서 이튿날인 18일 오전 8시에 알렉산드로프(Aleksandrów)에 닿았다. 김득련은 이곳을 러시아의 국경이 시작되는 "이리싼도로푸"로 기록하고, 윤치호는 "러시아령 폴란드의 첫 국경 도시(the first frontier town of the Russian Poland)"인 "Alexandrof"라고 기록했다. 알렉산드로프에서는 "숀베열"이라는 무관이 영접했는데, 윤치호는 '군 장교들(military officers)'이 환영했다고 기록했으며 역을 떠난 이후 만난 느린 기차, 먼지 나는 길, 광활한 초원, 초가지붕을 올린 농가 등과 같은 러시아령 폴란드의 풍경을 나열했다.

오후 2시 무렵 기차는 400리 거리에 있는 "옛 폴란드의 수도" 바르샤바에 닿았다. 사절단은 각국 사신을 맞이하기 위해 러시아 수도에서 파견된 외부(外部) 고등위원(高等委員) "빈맙시쎄"의 영접을 받은 뒤에 유로파 호텔(Grand Hotel d'Europe)에 투숙했다. '유로피언 호텔(Hotel Europejski/The European Hotel)'로 흔히 일컬어지는 래플스 에우로페이스키 바르샤바(Raffles Europejski Warsaw)는 1857년에 문을 연 고급 호텔인데, 제2차 세계대전으로 크게 손상되었다가 1962년에 다시 문을 열었다. 김득련은 이 호텔에서 폴란드의 망국사를 예전의 영화와 대비해 보았고, 윤치호 또한 폴란드의 불행한 운명을 생각했다.

들건대 이 땅은 옛날에는 가장 개화한 자주국이었다고 한다. 100여 년 전에 정치가 점차 쇠퇴하고 벼슬아치들이 백성들을 함부로 학대하여 내란이 거듭 일어나되 능히 진압하여 안정시키지 못하고 끝내는 러시아, 오스트리아, 프랑스 세 나라에 의해 그 땅이 분할되었으니, 이것은 가히 나라를 다스리는 자가 거울삼아 경계할 만한 일이다. 밤에 거리의 연등(燃燈)을 구경하였다. 좌우에 줄을 이뤄 배치하여 마치 불붙은 새끼를 이은 듯한데, 또한 서

쪽으로 온 뒤에 처음 보는 것이었다.[29]

―『환구일록』 5월 18일

그런데 이곳은 한때 폴란드왕국의 수도였다. 가난한 나라. 세 마리의 이리에 의해 찢긴 양처럼 세 이웃 나라에 의해 분할된 한 왕국의 운명을 생각하니 슬퍼진다. 영어는 별로 쓰이지 않는다. 프랑스어를 많이 쓴다. 여기서 만나는 사람 다섯 가운데 하나는 어떤 형태로든 군과 관련된 사람이다. 밤에 연등을 보았다.[30]

―『윤치호 일기』 5월 18일

폴란드는 1569년의 루블린 연합으로 리투아니아를 사실상 합병하면서 강국으로 부상했으나, 귀족과 의회의 권력이 점차 강화되면서 왕권과 국력은 약해졌다. 이에 주변의 강국인 프로이센, 오스트리아, 러시아가 1772년, 1793년, 1795년의 세 차례에 걸쳐 폴란드의 영토를 조금씩 분할 점령했고, 결국 폴란드는 독립국의 지위를 잃게 되었다. 폴란드가 다시 독립을 쟁취한 것은 제1차 세계대전 이후의 일이니, 사절단이 방문했던 무렵에는 옛 수도였던 바르샤바는 러시아의 한 지방에 불과한 형편이었다. '폴란드의 말년사(末年史)'는 서세동점(西勢東漸)의 현실에 위협을 느끼던 동아시아인들에게 중요한 교훈이 될 수 있었으며, 따라서 그 역사는 이른 시기부터 여러 문헌에서 다루어지고 있었다. 김득련이 사행 이전에 폴란드의 망국사를 알고 있었는지는 분명하지 않지만, 직접 목격한 폴란드에서 거울삼을 만한 교훈을 발견하는 것은 자연스러운 일이었을 법하다. 사절단은 이미 독립국이 아닌 캐나다와 아일랜드 퀸스타운을 지나왔지만, 그 두 곳은 적어도 김득련이 이해하기에는 독립국이었던 적이 없거나 자기 뜻에 따라 외국에 합병된 곳이었다. 폴란드와는 사정이 많이 다른 곳이었던 셈이니, 그곳에서는 냉혹한 현실을 체감하기 어려웠을 것이다.

비록 망국사(亡國史)가 주는 인상이 강렬하기는 했지만, 김득련이나 윤치호가 물론 그러한 역사에만 관심을 두지는 않았던 듯하다. 김득련은 밤거리의 연등을 기록에 남겼고, 윤치호는 언어, 사람, 연등에 관심을 보였다. 『윤치호 일기』에 보이는 "Illumination in the night"의 구절은 '백야 현상을 보았다'로 번역된 바 있지만, 이와 유사한 구절이 모스크바의 연등 풍경을 묘사할 때도 사용되었으니 연등 구경을 말한 것으로 이해하는 편이 자연스러울 듯하다. 민영환도 『해천추범』에 『환구일록』의 '연등' 대목을 그대로 옮겨두었는데, "布地"를 "市肆"로 고쳐 연등의 위치를 조금 더 구체화했다. 어쩌면 이러한 수정이 관심의 흔적일지도 모른다.

김득련은 바르샤바에서 시도 읊었는데, 제목에서 "옛 도읍(古都)"이라고 말함으로써 망국의 문제를 다룰 것임을 드러냈다. 망국은 과거 역사에 늘 있었던 일이기도 하니, 문학의 소재로도 널리 다루어졌다. 길재가 고려의 옛 도읍을 둘러보며 읊은 시조의 "산천(山川)은 의구(依舊)하되 인걸(人傑)은 간 데 없다"라는 구절은 그런 대표적인 사례이다. 망국의 문제를 다룬 시구 가운데 두보(杜甫)의 〈춘망(春望)〉에 등장하는 "나라는 깨어졌으나 산하는 그대로 있고, 장안엔 봄이 오니 초목만 깊어졌네(國破山河在, 城春草木深)"라는 구절은 동아시아 지식인에게 특별히 익숙했을 것이다. 산천과 인걸, 나라와 자연을 대비시킨 이러한 구도는 김득련에게도 아마 자연스럽게 떠올랐을 것인데, 실제 옛 폴란드의 도읍 바르샤바를 보는 시선 또한 여기서 크게 벗어나기는 어려웠을 법하다.

첫째 수에서는 폴란드가 러시아의 한 지방이 되었음에도 궁궐과 저녁 종소리는 여전함을 말했다. 제1구의 "國"과 제2구의 "城"을 적극적으로 해석한다면 나라의 도읍이었던 바르샤바가 지방의 성읍이 되었다는 뜻으로 풀이할 수도 있는데, 이처럼 풀이한다 해도 "나라의 멸망(國破)"을 드러내는 말로 이해되므로 시상 전개에 큰 차이는 없을 것이다. 제3구의 "궁궐"과 제4구의 "저녁 종(暮鍾)"은 나라나 사람의 영역일 수도 있는데, 여기서는 변함이 없는 모습에 주목하고 있으므로 "산하는 그대로 있음(山河在)"을 표현하는 말로 풀이될 수 있다. 독립을 잃었어도 도시의 겉모습은 그대로인 것처럼 보인다는 말인 셈이다.

둘째 수에서는 폴란드 또는 바르샤바의 변화를 유민(遺民)들에게서 포착하고 있다. 노래와 춤으로 번성하고 화려했던 과거의 풍경은 이제는 붉은 꽃 정도에서만 엿볼 수 있을 뿐이며, 5월의 봄바람 속에서는 '유민들의 눈물'을 언뜻언뜻 포착할 수 있다. 망한 나라의 백성[遺民]이 벼와 기장[禾黍]에서 무엇인가를 느낀다는 착상은 기자(箕子)의 〈맥수가(麥秀歌)〉로부터 유래한 것으로 보인다. 궁궐과 저녁 종은 그대로라고 하더라도 유민들은 무언가 달라진 풍경을 곡식이 심어진 들판에서 발견했을지도 모른다. 혹은 구체적인 사물을 지칭하지는 못하더라도 유민들이 기자의 고사에서 유래한 '맥수지탄(麥秀之歎)'의 감정을 느끼기 마련이라는 의미로 "화서(禾黍)"를 말했을지도 모를 일이다.

그러고 보면 기자가 은나라의 도읍을 지나면서 옛 궁궐이 폐허만 남아 보리밭이 된 풍경을 보고 탄식하여 불렀다는 〈맥수가〉는 두보의 시구만큼이나 김득련이 폴란드를 읊는 데 영향을 주었을 법도 하다. 〈맥수가〉를 잠시 살펴보자.

> 보리 이삭은 점점 자라고,
> 벼와 기장은 기름지기도 하구나.
> 저 교활한 아이는,
> 나와는 사이가 좋지를 않네.
> 麥秀漸漸兮, 禾黍油油兮.
> 彼狡童兮, 不與我好兮.

여기서 "교동(狡童)", 즉 교활한 아이는 은나라의 마지막 왕인 주(紂)를 가리킨다. 군주의 포악함과 그로 인한 폭정이 결국 나라를 망하게 했다는 뜻을 담고 있다. 아관파천의 시기에 러시아로 떠나온 사절단은 이에 대해 깊이 고심하고 있었을 것이다. 폴란드를 마주한 사절단은 다른 어떤 곳에서보다 더 깊은 생각에 빠졌을 법도 하다.

4부

대관식이 열리는
모스크바에서

〈러시아 황제 니콜라이 2세 대관식〉(1899)

1896년 5월 26일 치러진 니콜라이 2세 황제와 그의 아내 알렉산드라 표도로브나 황후의 대관식 장면이다. 당대 최고의 러시아 초상화가 발렌틴 알렉산드로비치 세로프(Valentin Aleksandrovich Serov)가 그렸다. 5월 20일에 모스크바에 도착한 사절단은 21일에는 크렘린궁으로 향하는 황제의 행차를 보았고, 22일에는 황제를 뵙고 친서와 예물을 전달하였다. 26일에 베풀어진 러시아 제국의 마지막 대관식은 예배당 밖의 누각 위에서 지켜보아야 했는데, 예배당 안에서는 모자를 벗어야 한다는 규칙을 받아들일 수 없었기 때문이었다.

28 러시아 국경에 이르니 무관 한 명과 외부 관리 한 명이 와서 맞이했다

到俄境, 武將一人外部官一人來候

동쪽에서 사절 오리라는 소식 듣고서,
두 관리 보내어 인도하게 하였네.
뒤차에선 끊임없이 음식을 올리는데,
식사 때는 신선의 술까지 내오네.
先聞使節自東來, 爲遣雙官引路開.
厨傳後車常不絶, 加餐時進紫霞杯.

5월 18일 밤 9시 무렵 외부(外部) 관리 "불난손"이 사절단을 찾아와 인사하고, 내일 동행할 것임을 알렸다. 이튿날인 19일 오전 8시에는 모스크바까지 호송할 무관 "쌰스꼽"이 찾아와 인사했다. 김득련은 이 무관이 대장을 지냈고 현재는 바르샤바 부제독(副提督)이라고 기록했다. 윤치호는 두 사람을 "플랑숑(Plancon)과 파스콤 장군(General Pascom)"이라고 말했으며, 최근의 번역본에서는 바르샤바 군사관구 소장 "빠쉬꼬프"와 외무성 아시아국 소속 "쁠란손"이라고 옮긴 바 있다. 두 사람은 이후 사절단의 활동을 돕게 되므로 자주 등장하는데, 이하에서는 혼란을 막기 위해 두 사람의 이름을 '파스코프'와 '블란손'으로 통일하여 표기하기로 한다.

사절단은 이들 두 사람의 러시아 관리와 함께 관용 기차에 올랐다. 이 기차에는 각국의 사절들이 탑승했던 듯한데, 윤치호는 몬테네그로 왕자(the Prince of Montenegro)가 같은 기차에서 내렸다고 뒤에 기록했다. 기차는 2,500리(약 982킬로미터)를 달려서 20일 오후 3시 무렵에 모스크바에 도착하게 된다. 김득련은 이 특별한 환대를 일기에 기록해 두었다.

> 별도의 관용 기차를 마련하여 다른 사람은 못 타게 했으며, 제공할 음식 또한 준비했다. 정부의 명령이 있어 특별히 우대한 것이다. 러시아 땅에 들어온 이래로 넓은 들판이 많았는데, 마을에는 띠집(茅屋)과 토담집(土室)이 많다. 보리와 밀이 들판을 푸르게 덮었으니, 땅을 일궈서 부지런히 농사지었음을 볼 수 있다.[31]
>
> ─『환구일록』 5월 19일

김득련은 러시아의 환대를 시에서도 다루었다.

제1구와 제2구에서는 러시아에서 사절단을 영접하기 위해 두 사람의 문무관을 보낸 일을 말했다. "인로(引路)"는 높은 벼슬아치의 길을 인도하는 일 또는 그러한 일을 맡은 사람을 뜻하는 말이니, "引路開"는 직역하자면 사절단을 인도하는 '인로'의 일을 시작한다는 뜻으로 풀이할 수 있다.

제3구와 제4구에서는 일기에서 언급한 "공궤(供饋)", 즉 음식에 초점을 맞추어 러시아 측의 환대를 말했다. "주전(廚傳)"은 음식의 공궤, 즉 음식을 올리는 일을 뜻하는 말로 이해된다. 음식점인 주포(廚鋪)의 '주(廚)'와 역마(驛馬)를 내주는 역전(驛傳)의 '전(傳)'을 합하여 지방을 오가는 관원에게 음식과 역마를 제공함을 뜻하는 말로 쓰이기도 했지만, 여기서는 음식의 뜻으로 풀이하는 편이 자연스럽다. "후차(後車)", 즉 뒤차는 주방차 혹은 식당차를 지칭한 말로 이해된다. 앞서 밴쿠버에서 뒤에 주방차를 실은 기차에 탑승한 바 있었고, 윤치호가 러시아의 관용 기차를 말하면서 "식당차(dining car)"를 언급하고 있기 때문이다. "가찬(加餐)"은 진찬(進餐), 즉 식사를 뜻하는 말이다. "자하배(紫霞杯)"는 한 번 마시면 몇 달 동안 배고픔을 알지 못한다는 신선의 술 이름이니, 유하주(流霞酒)로도 일컬어진다.

김득련이 음식과 술에 감탄하는 모습은 어쩌면 윤치호에게는 다소 불편하게 보였을지도 모른다. 윤치호는 4월 11일의 일기에서 스테인이 김득련에게 "술고래(Mr. Fish)"라는 별명을 붙였다고 기록했는데, 이후의 일기에서도 김득련을 이 별명으로 지칭하곤 했다. 물고기처럼 술을 마신다는 이 별명에 윤치호는 어느 정도 공감한 듯한데, 그것이 다분히 부정적인 인상과 연관된 것임은 쉽게 짐작할 수 있다.

윤치호는 모스크바로 향하는 널찍한 특별 기차(special parlor train)에서 얻은 러시아의 풍경과 인상을 다음과 같이 나열했다. 여기에는 물론 술은 포함되지 않는다.

광활한 평원, 풍요한 목초지, 울창한 숲, 먼지 나는 도로, 안락해 보이지 않는 오두막들이 여기저기 산재한 마을들, 편리한 곳에 자리한 역, 흔히 마주치는 아름다운 여성들, 풍부하게 사용할 수 있는 목재, 석탄 대신 나무를 때 사용하는 엔진, 설비가 잘 갖추어진 식당차, 아름다운 자작나무 숲.[32]

―『윤치호 일기』 5월 19일

29

모스크바[러시아의 옛 도읍]에 도착하여 러시아 황제의 동가를 보다

到毛壽古[俄國舊都], 觀俄皇動駕

1 길가에 기병 보병 두 줄로 늘어서니,
　　창검은 빽빽하되 소리 없이 고요하네.
　　금빛 수놓은 의관 갖춰 일천 관원 지나는데,
　　여섯 필 말이 끄는 마차엔 훈척이 앉았네.
　　路上重排馬步軍, 劒鎗森列靜無聞.
　　繡金衣帽千官裡, 六駕安車是戚勳.

2　지체 높으신 황제도 되려 군대에 편성되니
　　부대의 푸른 군복에 말 타고 가시도다.
　　손 올려 눈썹에 붙이고 천천히 고삐 당기니,
　　온 거리에선 일제히 '우라'를 외치네.
　　位尊皇帝尙編兵, 隨隊靑裝騎馬行.
　　擧手加眉徐按轡, 滿街齊唱佑羅聲.*

3　우림군(羽林軍) 의장은 더없이 호화롭구나.
　　비단으로 꾸민 금빛 수레를 앞다퉈 인도하네.

---

* (원주) 우리나라에서 만세를 외치는 것과 같다(如我邦呼萬歲).

> 태후가 앞서가고 황후는 뒤따르는데,
> 흡사 하늘에서 내려온 선녀와 같도다.
> 羽林衣仗極奢華, 爭導金輿飾綺羅.
> 太后先行皇后後, 疑從天上降仙娥.

사절단은 5월 20일 오후 3시 무렵 목적지인 모스크바에 도착했다. 김득련은 인천에서부터 모스크바까지 수로와 육로를 합친 거리를 "4만 2,900여 리"라고 기록했다. 김득련은 모스크바를 "러시아의 옛 도읍(俄國舊都)" 또는 "러시아의 남경(南京)"이라고 일컬었는데, 이는 "러시아의 새 도읍(俄新都)"이자 "북경(北京)"인 상트페테르부르크가 있기 때문이었다. 서구화 정책을 추진하던 표트르 대제(大彼得)는 습지(濕地)에 새로운 도시를 건설했는데, 1712년에는 수도를 모스크바에서 이 새로운 도시 상트페테르부르크로 옮겼다. 모스크바가 다시 러시아의 수도가 된 것은 러시아 혁명 이후인 1918년의 일이니, 조선의 사절단이 러시아를 방문했을 때 모스크바는 '옛 도읍'이었던 셈이다.

러시아 궁내부(宮內府)에서는 조선의 사절단을 맞이하기 위해 성내 트베르스코이동(洞) 포바르스카야로(路) 42호에 공관을 마련하고, 각종 가구와 음식을 준비했다. 금빛 수를 놓은 붉은 옷과 검은 모자를 쓴 심부름꾼(差役) 4명을 궁중에서 보내고, 사환(使喚) 21명과 쌍두마차 3대를 대기시켜 두었다. 또한 파스코프는 '반접관(伴接官)'으로서 공관에서 함께 지내게 하고, 블란손은 왕래하면서 일하게 했다. 공관 옥상에는 국기(國旗)를 걸었는데, 윤치호는 이튿날인 21일 아침에 국기를 게양했다고 기록했다. 윤치호는 김득련처럼 공관을 비롯한 러시아 측의 준비를 세세히 말하지는 않았지만, 숙소 시설(accommodations)이 기대만큼 편안했고 모스크바 체류 비용은 러시아에서 부담하기로 했다고 기록했다.

5월 21일에는 러시아 황제의 행차를 지켜보게 된다. 황제의 궁궐 밖 행차는 전통적인 용어로는 '동가(動駕)'나 '거둥'이라고 했는데, 김득련은 이 행차를 지켜보며 읊은 시의 제목에 "동가"라는 말을 사용했다. 윤치호 또한 함께 '동가'를 지켜보았는데, '동가'의 광경을 기록하면서 그것을 지켜보던 여러 나라 사절단에 대한 감상도 덧붙였다. 다음은 김득련의 기록이다.

이 도시의 거리와 건물은 지극히 정교하거나 아름답지는 않지만, 온 나라 인민이 옛 도읍으로 소중히 여긴다. 그런 까닭에 중대한 예식은 여기서 치른다고 한다. 러시아 황제는 이미 18일에 상트페테르부르크[러시아의 새 도읍, 북경]에서 와서 성 밖의 표트르 행궁에 며칠 머무르며 쉬고 있었는데, 오늘 오후 4시에 성내의 크렘린궁에 들어간다고 한다. 무관(파스코프)과 외부 관리(블란손)가 거둥 의례(儀禮)를 보러 가자고 청하기에 모스크바 총독 세르게이[현 황제의 숙부]의 집에 가서 누각 위에 앉아 기다렸다. 도로변의 시가에는 깃발을 걸고 실을 묶어 장식하고 등을 달았는데, 누각과 거리는 인산인해를 이룬 군중으로 가득 메워져 통행하기 어려울 지경이었다. 러시아 황제가 지나갈 길에는 총을 지닌 보병이 어깨를 나란히 하여 좌우로 각기 두 줄로 늘어섰고, 뒤에는 기병과 기마경찰이 또한 줄을 지어 늘어섰다.

시간이 되자 말 탄 군인 각 부대[복장이 모두 다르다]가 전구(前驅)가 되어 앞장서고, 문무 관원들이 마차[말 네 필로 끌고, 붉은 바퀴에 금빛 지붕이다]를 타고 다음 대열을 이루었다. 조금 있다가 황제[이름은 니콜라이이며 나이는 28세이다. 보통의 체격이나 비범한 기운이 뚜렷하게 드러난다]가 육군의 복장[푸른빛. 러시아의 법은 군제(軍制)를 중시하니 비록 존귀한 황제라 하더라도 반드시 육군 복장을 착용해야 한다. 지금 황제는 일찍이 육군부대에 편입되었는데, 계급이 아직 참령(參領)을 넘지 못했다. 부대의 색에 따라 그 복장을 착용하는데, 거둥할 때와 평상시 모두 한가지다]으로 백마를 타고서 고삐를 잡은 채 천천히 가는데, 지켜보는 군민(軍民) 남녀가 모자를 벗고 일제히 '우라'[우리나라에서 만세를 부르는 것과 같다]를 외치니 그 소리가 천지를 뒤흔들었다. 황태후[이름은 마리 다우마(Marie Dagmar)이며 나이는 49세이다. 덴마크 왕의 딸이다]와 황후[이름은 알렉산드라이며 나이는 24세이다. 독일 공작 헤센(Hessen)의 딸이자 영국 여황제의 외손녀이다]는 각기 마차[말 여덟 필로 끌고, 금빛 바퀴에 금빛 지붕이다]를 탔는데, 지극히 화려하다[모두 곁마에 남녀 시종이 탔고, 마차를 모는 이는 금빛 모자를 쓰고 금빛 옷을 입었다]. 양편에서 '우라' 소리가 끊이지 않았다. 남녀 황족도 또한 마차[말 여섯 필로 끌고, 붉은 바퀴에 금빛 지붕이다]를 타고 다음 대열을 이루었다. 또 마차가 대오를 지어 후진(後陣)이 되어 뒤따랐다.[33]

— 『환구일록』 5월 21일

황제의 대관식은 가장 중대한 의례이니, 관례에 따라 마땅히 '옛 도읍 모스크바'에서 거행해야 한다. 황제는 상트페테르부르크를 떠나 모스크바로 와서 성 밖에 있는 행궁에 잠시 머물렀고, 이제 대관식이 펼쳐질 크렘린궁으로 들어가려 하는 것이다. 26일로 예정된 대관식은 아직 멀었지만, 21일의 '동가'는 대관식 의례의 실질적인 시작이기도 했다. 5월 22일 일기에는 궁내부에서 사절단에 보낸 '경전(慶典) 절차'를 옮겨두었는데, 이에 의하면 22일부터는 크렘린궁에서 인견(引見) 및 축하 등의 행사를 베풀게 된다. 그러니 황제가 크렘린궁으로 들어가는 21일의 '동가'는 대관식 의례의 실질적인 출발점이 되는 셈이다.

전날 모스크바에 도착한 사절단은 러시아 관리 '동가'의 의례를 지켜보았는데, 공식적인 초청은 없었다 할지라도 동행하던 러시아 관원 파스코프와 블란손이 관람을 권유했으니 곧 '공식 행사'라고 해도 잘못된 말은 아닐 것이다. 뒤에 살펴보겠지만 윤치호는 중국, 일본, 페르시아의 사절단을 언급했으니, 많은 나라의 사절단이 이 의례를 지켜보았을 것은 충분히 짐작할 수 있다.

'동가' 행렬이 지나기로 예정된 거리에는 성대한 행사 준비가 이뤄졌다. 수많은 인파가 거리를 가득 메웠고, 거리에는 결채(結綵)를 하고 깃발과 등(燈)을 내걸었다. '결채'는 임금이 행차하거나 중국의 칙사(勅使)가 지나갈 때 환영하는 뜻으로 여러 빛깔의 실, 종이, 헝겊 따위를 문, 지붕, 다리, 길 등에 내다 걸어 장식하던 일을 뜻하는 말이니, 김득련은 러시아의 거리에서 조선의 결채와 유사한 장식을 보았을 것이다. 도로 양쪽으로는 보병이 두 줄로 늘어서고, 기병과 말을 탄 경찰이 그 뒤에 늘어섰다. 세르게이 총독 관저의 높은 누각 위에서 각국 사절들과 함께 지켜보던 김득련의 눈에는 이러한 광경이 잘 들어왔을 것이다.

시간이 되자 '동가' 행렬이 다가왔다. 김득련은 마치 조선의 의궤처럼 행렬의 순서에 따라 그림을 그리듯 '동가' 행렬을 묘사하는데, 필요에 따라서는 복장과 같은 외양 이외에도 이름, 계보와 같은 세부적인 정보도 함께 기록했다. 다만 이름과 같은 고유명사를 정확히 옮기는 데는 한계가 있었기 때문인지, 한글로 기록했음에도 일부 부정확한 정보도 보인다. 예컨대 덴마크 공주로 러시아의 황후가 되었던 황태후의 이름은 덴마크어로는 '마리 조피 프레데리카 다우마(Marie Sophie Frederikke Dagmar)'이며 러시아어로는 '마리야 표도로브나(Мария Фёдоровна)'인데, '마리'를 '마라'로 옮기고 '다우마(Dagmar)'는 영어식 발음인 '다그마르'를 '다구말'로 옮겨 "마라다구말"이라고 썼다. 어떤 의미에서는 정확히 알기 어려운 정보임에도 불구하고 어떻게라도 기록해 두고자 노력한 결과라고 이해할 수도 있을 법하다.

김득련이 기록한 '동가' 행렬의 구성은 '(1) 전구(前驅): 부대에 따른 복장을 갖추고 말을 탄 군인들, (2) 말 네 마리가 끄는 마차를 탄 문무 관원들, (3) 군복 입고 말을 탄 황제, (4) 말 여덟 마리가 끄는 마차를 탄 황태후, (5) 말 여덟 마리가 끄는 마차를 탄 황후, (6) 말 여섯 마리가 끄는 마차를 탄 황족들, (7) 후진(後陣): 대오를 이룬 마차들'로 정리할 수 있는데, 맨 앞에서 이끄는 '전구'와 마지막에서 호위하는 '후진' 사이에 황제를 비롯해 귀족과 관원에 이르기까지의 중요 인물들이 격식에 맞춘 화려한 복색으로 이동하는 장면을 여기서 상상해 볼 수 있다. 윤치호는 행렬이 지나가기까지 1시간 정도가 걸렸다고 했으니, 단순한 이동이라기보다는 특별한 볼거리를 제공하면서 백성들의 호응을 끌어내는 일종의 의례였다고 해야 할 것이다.

김득련은 '동가' 행렬의 장관을 세 수의 시에 담았다. 일기의 기록을 참고하면, 시구의 뜻을 이해하고 시를 읊은 김득련의 관심이 어디에 있는지 짐작할 수 있다.

첫째 수에서는 '동가' 행렬의 전반적인 광경을 그렸다. 제1구와 제2구에서는 행렬이 지나가는 길 양편에 각기 두 줄로 늘어선 병사들의 모습을 말했는데, 질서를 지켜 삼엄하면서도 정숙한 면모를 포착했다. 누각 위에서 내려다보는 김득련에게는, 무기가 숲처럼 빽빽하게 솟은 광경과 아무 소리도 들리지 않는 고요한 풍경이 인상적이었을 것이다. 한편 총이 아닌 칼과 창을 말한 것은, 병사들의 질서정연한 모습을 그리면서 '기치창검(旗幟槍劍)'을 언급하던 한문의 관습 때문일 것이다. 제3구에서는 관원들의 모습을, 제4구에서는 황족들의 모습을 그렸다. "일천 관원"은 두 번째 대열의 "말 네 마리가 끄는 마차에 탄 문무 관원들"일 것이며, "척훈(戚勳)", 즉 훈척(勳戚)은 여섯 번째 대열의 "말 여섯 마리가 끄는 마차를 탄 황족들"일 것이다. 제3구에서는 "일천 관원"의 의관만을 말했지만, 일기를 통해 그들이 말 네 마리가 끄는 마차를 타고 있었음을 짐작할 수 있고, 그러한 모습으로 인해 제4구의 '말 여섯 필'이 두드러져 보인다는 점을 이해할 수 있다.

둘째 수에서는 황제의 모습을 그렸다. 행렬의 중심인 만큼 황제는 관심을 끌 수밖에 없었을 것인데, 김득련은 군대에 편성되어 군복을 입은 모습에 깊은 인상을 받았던 듯하다. 제1구와 제2구에서는 지존의 신

분임에도 자신이 편성된 육군의 군복을 입고서 말에 오른 모습을 그렸고, 제3구와 제4구에서는 거수경례하면서 천천히 지나가는 황제와 일제히 '우라'의 함성을 외치며 환호하는 백성들의 모습을 대비시켰다. 다만 "군제(軍制)를 중시하는" 러시아의 법에 주목한 시선이 '김득련의 것'인지에 대해서는 더 생각해 볼 필요가 있을 듯한데, 이것이 같은 자리에 있었을 민영환이 관심을 가졌을 만하고 파스코프가 잘 알고 있었을 법한 부분이기 때문이다.

셋째 수에서는 네 번째 대열의 황태후와 다섯 번째 대열의 황후의 모습을 그렸다. 제1구의 "우림(羽林)"은 궁중을 호위하는 금군(禁軍)을 지칭하는 '우림군(羽林軍)' 또는 '우림위(羽林衛)'를 가리키는 말이니, 일종의 친위대라고 이해할 수 있다. 일기에서는 이들을 직접 말하지는 않은 듯한데, 어쩌면 "곁마에 남녀 시종이 탔다(有驂乘男女官)"라는 주석이 이를 언급한 것인지도 모른다. 제2구에서 "쟁도(爭導)", 즉 경쟁하듯이 인도한다고 했으니, 이 친위대 혹은 시종들이 황태후와 황후의 마차 대열을 이끌고 가는 듯한 형상이었으리라고 짐작할 수 있다. 제3구와 제4구에서는 앞뒤의 마차에 탄 황태후와 황후의 아름다움을 말했는데, 약간은 관습적인 표현처럼 보인다.

한편 윤치호도 황제의 '동가' 행렬을 보고 기록을 남겼는데, 느낀 바는 조금 달랐던 듯하다. 황제에게 주목하기는 했으나, 황제가 "간편한 양식의 옷(the simplest style of dress)"을 입었고 내시나 하인들 없이 "홀로(alone)" "꼿꼿하게(erect)" 말을 탔다고 썼다. 그 옷이 군복이라거나 그것이 '군제(軍制)'를 중시한 결과라는 등의 말은 하지 않았다. 조선의 왕 주위에 협잡꾼 또는 아첨꾼일 뿐인 떨거지들(humbugs)이 있는 것과 대비된다고 생각했기 때문일 것이다. 이것은 조선의 현실에 대한 불편함일 것인데, 김득련 혹은 민영환이 느꼈을 '군제 중시'에 대한 부러움과는 구별되는 대목이 아닐까 한다.

이날 윤치호의 일기에서는 중국, 일본, 페르시아의 특사들을 비교한 대목도 독자의 관심을 끌 만하지만, 윤치호는 "경멸과 조소의 대상(an object of great contempt and ridicule)"이 될 수밖에 없는 조선 사절단의 현실에서 유래하는 불편함을 토로하는 데 더 집중한 것으로 보이기도 한다. 다소 길지만, 이날 윤치호의 일기를 아래에 제시한다.

오후 2시에 민영환, '술고래'와 함께 '황제 부처의 도시 입장 행렬'을 보러 모스크바 총독궁으로 갔다. 행렬은 두 줄로 늘어선 병사들 사이를 지나갔다. 이 장면은 내가 이제까지 본 어떤 장면보다 더 장관이었다. 군인, 관리, 수행원, 말, 마차, 그리고 모든 것이 거의 금은으로 덮인 것처럼 보였다. 황제는 홀로 간편한 양식의 옷을 입고 말 등에 반듯하게 올라타고 있었다. 조선 국왕의 모습을 추하게 하는 마부·내시·하인 같은 떨거지는 없었다. 러시아를 다스리는 이 군주의 주변에는 그 같은 역겨운 존재들이 하나도 없다. 비단옷을 입은 황후는 홀로 황금마차를 타고 가면서 길 양쪽에서 환호하는 수많은 군중에게 머리를 끄떡여 인사했다. 이 모든 행차는 목표지점에 도달할 때까지 한 시간 걸렸다.

특사 가운데 지저분한 이빨 ―그들 중 몇몇― 과 길게 땋은 변발을 한 중국인들은 수놓은 훌륭한 비단옷을 입고 있지만 안쓰러운 모습이다. 유럽식으로 차려입은 일본인들은 동양 전체에서 가장 문명화되고 부러움을 사는 나라의 대표처럼 행동했다. 페르시아는 매우 말쑥한 제복을 입은 잘생긴 사람이 대표로 왔다. 최근에 그 나라의 왕이 피살되고, 그 나라 정부가 친영국파와 친러시아파로 나누어져 있기 때문인지 그에게 일종의 동료 의식을 느꼈다. 우리나라의 비참한 상황을 의식하고 있는 불쌍한 우리는 더 행복한 나라에서 온 사절들의 경멸과 조소의 대상일 터이다.[54]

—『윤치호 일기』 5월 21일

30 러시아 궁궐에 들어가 친서와 예물을 올리다
入俄闕呈親書曁土儀

크렘린 옛 궁궐 웅장한 황제의 처소에서,
세 차례 국궁하고 친서를 올렸네.
관(冠) 벗고 일어나며 정성스레 말씀하시고,
서쪽에서 당도한 사절 기쁘게 맞이하시네.
舊闕龜林壯帝居, 鞠躬三進獻親書.
免冠起立殷勤語, 喜見西方到使車.

5월 21일 크렘린궁으로 향하는 황제의 '동가' 행렬을 지켜본 사절단은 오후 5시에 공관으로 돌아갔다. 외부(外部) 아시아국(亞細亞局)의 사무를 관장하는 백작이 방문했고, 궁내부의 공문이 와 있었다. 이에 따라 친서와 예물은 다음 날 오후 2시에 바치고, 국서는 뒤에 상트페테르부르크에 가서 바치기로 했다. 여기서 예물은 곧 시의 제목에 등장하는 "토의(土儀)"이다. 토의는 원래 토산물을 예물로 올리는 일을 뜻하는 말이다. 조선의 사절단이 가져간 '토의'는 『환구일록』의 앞부분에 기록되어 있는데, 그 세목은 다음과 같다. (1) 2층 자개함(二層紫介函) 1좌(坐), (2) 수화병장(繡畵屛幛, 자수를 놓은 병풍) 2좌(坐), (3) 백동조각화로(白銅雕刻火爐) 2좌(坐), (4) 세죽렴(細竹簾) 4건(件), (5) 채화석자(彩花席子, 화문석) 4립(立), (6) 괘화(掛畵, 거는 그림) 4폭(幅).

5월 22일 사절단은 일찍 일어나 친서와 예물을 점검하고 대례복(大禮服)을 갖춰 입었다. 오후 1시에 궁내부에서 말 여섯 마리가 끄는 마차 1대와 말 네 마리가 끄는 마차 1대를 금빛 수를 놓은 검은 의관을 착용하고 말을 탄 심부름꾼(差役) 6명과 함께 보냈다. 말 여섯 마리가 끄는 마차는 공사를 위한 것인데, 전날 황족들이 탔던 마차(붉은 바퀴에 금빛 지붕)와 비슷하되 바퀴가 금빛이었다. 말 네 마리가 끄는 마차는 수원과 참서관, 즉 윤치호, 김득련, 김도일을 위한 것인데, 전날 문무 관원들이 탔던 마차(붉은 바퀴에 금빛 지붕)와 비슷하되 지붕이 푸른 빛이었다. 장예원(掌禮院)에서 온 황족 한 사람과 관원 두 사람, 파스코프와 블란손이 사절단과 함께 입궐했다.

사절단이 처음 러시아 황제를 대면하는 광경을 『환구일록』에서는 이렇게 기록했다.

크렘린궁에 이르니 예관(禮官)이 맞이하여 휴게소에 들어가 잠시 머물게 하였다[건물을 금빛으로 장식했다]. 근시관(近侍官)이 와서 입대(入對)하라 전달하고, 황제가 있는 방 앞으로 인도했다. 공사가 친서와 예물 단자를 받들어 윤치호를 이끌고 먼저 들어가고, 나는 김도일과 함께 방 바깥에 잠시 서 있었다. 근시관이 문을 열고 우리도 들어오도록 하니, 모두 들어가서 국궁(鞠躬)했다. 조금 앞으로 가서 국궁하고 황제 앞에 이르러 다시 국궁하니, 황제가 관(冠)을 벗고 일어나시고 황후 또한 일어나셨다[황제의 복장은 어제 '동가' 때와 같고, 황후는 옅은 분홍색 옷을 입었다]. 곁에는 근시관 한 사람만이 있었다.

공사가 앞으로 나아가서 먼저 '축사'를 읽고, 윤치호가 영어로 번역하여 전달했다. 공사가 친서와 예물 단자를 받들어 올리니['친서 축사' 한 장을 친서 봉투에 함께 넣었다], 황제가 친히 받아서 근시관에게 건네주었다. 공사가 황제와 황후의 안부를 묻고, 다시 황태후의 안부를 물었다. 황제가 영어로 답하셨다.

"대조선국에서 파견한 사절이 온다기에 미리 간절히 기뻐하며 기다렸더니, 이제 평안히 이르렀으니 더욱 기쁘고 감격스럽도다."

또 말씀하셨다.

"어느 길로 왔느냐?"

"상하이로부터 요코하마로 가서 태평양을 건넜고, 뉴욕, 대서양, 런던, 베를린을 거쳐 그제 이곳에 당도했습니다."

라고 대답하였다. 또 말씀하셨다.

"모스크바의 풍경은 어떠한가?"

"물산이 풍부하고 땅이 넓으며 백성은 넉넉합니다. 또 이제 경사스러운 의식을 맞이하여 성대한 의례를 보게 되니, 매우 기쁘고 다행스럽습니다."

라고 대답하였다. 이어서 물러나며 전과 같이 세 차례 국궁하였다. 예관의 인도로 문을 나와서 마차를 타고 공관에 돌아왔다.[35]

─『환구일록』 5월 22일

황제를 뵙는 예법이 어떠했는지 세세하게 알 수는 없지만, 대략적인 접견의 절차는 여기서 짐작해 볼 수 있다. 먼저 세 차례의 "국궁(鞠躬)"과 황제, 황후의 답례가 있었다. '국궁'은 존경하는 뜻으로 몸을 굽힘을 뜻하는 말인데, 아마도 예관 또는 근시관의 인도로 예를 표했을 것이다. 황제가 관(冠)을 벗고 일어나고 황후 또한 일어났다는 것은 답례를 표현한 말일 듯한데, 윤치호가 말했듯이 "황제와 황후가 서서 기다렸다"면 선 채로 국궁을 받았을지도 모른다. 다만 윤치호는 예법이나 절차를 중시하지 않아서 제대로 기록하지도 않은 듯하므로, 그대로 받아들이기는 어렵다.

다음 순서는 '친서축사(親書祝辭)'의 낭송이다. 공사는 친서를 올리면서 국왕을 대신하여 축하의 말을 전하는데, 조선에서 사폐(辭陛)할 때 공사는 이 축사의 말을 친서와 함께 받아왔다. 『환구일록』의 서두에 옮겨놓은 13종의 문서 가운데 '친서축사'가 포함되어 있는데, 그 내용은 다음과 같다.

> 이제 귀국 두 분 폐하 대관(戴冠) 대례의 경사를 맞이하여 짐의 축하하는 정성을 표하고 또한 치화(治化)가 융성하고 제위(帝位)가 영원하시기를 기원하옵니다. 개국 505년 짐의 즉위 33년 4월 1일. 임금의 성함. 러시아국 황제 폐하, 황후 폐하께.[36]

짧막한 인사말이지만, 그래도 국왕의 말이다. 공사 민영환은 최대한 격식을 갖춰 전달해야 했을 것이다. 윤치호는 "민영환은 매우 위축된 모습으로 거의 들리지 않는 목소리로 더듬거리며 인사말을 했다"라고 기록했는데 사절로서의 격식을 갖춘 말투를 '위축된 모습'으로 받아들인 것 같다. 다음 순서로, 윤치호는 이 축사를 "원만한 영어(round English)"

로 통역했다. 이어서 공사가 친서와 친서축사, 예물 단자를 올리고, 황제가 받아들였다. 이로써 공식적인 절차는 마무리되었을 것이다.

황제와 사절단 사이에는 안부 인사가 이어진다. "청안(請安)"은 안부를 묻다, 즉 '문안(問安)'을 뜻하는 말이다. 공사는 황제, 황후, 황태후의 안부를 묻고, 황제는 사절단의 여정과 감상을 물으면서 환영의 뜻을 밝힌다. 이러한 문답은 의례적인 수준의 것으로 이해된다. 아마도 그런 자리였을 것이다. 윤치호는 러시아 황제의 '영어'에 감탄하는 한편으로, 공사가 조선 사정에 관한 황제의 질문에 답변할 수 있는 전권을 부여받았다고 아뢰었다. 어쩌면 서로 잘 알고 있어서 굳이 새삼스럽게 알릴 필요가 없는 말이었을지도 모르지만, 그러한 확신을 전달할 필요가 있다고 느낄 만한 사정이 있었을지도 모른다.

김득련은 접견을 마친 이후의 감상을 일기에 남기지 않았지만, 그 광경은 시로 그려냈다. 반면에 윤치호는 러시아의 특별한 호의에 대한 감상을 덧붙였으니, 말미에 "우리는 오늘 일본을 비롯한 다른 나라 사절보다 먼저 황제가 우리를 접견하는 호의를 우리에게 베풀어주었다고 생각하며 스스로 만족해했다"라고 썼다.

이제 시로 돌아가 보자. 제1구와 제2구에서는 황제를 뵙고 친서를 전달하는 공식적인 의례 절차를 그렸다. 제1구의 "웅장한 황제의 처소(壯帝居)"란 크렘린궁을 표현한 말인 듯하지만, 어쩌면 접견이 이뤄지던 장소, 즉 윤치호가 "황제 부처가 자리하고 있는 궁전의 웅장한 방들 가운데 한 방"이라고 말한 장소를 지칭한 것으로 이해할 수도 있다. 제3구와 제4구에서는 사절단을 맞이하는 황제의 모습을 그렸는데, 일기에서 기록한 접견의 인상적인 광경을 옮긴 것으로 이해할 수 있다. 제4구에서 "서방(西方)"을 말한 것은, 사절단이 태평양-대서양-유럽을 거치는 경로를 택하여 러시아의 서쪽에서 왔기 때문인 듯하다. 다만 조선 사절단으로서는 서방의 나라인 러시아에 도착했다고 할 수 있으므로, 서방, 즉 러시아에 사신의 수레가 이르렀다는 뜻으로 이해할 수도 있다.

사절단은 돌아오는 길에 외부대신 '로바노프(Aleksey Lobanov-Rostovsky, 1824~1896)'를 방문했다. 윤치호는 "로바노프 공(Prince Lobanov)"으로 쓰고 "강인한 얼굴의 유쾌한 노인(a pleasant old man, with a strong face)"이라고 기억했다. 로바노프는 여러 국제조약의 체결에 관여한 정치가로, 1895년에 외부대신이 되었다.

공관에 돌아온 사절단은 궁내부에서 인쇄하여 보낸 '경전(慶典) 절차'를 받았다. 여기에는 5월 18일부터 6월 7일까지의 일정이 실려 있었다. 무엇을 표기한 것인지 불분명한 일정도 있으나, 가능한 한 풀어서 아래에 제시한다.

5월 18일 황제가 모스크바 성 밖의 표트르 행궁(彼得行宮)에 도착함.
  19일 휴식
  20일 휴식
  21일 동가(動駕)하여 모스크바 성내 크렘린궁에 들어감.
  22일 각국 대사(大使) 인견(引見)
  23일 각국 공사(公使) 인견

24일 육군 각 부대의 공식 연회(公宴)

25일 예배당에 성찬(聖饌)을 올림.

26일 대관례(戴冠禮) 거행. 등을 밝힘(點燈).

27일 크렘린궁 진하(陳賀). 일등 귀관(貴官)을 위한 연회. 등을 밝힘.

28일 궁내에서 접객(接客). 등을 밝힘.

29일 공연 관람(玩戱子)

30일 만민연(萬民宴). 지방 장관 연회. 프랑스 공관 무도회(舞會)

31일 각 지방 위원 연회. 오스트리아(墺地利) 공관 무도회

6월 1일 예배당 예식(禮式). 모스크바 총독 왕궁의 무도회

2일 시위대(侍衛隊) 및 육군 공식 연회(公宴). 귀족원 무도회

3일 성 세르기예프 수도원(성시지僧院) 유람

4일 크렘린궁 무도회

5일 독일 공관 야회 음악회(謁樂夜會)

6일 각국 외교관을 위한 연회

7일 관병식(觀兵式). 모스크바 관원들을 위한 연회. 상트페테르부르크로 어가 귀환

31

5월 26일은 러시아 황제의 대관예식이다. 각국 사신이 하례하는 반열에 참여하였다.
五月二十六日卽俄皇戴冠慶禮, 各國使入參賀班.

[1]
두 분 폐하 성대한 의례 예정된 날이 이르니,
예배당에서 함께 대관식을 올리네.
먼저 주교를 뵙고서 바야흐로 하례를 받으니,
옥계엔 일천 관리 금빛 의장 갖춰 늘어섰네.
兩宮盛典趁期完, 禮拜堂中共戴冠.
先見教師方受賀, 玉階金仗列千官.

[2]
화려하고 높은 궁궐에 비단 자리 펼쳐지니,
휘황찬란한 폐백 음식 차례대로 나오네.
신선이나 마실 술에 모두 흠뻑 취하니,
마치 이 몸이 봉래산에 이른 듯하구려.
珠宮高處錦筵開, 聘幣煌煌取次來.*
玉液瓊漿同盡醉, 此身疑是到蓬萊.

5월 23일부터 25일까지 사절단은 대관식 의례를 기다려야 했다. 24일

---

* (원주) 20여 개국의 사신이 함께 모여 연회를 열었다(二十餘國使臣同會開宴).

정오에 고등 장례관(高等掌禮官)으로부터 대관예식 절차를 인쇄한 책 한 권을 전달받았고, 25일 오전 8시에 궁내부로부터 대관예식의 청첩 및 자리표(座標)를 받았다. 공식적인 일정은 그 정도였다.

사절단은 그동안 러시아의 관료와 각국 사절을 찾았다. "러시아의 법도에 각국 사신이 먼저 그 지방 장관과 황족을 방문하고 그 뒤에 각국 공사를 방문하는 것이 정해진 예법(俄國法, 各國使先訪該地方長官及皇族, 後訪各國公使, 爲定例也)"이었기 때문에, 먼저 러시아 인사를 방문하고 그 뒤에 각국 사절을 찾아보았다. 『해천추범』에서는 "俄國法"을 "俄法"으로 옮겨놓았는데, 이 때문에 "러시아, 프랑스 등의 사신은"과 같이 부자연스러운 번역이 이뤄지기도 했다. 그렇지만 『해천추범』의 "俄法"이 오기(誤記)라고 단정하기는 어려운데, 이 또한 '러시아의 법도'로 풀이할 수 있기 때문이다.

23일에는 오전 9시에 모스크바 총독 세르게이를 방문했고, 이후 황족 몇 사람을 방문했으나 만나지 못하고 명함을 남겨두었다. 조선과 조약을 맺은 미국, 영국, 독일, 이탈리아, 프랑스, 오스트리아, 청, 일본의 대사, 포르투갈, 튀르키예, 스페인, 페르시아의 사신이 명함을 보냈고, 조선 사절단도 곧바로 이들에게 명함을 보냈다. 윤치호는 이날 러시아의 거리 풍경을 묘사했는데, 조선 사절단의 "비를 막을 수도 없고 일을 할 수도 없는 옷(a costume that can not stand rain or work)"에 불만을 표하면서도 러시아에 종속된 중앙아시아 국가 사절단의 의복에는 관심을 보이기도 했다.

24일에는 오후 2시에 각부 대신을 방문하여 법부대신과 교부대신(敎

部長, Minister of Clergy)을 만났다. 또 미국, 영국, 프랑스, 독일, 이탈리아, 오스트리아, 일본, 청의 사절단을 방문했는데, 청의 리훙장(李鴻章)과 일본의 야마가타 아리토모(山縣有朋)만을 만날 수 있었다. 김득련은 만남의 내용은 기록하지 않고, 모스크바의 날씨가 조선의 중춘(仲春), 즉 음력 2월의 날씨 정도라고만 썼다. 반면에 윤치호는 리훙장과 민영환의 대화를 기록하며 리훙장에 대한 실망감을 표하고, 야마가타 아리토모와의 만남은 기록에 남기지 않았다. 청과 일본, 러시아는 청일전쟁, 시모노세키 조약, 삼국간섭으로 이어지는 갈등을 겪고 있었으며, 조선과도 복잡한 이해관계로 얽혀 있었다. 대관식을 올리게 될 러시아 황제 니콜라이 2세는 일본과는 악연이 있었는데, 1891년에 황태자 자격으로 일본을 방문했다가 경호하던 순사 쓰다 산조(津田三蔵)의 칼에 맞는 '오쓰 사건(大津事件)'을 겪었기 때문이다. 조선, 청, 일본의 사절은 모두 팽팽한 긴장감 속에서 러시아를 방문한 셈이었다.

25일 오전 9시에는 사절단이 사진관을 찾았는데, 민영환, 김득련, 윤치호, 김도일, 손희영, 스테인, 파스코프, 블란손이 함께 사진을 찍었다. 아마도 널리 알려진 사절단의 사진이 이때 촬영된 것인 듯하다. 오후 1시에는 튀르키예 공사를 방문했는데, 김득련은 여기에 수석 공사(首公使)인 튀르키예 공사가 각국 공사의 위치를 정하며, 각국 공사는 튀르키예 공관에 모여서 입궁하게 된다는 말을 덧붙였다. 윤치호는 이날 일기에 민영환과의 갈등과 그에 대한 불만을 남겼는데, 튀르키예 공사 방문은 제대로 언급하지 않았다.

5월 26일은 대관식이 거행되는 날이다. 사절단은 오전 6시에 대례복

(大禮服)을 입고 튀르키예 공관으로 향했다. 각국 공사와 함께 크렘린궁으로 들어가기 위해서였다. 그렇지만 조선의 사절단은 대관식이 거행되는 우스펜스키 사원에는 들어가지 못했다. 김득련은 그렇게 된 사정을 기록했다.

> 러시아의 법에 따르면, 대관예식은 예배당에서 행하며 모자를 벗지 않으면 예배당에 들어가는 것이 허가되지 않는다. 우리나라 및 청나라, 튀르키예, 페르시아의 사신은 모두 모자를 벗지 않아서 들어가지 못하고 예배당 밖의 누각 위에서 지켜보았다. 예배당은 궁내 멀지 않은 곳에 있었다.[37]
> —『환구일록』 5월 26일

모자를 벗지 않으면 대관식이 거행되는 성당에 들어갈 수 없다는 것이 그 이유였다. 김득련은 이에 대해 특별한 의견을 내놓지 않았는데, 윤치호는 김득련의 조언에 따라 민영환이 모자를 벗지 않겠다는 결론을 내렸다고 짐작하면서 크게 분노했다. 대관식 이틀 전인 5월 24일에 이미 이 문제를 알고 있었고, 결국 민영환을 설득하는 데 실패했다.

> 성당으로 들어가는 사람은 누구나 모자를 벗어야 한다. 페르시아, 튀르키예를 비롯한 청국 사절조차 대관식에 참석하기 위해 자신들의 관습에 반해 모자를 벗으려 하고 있다. 그들은 표면적으로는 이 목적을 위해 정부에서 파견되었기 때문이다. 틀림없이 '술고래'의 조언으로 생각되는데, 민영환은 갓을 벗는다는 것이 조선의 법과 관습에 어긋난다는 핑계로 대관식이 진

행되는 짧은 시간 동안 갓을 벗으라는 요청을 거절했다. 나는 그가 대관식 참석이라는 중대한 목적을 띠고 조선 군주의 사절로 파견되었으니 자기 임무를 수행한다는 더 높은 차원에서 몇 분 동안 그 우스꽝스러운 조선의 관습을 보류해 두는 것도 결코 잘못이 아니라고 설득했다. 아무리 해도 듣지 않았다. 민영환이 완고하게 버틸 때 그는 노새처럼 고집불통이었다.[38]

— 『윤치호 일기』 5월 24일

윤치호는 "노새처럼 고집불통"인 민영환의 태도에 답답했을 것이다. 게다가 25일에는 억울한 일도 당했다. 윤치호는 파스코프와 블란손의 말을 듣고서 페르시아, 튀르키예, 청나라 사절이 모자를 벗을 예정이라고 말했던 것인데, 25일에 튀르키예 대사가 자신은 모자를 벗지 않을 것이며 페르시아와 청나라 사절들도 어떻게 할지 모르겠다고 말한다. 하루 사이에 상황이 바뀐 것이지만, 윤치호가 그렇게 만든 것은 아니었다. 그렇지만 민영환은 오늘 말이 다르고 내일 말이 다르다고 그를 비난했다. 윤치호가 일기에서 이처럼 말했으니, 그것이 얼마나 객관적인 사실인지는 분명하지 않다. 또 김득련이 민영환에게 조언했는지도 분명하지는 않은데, 윤치호의 짐작 이외에는 별다른 근거가 없기 때문이다. 김득련도 윤치호의 짐작을 알았다면 어쩌면 억울해했을지도 모른다.

우여곡절 끝에 조선, 페르시아, 튀르키예, 청나라의 사절은 '예배당 밖의 누각 위'에서 대관식을 지켜보게 되었는데, 그 누각이란 삼위일체 망루(Troitskaya Tower)였다고 언급되기도 한다. 김득련은 누각 위에서 바라본 대관예식의 광경과 각국 사절과 함께 참석한 연회의 풍경을 이렇게 기록했다.

오전 8시에 황제와 황후가 걸어 나왔는데, 비단 장막을 만들어 사방에서 떠받들고 따라가면서 해를 가렸다. 시위대와 보병은 대열을 짓고 시종의 의장[예관(禮官)은 황금 지팡이를 지니고 앞서 가면서 인도한다]은 전날 동가 예식과 같은데, 모두 기병을 따라 걸어가서 궁 밖에서 호위했다. 황제와 황후가 예배당에 들어가고, 꽤 시간이 지난 뒤에 종이 끊임없이 울렸다. 이는 대관 이후 희랍 교주의 기축(祈祝)을 받는 것이라고 한다. 교주 두 사람[금빛 모자를 쓰고, 금빛 옷을 입었다]이 한 사람은 물그릇을 들고 한 사람은 짧은 비를 들고서 황제가 가는 길을 두루 물 뿌리며 쓸어냈는데, 이를 '성수세진(聖水洗塵)'이라 일컫는다.

정오에 황후가 관(冠)을 쓰고 먼저 돌아갔다. 관은 금강찬(金剛鑽, 다이아몬드)을 묶어서 만든 것[우리나라의 화관(花冠)과 비슷한 모양이다]이다. 등에는 수를 놓은 노란 치마[바깥은 노란 비단에 금빛 수를 놓았고, 안감은 은백색의 족제비 가죽이다]를 늘어뜨렸는데, 길이가 수삼 장(丈)이어서 근시(近侍)가 받들고 간다. 얼마 지나지 않아 황제가 관을 쓰고 나왔다. 관은 또한 금강찬[우리나라의 화관과 비슷한 모양이다]이다. 몸에는 노란 도포[위에 말한 황후의 치마와 같다]를 덮었는데, 역시 근시가 받들고 간다. 황제는 왼손에는 지구 모형[강토를 넓힌다는 뜻]을 받들고 오른손에는 황금 지팡이[황제의 위엄을 보인다는 뜻]를 쥔 채로 걸어서 근처의 예배당 네댓 곳을 거쳐 궁으로 돌아갔다[두 개의 관과 치마, 도포, 지구 모형, 지팡이는 모두 대대로 전해지는 것들이다].

> 궁내부에서 큰 천막[누각과 비슷하다]을 설치하고 잔치를 열었다. 각국 사신 일행과 반열에 참여한 관리들이 참석했는데, 남녀가 같은 식탁에 앉았으며 술과 음식이 풍성하고도 정결하였다. 오후 2시에 공관에 돌아갔다.[39]
>
> —『환구일록』 5월 26일

김득련은 상세하게 대관식 장면을 그려내려고 노력했겠으나, 예배당에 들어가지 못한 데다가 이와 유사한 행사에 참석한 경험이 없었으니 어느 정도 한계가 있을 수밖에 없다. 윤치호가 묘사한 장면과 비교하면, 황제와 황후에 앞서 성당에서 의식을 치르는 황태후의 모습을 언급하지 않은 점을 부족한 대목으로 지적할 수 있다. 그렇지만 누각 위에서 지켜본 광경을 순서에 따라 성실하게 기록하면서 아마도 파스코프나 블란손에게서 들었을 법한 설명을 덧붙이기도 했으니, 이 때문에 김득련의 기록은 적어도 예식의 순서를 이해하는 데는 윤치호의 일기보다 더 도움이 될 수도 있다. 다만 러시아의 대관식은 한문 및 한자어로 전달하기에는 쉽지 않은 소재이니, 구체적으로 어떤 모습을 묘사한 것인지 이해하기 어려운 구절도 나타난다. 또한 『해천추범』에는 이 부분에 오자도 있기 때문에, 이전에 간행된 번역본에서는 어쩔 수 없이 다소 부정확한 번역이 나타나기도 했다. 어쨌거나 대관식 장면은 한문으로 쓰고 한문으로 이해하기에는 쉽지 않은 소재임이 분명하다.

이러한 한계가 있다는 점을 인정하면서, 대략적이나마 대관식 장면을 재구성해 보자.

오전 8시에 황제와 황후는 궁에서 걸어 나와서 예배당으로 향한다.

햇빛을 막기 위한 비단 차양(遮陽)이 두 사람을 가리며 따르는데, 네 사람이 이 차양을 떠받치며 이동한다. 시위대와 보병이 대열을 짓고, 황금 지팡이를 지닌 예관(禮官)이 앞장서고 '동가'의 의례에서 사용했던 각종 의장(儀仗)을 지닌 시종들이 따른다. 이들은 모두 기병[馬軍] 뒤를 따라 걸어가서 궁 밖에서 호위한다. 다만 여기서 병사들만 기병 뒤를 따랐는지, 예관 및 시종까지 기병 뒤를 따랐는지 분명히 알기는 어렵다. 또한 『해천추범』에는 "마차(馬車)"를 따랐다고 되어 있으나, 황제와 황후가 걸어가는데 따로 마차가 등장하는 것은 부자연스러우므로 "車"는 "軍"의 오자라고 짐작할 수 있다.

황제와 황후가 예배당에 들어간 이후의 장면은 김득련이 목격하지 못했을 것인데, 그 때문인지 '소리'만 언급했다. 제법 시간이 흐른 뒤에 종소리가 끊임없이 들리는데, 그것이 '희랍 교주'의 기축(祈祝), 즉 기도와 축원을 받고 있음을 뜻한다는 설명을 들었을 것이다. "교주(敎主)"는 주교(主敎), 즉 사제의 뜻으로 이해되는데, 이런 의미로 '교주'라는 단어가 널리 사용되었는지는 분명하지 않다. 두 사람의 '교주'가 행하는 '성수세진(聖水洗塵)'의 의례는, 아마도 성당 밖에서 거행되어 김득련도 볼 수 있었을 듯하다.

대관식을 마친 뒤에 황후가 먼저 나와 궁으로 돌아가는데, 김득련은 누각 위에서 보았을 '특별한 의상'을 기록한다. 머리에 쓴 관(冠)은 "금강찬결성(金剛鑽結成)"이라고 기록했는데, 이 말 전체가 관의 종류나 유형을 뜻하는 하나의 단어는 아닌 듯하다. 황제의 관 또한 "금강찬(金剛鑽)"이라는 설명이 뒤에 나오는데, 여기서 '금강찬'이란 금강석, 즉 다이

아몬드를 뜻하는 말이다. 『해천추범』에는 황제의 관을 설명한 구절에서 "冠亦金剛鑽"이 "冠而金剛鑽"으로 되어 있는데, 이는 활자화하는 과정에서 잘못 옮긴 것일 가능성이 크다. 그렇다면 황후의 머리에 쓴 관은 '다이아몬드를 묶어서 만든 관'으로 풀이할 수 있는데, 아마도 이는 다이아몬드를 장식한 관을 표현한 말일 듯하다. 이때 우리나라의 "화관(花冠)"은 모양을 설명하기 위해 빗댄 말일 것이다. 황후의 등에 늘어뜨린 "치마(裙)"란 황후가 걸친 망토를 가리킨 말인 듯한데, 그 길이가 3장(丈) 정도라면 땅에 끌릴 수밖에 없다. 누군가 뒤에서 망토를 받들어야 할 것이니, 그 역할을 근시(近侍), 즉 가까이서 모시는 신하가 맡았을 것이다. 이 망토는 안감으로 아마도 러시아에서 생산되었을 은백색의 족제비 가죽을 쓰고 밖에는 금빛 수를 놓은 노란 비단을 써서 만들었다.

황제의 관과 도포도 '다이아몬드를 장식한 관'과 '망토'로 이해하는 편이 자연스러울 듯하다. 이때 김득련은 본 적이 없는 의상인 '망토'를 남자의 옷인 '도포(袍)'와 여자의 옷인 '치마(裙)'로 달리 표현했으리라고 짐작할 수 있다. 황제는 바로 궁으로 돌아가지 않고 네댓 곳의 예배당을 거치는데, 김득련은 지구 모형과 황금 지팡이를 들고 걸어가는 황제의 모습을 누각 위에서 지켜보았을 것이다. 황제와 황후의 관과 망토, 황제가 들고 가던 지구 모형과 황금 지팡이는 러시아 황실에서 대대로 전해지는 물건이라는 설명은, 아마도 파스코프나 블란손으로부터 들었을 것이다.

김득련은 두 수의 시로도 러시아의 대관예식을 그렸는데, 이 두 수의 성격은 조금 달라 보이기도 한다. 첫째 수에서 누각 위에서 지켜본 대관식의 광경을 그렸다면, 둘째 수에서는 대관식 이후에 베풀어진 연회에 참석하면서 느낀 감흥을 그렸다고 할 수 있기 때문이다.

첫째 수에서는 대관식의 광경을 읊었다. 제1구와 제2구에서는 예정된 날짜에 대관식이 거행되었음을 말했다. "양궁(兩宮)"은 황제와 황후를 가리킨다. "진기(趁期)"는 기한이 찬다는 말이니, "진기완(趁期完)"은 기한이 꽉 또는 완전히 찬다는 뜻이 된다. 다만 "完"은 운자이므로 특별히 뜻을 새길 필요는 없을 수도 있다. 제3구와 제4구에서는 대관식을 거행하고 많은 사람으로부터 하례를 받는 광경을 그렸다. 여기서 "옥계(玉階)"는 궁궐 안의 섬돌을 뜻하는 말이니, 곧 궁궐로 풀이할 수 있다.

둘째 수에서는 연회의 광경을 읊었다. 제1구와 제2구에서는 궁내부에서 마련한 연회의 화려함과 풍성함을 말했다. "주궁(珠宮)"은 용궁의 뜻으로도 쓰이는데, 여기서는 보석으로 치장한 듯이 화려한 궁궐 또는 용궁과도 같은 별세계의 궁궐이라는 뜻으로 풀이할 수 있다. 제2구의 "빙폐(聘幣)"는 예물을 뜻하는 말인데, 여기서는 연회에 내는 음식을 가리키는 말로 이해할 수 있다. 제3구와 제4구는 연회에서 진기한 술을 한껏 마시고서 마치 신선이나 된 듯이 느낀다는 감흥을 드러냈다. "옥액경장(玉液瓊漿)"은 신선이 마신다는 술이며, "봉래(蓬萊)"는 신선들이 모여 산다는 봉래산이다. 신선의 술을 실컷 마셨으니, 신선이 될 수밖에 없다. 그러니 봉래산에 온 것은 아닐까 하고 착각할 법도 한 것이다. 『환구일록』에서 언급한 "술과 음식이 풍성하고도 정결하였다(酒饌豐潔)"라는 말을 이처럼 시로 옮긴 셈이라 할 것이다. 한 가지 흥미로운 점은

『환구일록』에 보이는 "남녀가 같은 식탁에 앉았다(男女共卓)"라는 구절은 시에서는 다루어지지 않았다는 사실인데, 약간은 불편하거나 못마땅할 수 있는 요소는 시에서는 제외하려 한 것일지도 모른다.

32 온 도시에 사흘 밤 동안 등불을 밝히다
滿都三夜點燈

황실에 경사 있어 백성들이 축하하니,
사흘 밤 연이어 장식 묶고 등을 거네.
문과 벽엔 휘황찬란 빈 곳 없이 걸려 번쩍이고,
길가엔 시렁 세워 거니 부교(浮橋)를 만든 듯하네.
형형색색 억만 개 수많은 등잔엔,
전기, 가스, 기름, 초로 일시에 불붙였네.
온 도시 골목마다 온통 붉은 불꽃이니,
여기저기 할 것 없이 대낮처럼 환하구나.
게다가 크렘린궁 담 안에선,
전등 밝힌 높은 첨탑 하늘까지 솟았네.
오색의 유리등 솜씨 좋게 달았으니,
영롱하게 빛나서 그려내지도 못할 듯하네.
곳곳 평지에선 염산(炎山)이 분출하듯 불붙으니,
반짝반짝 번쩍번쩍 오랫동안 꺼지지 않네.
바다에서 대합조개 눈부시게 기운을 토하더니,
번쩍이는 궁궐이 아득한 하늘에 매달렸네.
요지(瑤池)에서 베푸는 신선의 잔치 같으니,
봉황 골수와 용 기름은 밤새도록 타오르네.
광릉(廣陵)의 등불 구경은 말할 것도 못 되니,

오산(鰲山)이나 화수(火樹)는 너무도 초라하네.

하물며 오늘날의 문명 세상 만나서

군주 백성 함께 즐기며 음악 소리 울림에랴.

나는 동방에서 사신으로 와서,

좋은 밤에 태평 시대의 노래를 듣는구나.

皇家有慶民祝賀, 結彩張燈連三宵.

門壁輝煌無隙地, 路傍立架作浮橋.

色色形形萬億盞, 電煤油燭一時挑.

滿都街巷同朱燄, 通明如晝無近遙.

復有龜林宮垣內, 電樓電塔聳九霄.

五色玻璃工搭結, 玲瓏璀璨畵難描.

處處炎山湧平地, 熒光閃鑠久不銷.

海上恍惚蜃噓氣, 珠宮貝闕懸迢迢.

宛如瑤池敞仙宴, 鳳髓龍膏徹夜燒.

廣陵觀燈何足道, 鰲山銀樹太蕭條.

況値今日文明世, 君民共樂奏笙簫.

我從東方仗玉節, 良夜來聽太平謠.

사절단은 대관식을 지켜보고 연회에 참석한 뒤 오후 2시에 공관으로 돌아갔다. 윤치호는 4시에 도착했다고 기록했는데, 시간을 잘못 기록한 것인지 따로 이동한 것인지는 분명하지 않다. 이후 휴식을 취하고, 밤에 거리로 나섰다. 22일에 받은 '경전 절차'에는, 이날부터 28일까지 사흘 동안 '점등(點燈)'이 예정되어 있었다. 『환구일록』의 기록은 이러했다.

> 오후 8시에 마차를 타고 거리를 두루 돌아보았다. 방방곡곡 가가호호에 담장과 문에 철사로 오색의 유리등을 꿰어서 천 가지나 만 가지의 온갖 형상을 만들어놓았다. 길 양쪽에는 시렁을 세우고 오색의 유리등을 수레바퀴 크기로 묶어두고서 기름, 초, 전기, 가스를 일시에 켜니, 상하 사방이 대낮처럼 환하였다. 크렘린궁의 담을 둘러보니, 그 안에 있는 예배당과 높이 솟은 탑들에 오색의 유리등을 층마다 묶어놓고 전기로 불을 켜니 영롱하게 빛나서 사람의 눈을 어지럽게 한다. 또 높은 벽을 쌓고 철관(鐵管)으로 물을 끌어와서 큰 폭포를 만들었는데, 이 또한 장관이었다. 옛사람이 광릉(廣陵)의 등불 구경에서 그 '오산화수(鰲山火樹)'를 성대하게 칭송했다고 하나, 이처럼 기묘한 것은 참으로 생각지도 못했다.[40]
>
> ―『환구일록』 5월 26일

집과 거리, 크렘린궁까지 여러 빛깔의 유리등을 장식하여 밤을 밝힌 '점등' 행사는 장관이었다. 오색의 유리등을 단 장소 가운데 하나로 언급된 "높이 솟은 탑들(諸處聳高塔)"은 크렘린궁의 망루들을 가리키는 말일 것이다. 층벽(層壁), 즉 높은 절벽을 쌓고 물을 끌어와서 떨어뜨리는 일종의 인공폭포까지 설치했으니, 이런 광경을 본 적 없던 김득련이 어질어질하다고 느끼는 것도 무리는 아니었을 것이다.

김득련은 과거의 역사에서 이와 비교할 만한 것으로 '광릉관등(廣陵觀燈)'을 떠올린다. 당나라 현종이 관등놀이가 가장 화려한 곳이 어디인지 물었더니, 섭선사(葉仙士)가 광릉이라고 대답한다. 현종이 광릉의 관등놀이를 볼 수 없겠느냐고 하니, 섭선사는 가능하다며 무지개다리를 만들어 현종을 그 위에 올라오게 한다. 순식간에 광릉에 도착한 현종은 관등의 장관를 구경했다고 한다. '광릉관등'은 『고금사문유취(古今事文類聚)』에 전하는 고사인데, 대보름의 관등놀이를 말할 때 자주 인용되고는 했다. "오산(鰲山)"은 꽃등(火燈)을 산처럼 쌓아놓은 것인데, 큰 자라의 형상이라고 하여 '오산'이라 일컫는다. '등산(燈山)'이라고도 한다. "화수(火樹)"는 휘황찬란한 등불을 비유하는 말이다. 당나라 소미도(蘇味道)가 〈정월십오야(正月十五夜)〉에서 읊은 "화수와 은화가 합하니, 성교의 철쇄가 열린다(火樹銀花合, 星橋鐵鎖開)"라는 구절로 널리 알려져 있다. 조선의 정사룡은 〈광릉관등〉에서 광릉의 '화수'를 언급하기도 했다. 대보름의 시구에 자주 등장하는 '광릉관등'의 고사로도 비길 수 없는 '기이하고 교묘한 장관'이라는 결론으로 요약되겠지만, 한문 전통에 익숙한 김득련이 러시아의 놀랄 만한 경물을 보면서 한문 문화권의 고전 또는 역사를 떠올렸다는 것 자체가 중요한 대목일지도 모른다. 김득련은 27일과 28일에도 '점등'을 언급했다.

윤치호 또한 '점등' 광경을 기록했는데, 김득련과는 조금 다른 태도를 보였다. 이미 미국에서 더 멋진 점등의 광경을 본 경험이 있었기 때문이다. 윤치호는 크렘린궁의 연등에 주목했는데, 수백 명의 해군을 3개월 동안 동원해서 만들었다는 블란손의 말을 덧붙였다. 『윤치호 일기』의 기록을 아래에 옮겨둔다. 단 여기에 언급된 "illumination"은 '백야 현상'으로 번역된 바 있는데, 문맥상 '연등' 또는 '장식등'의 뜻으로 이해하는 편이 자연스럽다고 판단되므로 고쳐서 인용한다.

> 오후 8시 반에 우리 사절단은 모두 연등(燃燈)을 보러 나갔다. 거리의 연등에서는 특별히 언급할 만한 것은 없었다. 미국에서 이보다 더 멋진 연등을 본 적이 있다. 그렇지만 나는 큰 건축물들을 덮어 거의 속세가 아닌 듯한 우아함과 장관을 연출하는 전등들로 가득 장식된 크렘린궁의 첨탑과 돔들의 휘황함과 아름다움을 설명할 도리가 없다. 블란손은 모두 14개 정도의 첨탑에 램프들을 설치하느라 해군 수백 명이 동원되었다고 말해주었다. 그들은 3개월 이상 그 작업에 매달렸다고 한다.[41]
>
> —『윤치호 일기』 5월 26일

김득련은 12운(韻) 24구(句)의 장편으로 '점등'의 장관을 노래했다. 제1구에서 제12구까지, 즉 시의 전반부에서는 집과 거리, 궁전까지 이어진 연등의 광경을 그렸는데, 『환구일록』에서와 유사한 표현을 다수 사용했다. 제1구와 제2구에서는 점등의 배경과 함께 전반적인 풍경을 말했고, 제3구에서 제8구까지는 민가와 거리의 점등 풍경에 초점을 맞추었다면 제9구에서 제12구까지는 크렘린궁의 점등 광경에 초점을 맞추었다. 제2구의 "결채장등(結彩張燈)"은 "장등결채(張燈結彩)"라고도 하는데, 여러 빛깔의 실, 종이, 헝겊 등을 장식으로 묶고 등롱(燈籠)을 걸어둔다는 뜻으로 경사를 기뻐하는 모습을 형용하는 말로 쓰인다. 여기서는 '점등'을 지칭한 말인 듯한데, '결채(結彩)'가 있었는지 아니면 관습적으로 이 말을 쓴 것인지는 분명하지 않다. 다만 21일의 동가 의례에서 거리의 "결채현등(結綵懸燈)"을 보았다고 했으니, 이와 유사한 광경이 있었는지도 모른다. 제4구는 "길 양쪽에는 시렁을 세우고 오색의 유리등을 수레바퀴 크기로 묶어두었다(路兩傍立架, 以五色玻璃燈團結車輪大)"라는 구절을 부연한 듯한데, "부교를 만들었다(作浮橋)"라는 말은 실제 다리를 만들었다기보다는 거리에 매달아 둔 등불이 만들어내는 밤의 풍경을 비유적으로 묘사했다고 이해하는 편이 자연스러울 듯하다.

제13구에서 제24구까지, 즉 시의 후반부에서는 모스크바의 연등을 지켜본 감상을 말했는데, 한문 문화권의 고전이나 역사에서 유래한 전고를 활용하면서 그 성대함을 드러내고자 한 듯하다. 『환구일록』에서는 '광릉관등'이나 '오산화수'로는 그 교묘한 솜씨를 비길 수 없다고 했지만, 여기서는 전설 또는 신화의 전고를 통해 그 면모를 그려보려 한 듯하다. 제13구와 제14구에서는 전설상의 화산인 '염산(炎山)'을 등장시켰는데, 『오주연문장전산고』에는 "남해에 염산이 있는데, 4월이면 불이 붙고 12월이면 불이 꺼진다. 불이 꺼진 뒤에는 초목에 가지와 잎이 나고, 불이 붙으면 나뭇잎이 떨어진다(南海有炎火山, 四月生火, 十二月滅, 滅後草木生枝葉, 火燃木落)"라는 말이 보인다. 이처럼 꺼지지 않는 '염산의 불'을 들어서 사흘이나 지속되는 모스크바의 '점등'을 말한 것이다. 제15구와 제16구에서는 '신기루(蜃氣樓)'의 고사를 써서 크렘린궁의 '점등' 광경을 그렸다. 『사기』에서는 "바닷가에서 대합조개가 뿜는 기운이 누대의 형상을 이룬다(海旁蜃氣象樓臺)"라고 했는데, 신기루란 이처럼 '대합조개가 입김을 뿜어서(蜃噓氣) 만들어낸 누대'로 이해되고는 한다. 그러니까 먼 바닷가에서 대합조개가 입김을 뿜고 있어서 그 결과로 마치 신기루처럼 하늘에 매달린 듯한 빛나는 크렘린궁의 모습이 나타난다고 풀이할 수 있다. 제17구와 제18구에서는 '서왕모(西王母)의 요지연(瑤池宴)'을 인용했는데, 신선 세계에서도 가장 화려한 잔치를 거론해야 모스크바의 밤 '점등' 풍경을 그려낼 수 있다고 생각한 듯하다. 제19구와 제20구에서는 『환구일록』에서 거론한 '광릉관등'과 '오산화수', 즉 과거 인간 세상에서 가장 화려하다고 여겨졌던 '연등'의 풍경을 들어서 모스크바의 점등 풍경은 그런 정도로는 비길 수 없는 것임을 말했다. "은수(銀樹)"는 '화수(火樹)'와 통용될 수 있는 말인데, 상성인 '火'를 평성인 '銀'으로 바꾼 결과일 법도 하다. 다만 앞서 거론한 소미도의 시에서 "화수"와 "은화"를 함께 말했으니, 이를 합한 뜻으로 사용했다고 이해할 수도 있겠다. 제21구에서 제24구에서는 군주와 백성이 합심하여 노래하는 러시아 상황을 칭송하고 있는데, 특별히 감동했다기보다는 의례적인 덕담으로 이해하는 편이 더 자연스러울 법도 하다.

33 황궁에서 밤에 공연을 관람하다
皇宮夜觀戲子

원형의 극장엔 수만 명 들어올 수 있는데,
황제가 친림한 공연이 새벽까지 이어지네.
옛일을 연기하되 마치 실제와 같고,
순식간에 나타났다 사라졌다 갖가지로 새롭구나.
圓屋能容數萬人, 親臨玩戲到淸晨.
演來古事如眞境, 變幻須臾色色新.

5월 27일의 일기는 모스크바의 환경에 대한 짤막한 언급으로 시작된다. "이 도시는 사방에 큰 산이나 큰 강이 없다. 둘레는 70~80리 정도이며, 주민은 100여 만 명이다. 풍속은 자못 순박하고 예스럽다. 새는 드물지만, 비둘기와 할미새가 매우 많아 집집이 무리 짓고 있다(此都四無山嶺, 亦無大江. 周可七八十里, 居民百餘萬, 風俗頗有樸古. 禽鳥稀少, 而鳩鴿甚多, 家家群集)"라고 썼는데, '트랴사구스카(трясогузка)'로 일컬어지는 할미새는 지금도 모스크바 근방에 많이 서식한다고 알려져 있다. 이날 사절단은 마차를 타고 남쪽으로 수십 리를 가서 장막 아래 깔끔한 탁자와 향기로운 꽃을 마련해 둔 높은 언덕을 찾았는데, 여기서 다른 나라의 사절들을 만날 예정이었던 듯하다. 그렇지만 청나라 사절에 대한 간략한 언급만 있어서 어떤 행사였는지는 확인하기 어렵다. 김득련은 이곳에서 망원경을 통해 모스크바 전체를 내려다볼 수 있었는데, 어쩌면 서두에 기록한 모스크바의 환경에는 이때 본 풍경과 들은 지식이 포함되어 있었을지도 모른다.

이튿날인 5월 28일 오전 11시에는 궁내부의 초청에 따라 대관예식 후의 첫 번째 진하(陳賀)에 대례복을 입고 참석했는데, 예관(禮官)의 인도에 따라 황제와 황후를 뵙고 예법에 맞춰 하례를 올렸다. 오후 9시에는 궁내부의 초청에 따라 소례복(小禮服)을 입고 황궁접객회(皇宮接客會)에 참석했다. 황족, 관리, 각국 사절 등 남녀 수천 명이 모였는데, 사절단은 자정에야 공관에 돌아갈 수 있었다.

5월 29일에는 오후 2시에 박물원(博物院)에 들렀는데, 김득련은 "비록 매우 잘 갖춰졌다고는 할 수 없어도 장서가 3만 권(雖未極備, 藏書三萬卷)"이라 지적하고 "마음대로 와서 열람할 수 있게 하되 대출은 허락하지 않는다(任人來看, 不許轉借)"라는 설명을 덧붙였다. 또한 명사의 초상과 소상(塑像), 각국 의복 등의 전시물을 언급했다. 윤치호는 수집품이 그다지 뛰어나지 않고, 특히 워싱턴의 스미소니언(Smithsonian) 박물관의 최고 수집품에 비할 만한 것은 없다고 평가했으며, 4~6시에는 "앉아서 초상화를 그렸다(sat for a portrait)"라고 덧붙였다. 김득련은 오후 4시에 일본대사 야마가타 아리토모가 방문했으나 외출 중이어서 만나지 못했다고 기록했으니, 이 무렵에도 사절단이 박물원에 머물렀을 가능성이 높다. 윤치호 이외의 사절단도 초상화를 위해 앉아 있었을 법한데, 기록하지 않은 이유가 무엇인지는 알 수 없다. 한편, 윤치호는 이날 오전 10시에 파스코프와 함께 크렘린궁을 찾아가서 제국 문서보관소

(the Imperial Archives)에 조선 국왕의 예물을 맡겼다고 기록했다. 이 일 또한 『환구일록』에는 빠져 있는데, 김득련이나 민영환이 동행하지 않았기 때문일 듯하다.

오후 7시에는 궁내부의 공연 관람 초청이 있었다. '경전 절차'에 29일의 일정으로 제시한 '완희자(玩戲子)'일 것이다. 민영환은 가지 않았지만, 윤치호, 김득련, 김도일은 소례복을 입고 참석했다. 김득련과 윤치호는 각기 이 관람을 기록에 남겼는데, 감상은 상당히 달랐다. 공연 내용에 대한 이해도에 차이가 있었기 때문이기도 하겠지만, 『환구일록』이 상대적으로 공식적인 기록에 가깝기 때문일지도 모르겠다. 먼저 김득련의 기록을 살펴보자.

> 오후 7시에 궁내부의 공연 관람 초청이 있었다. 공사는 가지 않고, 수원과 두 참서관이 소례복을 입고 궁으로 갔다. 반접관 파스코프와 외부 관리 블란손의 인도로 들어가서 앉았다. 건물은 둥글고, 높이는 7층이다. 각 층의 둘레는 500~600간(間)이며 각 간에는 8명이 앉을 수 있으니, 모인 사람은 적게 잡아도 1만 명이다. 황제와 황후도 나오셨다. 앞쪽에 공연 무대를 설치하고 옛일을 공연하는데, 그 내용을 상세히 알 수는 없었다. 혼인하는 모습도 있고 전쟁하는 모습도 있는데, 실제와 매우 가깝고 조금도 어긋나는 데가 없으니 대단한 광경이었다.[12]
>
> ─『환구일록』 5월 29일

공연장의 외관과 규모, 황제와 황후의 참석 여부, 공연의 현실감 등에 초점을 맞춘 것처럼 보이는데, 이는 공연을 제대로 감상할 만한 사전 지식이나 여유가 없었기 때문일 것이다. 그 내용이 '옛일'이라는 사실도 파스코프나 블란손에게 들은 것일지도 모른다. 혼인 장면, 전쟁 장면 등을 보고 실제처럼 공연한다고 느낄 수 있을 뿐 배우의 의상이나 연기를 관찰할 만한 여유도 없었을 법하다. 한편 『해천추범』에서는 문장 말미의 "야(也)"를 "운(云)"으로 바꿔서 썼는데, 함께 관람하지 않은 민영환의 입장에서는 들은 일로 처리할 수밖에 없었을 것이다.

김득련의 시 또한 공연의 내용을 제대로 알거나 평가할 수 없었던 한계를 벗어나지는 못했을 것이다. 제1구와 제2구에서는 공연장의 풍경을 그렸는데, 극장의 외관과 수용 인원, 황제가 친히 참석했다는 사실, 공연 시간까지를 말했다. 제2구의 "청신(淸晨)"은 맑은 첫새벽, 즉 동틀 무렵을 뜻하는 말이니, 문자 그대로 실제 밤새워 공연이 이뤄진 것인지는 판단하기 어렵다. 다만 근심이나 즐거움 따위로 인해 새벽까지 잠을 이루지 못함을 표현하기 위해 '도청신(到淸晨)'이라는 표현을 사용하니, 그만큼 몰입할 만한 혹은 몰입하는 모습을 보게 되었던 공연이었다는 뜻으로 이해할 수도 있을 법하다.

제3구와 제4구에서는 공연 자체, 즉 공연의 내용으로 초점을 옮긴다. 제3구에서 '옛일'을 실제처럼 현실감 넘치게 공연했다고 말했다면, 제4구에서는 대체로 공연이 흥미진진함을 말하려 한 듯하다. "변환(變幻)"은 종잡을 수 없이 또는 예측할 수 없이 나타났다가 사라졌다가 하는 모습을 뜻하는 말이니, 아마도 무대 위에서 변화무쌍하고 빠른 흐름의 작품이 공연되고 있음을 표현하려 한 듯하다. 어쩌면 배우의 등·퇴장이나 동작, 무대 장치의 교체 등을 말한 것인지도 모른다. "색색(色色)"은 여러 가지, 즉 갖가지의 뜻이다. "신(新)"은 운자여서 특별히 풀이하지 않아도 될 법도 하지만, 제3구에 "고(古)"와 대비하여 쓴 말일 가능성도 있다.

윤치호의 기록은 다음과 같다.

> 오후 7시 반에 제국 극장에 갔다. 오후 8시에 공연이 시작되었다. 음악은 아주 훌륭했다. 러시아 역사의 한 장면이 나왔다. 그러고 나서 훌륭한 발레가 이어졌다. 발레는 아름답고 우아한 청춘의 향연이었다. 그러나 귀여운 10대 소녀들이 거의 나체에 가까운 모습으로 춤을 추니, 엄격한 종교단체에서 이런 공연을 못마땅하게 여기는 것도 이상하지 않다.[43]
>
> ―『윤치호 일기』 5월 29일

윤치호는 자신 있게 음악과 발레를 평가한다. 하지만 정도의 차이는 있다고 해도 윤치호도 김득련과 마찬가지로 공연의 내용을 제대로 이해하지는 못했으리라고 짐작된다. "러시아 역사의 한 장면"이란 김득련이 말한 "옛일"과 유사한 말로 보이는데, 어쩌면 윤치호도 파스코프나 블란손의 말을 듣고 이런 설명을 붙인 것인지도 모른다. 윤치호가 어린 발레리나의 의상에 주목한 점은 흥미로운데, 이는 윤치호가 지속적으로 고민하던 기독교 신자로서의 정체성이나 의식과 관련된 것으로 이해할 수 있기 때문이다.

이날 공연의 장소와 프로그램에 대해서는 김득련이나 윤치호 모두 정확히 알지는 못했던 듯하다. 최근 김영수가 『100년 전의 세계 일주』(2020)에서 그 세부적인 사항을 밝힌 바 있다. 이에 의하면, 공연장은 볼쇼이 극장이며 공연된 작품은 글린카의 오페라 〈황제를 위한 삶〉과 드리고의 발레 〈진주〉였다고 한다.

34. 만백성을 위한 잔치
萬民宴

넓은 들판에 높은 누대 세우고,
두 분 폐하 동가하여 오셨네.
사방엔 사람의 물결 넘실거리고,
기뻐하는 소리 우레처럼 울리네.
저마다 내려주신 물건 받자오니,
떡과 고기에 술 여러 잔이라.
황실에 대관식 경사 있으니,
오늘 이런 잔치 열었도다.
악기 소리는 천지에 떠들썩하고,
배우는 몇 차례나 공연하는구나.
이것이 곧 백성과 더불어 즐김이요,
위아래가 성심(誠心)을 회복함이라.
대포식 잔치를 예전에 들었더니,
서방에 와서야 비로소 보는구나.

曠野築高臺, 兩宮動駕來.
四方滾人海, 歡聲震如雷.
各受頒賜物, 餠肉酒數杯.
皇室戴冠慶, 今日此宴開.
鐘鼓喧天地, 戲子演幾回.

是爲同民樂, 上下誠心恢.

昔聞大酺式, 西土始見哉.

5월 30일에 사절단은 '만민연(萬民宴)', 즉 만백성을 위한 잔치를 참관했다. 김득련은 이날의 일기에 '만민연'을 기록하고, 따로 7운(韻) 14구(句)의 시를 읊어 이 행사를 칭송했다. 그만큼 만민연은 인상 깊은 행사였던 듯하다. 이날의 일기의 내용은 다음과 같다.

> 오후 1시에 궁내부의 초청으로 '만민연'에 갔다. 궁궐에서 북쪽으로 10여 리 떨어진 곳에 넓은 벌판에 새로 지은 여러 층의 높은 누각이 있는데, 황제와 황후가 그곳에 거둥하셨다. 좌우의 익각(翼閣, 본채의 좌우에 딸린 전각)에 의자를 수십 층 설치하니, 만 명을 수용할 수 있었다. 들판 가득 모인 남녀가 몇만 명인지 알 수 없는데, 모든 사람에게 대관예식의 의절(儀節) 한 권과 떡 한 덩이, 고기 한 덩이를 자기(磁器)에 담고 그림 그려진 보자기에 싸서 나눠주었다. 대포를 쏘고 악기를 연주하며, 사방에서는 연희를 베풀었다[멀어서 자세히 볼 수는 없다]. 관리와 백성이 일제히 '우라'를 외치면서 기뻐 날뛰니, 이것을 가히 '군민공락(君民共樂)'이라 일컬을 수 있을 것이다.[44]
>
> ―『환구일록』 5월 30일

"군민공락(君民共樂)"은 임금과 백성이 함께 즐긴다는 뜻이니, 흔히 사용되는 '여민동락(與民同樂)'이나 '여민공락(與民共樂)'으로 바꿔도 무방한 말이다. '만민연'의 본뜻이 여기에 있다는 점은 분명하다. 황제는 1만 명을 수용할 만한 누각을 세웠고, 떡과 고기 등을 준비해서 백성들에게 나눠주고자 했다. 또한 백성들을 위해 음악과 연희 등 즐길 거리를 마련했다. 이는 모두 '군민공락'을 위한 실천이라고 할 수 있다.

김득련은 시에서도 '군민공락'의 이상을 실천한 사례로 '만민연'을 칭송했다. 전체 14구 가운데 앞부분의 12구에서는 『환구일록』의 내용을 거의 벗어나지 않았으며, 마지막 2구에서 새롭게 '대포식(大酺式)'의 고사를 인용하면서 시상을 마무리했다고 말할 수 있다. '대포식'이란 나라에서 백성들에게 술과 음식을 내려 큰 잔치를 베풀던 것을 일컫던 말인데, 진시황이나 송나라 태조 조광윤의 고사에서 그 선례를 찾을 수 있고 조선에서도 이를 베풀었다는 기록을 찾을 수 있다. '대포' 또는 '대포식'과 같은 행사는 동방의 것이라 할 수 있는데, 오히려 '서방(西方)'인 러시아에서 처음 목격했다고 한 셈이다. 이는 유교적 또는 동양적 시각에서 러시아를 관찰하거나 판단하고자 한 결과로 이해할 수도 있다.

『환구일록』과의 관계에 주목해서 시의 앞부분을 조금 더 살펴보자. 제2구의 "양궁(兩宮)"은 곧 황제와 황후를 지칭한다. 제9구의 "종고(鐘鼓)", 즉 종과 북은 악기 연주를 뜻하는 "주악(奏樂)"으로 이해할 수 있고, 제10구의 "희자(戲子)", 즉 광대 혹은 배우는 "연희(演戲)"와 관련된 어구로 풀이할 수 있다. 제11구의 "동민락(同民樂)"은 "군민공락(君民共樂)"과 같은 의미로 볼 수 있다. 제12구의 "성심(誠心)"은 『환구일록』에 언급되지 않는데, 상하, 즉 황제와 백성이 모두 지녀야 할 덕목임을 짐작할 수 있다. 그것은 단순히 '정성스러운 마음'이라는 의미일 수도 있고, 유가적 덕목인 '성의정심(誠意正心)'의 줄임말일 수도 있다. 어느 쪽이건 그러한 바람직한 상태로의 '회복(恢復)'이 결국 '만민연'의 최종 목표라고 할 수 있는데, 김득련은 러시아에서 이러한 이상의 실현을 기대했던 듯하다.

그렇지만 이상과 현실은 다른 법이다. 이상적으로 또는 조화롭게 보이던 '만민연'에서 사고가 있었다는 사실을, 김득련은 며칠 뒤에 알게 된다.

> 며칠 전 '만민연'에서 재물을 나눠줄 때 많은 사람이 몰려들어 밟고 밟혀서 다친 사람이 1,200여 명이었다. 황제가 이를 듣고서 즉시 내탕고(內帑庫)의 은을 내어 각기 1,000원을 주었다. 그 체휼(體恤)의 정치를 백성이 모두 송축했다.[45]
>
> —『환구일록』 6월 2일

비록 선의에서 마련한 행사라고 하지만, 1,200명이 다친 것은 보통일이 아니다. 어쩌면 '만민연'이 제대로 준비되지 않은 채 추진되었기 때문일 수도 있으니, 그 문제점을 생각해 볼 만도 하다. 그렇지만 그런 비판적 시선의 흔적은 보이지 않는다. 오히려 이날 일기에서는 사고 소식을 듣고 내탕고의 은을 내주는 황제의 '체휼(體恤)', 즉 아랫사람의 처지를 동정하고 가엾게 여기는 마음을 칭송했다. 김득련은 시에서 이 사고를 다루지 않았는데, 사고 소식을 듣고서도 시를 수정하려 하지 않은 듯하다. 시에서도 일기에서도 비판의 흔적은 찾아보기 어렵다. 왜 그랬을까? 명확히 답할 수는 없지만, 아마도 '군민공락'의 이상이라는 유가적 정치의 틀을 벗어나기 어려웠기 때문이 아닐까.

윤치호도 이날 일기에서 '만민연'을 기록했는데, 수많은 군중 이외에는 별로 보이는 것이 없었다고 했다. 행사 자체에 특별한 의미를 부여하지도 않았다. 그렇지만 행사의 뒷이야기는 어느 정도 들었던 듯하다. 분배를 맡은 관리로부터 40만 개의 선물꾸러미를 준비했다는 말을 들었고, 사고 소식 또한 이날 들었다고 했다. 윤치호가 들은 말을 정리하자면, 선물꾸러미를 나눠주기로 예정된 시간 이전에 군중들이 보관 장소인 상점에 몰려갔고 그곳에 질서를 유지할 만한 병력이 없었으며 혼란 끝에 1,000명 이상이 사망했다는 것이다. 소식을 들은 황제가 가족을 잃은 가정에 1,000루블을 보상하라고 명령했다는 말도 덧붙였다. 이때 비판의 대상은 '군중', 즉 백성이 된다. 윤치호가 덧붙인 "러시아에서 군주는 개화되었지만, 백성은 그렇지 못하다"라는 탈레랑(Talleyrand)의 말은, 백성이나 백성의 수준에 비판의 초점을 맞추는 시각에서 정당화될 수 있다.

윤치호는 1927년에 내놓은 회고담에서도 '무질서한 군중의 사고'를 거론했다. 이 회고담에는 상트페테르부르크에 도착한 뒤 대관식이 열렸다는 등의 부정확한 내용도 포함되어 있는데, 따라서 세부적인 기록들을 그대로 받아들이기는 어려울지도 모른다. 착오의 가능성을 고려하면서 살펴본다면, "대관식에서 2,000명이 압사당했다"라는 회고담의 기록은 어쩌면 만민연과 관련된 사고의 기억에서 유래한 것일 법도 하다. 어느 쪽이거나 몽매한 '러시아 인민'의 무질서함이 사고의 원인이라는 인식에는 변함이 없을 듯하다. 아래에는 이 회고담의 일부를 오늘날의 표기법과 표현에 맞추어 고쳐서 제시한다.

    러시아 수도 상트페테르부르크(聖彼得堡)에 우리 일행이 도착한 지 얼마 지나지 않아서 굉장한 니콜라이 2세 황제의 대관식이 열렸다. 그때 러시아에서는 한창 군국주의(軍國主義)가 팽창하여 황실의 위엄을 보일 겸, 무력을 시위할 겸 유럽 나라들에서도 보기 어려울 만큼 굉장한 의식을 거행하였다. 더구나 정도가 유치한 촌민은 이 희세(稀世)의 의식을 참관키 위하여 서울로 서울로 하고 밀려왔다가, 극히 복잡 혼란하고 질서 없는 식장에서 2,000명의 생명이 좁은 틈에서 무참히 압사를 당했다는 말까지 있는 것으로 보면 얼마나 그 식(式)이 사치하고 굉장하였던 것도 알 수가 있으며, 인민의 정도가 몽매하고 질서가 정연하지 못한 것을 짐작할 수 있다.

—《별건곤》 제6호(1927. 4.)

35 모스크바 공관에서 꿈을 기록하다
毛壽古公館紀夢

[때는 음력 4월 20일 밤이다(時陰曆四月二十日夜也)]

어젯밤에 부모님을 뵈었네.
"네 어찌 여기 올 수 있었더냐?
사신의 일은 그사이 마쳤으며,
돌아오는 길에 고생은 없었더냐?"
다시 절하고 어머님 환후 여쭈었네.
"네 떠나던 날보다는 조금 낫구나.
먹고 자는 데 아직 지장이 없고,
아프던 다리도 능히 굽히고 펴겠구나.
오늘을 네 생일이니,
사월 하고도 중순이라.
문에 기대 하염없이 기다렸는데,
이제 얼굴 보니 기쁘기 그지없구나."
가족들 앞다퉈 모여들더니,
단란하게 어울려 웃으며 이야기하네.
며느리는 다행히 기운을 차렸고,
아들놈 공부는 조금씩 나아지고 있네.
아내는 먼 사행길 위로하며,
먼지투성이 된 옷을 털어주네.

두견주 빚어두었더니,
갓 익은 술 걸러 내놓았네.
소반에는 온갖 나물 올리고
큰 솥에는 물고기를 삶았네.
이미 취했어도 되려 더 권하니,
이리도 즐겁게 천륜을 펴는구나.
이웃집 닭이 꼬끼오 울어대니,
놀라 꿈을 깨고 몸을 뒤척이네.
아득한 한바탕 꿈이건만,
멍하니 정신을 차릴 수 없네.
오만 리 머나먼 길이니,
어찌 마음대로 갈 수 있었겠나.
하나하나 집안의 모든 일이
역력히 눈앞에 펼쳐졌네.
아아, 고향 그리는 내 마음 간절하니,
낮에 생각한 것 밤의 꿈에 이어졌으려나.
일어나서도 세세히 기억나니,
돌아가는 날 참인지 살펴보리라.

昨夜拜兩親, 曰汝何能臻.
使事間已竣, 歸路免苦辛.
復拜問慈患, 差勝汝去辰.
寢啖姑無損, 脚麻能屈伸.

此日汝生日, 四月之中旬.
倚閭望不已, 今見喜津津.
家人競來集, 團圝笑語頻.
兒婦幸蘇復, 兒課稍日新.
山妻慰遠役, 拂拭滿衣塵.
釀置杜鵑酒, 爲醨甕頭春.
盤登蓬蒿菜, 大鍋煮銀鱗.
旣醉猶勸飮, 此樂敍天倫.
隣鷄唱喔喔, 驚覺忽翻身.
蘧然一夢耳, 怳惚難定神.
長程五萬里, 那由轉尻輪.
一一家中事, 歷歷眼前陳.
嗟余望鄕切, 晝思夜或因.
起來詳記得, 歸日較贗眞.

음력 4월 20일은 양력 6월 1일이었다. 사절단은 오후 2시에 흑룡강 총독(黑龍江總督) 두호브스코이를 방문하여 유민(流民) 소환 문제를 의논했는데, 『환구일록』에서는 그 외의 업무나 행사에 대해 기록하지는 않았다. 대신 약간은 사적인 일로 보일 만한 기록을 덧붙였는데, 『해천추범』에도 이를 그대로 옮겨두었다. 공감했기 때문일 것이다.

스테인의 집은 상트페테르부르크에 있다. 늙은 어머니가 계신 집을 3년 동안 떠났다가 나흘 전에 말미를 얻어 찾아가 뵙고 오늘 낮에 돌아왔는데, 어버이가 편안하고 집도 평온하다고 기쁘게 말했다. 나는 사행길에 나선 지 이미 석 달이로되 아직 부모님 소식도 듣지 못하였으니, 부모님을 그리워하는 마음이 간절해진다. 이제 스테인이 다녀오는 것을 보니 더욱 부러운 마음을 이기지 못하겠다. 각기 집에 편지를 써서 우편으로 부쳤는데, 50일이면 서울에 닿을 것이라고 한다.⁴⁶

―『환구일록』 6월 1일

러시아 공사관의 서기관 스테인은 조선에서부터 사절단과 동행했다. 모스크바에서의 공식 일정이 이어지는 동안 며칠의 말미를 얻어 3년 만에 노모를 뵙고 돌아온 것이니, 함께 기뻐해 주는 것이 마땅하다. 이후의 일정을 살펴보면 스테인의 여행에는 상트페테르부르크의 숙소를 알아보려는 목적도 있었을 것이니, 어느 정도는 수고에 감사할 수도 있을 법하다. 그렇지만 오랜 시간 집을 떠난 입장에서는 한편으로는 부러움을 이길 수 없었을 것이다. 그런 마음에서 50일 뒤에야 전달될 편지를 이제 부치는 것인지도 모른다.

김득련은 그 무렵 고향을 그리워하는 마음을 담아 18운(韻) 36구(句)의 시를 읊었다. 이날 밤에 자신도 고향에 돌아가 부모님을 뵙고 아내와 자식을 만나는 꿈을 꾸었기 때문이다. 우연히 꿈을 꾸었을까? 낮에 간절한 마음으로 생각해서 그것이 밤에 꿈으로 나타난 것이리라고 생각해 볼 수 있다. 설사 꿈을 꾸지 않았다 하더라도, 그리워하는 마음을

'꿈'이라는 문학적 장치를 통해 그려낼 수도 있을 것이다.

시는 크게 세 부분으로 나눠서 살펴볼 수 있다. 제1구에서 제12구까지는 부모님을 뵙고 말씀을 듣는 장면을 그렸다면, 제13구에서 제24구까지는 가족과 재회하여 안부를 묻고 소박한 술상을 마련하여 담소를 나누는 장면을 그렸다. 부모님을 뵙는 장면에서는 아버님과 어머님의 말씀을 직접 드러내는 방식을 택했다면, 가족을 만나는 장면에서는 담소 장면을 하나하나 묘사하는 방식을 택했다고 할 수 있다. 표현 기법을 달리한 셈이다. 한편 제25구에서 제36구까지는 꿈에서 깨어나 현실을 깨달으면서 느낀 감회를 자기 생각을 따라가면서 읊었다. 구체적으로는, 꿈에서 경험한 재회가 한편으로는 불가능하다고 여기면서도 한편으로는 생생한 현실처럼 느꼈다고 했다. '입몽(入夢)'과 '각몽(覺夢)'의 순간을 두어 일종의 몽유(夢遊) 상황을 그려냈다고 하겠지만, 그 광경은 지극히 현실적이다. '귀향과 재회'라는 앞으로 닥쳐올 미래를 먼저 상상하고 느낌으로써 일종의 심리적 평온을 구한 셈이라고 해도 좋을 것이다.

표현의 문제를 더 살펴볼 만한 대목도 일부 보인다.

제8구의 "각마(脚麻)"는 '마각(麻脚)', 즉 마비되거나 자유롭게 움직이지 못하던 다리를 뜻하는 말로 이해할 수 있다. '각(脚)'은 입성이며, '마(麻)'는 평성이다. 제11구의 "의려망(倚閭望)"은 '의려지망(倚閭之望)', 즉 문에 기대 자녀가 돌아오기를 기다린다는 고사를 인용한 표현이다.

제17구의 "산처(山妻)"는 '은사(隱士)의 아내'라는 뜻으로 흔히 사용된다. 여기서 '산(山)'은 수수하다거나 순박하다는 의미로 이해할 수 있지만, 시에서는 특별한 의미를 갖는 말로 풀이하지 않는 편이 더 자연스러울 때도 많다. 김득련이 서울에 살고 있었으니, 적어도 '산'을 구체적인 출신지나 거주지로 이해하기는 어렵다. 제19구의 "두견주(杜鵑酒)"는 진달래꽃을 넣어 빚은 술이며, 제20구의 "옹두춘(甕頭春)" 또는 '옹두(甕頭)'는 처음 익은 술, 즉 갓 익은 술을 뜻하는 말이다. 제19구와 제20구를 합하면 진달래꽃 피는 봄에 빚은 두견주가 이제 익기 시작했고, 그 갓 익은 두견주로 소박한 주안상을 마련했다는 말이 된다. 제21구와 제22구에서는 안주 또한 나물과 생선 정도라고 했으니, 소박한 주안상을 마련한 셈이다. 제24구(此樂敍天倫)는 '이 즐거움이 바로 천륜을 펴는 것이다'로 직역할 수 있다. '천륜'이란 부모와 자식 간의 인연을 뜻하니, 소박한 술상을 차려 두고 아내, 아들, 며느리와 함께 어울리고 있기에 천륜을 편다고 한 것이다.

　제30구의 "고륜(尻輪)"은 '고륜신마(尻輪神馬)'의 준말이다. 『장자(莊子)』「대종사(大宗師)」에 있는 "가령 조화옹이 내 엉덩이를 수레바퀴로 만들고 마음을 말로 만든다면 나는 그것을 타겠네. 어찌 달리 마차가 필요하겠는가(浸假而化予之尻以爲輪, 以神爲馬, 予因而乘之. 豈更駕哉)"라는 구절에서 온 말이다. 이 말대로 엉덩이가 수레바퀴가 되고 마음이 말이 된다면, 마음에 따라 내 몸이 움직여 어디든 갈 수 있을 것이다. 그런데 인천에서 모스크바까지의 거리가 '4만 2,900여 리'라고 했으니, 쉽게 갈 수 있는 길이 아니다. 이런 감각을 전하기 위해 '고륜'의 전고를 쓴 것일 법도 하다.

36 모스크바 공관에서 읊다
毛壽古公館卽事

[1] 도착할 때 공관의 나무엔 막 푸른 빛 돌더니,
며칠 따뜻한 바람 불자 꽃이 가득 피었네.
여기에도 나그네 마음 헤아리는 서양 하인이 있어,
목 긴 꽃병에다 푸른 정향 꽂아주었네.
來時館樹葉初蒼, 數日暄風綻衆芳.
猶有洋奴能悅客, 膽甁爲供碧丁香.*

[2] 새끼 제비 지지배배 하루해는 긴데,
그윽한 집에 비 뿌리니 서늘한 기운이 도네.
능금나무 열매 맺고 장미는 시들어가니,
이곳 풍경 조금이나마 내 고향 같구나.
乳燕飛飛白日長, 雨過深院動微凉.
林檎結子薔薇老, 風景依俙似故鄕.

5월 30일의 만민회(萬民會) 이후 6월 7일의 관병식(觀兵式)까지 큰 야외 행사는 없었다. 또 밤에는 크고 작은 무도회가 이어졌지만, 낮에는

---

* (원주) 정향은 진한 푸른 빛이다(丁香多碧色).

상대적으로 일이 많지 않았다. 『환구일록』에 기록된 주간 일정을 통해 이를 확인할 수 있다. 5월 31일에는 오후 2시에 탁지대신(度支大臣) 비테(Witte)가 방문했고, 4시에 화회박물관(畵繪博物館, 미술관)에 갔다. 6월 1일에는 오후 2시에 흑룡강 총독 두호브스코이를 방문하여 유민(流民) 소환 문제를 의논했다. 2일에는 오후 2시에 치마장(馳馬場, 승마장)을 찾아 마술(馬術)을 구경했다. 3일에는 반접관 파스코프의 오찬 초청만 기록되어 있다. 4일에는 외부대신에게 국서 정납(呈納) 일정을 조회하고 부본(副本)을 보냈는데, 황제가 상트페테르부르크가 아닌 다른 곳으로 갈 예정이라는 말이 있었기 때문이었다. 5일에는 11시에 황태후 폐현(陛見)이 있었는데, 하례와 함께 선황제(先皇帝)의 상을 위문했고 조선의 자연과 기후를 묻는 물음에 답했다. 또 오후 2시에 전날 조회의 답을 듣기 위해 외부대신을 방문했다. 6일에는 블라디보스토크(海參威) 관찰사(觀察使)와 흑룡강 총독이 귀임(歸任) 인사차 방문했고, 오후 3시에 황제를 알현하고 국서를 올렸다. 오후 6시에는 각국 사절을 위한 궁중 만찬에 참석했는데, 황제와 황후, 귀족 남녀가 함께 모였다.

요컨대 모스크바에서의 국서 정납을 위한 협의와 거행을 제외하면, 낮에는 공관을 벗어나는 일정이 많지 않았던 것 같다. 다만 이것이 중요한 일이 없었다는 뜻은 아니다. 황제를 알현하여 국서를 전달하면서 러시아와의 교섭을 진행했으니, 오히려 공식 행사에 참석하는 것보다 더 중요한 일이 이때 있었다고 할 수도 있다. 다만 대러시아 교섭에서 그리 큰 역할을 할 수 없었던 김득련의 입장에서는, 별다른 일이 없었다고 해도 틀린 말은 아닐 것이다.

어쨌거나 김득련은 이 일주일 남짓한 시간 동안 비교적 한가롭게 공관에서 지낼 수 있었을 것이다. 바로 앞의 〈모스크바 공관에서 꿈을 기록하다〉 외에도 앞으로 살펴볼 세 편의 시를 이 무렵에 읊었다. 『환구음초』가 창작 시점의 순서대로 작품을 수록했다고 가정한다면, 이렇게 말할 수 있을 것이다.

셋 가운데 가장 먼저 읊었으리라고 짐작되는 이 시에서는, 생활 공간이었던 '공관'에 관심을 보였다. 김득련은 모스크바에 도착한 5월 20일에 러시아에서 공관을 마련하고 심부름꾼(差役)과 사환을 보냈다고 기록한 바 있다. 이제 열흘이 넘게 이곳에 묵었으니, 공관 안팎을 돌아볼 만한 여유를 갖게 되었을 것이다. "즉사(卽事)"는 일종의 즉흥시이니, 공관에서 문득 느낀 바를 읊었다고 이해해도 좋을 것이다.

첫째 수에서는 열흘 남짓한 사이 벌어진 정원의 변화에 주목했다. 제1구에서는 처음 공관에 도착했을 때의 모습을 말했고, 제2구에서는 그것을 현재의 모습에 대비했다. 5월 20일에는 이제 막 나뭇잎이 푸르러지기 시작하더니, 6월 초 정도가 되어 약간 따뜻한 바람이 불자 어느새 가득 꽃을 피웠다고 했다. 제3구와 제4구에서는 새로 핀 꽃을 꽃병에 꽂아둔 "서양 하인(洋奴)"의 마음 씀씀이를 말했다. 러시아에서는 심부름꾼 4명과 사환 21명을 공관에 보내거나 대기시켰다고 했으니, 아마 그 가운데 공관에 꽃을 꽂아둔 사람이 있었을 것이다. 그 하인이 "열객(悅客)", 즉 손님을 기쁘게 하는 재주가 있었다고 했으니, 아마도 고향을 떠나온 사절단의 마음을 위로하기 위해 꽃을 꺾어다 꽂아두는 배려를 했던 모양이다. "담병(膽甁)"은 목이 길고 배가 불룩한 꽃병을 뜻하는 말이다. 제4구에서는 담병에다 정향(丁香)의 꽃을 꽂았다고 했는데, 굳이 '진한 푸른색(多碧色)'이라는 주석을 단 것으로 보아 꽃의 모양은 고향에서 보던 정향과 비슷하되 색깔은 달랐던 모양이다.

둘째 수에서는 공관 주변을 관찰하다가 느낀 향수(鄕愁)의 심정을 읊었다. 제1구에서는 새끼 제비가 지저귀는 한낮의 풍경을 그렸다. "백일장(白日長)", 즉 한낮이 길다는 말이 모스크바와의 낮 길이 차이를 말한 것은 아닐 듯한데, 한가로운 풍경을 그릴 때 이 어구를 흔히 사용하기 때문이다. "비비(飛飛)"는 나는 모양이나 소리를 형용하는 말이다. 어지럽거나 어수선한 상태를 뜻하기도 하는데, 나는 데 익숙하지 않은 '새끼 제비'이므로 둥지에서 내는 소리로 이해하는 편이 자연스러울 듯하다. 제2구에서는 그윽한 곳에 있는 관사에 비가 뿌리면서 약간은 서늘한 기운이 돈다고 했는데, 한가롭게 제비집을 지켜보던 김득련의 느낌을 그대로 옮긴 말일 법하다. 제3구에서는 능금나무와 장미가 있는 정원 풍경을 그렸다. 그런데 우리나라를 기준으로 한다면, 능금은 10월 무렵에 열매를 맺고 장미는 5월 중순에서 6월 중순에 꽃을 피운다. 어쩌면 '능금'은 모양이 비슷한 다른 열매일지도 모르겠다. 제4구에서는 이런 모든 풍경이 약간은 고향을 닮았다고 했는데, 아마 고향의 제비와 능금, 장미를 그리워하는 마음이 모스크바 공관의 풍경에서 고향의 모습을 찾아보게 만든 것일지도 모른다. "의희(依俙)"는 '어렴풋이' 또는 '아주 조금'을 뜻하는 말이다.

37 서양 미인 노래
西國麗人行

[1] 서양에선 예로부터 여인을 존중하였으니,
귀한 손님과 섞여 앉는 일도 꺼리지 않네.
입술 대고 악수하여 정은 더욱 돈독해지고,
술 찾고 차 평하며 이야기 다시 새로워지네.
西國由來重女人, 不嫌雜坐對佳賓.
接脣握手情尤篤, 呼酒評茶話更新.

[2] 버들같이 가는 허리에 옥 같은 흰 살결로,
짙은 화장 하지 않고 눈썹도 안 그리네.
타고난 고운 자태 저마다 지녔구나.
어여쁘고 가냘프도다, 몸 가누기도 어렵겠네.
柳如腰細玉如肌, 不用紅粧不畵眉.
艶態天然皆自有, 娉婷裊娜似難支.

[3] 머리는 진주로 꾸미고 얼굴은 베일로 가리고,
두 필 말이 끄는 벽유거(碧油車)에 오르네.
정다운 낭군과 손잡고 소곤소곤 말하더니,
온종일 공원에서 여기저기 꽃구경하네.
首飾明珠面罩紗, 扶登雙馬碧油車.

偎郎携手星星語, 盡日公園遍看花.

4 천만 가지 아리따운 자태 머금고,
석양에 천천히 화려한 다리 건너네.
일행이 손짓하여 정원 안으로 들어가더니,
온갖 꽃 핀 그윽한 곳에서 피리 소리 듣네.
千般含態萬般嬌, 緩步斜陽渡彩橋.
同伴招招園裡去, 百花深處聽笙簫.

5 팔과 가슴 드러내서 예를 가장 존중하니,
때때로 명을 받아 황궁에 들어가네.
나비처럼 경쾌하게 뛰놀며 춤추는데,
땅에 끌리는 긴 치마엔 꽃떨기 수놓았네.
袒臂披胸禮最崇, 有時承命入皇宮.
胡蝶輕儇爭跳舞, 長裙拖地繡花叢.

'여인행(麗人行)'은 아름다운 여인에 관한 노래라는 뜻이다. '행(行)' 또는 '가행(歌行)'은 원래 고대 악부의 시체(詩體) 가운데 하나인데, 흔히 '노래'로 풀이된다. '서국(西國)'은 서양 여러 나라로 흔히 풀이되지만, 러시아에서 시를 읊었다는 사정을 고려하면 여기서는 러시아를 지칭하는 말로 이해할 수도 있을 것이다. 그 차이를 염두에 두면서 '서양'의 뜻으로 풀이하면 큰 문제는 없을 것이다. 그렇다면 "서국여인행(西國麗人行)"이란 '서양 미인 노래' 더 정확하게는 '서양 미인을 가행체(歌行體)로 노래한 시'라는 뜻이 된다. 제목에서 서양 미인에 대한 묘사나 칭송 같은 내용을 예상해 볼 수도 있다.

물론 이처럼 간단히 단정하기는 어렵다. 무엇보다 '여인행'이라는 제목이 두보(杜甫)의 대표작 가운데 하나인 〈여인행(麗人行)〉을 연상시킬 수 있기 때문이다. 두보의 〈여인행〉이 양국충(楊國忠)과 양귀비 자매들의 사치와 음란함을 풍자한 작품이니, 〈서국여인행〉에서 서양 여인이 아름답거나 화려하다고 말한다면 여기에는 풍자나 반어의 뜻이 포함된 것일 수도 있다. 아름다움을 어떻게 말하는가? 어떤 이유에서 '아름다운 여인'을 말하는가? 정말 아름답다고 생각해서 아름답다고 말하는가? 이런 문제들을 두루 생각하며 작품을 살펴야 할 것인데, 여기서는 우선 이러저러한 가능성이 있다는 점을 기억해 두자.

김득련은 '서양의 아름다운 여인'을 어디서 만났을까? 조선을 떠난 지 이미 두 달 이상이 흘렀고, 캐나다, 미국, 아일랜드, 영국, 네덜란드, 독일, 폴란드를 지나 러시아에 이르기까지 '서양' 여러 나라를 거쳤다. 또 중국과 일본, 태평양과 대서양에서도 기차나 배에서 서양 여인을 볼 기회는 있었을 것이다. 그렇지만 일기에서 '서양 여인'을 말한 대목은 별로 없는데, 이는 윤치호의 일기와는 대조적이라 할 수 있다. 『환구일록』이 상대적으로 공식적인 기록에 가깝다는 점도 이유일 수 있지만, 김득련이 미국 유학 경험까지 있는 윤치호만큼 심리적으로 여유로운 상황이 아니었다는 점도 한 가지 이유가 될 것이다.

다만 러시아에 도착한 이후에는 서양 여성을 대면할 기회가 실제로 많아졌다. 모스크바에 도착하여 공관에서 지내게 된 5월 20일 이후에는 '동가'와 대관식, 황궁의 공연과 만민연 등의 공식적인 행사가 있었으며, 궁내부에서 보낸 '경전 절차'에 의하면 이외에도 무도회를 비롯한 여러 연회가 베풀어지고 있었다. 조선의 사절단이 이 행사에 모두 참석했다고 말하기는 어렵지만, 그렇다고 해서『환구일록』에 사절단이 참석한 모든 행사를 기록에 남겼다고 말하기도 어렵다.『윤치호 일기』에 보이는 5월 30일 오후 9시에 무도회가 베풀어진 튀르키예 대사관에 갔다가 늦게 돌아왔다는 기록이『환구일록』에는 없다는 사실이 그 근거가 될 수 있다. 이제 모스크바에 도착한 후 6월 7일 관병식 이전까지의 일기에서 서양 여성을 대면했을 법한 행사의 기록을 살피면서 서양 여성을 인식했을지 상상해 보자. 물론 공관이나 거리에서도 일하거나 오가는 여성들을 보았겠지만, 그런 경험을 일기에서 확인하기는 어렵다.

5월 26일의 대관식 이후 베풀어진 연회에서의 '남녀공탁(男女共卓)'의 경험이 먼저 눈에 띤다. 김득련이 이 연회를 읊은 시에서 일기에서는 언급했던 '남녀공탁'을 드러내지 않았음은 앞서 살펴본 바 있다. 모스크바 도착 이후 동가 의례에서 황후와 황태후, 그 시종들의 행렬을 보았고 모스크바 거리에서도 여성들을 볼 수 있었을 것이다. 그렇지만 이런 경험들은 같은 식탁에 남녀가 섞여 앉아 연회의 술과 음식을 먹는 경험과 비교할 만한 것은 아니었을 것이다. 게다가 그 자리에는 "각국 사신 일행과 반열에 참여한 관리"가 참석했으니, 상당한 지위를 가진 러시아 남녀를 대면하며 보았을 법하다.

대관예식 이후로는 『환구일록』에 연회 또는 무도회의 기록이 이어진다.

> 궁내부의 초청으로 오후 9시에 일행은 소례복을 입고 황궁의 접객회(接客會)에 갔다. 황족과 문무 관원 등 남녀가 함께 모이고 각국 사절이 모두 들어왔는데, 몇천 명인지 알 수 없었다. 황제와 황후가 걸어 나오고, 귀족 남녀가 쌍쌍이 뒤를 따랐다. 남자는 황후의 손을 잡고 여자는 황제의 손을 잡는데, 궁궐 안을 오가면서 여러 차례 바꿔 잡았다. 이는 지극히 공경스럽고 지극히 영광스러운 일이라고 한다.[47]
>
> ―『환구일록』 5월 28일

> 오후 8시에 귀족원 무도회에 갔다. 황제와 황후도 거둥하여 참석했으며, 모인 사람이 수천 명이었다. 남녀가 쌍쌍이 손을 잡고 황제의 옥좌 앞에서 뛰며 춤추는데, 사람이 많아 후끈거렸다. 잠시 머물다가 곧 공관에 돌아왔다.[48]
>
> ―『환구일록』 6월 2일

> 오후 8시에 궁내부의 초청에 따라 황궁 무도회에 갔다. 장소와 의례 절차는 지난 28일의 접객회(接客會)와 같았다. 귀족 남녀가 뛰고 춤추며 즐기는데, 술과 차, 과일과 사탕을 곳곳에 늘어놓고 사람들이 마음대로 편히 먹고 마실 수 있도록 했다.[49]
>
> ―『환구일록』 6월 4일

> 궁내부에서 각국 외교관을 위한 연회 초청이 있어서 오후 6시에 황궁에 나갔다. 각국 사절과 귀족 남녀가 모두 모였는데, 긴 탁자에 술과 음식을 풍성하게 마련해 두었다. 황제와 황후가 마주 앉고 여러 사람이 모시고 앉아서 함께 먹었다.[50]
>
> ―『환구일록』 6월 6일

5월 28일의 황궁 접객회는 수천 명이 참석한 성대한 행사였다. 다만 그 광경을 묘사하면서 쓴 "往來軒閣中, 屢回換攜"의 구절은 뜻이 분명하지 않은데, 이전의 번역본에서는 이를 무도회 장면처럼 옮긴 듯하다. "屢回"를 '여러 번 돌다'로 풀이했기 때문인데, 이는 '누회(屢回)'를 '누차(屢次)', 즉 '여러 차례'로 이해하는 일반적인 풀이와 어긋난다. 그렇다면 황제와 황후에게 귀족들이 차례로 손을 잡아 예를 표하는 장면으로 이해하는 편이 자연스러울 수도 있다. 어느 쪽이거나 귀족 남녀가 황제나 황후의 손을 잡는 광경을 본 셈이니, 문화적인 이질감은 상당했을 것이다.

6월 2일의 귀족원 무도회와 6월 4일의 황궁 무도회에서는 귀족 남녀가 쌍쌍이 춤추는 광경을 볼 수 있었을 것이다. 규모가 달랐을지는 몰라도, 그 풍경은 크게 다르지 않았을 것이다. 6월 6일의 연회도 '경전 절차'에 포함되어 있던 행사였는데, 다음 날 관병식을 마치면 황제가 모스크바를 떠날 예정이므로 크렘린궁에서의 마지막 사절단 연회였을 것이다. 이 연회에서도 '긴 탁자'에 남녀가 함께 앉았을 법한데, 황제와 황후가 같은 자리에 있었으니 5월 26일의 연회와 같은 자유로운 분위기는 아니었을 것이다.

그런데 연회나 무도회에 조선의 사절단이 적극적으로 참여했다고 볼 근거는 없다. 특히 무도회의 경우에는 관객이나 관찰자의 입장이었다고 하는 편이 옳을지도 모른다. 윤치호는 5월 30일 튀르키예 대사관에 "무도회를 목격하기 위해(to witness the ball)" 방문했다고 기록한 바 있는데, 그런 상황이 이어지는 데 대해 불만을 표하기도 했다. 서양 생활에 익숙한 윤치호가 그런 형편이었으니, 김득련이 어떠했을지는 충분히 상상할 수 있다. 다음은 윤치호가 황궁 무도회를 다녀와 내놓은 감상이다.

> 오후 9시에 마지막 무도회가 열리는 크렘린궁으로 갔다. 일찍 돌아왔다. 그동안 무도회를 구경하느라 많은 시간을 보냈다. 나는 즐거운 무도회에 낄 수 없었기 때문에, 한 번도 즐기지 못했다.[51]
> ─『윤치호 일기』 6월 4일

김득련은 이처럼 잠시 대면하거나 멀리서 혹은 가까이서 '관찰'한 서양 미인을 시에서는 어떻게 그렸을까? 다섯 수의 절구로 구성된 〈서양 미인 노래〉를 살펴보면, 그러한 관찰자의 시선을 느낄 수 있다. 시를 살펴보자.

첫째 수는 남녀가 같은 자리에서 술을 마시며 대화하는 장면을 그렸다. 제1구와 제2구에서는 서양에는 예전부터 여성을 존중하는 풍속이 있었기에 여성이 손님(남성)과 함께 앉아 접대해도 이상하게 여기지 않는다고 했다. 제2구의 "잡좌대가빈(雜坐對佳賓)"은 곧 '남녀공탁'의 의미이니, 5월 26일 연회에서의 경험이 반영된 말이라고 해도 좋을 것이다. 제3구와 제4구에서는 남녀가 함께 어울리는 연회의 장면을 그렸다. "접순(接唇)"은 입을 댄다는 뜻으로 풀이할 수 있는데, 술잔을 입에 댄다는 정도의 말로 사용되고는 했다. 키스나 입맞춤보다는 입을 갖다 대는 예법이나 인사법으로 이해하는 편이 자연스러울 듯하다. "악수(握手)" 또한 일종의 인사법이기 때문이다. 즉 제3구는 남녀가 서로 신체를 접촉하는 인사법이 있고, 그것이 도리어 정을 돈독하게 한다고 말한 셈이다. 제4구의 "호주(呼酒)"는 술을 가져오라고 청하는 것이니, 결국 술을 가져오게 해서 함께 마신다는 뜻이 된다. "이야기가 더욱 새로워진다(話更新)"라는 말은 더 흥미진진한 대화가 이어진다는 뜻으로 이해할 수 있다. 어쩌면 "고담전청(高談轉淸)", 즉 대화가 진행될수록 고담준론이 더욱 맑아져 간다는 말과 같은 맥락에서 받아들일 수도 있을 것이다. 물론 여성, 아마도 지체 높은 여성이 동석한 자리라는 점은 조선의 사절단에게는 낯선 풍경이기는 했을 것이다. 다만 이런 풍속이 바람직하다거나 못마땅하다는 식의 판단을 내리지는 않았다. 그런 일이 서양에는 있다는 정도의 감각을 찾아볼 수 있을 뿐이다.

둘째 수는 서양 미인의 모습을 그렸는데, 조선이나 청의 여성과 구별되는 점도 지적하려 한 듯하다. 제1구에서는 버들 같은 세요(細腰), 즉 가는 허리와 옥과 같은 살결을 말했는데, 여기서 옥은 백옥(白玉)이라는 뜻으로 서양 여성의 흰 피부를 지칭한 것으로 이해할 수 있다. 제2구의 "홍장(紅粧)"은 성장(盛粧), 즉 짙은 화장을 뜻하는 말인데, 붉은빛을 많이 사용하기에 이렇게 일컫게 되었다고 한다. 홍장(紅粧)이나 화미(畫眉)는 동양의 화장법을 뜻하는 셈이니, 제2구는 서양 미인은 그런 식의 짙은 화장을 하지 않았다는 말이 된다. 제3구에서는 "천연(天然)"의 고운 자태를 저마다 지니고 있다고 말했는데, 여기서 '천연'은 짙은 화장은 하지 않았다는 제2구로부터 끌어낸 말로 볼 수 있다. 제4구에서는 서양 미인의 자태를 말했는데, 여기에 아름답고 가냘픈 자태를 표현하는 "빙정요나(娉婷嫋娜)"라는 표현을 썼다. 제1구에서의 '버들'의 비유와 어울리는 표현이기도 한데, 하늘거리는 풀이나 호리호리한 여성을 지칭하는 말로도 사용된다. 두목(杜牧)의 시 〈증별(贈別)〉의 "예쁘고도 간드러져라 열세 살 남짓 아가씨여, 이월 초 가냘픈 두구의 가지로다(娉娉嫋嫋 十三餘, 荳蔲梢頭二月初)"라는 구절에 쓰인 '빙빙요요(娉娉嫋嫋)'처럼 어린 여성의 가냘픈 자태를 표현하는 말로 이해될 수 있다. 표현만 본다면, 바람에 하늘거릴 만큼 가냘픈 전래의 미인상으로 서양 미인을 그려낸 것이라 할 수도 있다.

셋째 수에서는 화려한 마차를 타고 남편과 함께 공원을 거니는 서양 미인의 모습을 그렸다. 앞의 두 수와 비교한다면, 비교적 먼 거리에서 바라본 모습을 포착했다고 말할 수 있다. '공원'이라는 공간을 거론한 점도 눈에 띄는데, 구체적으로 어느 공원에서 본 풍경인지는 확인하기 어렵다. 『환구일록』에서는 모스크바의 공원은 언급하지 않은 듯하며, 5월 8일에 러시아 총영사 부인과 뉴욕의 공원[Central Park]을 방문한 일, 6월 이후 상트페테르부르크에서 공원 몇 곳을 들른 일을 찾아볼 수 있다. 상트페테르부르크의 공원은 다른 시에서 읊는데, 뒤에서 살펴볼 것이다. 윤치호는 6월 6일 밤에 스테인과 페트롭스키 공원(Petrovsky Park)을 방문했다고 했으니, 김득련 또한 모스크바에서 공원에 들렀을 가능성도 있다. 제1구에서는 진주로 머리 장식을 하고 베일을 쓴 '서양 미인'의 모습을 그렸는데, 얼굴을 덮은(冪) '사(紗)'는 면사포나 베일 정도로 이해된다. 또 "飾"은 "飾"과 통용되는 글자이다. 제2구에서는 미인이 화려한 수레를 탔다고 했는데, "벽유거(碧油車)"는 청록색의 기름을 바른 호화로운 수레를 뜻하는 말이다. "부등(扶登)"은 곁부축, 즉 부액(扶腋)과 같은 다른 사람의 도움을 받아 마차에 올랐다는 말인데, 여성을 대하는 예법 정도로 이해할 수 있다. 제3구와 제4구에서는 서양 미인이 남편과 함께 공원을 거닐며 꽃구경하는 모습을 그렸다. 멀리서 지켜본 광경으로 이해하는 편이 자연스러울 듯하다.

넷째 수에서는 공원 또는 정원을 거닐다가 음악을 감상하러 가는 서양 미인의 모습을 그렸는데, 셋째 수와 마찬가지로 멀리서 바라본 광경을 포착한 듯하다. 제1구와 제2구에서는 아리따운 자태를 갖춘 미인이 해가 저물 무렵 화려한 다리를 건너는 모습을 묘사했다. "완보(緩步)"는 천천히 걷는다는 뜻인데, 나직하게 읊조리면서 한가롭게 거니는 '미음완보(微吟緩步)'를 연상시키기도 한다. 제3구와 제4구에서는 미인이 일행의 부름을 듣고 꽃이 만발한 그윽한 곳에 가서 음악을 감상하는 장면을 그렸다. 공원 또는 정원으로 '떠나간(去)' 미인의 모습은 보이지 않을 것이니, 시인은 피리 소리만 들을 수 있었을 것이다. 셋째 수에서와는 다른 '미인'을 노래했을 것이다.

다섯째 수에서는 무도회에서 본 '서양 미인'의 모습을 그렸다. 김득련이 모스크바에서 많은 무도회를 지켜보았을 것임은 앞서 말한 바 있는데, 제2구에 언급된 '황궁'에 주목한다면 6월 4일의 황궁 무도회에서 얻은 감회를 노래했다고 말해도 좋을 법하다. 그렇다면 이 '서양 미인'은 분명 귀족일 것이다. 제1구에서는 무도회에 온 '서양 미인'의 드레스를 묘사한 듯하다. "단비(袒臂)"는 팔을 드러낸다는 뜻이니 소매가 없는 옷일 것이며, "피흉(披胸)"은 가슴을 풀어헤친다는 뜻이니 가슴 부분이 깊이 파인 옷일 것이다. 이러한 귀족 여성의 복장은 김득련에게는 다소 충격적이었을 법한데, 시에서 그것을 어떻게 생각하는지를 직접 드러내지는 않은 듯하다. 다만 제1구를 "팔과 가슴 드러내도 예를 가장 존중하니"로 번역한다면 부정적인 생각을 표현한 셈이 되는데, 어느 쪽의 번역이 옳은지는 판단하기 어렵다. 제2구에서는 황제의 명을 받으면 '서양 미인'이 팔과 가슴을 드러낸 옷을 입고 황궁에 들어간다고 했다. 제3구와 제4구에서는 춤추는 모습과 함께 그 춤에서 눈에 띄는 치마의 형상을 그렸다. 나비처럼 경쾌하고 날랜 춤을 추되 땅에 끌릴 정도로 길고 많은 꽃을 수놓은 긴 치마를 입었다고 했다. 미인의 춤을 형용한 "경현(輕儇)"은 경박하다는 부정적인 의미로 사용되기도 하는 말인데, 박지원의 「능양시집서(菱洋詩集序)」에서는 세상에서 장무(掌舞)의 특징으로 '경현(輕儇)'을 든다는 점을 언급한 바 있다. 박지원은 경쾌한 손바닥춤(掌舞)을 부정적으로 생각하지는 않았지만, 세상에서 조비연(趙飛燕)의 장중무(掌中舞)와 연관지어 부정적으로 여길 만한 여지가 있음은 부정하기 어려울 법하다. 김득련이 어떻게 여겼는지는 단정하기 어렵지만, 못마땅한 생각을 은근히 드러낸 것인지도 모른다.

〈서양 미인 노래〉는 『환구음초』에서 가장 까다로운 시 가운데 하나일 듯한데, 이는 서양 미인을 대하는 김득련의 생각을 정확히 읽어내기 어렵기 때문이다. 김득련이 '궁중연회에서 느낀 충격'을 귀국 후에 《코리안 레포지터리》에 실은 인터뷰에서 밝혔다는 주장이 제기되어 널리 통용된 바 있는데, 이 주장에 따르면 김득련이 부정적인 시선으로 '서양 미인'을 바라보았다고 말할 수 있다. 그렇지만 이 「어느 한국인의 해외 여행(The Korean Abroad)」의 작자는 윤치호임이 분명하니, 박주영이 「한말 지식인의 근대 경험과 양가적 정체성」(2020)에서 이 사실을 밝힌 바 있다. 이에 대해서는 앞서 〈양식을 먹으며 장난삼아 짓다〉를 다루며 언급한 바 있다. 윤치호는 《코리안레포지터리》에 실린 글에서 태평양을 건너는 배 갑판에서 열린 공연을 묘사하면서 이런 말을 했다.

다음으로 여덟 살도 안 되어 보이는 귀엽고 어린 소녀가 무대에 올랐네. 그 소녀는 춤추고, 노래하고, 농담하고, 숨을 헐떡였네. 나는 그 아이가 가여웠어. 난 부녀자들을 규방에 가두어두는 조선의 악습을 행하지 않을 정도로 서양 문명을 이미 충분히 보았다고 생각하네. 하지만 연약한 아이를 난잡한 대중의 시선에 노출하여 볼거리로 만들고, 미성숙한 마음에 악명을 향한 위험한 열정을 심어주는 것은, 음, 내 생각에는 원래는 좋은 것을 더는 좋을 수 없게 만든 것 같네.[52]

— 윤치호, 「어느 한국인의 해외 여행」(1897)

어린 소녀를 무대에 올려 춤추고 노래하는 볼거리로 만드는 광경을 못마땅하게 여기는 윤치호의 시선을 여기서 엿볼 수 있는데, 사실 김득련은 배에서 펼쳐진 공연을 언급한 바 없으며 그런 관람의 경험이 없었을 가능성이 크다. 그러니 이 글에서 김득련의 생각은 찾아낼 수 없다.

'서양 미인'을 노래한 김득련의 시각을 엿볼 수 있는 자료는 없을까? 직접적으로 언급한 것은 아니지만 이와 관련하여 흥미로운 대목을 『환구일록』에서 발견할 수 있다.

> 살피건대 서양 풍속에는 여자를 귀하게 여기고 남자를 천하게 여긴다. 길에서 마주치면 반드시 먼저 가도록 양보하고, 연회에서는 먼저 자리에 들어가도록 한다. 무릇 남녀가 스무 살이 되면 '자유권'을 갖게 된다고 일컬으니, 혼인할 때 부모의 허락을 구하지 않는다. 혼인하면 부모와 따로 거주하고 따로 재산을 가지며 안부를 묻기 위해 방문하지 않는다. 조금 부모 사랑하는 도리를 아는 자라면 부부가 예배하는 날에 시부모를 찾아오지만, 식사 한 끼를 함께하고는 곧바로 떠난다. 혼인하기 전의 여자가 자식을 낳더라도 또한 혐의를 두지 않으며, 혹 평생 혼인하지 않더라도 부모의 속박을 받지 않는다. 또한 부인이 정부(情夫)를 얻게 되면 원래의 남편을 버리고 재혼하는데, 만약 남편에게 정부(情婦)가 있으면 그 부인이 관청에 아뢰어 남편의 죄를 다스리도록 한다. 서양 여러 나라의 모든 정교(政敎)가 볼 만하지만, 이런 풍속에 이르러서는 족히 말할 만한 바가 없다. 서양 사람 가운데 혹 이를 깨달은 이가 있더라도 갑작스레 개혁하지는 못하니, 이는 매우 한탄스럽다.[53]
>
> ─『환구일록』 8월 8일

러시아를 비롯한 서양 여러 나라의 남녀 관계 또는 부부 관계가 과연 이러했는지는 의문스러운 바가 없지 않지만, 적어도 김득련은 이런 정보를 어디에선가 얻고 또 그것이 사실이라고 믿었던 듯하다. 이런 부정적 시각은 『환구음초』에 직접 드러내지 않았던 듯하니, 김득련이 자신의 속마음을 『환구음초』에 그대로 드러내려 하지는 않았으리라고 이로부터 짐작할 수 있다. '서양 미인'에 대해 노래한 이유나 감각 또한 이런 맥락에서 이해할 수도 있을 법하다.

사실 이 구절은 이제까지 그리 주목되지 못했다. 그 이유 가운데 하나는, 어쩌면 민영환의 『해천추범』에 이 구절이 빠져 있기 때문일지도 모른다. 민영환의 『해천추범』은 김득련의 『환구일록』을 그대로 옮기다시피 했는데, 이 구절을 포함하여 몇 부분은 빠뜨렸다. 그것이 의도적인 것인지, 단순한 실수인지는 확인하기 어렵지만, 적어도 이 부분에는 러시아에 대한 '근거를 확인하기 어려운' 비난을 포함했다고 판단했을 만한 여지도 있다. 두 책의 관계와 그 차이에 대해 면밀히 살펴볼 필요가 있다.

38 모스크바 공관에서 달밤에 한양의 벗을 생각하다
毛壽古公館月夜憶漢陽親友

1 서운하게 이별하고 어느덧 봄을 보내니,
오랜 벗들 무시로 꿈에 보이네.
멀리서 생각하노니 육교(六橋)의 달 밝은 밤에,
술잔 기울이며 몇 번이나 벗 그리는 마음 읊었으려나.
依依一別已經春, 舊雨無端入夢頻.
遼憶六橋明月夜, 淸樽幾得賦懷人.

2 미국과 유럽의 장관을 내 돌아보았으니,
시 주머니에다 그곳 풍물 약간 거두었네.
콩꽃 피고 가을비 내리는 시금동 집,
다시 만나 밤 깊도록 와유(臥遊)를 하리라.
壯觀吾行繞美歐, 奚囊風物若干收.
荳花秋雨詩琹*屋, 剪燭相逢作臥遊.

김득련은 모스크바 공관에 머물면서 몇 편의 시를 읊었다. 고향 집에 돌아가 가족과 재회하는 꿈을 꾼 일을 읊었고, 다시 공관 안팎을 둘러

---

* (원주) 시금은 동네 이름이다(詩琹, 洞名).

보며 느낀 나그네의 시름을 읊었다. 이제 한양에 있는 벗들에게 생각이 미친다. 한양의 벗이란 곧 육교시사(六橋詩社)의 동인들이니, 이번 사행에서 쓴 시들은 김득련과 벗들을 이어주는 소중한 무언가가 될 법하다. 육교시사는 '육교', 즉 청계천의 광교(廣橋) 주변에 거주하던 시인들의 시사(詩社)로, 처음에는 추금 강위가 주도했으며 동인 가운데는 중인이 많았다. 김득련의 시에서 강위의 시구를 활용한 듯한 흔적을 찾아볼 수 있음은 앞서 살펴본 바 있는데, 강위가 세상을 떠난 이후임에도 김득련은 시사의 벗들을 기억하고 또 그들과 재회하기를 기대하는 것이다.

첫째 수에서는 꿈을 매개로 삼아 한양에 남은 벗들의 모습을 상상했다. 제1구에서는 석별의 정을 미처 다 펴지도 못하고 이별한 후로 한 계절이 지났고, 제2구에서는 이제 벗들의 모습이 꿈에 자주 나타난다고 했다. "의의(依依)"는 이별하고서 미련이 남는 마음을 표현한 말이다. "구우(舊雨)"는 오랜 벗을 뜻하는데, 두보의 글 「추술(秋述)」에 있는 "평소 나를 찾아오던 사람들이 옛날에는 비가 와도 오더니, 지금은 비가 오면 오지 않는다(常時車馬之客, 舊雨來, 今雨不來)"라는 구절에서 유래한 말이다. 제3구와 제4구에서는 꿈에서 본 벗들이 지금 어찌 지낼지 상상하는데, 늘 그랬듯이 달밤에 육교에 모여 술을 마시며 '회인시(懷人詩)', 즉 사람을 그리며 짓는 시를 읊을 것이로되 한 계절이 지났으니 아마 몇 번이나 그렇게 모이고 시를 읊었으리라고 생각한다.

둘째 수에서는 사절의 일을 마치고 돌아가서 한양의 벗들과 재회할 광경을 그렸는데, 희망 또는 기대에서 얻은 상상이라 할 것이다. 제1구와 제2구에서는 미국과 유럽까지 여행하며 그곳의 장관을 다룬 시를 제법 썼다고 했다. 제2구의 "해낭(奚囊)"은 '시(詩)를 담는 주머니'를 뜻하는 말이다. 당나라 시인 이하(李賀)는 매일 아침 벗들과 나가 노닐 적에 하인[奚奴]에게 다 해진 비단 주머니를 등에 메고 따라오게 했는데, 시구가 떠오르면 바로 써서 그 주머니 속에 넣었다가 뒤에 다시 꺼내어 시를 완성했다고 한다. 제3구와 제4구에서는 앞에서 말한 자신의 시를 두고 육교시사의 벗들과 감상하고 이야기하겠노라는 희망을 말했다. 제3구의 "琹"은 "琴"과 같은 글자인데, 본문과 주석에서 각기 다른 형태로 썼다. "시금(詩琴)", 즉 시금동(詩琴洞)은 김창흡(金昌翕)이 벗들과 함께 풍류를 즐기면서 시와 거문고를 자주 연주했다는 데서 유래한 마을 이름이다. 김득련은 「자서(自序)」에서도 이 마을 이름을 드러낸 바 있다. 제4구의 "전촉(剪燭)"은 불에 탄 등불 심지를 자른다는 말이니, 그만큼 밤이 깊었다는 뜻이 된다. 또한 깊은 밤에도 흥미로운 이야기가 이어져 더 집중하게 된다는 뜻으로 이해할 수도 있다. "와유(臥遊)"는 누워서 유람한다는 뜻이니, 방안에서 명승고적 등을 다룬 그림이나 시문 등을 보면서 간접적으로 여행하는 것을 일컫는 말이다.

39 관병식에서 돌아와 장구(長句)를 짓다
觀兵式歸題長句

서양에선 예로부터 전공(戰功)을 숭상했으니,
온 나라가 병사 되고 무비(武備)를 중시하네.
편안할 때도 적을 마주한 듯 위태함을 잊지 않아,
새로운 무기 연구하고 만들어내네.
들건대 러시아 황제 태자로 있을 적에,
육군에 편성되어 시험을 치렀다 하네.
수년 만에 계급은 참령(參領)에 이르렀고,
조금도 피하지 않고 갑옷 입고 무기 든다네.
무궁한 천명을 받아 대관식 올리게 되니,
모스크바 궁중에서 이제 막 즉위하였네.
여러 나라에서 사신 보내 경하하니,
큰 연회 자주 열어 그 기쁨을 표하였네.
각 군영에 호궤(犒饋)하고 관병식을 여는데,
교련장은 성의 북쪽 땅에 새로 마련했네.
십 리 벌판엔 향기로운 풀이 무성하고,
한낮의 햇볕은 깃발에 내리쬐네.
창칼 잡고 에워싼 군사들 비휴(貔貅)가 선 듯하니,
자욱한 진운(陣雲)에 산은 잠든 듯 숨죽이네.
이때 황제 친히 군사를 위로하러 오시니,

진영을 두루 돌되 고삐 당겨 천천히 가셨네.
진영의 위용 정숙하여 누구도 들어갈 수 없으니,
패상(灞上)이며 극문(棘門)은 어린아이 장난 같았구나.
사열대 앞에 말을 멈추고 손들어 경례하니,
여러 부대 군악 울리며 차례로 다가오네.
보병대가 앞에 서고 공병대는 뒤에 서서,
일시에 고개 돌려 사열대를 우러러보네.
여러 기병대는 더욱 날래고 용감하니,
황금빛 투구 위에 매의 깃털 나부끼네.
복장은 각기 말과 같은 빛깔로 갖췄으니,
푸르고 희고 검고 붉은 색 방위 따라 안배했네.
이 나라는 병력이 유럽에서 으뜸이라,
국토 널리 개척하여 태평을 이루었네.
이미 진나라를 본받아 더욱 부강(富强)해졌고,
상하가 한마음으로 훌륭한 치세(治世) 이루었네.
아, 우리 군사 일 논함에 무엇을 구할까.
다만 눈으로 본 것을 기록에 올릴 뿐이네.
취하고 나서는 되려 호기로워지나니,
칼 짚고 하늘 보며 헛되이 한숨만 쉬네.
泰西從古上首功, 通國爲兵重武備.
安不忘危如臨敵, 講究新製鑄兵器.
聞說俄皇儲貳時, 編伍陸軍經考試.

積年階級至參領, 披堅執銳少無避.
寶籙無疆慶戴冠, 毛壽宮中初卽位.
各邦遣使來相賀, 大宴頻開其喜識.
犒饗各營觀兵式, 敎場新築城北地.
平原十里芳艸芊, 日午當天耀旋幟.
刀鎗環匝立犹狖, 陣雲漠漠山如睡.
此時皇駕親勞軍, 周行壁壘按其轡.
軍容靜肅不能入, 灞上棘門等兒戲.
立馬臺前擧手禮, 諸軍奏樂來第次.
步隊居先工隊後, 一時回首仰瞻視.
健衛親騎尤驍勇, 黃金兜上張鷹翅.
服裝各隨馬色同, 靑白烏赤按方置.
此國兵力冠歐洲, 廣拓土宇太平致.
已效嬴秦益富强, 上下一心做至治.
嗟我談兵何所求, 只將目擊登諸記.
醉來膽氣猶麁豪, 仗劍看天空發喟.

6월 7일은 대관식 의례의 마지막 행사인 관병식(觀兵式)이 예정된 날이었다. 관병식이란 지휘관이 군대를 사열하는 의식이니, 대체로 지휘관이 정렬한 군대의 앞을 지나가는 열병식(閱兵式)과 부대가 대형을 갖추어 사열단 앞을 행진하는 분열식(分列式)으로 이루어진다. 이날 러시아의 관병식도 열병식, 분열식의 순서로 진행된 듯하다. 다음은 김득련의 기록이다.

> 궁내부의 초청으로 오전 10시에 관병식 장소에 가니, 곧 만민연 때의 넓은 벌판이었다. 기병과 보병이 진을 이루어 늘어서 있다. 황제는 말을 탄 채 고삐를 쥐고 황후는 마차를 타고[말 네 마리로 끌고, 지붕은 없다] 일산(日傘)을 받치고 시위(侍衛)하는 이는 불과 수십 명인데, 여러 부대를 두루 살펴보고서 되돌아갔다. 황후는 막차(幕次)에 들어가고, 황제는 사열대 앞에 말을 탄 채 멈춰 섰다. 기병과 보병이 차례대로 행진하며 군악을 울리니, 황제는 손을 들어 예를 표하고 부대장은 안검(按劍)하여 예를 표하며 지나갔다. 그 군대의 위용은 정숙하여 가히 볼만하다[기병 1개 부대는 100명이다. 말은 모두 같은 빛깔이며 크기 또한 한가지인데, 모두 좋은 품종이다. 이는 다른 나라가 가히 미칠 수 없는 바이다].[54]
> ―『환구일록』 6월 7일

"막차(幕次)"는 의식이나 행차 때 임시로 장막을 쳐서 잠깐 머무르게 하던 곳이다. "안검(按劍)"은 칼을 빼려고 칼자루에 손을 대는 것을 일컫는 말인데, 여기서는 분열식에서 취하는 군례(軍禮)로 볼 수 있다. 즉 황제가 거수경례로 예를 표하면 부대를 이끌고 행진하는 대장이 '안검'으로 예를 표하는 것이다. 한편 이날 일기의 원문에는 오류로 의심되는 부분이 있다. 첫 번째 주석 뒤의 "일산을 받치고 시위하는 이는 불과 수십 명이다(張傘侍衛, 不過數十人)"라는 본문은 앞의 주석에 포함되어야 할 듯하며, 두 번째 주석의 "마차(馬車)"는 "마군(馬軍)", 즉 기병의 오기인 듯하다. 위의 인용문에서는 "마차"는 "기병"으로 고쳐서 옮겼다.

일기에 기록된 관병식의 절차는 둘로 나눌 수 있다. 먼저 말을 탄 황제와 마차를 탄 황후가 진을 이뤄 늘어선 기병과 보병을 돌아보는 열병식 장면을 말하고, 다음으로 황제가 말을 탄 채 대(臺), 즉 사열대 앞에 서 있으면 부대가 사열대 앞으로 행진하면서 황제와 군례를 주고받는 분열식 장면을 말했다. 황후의 마차나 호위하는 관원의 규모 등에 주목하면, 앞서 치러진 의례에 비해 그리 화려하지는 않은 듯한데, 아무래도 군대와 관련된 행사이기 때문일 것이다. 다만 동가, 대관식, 만민연 등의 기록과 비교하면, 김득련이 그 광경을 자세히 묘사했다고는 말하기 어려울 듯하다. 한편 조선 사절단은 7월 26일에도 한 차례 더 관병식에 참석하는데, 김득련은 "그 의례의 절차는 모스크바 대관예식 때 보았던 것과 같았다(其儀節, 如모스크戴冠禮時所觀也)"라고만 기록했다.

한편 윤치호는 12시가 되어서야 관병식에 갔다고 했는데, 10시 30분 정도에 민영환과 함께 비테를 만나 러시아와의 교섭을 진행해야 했기 때문인 듯하다. 비테에게서 자신이 원했던 수준의 답변을 얻지는 못한 채로 관병식에 참석한 민영환은, 아마도 심리적으로 불편한 상태였을 것이다. 윤치호는 거의 10년 동안 장군 직위에 있었으면서도 관병식에 별다른 관심을 보이지 않는 민영환을 못마땅하게 여기는데, 윤치호가 늘 민영환의 특권적 가문 배경을 자신의 처지와 비교하며 불평했던 점을 고려하면 실제로 민영환이 어떠했는지는 짐작하기 어렵다. 원문에 불명확한 글자가 포함되어 있기는 하지만, 윤치호의 기록을 아래에 제시한다.

비테의 집무실을 나와서 12시에 군사 행진(parade)을 보러 갔다. 군장을 잘 갖춘 보병·포병·기병 부대들이 활기찬 군가의 곡조를 연주하며 질서 있게 행진하는 모습은 장관이었다. 민영환은 행사를 지켜보면서 별다른 관심을 보이지 않고 더위에 짜증을 냈다. 민씨 가문이 득세했던 근 10년 동안 그는 장군 직위에 있었다.[55]

—『윤치호 일기』 6월 7일

일기에서는 관병식을 상세하게 기록하지 않았지만, 대신 김득련은 19운(韻) 38구(句)의 장시를 써서 그 광경을 상세하게 그렸다.

제1구에서 제4구까지는 태서(泰西), 즉 서양의 강병(强兵)을 위한 노력을 다루었다. 제1구에서는 서양에 전공(戰功)을 중시하는 전통이 있었음을 말했다. "수공(首功)"은 전장에서 적의 목을 벤 공을 뜻하는 말이니, 전공(戰功)의 뜻으로 풀이할 수 있다. 『사기』에 있는 "저 진은 예의를 버리고 수공을 숭상하는 나라이다(彼秦者, 棄禮義, 而上首功之國也)"라는 구절에서 "상수공(上首功)"의 용례를 찾을 수 있는데, 이때 '상(上)'은 '상(尙)'과 통용되니 숭상한다는 뜻으로 풀이할 수 있다. '수공'은 원래의 문맥에서는 부정적인 의미가 있는 말이라고 할 수 있는데, 강병(强兵)을 바라던 1896년의 상황에서는 부정적인 의미로 썼다고 단정하기는 어렵다. 제2구에서는 서양의 군제에 대해 말했는데, 국민개병제(國民皆兵制)와 군비 증강에 주목했다. 프랑스와 프로이센은 국민개병제, 즉 징병제를 채택하여 군사 강국으로 등장했으며, 러시아 또한 이를 참고하여 1874년에 국민개병제를 채택했다. 한편 『환구일록』의 6월 27일 일기에는 러시아에서 1871년에 새 법을 공포하고 국민개병제를 도입했다고 기록했는데, 이처럼 연대나 숫자가 정밀하지는 않지만 비교적 상세한 러시아의 군제와 군사력에 대한 기록을 이날 일기에서 찾아볼 수 있다. 제3구와 제4구는 서양의 무비(武備)를 제시했다. 제3구의 "안불망위(安不忘危)"는 『주역』「계사전(繫辭傳)」의 "군자는 편안할 때도 위태함을 잊지 않고, 보존될 때도 망함을 잊지 않고, 잘 다스려질 때도 어지러워짐을 잊지 않으니, 이런 까닭에 몸이 안전해지고 국가가 보존될 수 있는 것이다(是君子安而不忘危, 存而不忘亡, 治而不忘亂, 是以身安而國家可保也)"라는 구절에서 유래한 말이니, 이는 동아시아 고전의 시각에서 군비를 중시하는 서양의 태도를 평가한 셈이 된다. 제4구에서는 무기를 연구·개발하고 생산하는 노력을 말했다.

제5구부터는 러시아로 초점을 옮긴다. 제5구에서 제8구까지는 강병(強兵)을 위해 솔선수범하는 러시아 황제의 태도를 말하는데, 특히 황제도 군대에 편성된다는 점에 주목했다. 김득련은 동가 의례 때 군복을 입은 황제의 모습을 보고 감탄했는데, 『환구일록』에서는 "계급은 아직 참령을 넘지 못했다(位未過參領)"라는 주석을 붙인 바 있다. "저이(儲貳)"는 태자이다. "피견집예(被堅執銳)"는 단단한 갑옷을 입고 예리한 무기를 잡는다는 뜻인데, 장수의 일을 말할 때 사용되던 표현이다. 한 예로 진나라의 송의(宋義)가 항우에게 "무릇 단단히 갑옷을 입고 예리한 무기를 잡는 데서는 내가 공만 못하지만, 앉아서 전략을 세우고 운영하는 데서는 공이 나만 못하오(夫被堅執銳, 義不如公, 坐運籌策, 公不如義)"라고 말했다는 기록이 있다. 실제 러시아 황제가 갑옷을 입고 창칼을 들지는 않았고 군복을 입었을 뿐이니, '피견집예'는 사실적인 표현은 아닌 셈이다.

제9구에서 제12구까지는 대관식과 이후 베풀어진 연회를 언급했는데, 이는 곧 관병식을 거행한 배경을 말한 셈이다. 여기서 "보록(寶籙)"은 봉황이 황제(黃帝)와 요임금에게 가져다주었다는 도록(圖籙)으로, 제위(帝位) 또는 천명(天命)을 상징한다. 앞서 살펴본 바 있는 러시아 황제에게 전한 '친서축사'에도 이 말이 사용되었다.

제13구부터는 관병식의 광경을 그렸다. 우선 제13구와 제14구에서는 관병식을 펼칠 교련장에 대해 말했다. 성의 북쪽 땅에 새로 마련되었다고 했는데, 『환구일록』에서는 그 장소가 "만민연 때의 넓은 벌판"이라 했고 만민연은 "궁궐에서 북쪽으로 10여 리 떨어진 곳"에서 펼쳐졌다고 한 바 있다. 제13구의 "호향(犒饗)"은 군사들에게 음식을 먹인다는 뜻이니, 호궤(犒饋)와 같은 말로 이해할 수 있다.

제15구에서 제22구까지는 '열병식'의 광경을 그렸는데, 이 가운데 제18구까지는 병사들이 진을 이뤄 황제의 열병(閱兵)을 기다리는 장면을 묘사한 것으로 짐작된다. 제15구와 제16구에서는 관병식이 펼쳐지는 곳의 풍경을 말했는데, 풀이 무성한 넓은 벌판에서 한낮의 태양 아래 병사들이 진을 치고 있다고 요약할 수 있다. 제15구에서의 "십리(十里)"는 벌판의 규모로 이해하는 편이 자연스럽지만, 굳이 10리를 말한 것이 어쩌면 "궁궐에서 북쪽으로 10여 리"라는 언급과 관계된 것처럼 보이기도 한다. 제16구의 "일오(日午)"는 실제 열병식이 시작된 시간을 말한 것일 수도 있는데, 만약 그렇다면 12시에 관병식에 가서 행진을 관람했다는 윤치호의 기록이 사실과 부합한다고 할 수 있다. 제17구와 제18구는 진을 치고 사열을 기다리는 병사들의 용맹한 기세를 말했다. "비휴(貔貅)"는 범이나 곰과 비슷하다고 하는 맹수인데, '비(貔)'는 수컷이고 '휴(貅)'는 암컷이라고 한다. 여기서는 용맹한 군사를 비유하는 말로 쓴 듯한데, 『구당서』를 비롯하여 여러 곳에서 이런 용례를 확인할 수 있다. "진운(陣雲)"은 원래 진영(陣營)과 비슷한 모양의 구름을 일컫는 말인데, 전쟁의 조짐으로 여겨지기도 했다고 한다. 『사기』「천관서(天官書)」에 그 용례가 보인다. 이 두 구는 용맹한 군사들이 진을 치고 있으니 그 기세로 진운(陣雲)이 자욱해지고, 전쟁의 조짐이나 군사의 기세를 감지하기라도 하듯이 산이 잠든 것처럼 고요히 숨죽이고 있다는 말이 된다.

제19구에서 제22구까지는 황제가 진을 돌며 사열하는 장면을 말한 것으로 짐작된다. 그런데 러시아 황제의 일을 그대로 묘사하지 않고, 대신 한나라 문제(文帝)와 주아부(周亞夫)의 고사를 인용했다. 문제 후원(後元) 6년에 흉노가 침입하니, 유례(劉禮)를 패상(霸上)에, 서려(徐厲)를 극문(棘門)에, 주아부를 세류(細柳)에 보내서 방비하게 했다. 문제가 친히 "군사를 위로하기 위해(勞軍)" 군영을 찾았는데, 파상과 극문의 군영에는 말을 달려 들어갈 수 있었다. 그런데 세류에서는 문제가 부절(符節)을 보내고 기다린 뒤에야 들어갈 수 있었고, 군영 안에서는 황제라도 "고삐를 당겨 천천히 가야(按轡徐行)"만 했다. 문제는 "아, 이 사람이 진정한 장군이로다. 지난번 패상과 극문의 군대는 어린아이 장난에 지나지 않았구나. 그 장수들은 참으로 기습하여 사로잡을 수 있겠지만, 주아부야 가히 범할 수 있겠는가(嗟乎. 此眞將軍矣. 曩者霸上棘門軍, 若兒戲

耳, 其將固可襲而虜也. 至於亞夫, 可得而犯邪)"라며 감탄하고 주아부를 중용했다고 한다. 패상(覇上)과 패상(灞上)은 같은 지명이다. 주아부의 고사는 『사기』 「강후주발세가(絳侯周勃世家)」에 보인다. 제20구의 "벽루(壁壘)"는 진영(陣營) 또는 군영(軍營)을 뜻하는 말이다. 제21구와 제22구에서는 주아부 군영의 기율에 감탄한 문제의 생각과 말을 인용함으로써 열병식에 참여한 러시아 군대의 엄숙한 위용(威容)을 칭송했다. 요컨대 이 네 구(句)는 러시아 황제의 사열 장면과 한나라 문제의 "노군(勞軍)" 장면을 함께 드러냄으로써 군대의 엄숙한 위용을 효과적으로 표현했다.

제23구에서 제30구까지는 '분열식'의 광경을 그렸다. 제23구와 제24구는 분열식 광경 전반을 묘사했다면, 제25구와 제26구는 보병대의 모습에, 제27구에서 제30구까지는 기병대의 모습에 초점을 맞춘 듯하다. 보병대의 분열식 장면에는 『환구일록』에서 언급하지 않았던 '공대(工隊)'가 등장하는데, 어떤 부대인지는 분명하지 않다. 글자로는 '공병대'로 풀이하는 편이 자연스러우나, '악공(樂工)'의 부대, 즉 군악대를 말한 것일 가능성도 있다. 또 앞서 보았던 윤치호의 기록을 참조하면 '포병대(artillery)'일 가능성도 있는데, 이 또한 분명하지 않다. 한편 제26구에서는 행진하는 부대가 사열대 앞에 선 황제를 올려다보는 장면을 묘사했는데, 이는 사열대 앞에 선 황제에게 올리는 병사들의 군례로 짐작된다. 『환구일록』에서는 부대장의 '안검'을 말했으니, 이 둘을 합하면 곧 행진하는 부대의 군례를 짐작할 수 있을 법하다.

제27구에서 제30수까지의 기병대 분열식 장면은, 김득련과 윤치호의 일기를 비롯한 자료에서 상세히 언급하지 않아서 실제 모습이 어떠했는지 짐작하기는 어렵다. 시의 내용이 현장의 묘사와 전고의 인용 가운데 어느 쪽인지 판단하기는 쉽지 않기 때문이다. 제27구의 "건위친기(健衛親騎)"는 대체로 '건위대와 친위기병'으로 번역되었는데, 그것이 어떤 부대인지는 분명하지 않다. 한성부에 편성되었던 부대인 '효건위(驍健衛)'나 함경도의 기병 부대였던 '친기위(親騎衛)'처럼 과거 조선의 부대 명칭을 인용한 것일 수도 있고, '용맹한 친위기병대'처럼 '건(健)'을 수식어로 사용했을 가능성도 있다. 다만 기병대임은 분명한 듯하다. 제28구의 "장응익(張鷹翅)"은 '매의 날개를 펼쳤다'로 직역할 수 있는데, 아마도 투구 위에 꽂은 매의 깃털이 나부끼는 모습을 묘사한 듯하다. 『환구일록』의 주석 부분을 참고하면, 제29구는 100명으로 구성된 기병 부대가 각각의 부대별로 군복과 말의 색깔을 통일했다는 뜻으로 이해할 수 있다. 제30구에서는 기병 복장과 말의 색깔이 청백, 백색, 검은색, 적색이며 이를 방위에 따라 안배했다고 했는데, 실제 그러했는지는 단정하기 어렵다. 이 네 가지 색은 동서남북 사방(四方)의 색이며 중앙의 색이자 황제의 색인 황색(黃色)을 더하면 오방색이 될 수 있는데, 이러한 사유는 오행(五行)을 바탕으로 한 것이어서 러시아와는 거리가 있다. 우연히 그렇게 된 것인지 아니면 '오행설'에 익숙한 김득련이 그렇게 인식한 것인지는 잘 모르겠다.

　제31구 이하는 관병식을 참관한 뒤의 감회로 보이는데, 먼저 34구까지는 러시아의 사정을 정리하며 감탄했다고 요약할 수 있다. 러시아는 병력과 국토로 주목할 만한 나라이며 상하가 단결하여 부국강병에 힘

써서 태평한 치세(治世)를 이뤘다고 했다. 제32구의 "토우(土宇)"는 강토 또는 국토를 뜻하는 말이다. '영(嬴)'은 진 왕조의 성씨이니, 제33구의 "영진(嬴秦)"은 곧 진나라이다. 러시아를 진나라에 비긴 데서 어쩌면 김득련이나 민영환이 러시아를 바라보던 시선을 짐작할 수 있을 법도 하다.

마지막의 네 구에서는 조선의 상황, 특히 '병사(兵事)'에 눈을 돌리며 한탄한다. 제35구의 "하소구(何所求)"는 '어디서 구하겠는가' 또는 '무엇을 구하겠는가'로 풀이할 수 있는데, 다음 구와의 연결을 고려한다면 후자가 더 자연스러울 듯하다. 두 구를 합한다면, 우리가 담병(談兵), 즉 병사(兵事)를 이야기할 때 여기서 무엇을 참고해야 할지를 알기 어려우니 자신은 목격한 것만을 기록할 뿐이라는 말이 될 수 있다. "장검(仗劍)", 즉 '칼을 짚다'라는 말은 무인(武人)에게 어울릴 것인데, 술 마시고 취기가 오른 김득련은 마치 무인처럼 호기롭게 나서본다. 그렇지만 헛된 한숨을 쉴 뿐인 것이 현실인 셈이다.

관병식이 열린 6월 7일은 모스크바에 머문 지 19일째 되는 날이자 대관예식 의례가 마무리되는 날이었다. 사절단은 이튿날 러시아의 옛 수도 모스크바를 떠나 새 수도 상트페테르부르크에 가기로 했는데, 이에 앞서 통규(通規)에 따라 사환 27명에게 상패(賞牌)를 나눠주고 궁내부로부터 훈장을 받았다. 황제는 아르한겔스크에 있는 황숙(皇叔) 세르게이의 집에 보름 정도 머물다가 상트페테르부르크로 갈 예정이라고 했다. 사절단은 상트페테르부르크에서 러시아와의 교섭을 계속 진행해야 했으니, 그곳에서 중국어 역관 출신인 김득련이 할 수 있는 일은 그리 많지 않으리라고 짐작할 수 있다.

5부

상트페테르부르크의
문물을 마주하며

〈말리 에르미타주의 실내, 동쪽 갤러리의 공작 시계〉(1860)

네바강 강변에 자리한 겨울 궁전, 즉 온궁(溫宮)은 러시아 황제가 겨울에 머무르는 궁전이다. 궁전 건물 자체도 화려하지만, 그곳의 에르미타주 박물관에는 진기한 보물이 많아 세계적으로 명성이 높았다. 김득련은 '상트페테르부르크 죽지사 33수'와 『환구일록』에서 이곳을 관람한 감흥을 드러내었다. 러시아의 수채화가이자 건축가인 콘스탄틴 안드레이예비치 우흐톰스키(Konstantin Andreevich Ukhtomsky)는 겨울 궁전과 에르미타주 박물관의 실내 풍경을 그린 명작을 남겼다. 이 그림에 담긴 '공작 시계'를 본 김득련은 다음과 같은 시구를 남겼다. "황금 공작과 황금 닭은 황금 나무 아래 서서, / 시간 맞춰 춤추고 시간 맞춰 우는구나."

40 모스크바에서 상트페테르부르크[러시아의 새 수도]로 와서 머문 지 몇 달 만에 사절의 일이 끝나가려 한다. 이에 제반 시설을 두루 살펴보니, 그 규모와 제도가 지극히 정교하였다. 죽지사의 시체에 따라 그것을 기록하여 뒷날 와유할 거리로 삼고자 한다.

自毛壽古來留彼得堡[俄國新都]數月, 使事將竣, 遂徧觀諸般設置, 其規模制度窮極精巧. 聊倣竹枝體記之, 庸資後日臥遊之槩.

조선의 사절단은 러시아의 새 수도 상트페테르부르크에 6월 8일에 도착하여 73일째 되던 8월 19일에 떠난다. 상트페테르부르크는 가장 오랜 시간 동안 머무른 곳이었던 셈이다. 6월 8일의 기록에 따르면, 사절단은 아침 일찍 행장을 꾸려 10시에 기차역에 도착했다고 한다. 파스코프는 작별한 후에 자신의 근무지인 바르샤바로 떠나고, 사절단은 상트페테르부르크로 가서 숙소를 마련한다. 김득련은 상트페테르부르크의 숙소에 대해 다음과 같이 기록했다.

오전 11시에 기차가 출발하였는데, 중간에 지나온 곳은 별로 기록할 만한 것이 없었다. 1,400리를 가서 자정에 북경(北京)인 상트페테르부르크에 도착했다. 스테인의 집을 빌렸는데, 그의 가족은 장차 고향 집으로 갈 예정이고 또 달리 적당한 집도 없어서 그 집을 빌려 머물기로 정한 것이다. 스테인의 아우 모제스가 마차를 준비하여 정거장에서 기다렸다가 맞아들였는

데, 그 집은 비록 크고 넓지는 않아도 잘 정돈된 곳이었다. 집은 가빈네스키 거리 4번지에 있었다.[56]

— 『환구일록』 6월 8일

빌려서 새로 머물게 된 집에 주방을 만들고 남녀 사환 각 1명, 문지기 1명, 요리사 1명을 고용하였으며 식탁과 휘장, 그릇 등은 그대로 사용하기로 했다. 또 두 필의 말이 끄는 마차 한 량을 빌렸다.[57]

— 『환구일록』 6월 9일

상트페테르부르크의 숙소는 사절단이 마련해야 했던 듯한데, 스테인의 집을 빌리되 급한 대로 주방을 만들고 하인과 요리사를 고용하여 제법 긴 시간 동안 머무를 준비를 마쳤다. 윤치호의 일기에서는 몇 가지 정보를 더 찾을 수 있는데, 매달 150루블에 스테인 어머니의 집을 빌렸다는 점, 방이 부족하여 자신은 두 김 씨(two Kims), 즉 김득련, 김도일과 같은 방을 써야 했다는 점 등이 그것이다.

김득련이 "별로 기록할 만한 것이 없었다(別無可記)"라고 했던 상트페테르부르크로 가는 길에서 윤치호는 오히려 깊은 인상을 받았던 듯한데, 철로와 그 주변의 숲을 언급하고는 늙은 유럽 국가(old European state)보다는 젊은 아메리카(young America)를 여행하는 것 같다고 느꼈다고 썼다. 반면에 두 사람 모두 상트페테르부르크의 '백야 현상'은 흥미롭게 느꼈던 듯하다. 윤치호는 6월 8일 한밤중에 도착했음에도 책을 읽을 수 있을 정도로 밝은 광경을 보고 "매우 새롭다(very new to me)"

라고 썼으며, 김득련은 6월 9일의 일기에서 계절별로 해가 뜨고 지는 시각이 얼마나 다른지 기록하고 북극에 가깝기 때문이라는 이유를 덧붙였다. 두 사람의 기록을 함께 살펴보면, 조선의 사절단이 백야 현상을 본 것은 이때가 처음이었던 것 같다. 여러 번역본에서 바르샤바와 모스크바에서 백야 현상을 보았다고 한 것은 아마도 착오인 듯하다.

김득련은 제목에서 '죽지사'의 시체(詩體)로 상트페테르부르크의 "설치(設置)", 즉 시설을 읊을 것이며, 장차 그것을 "와유(臥遊)"할 거리로 삼겠노라고 했다. 여기에 해당하는 작품이 칠언절구 33수인 셈인데, 모두 건물이나 시설, 유적 등과 같은 구체적인 사물을 읊은 것이라고 할 수 있다.

'죽지사(竹枝詞)'란 지방의 풍속을 읊는 시가로, 원래 악부의 일종이었다. 특히 외국의 풍속과 문물을 읊은 죽지사를 '외국죽지사' 또는 '외방죽지사'라고 일컬었는데, 청나라 우통(尤侗)의 「외국죽지사(外國竹枝詞)」, 조선 조수삼(趙秀三)의 「외이죽지사(外夷竹枝詞)」와 이유원(李裕元)의 「이역죽지사(異域竹枝詞)」 등이 그 대표적인 작품이다. 『환구음초』의 서문에서는 여기에 수록된 작품 전반에서 죽지사로서의 의미를 강조한 흔적을 발견할 수 있는데, 홍현보의 서문에서 우통의 죽지사와 비교하고 김석준의 서문에서는 자신의 일본 기행 시편들, 즉 「화국죽지사(和國竹枝詞)」와 비교하면서 『환구음초』의 의의를 드러낸 바 있다. 이러한 견해를 따른다면 『환구음초』 자체가 외국 죽지사의 일종이라고 할 수도 있는데, 김득련은 이 가운데 러시아의 '북경(北京)' 또는 '새 도읍(新都)'으로 일컬어지는 상트페테르부르크를 대상으로 삼아 '상트페테르부르크 죽지사' 33수를 짓고 따로 제목을 붙여 수록했다고 말할 수 있다.

"와유(臥遊)"는 누워서 유람한다는 뜻이니, 방 안에서 명승고적 등을 다룬 그림이나 시문 등을 보면서 간접적으로 여행하는 것을 일컫는다. 김득련은 〈모스크바 공관에서 달밤에 한양의 벗을 생각하다〉의 제2수에서 "와유"를 언급한 바 있는데, 그 맥락을 보면 자신의 시가 벗들과의 와유를 위한 자료가 될 수 있으리라는 생각을 품었음을 짐작할 수 있다. 33수의 '상트페테르부르크 죽지사'를 지으면서도 이처럼 와유에 활용하겠다는 생각이 있었다고 해도 이상한 일은 아닐 것이다.

김득련이 상트페테르부르크에 머물면서 '와유를 위한 죽지사' 33수를 쓸 수 있었던 것은 중국어 역관 출신이기에 러시아와의 교섭에 거의 참여하지 않았고, 따라서 비교적 여유가 있었기 때문이리라고 짐작해 볼 수 있다. 물론 이는 추측일 뿐이다. 당시 김득련의 상황이나 일상이 어떠했는지를 구체적으로 확인하기는 어려운데, 『환구일록』이나 『환구음초』에 자신의 활동 모두를 기록하지는 않기 때문이다. 다만 이와 관련하여 한 가지 흥미로운 기록을 같은 방을 써야 했던 윤치호의 일기에서 발견할 수 있다.

> 그런데 그 술고래(김득련)는 여기서 자기 밥값을 가장 잘하고 있다. 그는 우리 가운데 누구보다도 더 열심히 일했고 현재도 하고 있다. 우리가 상트페테르부르크에 온 이후 그는 사절단의 기록을 계속 보완하는 작업을 해왔다. 그는 유사한 성격의 중국 일지를 많이 옮겨 적고 있다. 그러나 그것은 날마다 몇 쪽씩 적는 작업이다.[58]
>
> ―『윤치호 일기』 8월 7일

이날 윤치호는 심기가 불편했다. 민영환의 방에서 "모종의 비밀모임(some kind of a secret meeting)"이 있다고 여겼기 때문이다. 윤치호는 민영환이 방문을 잠그고 비밀스럽게 이야기하면서 자신을 배제한다고 느꼈던 듯한데, 과연 실제 그러했는지 적어도 객관적 자료를 통해 확인하기는 어렵다. 이러한 상황에서 윤치호는 같은 방을 쓰는 김득련이 상트페테르부르크에 온 이후 사절단의 기록을 보완하는 작업 또는 '중국일지'를 조금씩 옮겨 적는 작업을 날마다 하고 있었음을 깨닫게 된다.

윤치호가 목격한 김득련의 작업이란 『환구일록』 작성일 것인데, 무엇인가 "옮겨 적는다(copy)"라고 말한 데 주목할 필요가 있다. 윤치호가 김득련이 무엇을 하는지 정확히 알고 이처럼 쓴 것인지는 알 수 없지만, 무엇인가 참고하면서 무엇인가를 쓰고 있었다는 점은 여기서 분명히 알 수 있다. 김득련이 현재는 전하지 않는 어떤 기록을 작성하고 있었을 수도 있겠지만, 만약 그 '무엇인가'가 『환구일록』이라면 상트페테르부르크에서는 조금은 다른 방식으로 일기를 작성하고 있었다고 볼 수 있다.

상트페테르부르크 체류 시기의 『환구일록』에는 어떤 특징이 있는가? 그날 일어난 일과는 거의 무관해 보이는 '지식'이나 '정보'를 따로 기록한 사례가 여럿 보이는데, 대체로 그러한 지식이나 정보를 담은 부분은 "살피건대(按)"로 시작된다. 앞서 〈서양 미인 노래〉를 다룰 때 거론했던 8월 8일 일기의 서양의 남녀 관계에 대한 기록이 그런 사례인데, 짧은 예를 하나 더 살펴보자. 다음은 6월 30일 일기 전문이다.

30일[음력 20일, 러시아력(曆) 18일] 아침에 비, 저녁에 뇌우(雷雨). 살피건 대 러시아의 화륜 군함은 189척이며, 해군은 3만 명, 해군 장교는 1,245명 이다. 육군에 비하면 그 수가 보잘것없는데, 이는 사방이 육지로 이어져 있 어 해방(海防)할 곳이 많지 않기 때문이다.[59]

―『환구일록』 6월 30일

날씨를 제외하면 이날 일어난 일은 전혀 적지 않은 셈이다. 『윤치호 일기』에서는 이날 '5개 조항'에 대한 러시아 외부대신 로바노프의 서면 답신이 왔다고 기록했으므로 사절단의 중요 일정이 있었으나, 적어도 외부 일정은 없었던 듯하다. 만약 김득련이 러시아와의 교섭에서 별다 른 업무나 역할을 하지 않았다면, 김득련은 별다른 일 없이 하루를 보 냈을 법하다. 일기의 본문은 일과와는 무관해 보이는 '러시아 해군에 대한 정보'인데, 이처럼 극단적인 사례는 아니더라도 일과나 본문과는 거리가 있는 기록을 덧붙인 예를 상트페테르부르크 체류 기간 중 총 19일의 일기에서 확인할 수 있다.

"살피건대"로 시작되는 기록들은, 대체로 러시아의 역사, 지리, 풍속 및 각종 통계에 해당한다. 『해천추범』에서는 이 가운데 일부는 주석으 로 처리하고 일부는 삭제했는데, 민영환은 어쩌면 그 가운데 필요한 기 록을 선별하여 일과 등을 기록한 본문과는 구별하는 형식으로 수록하 고 싶었던 것인지도 모른다.

상트페테르부르크 체류 시기에 남긴 두 가지 유형의 정보들, 즉 『환 구음초』의 죽지사 33수와 『환구일록』의 러시아 관련 지식 19항은 어쩌면 김득련이 사절단에 참여한 이유 가운데 하나였을지도 모른다. 공적인지 사적인지는 확인하기 어렵지만, 김득련이 그것을 상당히 중요한 일로 여겼을 것임은 충분히 짐작할 수 있다.

1 황촌의 여름 행궁 皇邨夏行宮

[여름날 더위를 피하는 곳이다(夏日避暑處)]

황제의 정원 여기저기에 이궁(離宮) 있으니,
일만 일천의 문이 차례로 이어지네.
기둥은 문석(紋石)이요, 벽은 호박(琥珀)으로 꾸몄고,
역대 황제 초상을 가운데 걸었네.
御園處處有離宮, 萬戶千門次第通.
紋石棟楣蜜花壁,* 列皇圖像揭當中.

33수의 '상트페테르부르크 죽지사'에서는 배열에 있어서 정확한 규칙성을 발견하기 어렵다. 이 33수에서는 견문의 순서와 작품의 순서가 어긋나는 것처럼 보이는 사례들도 있기 때문이다. 『환구음초』는 대체로 시간의 순서에 따라 작품을 배열한 것으로 보이지만 이 33수는 제외이다. 또한 33수의 작품들 가운데 특정한 날짜의 경험과 관련된 것이 많지만, 체류 시기 동안의 일상적인 견문으로 보아야 할 법한 사례도 적지 않다. 후자의 경우는 대체로 『환구일록』에서 작품과 관련된 구체적인 '경험'이나 '견문'을 발견하기 어렵다.

첫 번째 수와 관련된 기록은 6월 14일의 일기에서 찾을 수 있다. 이

---

* (원주) 밀화(호박)로 사방의 벽에 박아 넣었다(以蜜花, 嵌鎭四壁).

날 블란손이 만찬에 초대했고, 사절단은 동남쪽 50여 리 거리에 있는 블란손의 집을 찾아갔다.

> 오후 3시에 기차를 타고 2각(30분) 만에 도착했다. 이곳의 지명은 '황촌(皇邨)'인데, 주민은 만여 명이며 거리와 원림(園林)이 매우 정결하였다. 여기에 행궁(行宮)이 있으니, 황제가 피서하는 곳이다. 행궁에 들어가 두루 돌아보니, 크고 넓고 화려함은 다시 말할 것도 없다. 사방의 벽을 호박(琥珀)으로 조각하고 장식한 집이 있다. 또한 각양각색 기이한 무늬의 돌을 박아 넣은 집은 몇이나 되는지 알 수 없다. 연못과 누대, 숲과 정원은 지극히 그윽하면서도 우아했다.[60]
>
> ―『환구일록』 6월 14일

"황촌(皇邨, '邨'은 '村'과 통용됨. 황제의 마을)", 즉 차르스코예 셀로(Tsarskoe Selo)는 상트페테르부르크 남쪽 25킬로미터 거리에 있다. "원림(園林)"은 정원이나 공원의 숲을 뜻하는 말이다. 한편 윤치호는 "Czar's Village"라고 쓰고, "러시아 황제들이 즐겨 찾는 여름 휴양지"라고 부연했다. 윤치호는 마을 주민이 "약 1,200명"이라고도 썼는데, 차이가 커서 어느 한쪽은 원문에 오류가 있는 것인지도 모르겠다.

윤치호의 기록이 더 상세한데, "행궁(行宮)", 즉 여름 궁전(Summer Palace)에 대해서는 유래에서부터 특징까지 설명하고 있으므로 참고할 만하다. 다음은 그에 해당하는 부분이다.

그들[블란손 부부]과 함께 예카테리나 2세(Catherine II)가 대부분의 여름을 보냈던 '여름 궁'으로 갔다. 각각의 방은 그 방에 주로 사용된 색깔에 따라 '연두색방' 또는 '베갯방' 등과 같이 불린다. '중국방'은 중국의 그림으로 벽이 장식되어 있다. 가장 비싼 방은 '호박방(琥珀房)'인데, 벽과 테이블이 호박으로 장식되어 있다. 똑같이 값비싼 재료로 새겨진 진귀한 조상(彫像)들이 벽에 수없이 많다. 알렉산드르 1세가 사용한 침대와 가구는 소박한 매력이 있다.[61]

— 『윤치호 일기』 6월 14일

시의 제1구와 제2구에서는 '여름 행궁(夏行宮)'의 전경을 그렸다. "어원(御園)"이란 행궁 건물을 둘러싼 정원과 숲을 가리키는 말일 법한데, 윤치호는 이를 "거대한 규모의 공원(the park of a magnificent extent)"이라 일컫고 감탄한 바 있다. 어원 안에 배치된 행궁 건물이 질서 있게 이어진 형상을 묘사했는데, 여기에 사용된 "만호천문(萬戶千門)"은 관용적 표현이며 실제 문의 수를 말하는 것은 아니다. 불경에서도 이 표현을 볼 수 있거니와 송나라 주희(朱熹)의 시에서도 "한밤중에 갑자기 우렛소리 울리니, 일만 일천의 문들이 차례로 열리는구나(忽然半夜一聲雷, 萬戶千門次第開)"와 같은 구절을 찾을 수 있다.

제3구와 제4구에서는 행궁 건물 내부의 화려한 광경을 그렸다. 여기서 묘사한 공간을 『환구일록』에서는 "집[屋]"으로, 윤치호의 일기에서는 "방(Room)"으로 기록했는데, 비록 규모가 크기는 해도 '집'이라기보다는 '방'이나 '홀'에 가까울 듯하다. 제3구의 "문석(紋石)"은 무늬가 있는 돌이며, "밀화(蜜花)"는 밀랍과 같이 누른빛이 나고 젖송이 같은 무늬가 있는 호박이다. 모두 값비싼 재료와 자재이다. 주석에 보이는 "감양(嵌鑲)"은 보석을 벽에 박아 넣는 방식으로 장식했다는 뜻으로 이해할 수 있다. 제4구에서 말한 '집' 혹은 '방'에 걸린 초상화는 『환구일록』에서는 언급하지 않았는데 윤치호가 말한 "진귀한 조상들(exquisite figures)"과 유사한 것이었을지도 모르겠다.

윤치호가 여름 궁전을 상대적으로 더 자세히 묘사할 수 있었던 것은, 그가 서양의 건물에 대해 더 잘 알고 있었기 때문일 것이다. 윤치호는 6월 7일의 일기에서 김득련을 다소 못마땅하게 여기면서 "그는 베이징에 있는 천자의 여름 궁만큼 아름다운 궁전은 이제까지 유럽에서 본 적이 없다고 얘기한다"라고 지적했다. 어쩌면 김득련이 진심으로 그렇게 생각했을지도 모르지만 중국어 역관 출신인 그가 청나라 또는 '북경의 여름 궁'을 칭송한 것은 자연스러운 일일 법도 하다. 다만 여기서는 여름 행궁에 대한 김득련의 묘사가 어느 정도의 진정성을 가지는지, 어떤 감각이나 평가에서 제시된 것인지를 생각해 볼 필요가 있다.

| 2 | **예배당 禮拜堂**

>그리스정교는 원래 국교였으니,
>예배하는 높은 집에선 늘 종을 치네.
>이곳 지나는 이 모두 존경의 뜻 보이나니,
>모자 벗고 이마 문지르며 웅얼거리네.
>希臘原來國教宗, 高堂禮拜每撞鐘.
>過此人皆尊敬意, 免冠摩頂語嗶嗶.

    예배당은 상트페테르부르크 곳곳에서 볼 수 있었다. 물론 모스크바에서도 자주 볼 수 있었을 것이다. 그렇지만 그곳의 각종 의례나 관습 등을 자세히 알기는 어려웠으리라고 짐작할 수 있다. 이 시의 이해를 위해서는 6월 12일 일기에 주목할 필요가 있다.

    머무는 집은 큰길가에 있어 행인이 밤낮 끊이지 않는다. 근처에 예배당이 있는데[러시아에서는 희랍교를 국교로 삼는다], 그 종교를 신봉하는 사람은 여기를 지날 때면 반드시 모자를 벗고서 손으로 이마를 문지르고 가슴을 어루만져 잊지 않겠노라는 뜻을 표한다. 대개 종교를 신봉하는 서양인은 마치 아시아에서 불교를 숭상하는 이가 불골(佛骨)이나 사리(舍利)를 높이고 공경하는 것처럼 만약 현자[종교에서 이름 높은 사람]의 뼈를 얻으면 보배롭게 간직하여 자기 몸을 수양하고 선(善)을 지향하는 신물(信物)로 삼는다. 혹 쌍방의 다툼으로 하늘에 맹세하는 일이 있으면 뼈를 어루만지며 말함으로써 말한 바를 배신하지 않을 것임을 분명히 한다.[62]

— 『환구일록』 6월 12일

"희랍교"는 곧 그리스정교이다. 8월 10일의 일기에서도 그리스정교가 국교라는 사실을 언급했는데, 그리스정교가 "예수교의 분파(耶蘇之分派)"라는 점도 덧붙였다. 예배당을 지나면서 행인들, 즉 그리스정교의 신자들이 행하는 의례도 관찰했는데, 김득련은 그것을 "모자를 벗고서 손으로 이마와 가슴을 어루만지는 행동"이라고 이해했다. 김득련이 관찰한 행동에는 아마도 성호(聖號)를 긋는 모습이 포함된 듯한데, 윤치호는 이날 일기에서 "모든 계층의 러시아인은 성당이나 성소를 지날 때마다 매우 열심히 성호를 긋는다"라고 보다 명확하게 행인들의 '의례'를 기록했다.

이날 일기에는 희랍교 또는 예수교를 불교와 비교한 대목도 보이는데, 이러한 비교는 실상 예수교에 대한 불편함이나 비판의 감정에서 유래한 것일 가능성도 있다. 8월 10일의 일기에서는 예수교를 불교나 묵가(墨家)에 비겨 비판하고서 "근래 서양인 가운데 한문을 번역하여 공맹(孔孟)의 글을 읽는 이가 많으니, 반드시 뒷날에는 점차 깨달아서 절로 오도(吾道, 유학)에 들어오게 될 것이다(近日西人繙譯漢文, 多讀孔孟之書, 必有他日漸漸覺悟, 自當入於吾道矣)"라는 견해를 덧붙인 바 있다. 비교적 직설적으로 비판적인 의견을 드러낸 셈이라 하겠는데, 그 때문인지 민영환은 『해천추범』에 이 구절을 싣지 않았다. 그렇지만 김득련이 지닌 '희랍교'에 대한 인식이 어떠했는지는 여기서 짐작해 볼 수 있을 것이다.

시에서는 예배당이나 희랍교에 대한 주관적 판단을 드러내지는 않고, 자신이 이해할 수 있는 한에서 관찰한 바를 그대로 표현하고자 한 듯하다. 실상 그것이 '죽지사'의 성격에 부합하는 방식이라 할 수 있을 것이다.

제1구와 제2구에서는 러시아의 국교인 그리스정교의 예배당 풍경을 말했는데, 예배당 건물의 모습과 항상 울리는 종소리를 드러냄으로써 눈과 귀로 받아들이는 광경을 그려냈다. 제3구와 제4구에서는 그리스정교의 신자로 보이는 행인들이 취하는 의례를 그렸는데, 그것이 존경의 뜻임은 들어서 알게 되었거나 짐작할 수 있었던 듯하다. 제4구의 "옹옹(嗈嗈)"은 새가 화락하여 우는 소리를 뜻하는데, 기러기의 울음소리를 나타내는 의성어로 쓰이기도 한다. 아마도 성호를 그으면서 무언가 중얼거리는 모습을 보고서 이렇게 표현했을 것 같다.

3 네바강 曳瓦江

[상트페테르부르크 가운데에 있는 큰 강이다(彼得都中大江)]

궁궐은 네바강 기슭에 우뚝한데,
높은 석조 건물에 흰 유리창 내었네.
황실에선 나들이를 준비하느라
강 언덕에 용 그린 배를 매어두었네.
宮闕巍臨曳瓦江, 層雕石屋白玻窓.
準備皇家遊幸具, 岸頭長繫畫龍䑪.

김득련은 6월 8일의 일기에서 러시아 및 상트페테르부르크의 역사를 약술하고, 6월 9일의 일기에서 상트페테르부르크의 지리를 간략히 설명한다. 네바강(Neva River)은 이때 언급된다.

> 이 도시는 사방 100여 리에 인구는 100여만 명이다. 거리의 건물은 웅장하다. 네바강이 온 도시를 껴안고 있으며, 황제의 궁궐은 강가에 있다. 각부(各部)의 청사와 학교 건물들이 좌우로 늘어섰는데, 제도가 크고 훌륭하니 참으로 큰 도시이다.[63]
>
> ―『환구일록』 6월 9일

네바강이 도시 전체를 껴안고 있다고 표현했는데, 사절단이 숙소 근방에서 거닐거나 어디로 가려고 하면 늘 이 강을 마주치게 된다. 6월 10일에는 마차를 타고 강변에 가서 표트르 대제의 기마상을 살펴보았다. 6월 12일에는 네바강에 놓인 다리를 건너 옐라긴섬에 들어갔고, 7월 13일에는 배를 타고 네바강을 내려갔다. 강가에 있는 황제의 궁궐이란 겨울 궁전을 뜻하는 "온궁(溫宮)"을 말하는데, 8월 1일에는 온궁박물관(溫宮博物館), 즉 에르미타주 박물관(Hermitage Museum)을 방문한다. 이때 온궁박물관을 다룬 시도 썼는데, 그 작품도 이 죽지사에 포함되어 있다. 이 밖에도 김득련이 네바강을 마주하는 일은 많았을 것이니, 이 시를 언제 썼으리라고 추측하기는 어렵다.

시에서는 '황제의 궁궐'에 주목하여 강변 풍경을 그린다. 제1구와 제2구에서는 궁궐의 위치와 형상을 말했는데, "층조석옥(層雕石屋)"이란 층층이 조각한 돌집, 즉 '여러 층의 석조 건물' 또는 석조 조각을 붙인 고층 건물로 풀이할 수 있다. 제3구와 제4구에서는 궁궐 아래쪽의 강변으로 시선을 옮긴다. 강변에 매어둔 "용을 그린 배(畵龍艭)"란 황제의 배를 비유하는 말일 듯하며, 실제로 용을 그려놓은 배는 아닐 것이다. 이 시에서 네바강을 바라보는 시인의 시선을 고려하면, 아마도 '황제의 궁궐' 건너편에서 강을 바라보면서 읊었으리라고 추정할 수 있다.

윤치호는 네바강에 대해 자세히 설명한다. 강과 섬들, 운하와 같은 강 유역 전반의 지리를 묘사하고 있으니, 두 기록을 함께 살펴보면 네바강의 풍경을 이해하는 데 도움이 될 것이다.

상트페테르부르크 가운데를 흘러가는 네바강은 도시 본토를 5개 또는 그 이상의 섬들과 나눠놓고 있다. 강의 폭은 370~645야드(yd)라고 한다. 4개의 다리가 본토와 섬들을 연결하고 있다. 니콜라이교가 가장 정교한데 8개의 철골조로 된 아치가 있다. 네바강의 왼쪽 강둑에는 웅장하고 화려한 건물들이 들어서 있는데, 해군성 건물, 겨울 궁전, 여러 대공의 궁들이 가장 크다. 3개의 반원형 운하가 도시의 가장 아름다운 지역을 감싸 안으면서 양쪽을 갈라놓고 있다. 폰탕가 운하가 가장 크다. 그러나 이 모두를 넘어서서 대도시의 가장 번화한 지역 뒤에 있는 오보드니 운하가 전 도시를 가로지르고 있다.[64]

— 『윤치호 일기』 6월 9일

4 대로에 조성한 공원 街衢設公園

연못에 누대 꽃과 나무 저마다 새롭고 기이한데,
큰길가의 공원들이 모두 이러하네.
길가는 이 쉬어갈 곳을 만들어두니,
태평한 시절 시끌벅적 함께 즐기네.
池臺花木各新奇, 沿路公園摠一規.
任作行人遊憩所, 熙穰共樂太平時.

조선의 사절단은 상트페테르부르크에서 수많은 공원을 방문했다. 이미 뉴욕에서 러시아 총영사 부인의 제안에 따라 센트럴 파크를 방문한 일이 있었고, 〈서양 미인 노래〉에서도 모스크바에서 공원을 방문했던 흔적을 찾아볼 수 있다. 이미 '공원'이 낯설지 않았을 것인데, 상트페테르부르크에서는 거의 일과처럼 공원을 찾았던 모양이다. 윤치호는 6월 25일의 일기에서 '일상(routine)'을 정리했는데, 오후 8시에서 11시 사이의 일상으로 "마차 타고 공원에 가기(Ride to the parks)"를 들었다. '기상 — 차 한 잔 — 점심 — 우유 마시기 — 저녁 — 공원 가기 — 취침'이 반복되는 일상에서 '공원'은 숙소를 벗어나는 특별한 여가를 제공하는 공간이었을 것이다.

김득련이 여기서 읊은 '공원'이 이처럼 많은 공원 가운데 어떤 곳이었을지 추측하기는 사실 어렵다. 상트페테르부르크에서 '공원'이라는 제도 혹은 공간이 지닌 보편적 의미가 무엇이었을지를 성찰한 결과로 이해하는 편이 오히려 자연스러울지 모른다. 다만 "가구(街衢)"란 '사람이나 차가 많이 다니는 곳', 즉 대로 또는 시가(市街)를 말하니, 교외가 아닌 도심에 조성한 공원이라는 점에 초점을 맞췄으리라고 짐작할 수는 있다.

제1구와 제2구에서는 도심 여기저기에 조성된 큰길가의 공원에는 상트페테르부르크의 새롭고도 기이한 연못, 누대, 꽃, 나무를 모두 갖췄다고 했다. 즉 아름답게 꾸며놓은 공원의 모습을 그린 것으로 이해할 수 있다.

제3구와 제4구에서는 도심에 "유게소(遊憩所)", 즉 쉬어갈 수 있는 공원을 조성해 놓은 이유가 바쁘게 오가는 사람들도 태평한 시절을 함께 즐길 수 있도록 하려는 데 있음을 말했다. "유게소"는 곧 '휴게소(休憩所)'인데, 평측을 고려해서 바꿔 쓴 듯하다. "희양(熙穰)"은 '희희양양(熙熙穰穰)'의 준말로, 떠들썩하고 번잡하게 사람이 오가는 모습을 형용하는 말이다.

| 5 | **옐라긴섬 連絡岐島**

철교는 무지개처럼 강 건너로 뻗어가고,
이어진 섬들은 도읍 부근을 감쌌네.
어둑어둑한 수풀에는 사람 그림자 어지러운데,
달리는 마차는 서늘한 바람 쐬고 돌아오네.
鐵橋虹亙過江飛, 島嶼相繞近畿.
翳翳樹林人影亂, 馬車馳逐納涼歸.

6월 12일에 사절단은 네바강을 건너 휴양지 옐라긴섬(Yelagin Island)을 찾는다. 다음 날부터는 상트페테르부르크로 돌아온 러시아 관리들을 만나 교섭을 재개할 예정이었으니, 사절단이 이후 이러한 여유를 얼마나 갖게 될지는 알 수 없는 형편이었을 것이다. 김득련의 기록을 살펴보자.

오후 8시에 마차를 타고 네바강 다리[철교 둘과 선창교 둘이 있다. 강을 넘어 무지개처럼 뻗어 있고, 그 아래로는 배를 통행시킨다. 선교는 겨울에 걷고 봄에 설치한다]를 건너 옐라긴섬[네댓 개의 크고 작은 섬이 있는데, 다리를 놓아 섬들을 이었다]에 들어갔다. 수목이 울창하고 상가가 조밀하며, 나무로 지은 건물이 많았다. 이곳은 더위를 피해 노니는 곳이니, 남녀가 오가느라 마차가 길을 메웠다. 강을 따라 돌아다니다가 화원에 들어가 술을 마시며 쉬었

다. 밤 1시에 숙소로 돌아가는데, 하늘빛이 어둡지 않아 거리에는 등불도 없었다.[65]

—『환구일록』 6월 12일

윤치호는 저녁에 "섬에 있는 아름다운 공원 주변(through and around the beautiful parks on the islands)"을 마차를 타고 다녔다고 했으니, 옐라긴섬만을 특정하지는 않은 셈이다. 윤치호는 12일의 일로 성 이삭 성당(Cathedral of St. Isac) 방문을 자세히 기록했는데, 김득련은 함께 가지 않은 듯하며 『환구일록』에도 이 일을 기록하지 않았다.

시의 제1구와 제2구에서는 다리로 이어진 옐라긴섬의 풍경을 말했다. 옐라긴섬은 네바강 삼각주의 키롭스키 제도(Kirovsky Islands) 가운데 하나이니, "도읍 부근을 둘러싸다(繞近畿)"라고 표현할 수 있을 것이다. 제1구의 "비(飛)"는 다리가 뻗은 모양을 형용한 말이겠으나, 운자(韻字)이므로 강한 뜻을 지닌 것은 아닐 듯하다. "근기(近畿)"는 도읍 주변을 뜻하는데, 왕도(王都) 주위의 사방 500리를 "기전(畿甸)"이라 일컫던 데서 유래한 말이다. 제3구와 제4구에서는 납량(納涼), 즉 더위를 피해 서늘한 바람을 맞으러 온 사람들로 복잡한 길의 풍경을 그렸는데, 제4구는 사절단의 모습으로 이해할 수도 있을 법하다. 제3구의 "예예(翳翳)"는 어둡고 밝지 않은 모양 또는 초목이 무성하여 그늘진 모양을 뜻하는 말이니, 이는 사절단이 머물렀던 오후 8시부터 밤 1시까지의 시간대에 어울리는 표현이다. 물론 당시 옐라긴섬에는 백야 현상이 나타났을 것이니, 캄캄한 밤 풍경은 생각하기 어렵다.

6 큰 식물원 大花園

유리로 백 간 넘는 집을 짓고,
온갖 나무 아름다운 꽃에 각기 이름 써두었네.
물 대어 재배할 때 능히 기후를 맞추고,
봄빛은 사계절 끊이지 않는구나.
琉璃屋子百間餘, 萬樹名花各表書.
灌養栽培能叶候, 春光不斷四時如.

6월 11일에 사절단은 동물원을 구경하러 나섰다가 큰 "화원(花園)"에도 들렀다. 김득련은 이곳에서 꽃 이외에 나무도 언급했으며 윤치호는 이곳을 "식물원(Botanical garden)"이라고 일컬었으니, 이 '화원'은 곧 '식물원'으로 풀이해도 좋을 것이다. 윤치호는 이 식물원이 "내가 본 것 가운데 가장 훌륭했다(the finest I have seen)"라고 칭찬했다. 김득련의 기록은 다음과 같다.

지나는 길에 어떤 화원에 들어갔는데, 둘레가 족히 4~5리는 되었다. 아름다운 나무가 빼어나니 그늘이 무성하고, 들꽃이 피어나니 향기가 그윽하다. 높은 집 수백 간을 짓되, 위에는 유리를 덮어 햇빛을 받아들이고 아래에는 나무와 숯을 때서 온기를 얻는다. 그 안에 각양각색의 화초를 벌여놓고서 기후에 맞춰 물 주고 길러내니, 진실로 중향성(衆香城)이라 할 만하다.[66]

—『환구일록』 6월 11일

    화원은 둘레가 4~5리가 되는 제법 큰 규모였다. 김득련은 "아름다운 나무가 빼어나니 그늘이 무성하고, 들꽃이 피어나니 향기가 그윽하다(佳木秀而繁陰, 野芳發而幽香)"라고 그 풍경을 묘사했는데, 이는 구양수가 쓴 「취옹정기(醉翁亭記)」의 "野芳發而幽香, 佳木秀而繁陰"라는 구절을 활용한 것이니 곧 이 화원이 구양수의 취옹정 주변에 손색이 없을 만큼 빼어나다는 뜻을 담고 있다. 여기서 "방(芳)"은 "꽃(花)"의 뜻이다. "높은 집 수백 간(高屋數百間)"이란 식물원 안에 세운 '집'의 규모를 말하는 것일 터인데, 유리로 지붕을 올리고 땔감을 때었다고 했으니 곧 '온실'이다. "중향성(眾香城)" 또는 "중향국(眾香城)"이란 온갖 꽃이 활짝 핀 지역으로 풀이될 수 있는데, 높은 선비의 은거지를 묘사할 때 사용되기도 했다. 동양의 전고(典故)를 활용하며 서양의 식물원을 묘사한 데서 이 구절의 특징을 찾을 수 있다.

    시의 제1구와 제2구에서는 화원의 풍경을 그렸는데, "표서(表書)"는 나무와 꽃의 이름을 써서 표시한 것으로 보인다. 제3구와 제4구에서는 온실의 효용을 말한 듯하다. 제3구는 "기후에 맞춰 물 주고 길러낸다(叶候灌養)"라는 일기의 구절을 시로 표현한 것으로 이해된다. 운자(韻字)인 제4구의 "如"는 뜻을 새기지 않는 편이 자연스럽다.

7 동물원 生物院

움직이고 달리고 날고 헤엄치고 하나하나 다르니,
울타리에 새장에 연못에 굴까지 거처를 나눴네.
솜씨 있게 길들여 제각기 재주 부리게 하고,
공연으로 거둔 돈은 색부(嗇夫)가 차지하네.
動走飛潛箇箇殊, 柵籠池窟自分區.
教馴有術皆呈技, 演戲收錢任嗇夫.

사절단은 6월 10일에 표트르 대제의 기마상을 관람했고, 6월 11일에는 동물원과 식물원에 들렀다. 11일 오후 4시에 블란손이 모스크바에서 돌아와 며칠 안에 관리들이 상트페테르부르크에 도착할 것이라는 소식을 전하니, 이 무렵까지는 별다른 일 없이 상트페테르부르크를 돌아볼 수 있었을 것이다. 김득련은 "생물원(生物院)", 즉 동물원을 이렇게 기록했다.

오후 2시에 동물원을 관람했다. 동물원의 뜰은 매우 넓었다. 쇠로 우리와 새장을 만들고 그 안에 굴이나 연못을 파서 날짐승과 길짐승에다 물고기, 자라, 오리, 거위, 뱀, 도마뱀 등을 모두 거기에 넣어두었는데, 이름을 알 수 없는 것도 꽤 많았다. 호랑이, 표범, 사자, 코끼리, 백곰, 악어, 타조, 공작, 앵무새는 그 가운데 귀한 동물이다. 이 동물들을 여러 곳에서 구하여 그 본

성에 맞춰 길러서 박람(博覽)의 자료로 삼는 것이다.[67]

―『환구일록』 6월 11일

김득련은 온갖 동물들을 각각의 우리나 새장에 가둬두고 구경하게 한 동물원을 "박람(博覽)의 자료", 즉 사물을 널리 보기 위한 자료로 이해했다. 그렇지만 인간이 만든 우리에 갇힌 동물을 보며 '어떤 감정'을 느꼈던 듯도 한데, 뒤에 〈동물원에 유람갔더니 일찍이 보지 못했던 동물들이 있어서 각기 한 편의 시로 읊다(遊生物院有所未曾見者, 各系一詩)〉라는 제목으로 동물원의 동물을 읊은 시 4수를 따로 남긴 데서 이를 짐작할 수 있다. 한편 윤치호는 식물원에서 더 깊은 인상을 받았기 때문인지 동물원에 대해서는 특별한 감상을 말하지 않았다.

시를 살펴보자. 제1구와 제2구에서는 동물원의 풍경을 그렸는데, 일기의 내용에서 크게 벗어나지 않는다. "동주비잠(動走飛潛)"은 여러 종류의 동물을 합쳐 일컬은 말로 짐작되는데, 일기를 참고하면 날짐승과 길짐승에다가 물에 사는 동물들과 달리지는 못하는 육지 동물인 뱀, 도마뱀 등을 포함한 말로 이해할 수 있다. 제3구와 제4구에서는 일기에서는 언급하지 않은 "연희(演戲)", 즉 동물들이 재주를 부리는 광경을 그렸는데, 풍자의 뜻을 담았을 법도 하나 분명하지는 않다. "색부(嗇夫)"는 하급 관리를 뜻하는 말인데, 여기서는 동물원의 관리인이나 조련사로 이해할 수 있다.

| 8 | **서커스장 劇戲場**

광대가 무대 올라 능숙하게 익살 떨더니,
온갖 공연마다 먼저 제목을 알리네.
매번 지켜보다 신기한 대목에 이르면,
모든 관객 숨죽이다가 일제히 박수를 치네.
傀儡登場善滑稽, 百般演事盡先題.
每回看到神奇處, 滿座無譁拍手齊.

"극희(劇戲)"는 광대가 하는 연희로 풀이할 수 있는데, 여기서 구체적으로 어떤 연희를 지칭하는지 확인하기는 어렵다. 무엇보다 사절단의 기록에서 이에 해당하는 장면을 찾기 어렵기 때문이다. 현재로서는 시를 보며 상상할 수밖에 없을 듯하다.

우선 제1구에서는 "괴뢰(傀儡)"가 무대에 올라가 '골계', 즉 익살을 부린다고 했다. '괴뢰'는 꼭두각시, 즉 인형의 뜻으로 흔히 쓰이지만, 다음 부분을 고려하면 인형이라기보다는 분장을 한 광대로 이해하는 편이 좋을 듯하다. 제2구에서는 "연사(演事)", 즉 온갖 공연에서 먼저 나와 제목을 알린다고 했으니, 공연을 진행하는 역할을 한다고 이해할 수 있다. 제3구와 제4구에서는 관객의 반응을 말했다. 신기한 대목에서는 관객이 숨죽이다가 박수갈채를 보낸다고 했는데, 여기서 "무화(無譁)"는 시끄럽게 떠드는 일이 없다는 말이니 갑자기 조용해진다는 뜻으로 이해할 수 있다. 즉 전체 장면은 이렇게 요약된다. 광대가 나와 익살을 떨다가 공연을 진행하고, 관객은 숨을 죽이고 있다가 박수를 친다. 이 광경은 당시 상트페테르부르크를 대표하는 공연물이었던 서커스의 장면에 가장 가까울 것이다. 인형극도 당시에 성행했지만, 인형극 공연에서는 여기서 묘사한 바와 같은 관객의 반응이 나타나기는 어려울 듯하다. 또한 이때는 아직 인형극 극장이 설립되기 전이기도 했다.

이와는 별개로 시에서 다른 공연을 사절단 또는 김득련 개인이 실제 관람했을지도 따져볼 필요가 있다. 김득련 또는 사절단이 그리 자유롭지는 않은 상황이었기 때문이다. 다음은 6월 13일의 일기 가운데 한 부분이다.

> 서양 풍속에는 저녁을 먹고 나면 남녀가 탈것을 타거나 걸어서 여러 곳에 나가 놀면서 음악도 듣고 노래도 듣다가 밤이 깊어지면 집에 돌아온다고 한다. 매일매일 이렇게 하니, 이를 '운동법'이라 한다. 어떤 이가 가서 구경하자고 거듭 청하기에, "우리나라 법에 국상(國喪) 때는 악기 소리를 그치고 가무를 하지 않는다. 이제 국복(國服)을 입은 처지이니, 그동안 경축하는 모임이나 공적인 자리에는 어쩔 수 없이 참석했으되 사적으로 즐기고 노는 데를 어찌 감히 가겠는가?"라고 대답했다. 그 사람이 옳게 여겨 다시는 번거롭게 하지 않았다.[68]
>
> ―『환구일록』 6월 13일

김득련의 발언인지 민영환의 발언인지는 분명하지 않다. 민영환의 처지라면 더욱 그러했겠지만, 김득련이 이처럼 대답했다고 하더라도 이상하지는 않을 듯하다. "遏密八音, 不作歌舞", 즉 '8음' 그러니까 여덟 가지 악기로 대표되는 음악 소리를 그치고 춤추거나 노래하지 말아야 하는 '국상(國喪)'의 상황이라는 것이 두 사람의 공통된 인식이라면, 상트페테르부르크에서 떠들썩한 오락물인 서커스 공연을 보러 가는 것이 그리 쉽지만은 않았을 것이다. 그렇다면 상트페테르부르크의 공연에 대해 듣다가 그 가운데 '죽지사'의 소재를 찾게 되었을 가능성도 생각할 수 있다. 물론 제3구와 제4구에서 묘사한 관객의 태도가 아무래도 눈앞에서 보고 쓴 듯한 느낌을 주기는 하지만 말이다.

9 영화관 電氣戲影館

거울에 그림 비춰 전기로 펼치니,
유리 위에 옮긴 형상 벽으로 올라오네.
사람은 춤추고 수레 능히 달리는데,
진짜처럼 움직이며 갔다가는 다시 오네.
鏡中照畵電中開, 移影玻璃壁上來.
人能跳舞車能走, 活動如眞去復回.

6월 17일에 사절단은 동물원에 갔다가 영화관을 들른다. 이날은 일본에서 만났던 러시아 공사 스페이에르의 처남인 고등 경무관 스볼란스키가 정오에 방문한 일 이외에 별다른 일정이 없었던 듯하다.

> 오후 7시에 동물원에 갔다. 어느 컴컴한 집[영화관]에 들어가니, 홀연 앞쪽 벽의 유리가 밝아지더니 영상(影像)이 와서 비쳤다. 사람이 걷고 말이 달리기도 하고, 남녀가 희롱하기도 하고, 술 마시고 춤추기도 한다. 천태만상으로 실제와 매우 비슷하게 움직이니, 보는 사람 가운데 기이하게 여기지 않는 이가 없었다. 그 방법은 화폭을 거울에 비추는 것인데 전기로 옮겨서 움직이게 만든다고 한다. 그렇지만 그 묘한 이치를 깊이 알 수는 없었다.[69]
> ―『환구일록』 6월 17일

"영(影)"은 그림자를 뜻하는 말이지만, 빛의 굴절이나 반사로 이루어진 물체의 상(像), 즉 '영상'이나 '형상'의 뜻으로도 풀이할 수 있다. 다만 사절단이 "컴컴한 집"에서 어떤 것을 보았는지 구체적으로 알 수는 없으니, 어떻게 풀이하는 편이 적절할지는 단정하기 어렵다. "타이(詫異)"는 잘 쓰이던 말은 아닌 듯한데, '기이함을 고(告)하다' 또는 '속이다'라는 뜻으로 풀이될 만한 용례를 찾을 수 있다. 다만 중국어에서는 '의아하게 여기다'라는 뜻으로 쓰이기도 하는데, 여기서는 이런 풀이가 더 자연스러울 듯하다.

프랑스에서 세계 최초로 상업영화가 상영된 것이 1895년의 일이며 러시아에는 얼마 뒤에 영화가 소개되었다고 알려져 있으니, 사절단이 방문했던 시점에 영화의 원리를 제대로 설명할 수 있는 사람은 많지 않았을지도 모른다. 김득련이 이해하기 어려웠던 것은 지극히 당연한 일이다. 그렇지만 시를 통해 스스로 이해한 바를 바탕으로 구체적인 풍경을 전하고자 했던 듯하다.

시의 제1구와 제2구에서는 영화관에서의 영사(映寫) 광경을 그렸는데, 설명을 듣고 이해한 원리를 함께 드러내고자 했다. 제3구와 제4구에서는 영화의 장면, 즉 사람과 마차의 모습을 그리고 그것이 실제와 다를 바 없을 정도로 생생하다는 감상을 덧붙였다.

| 10 | **철로를 달리는 마차 鐵路馬車**

[전기로 말을 대신하기도 한다(亦有電氣代馬)]

철로는 대로에 종횡으로 깔렸고,
우렛소리 붉은 수레에 말 두 마리 매었네.
수레엔 거뜬히 손님 서른 실을 수 있으니,
높고 긴 누각을 우뚝하게 올렸네.
從橫鉶軌布衢街, 雷碾朱輪駕兩駬.
車上能容三十客, 飛樓行閣突然排.

    제목인 "철로마차(鐵路馬車)"는 쇠로 만든 궤도(軌道, 레일), 즉 철로(鐵路) 위로 다니는 마차로 풀이할 수 있다. 레일을 설치하여 그 위로 수레를 이동시키면 더 무거운 짐도 옮길 수 있는데, 이 수레를 처음에는 사람이나 말이 끌다가 점차 기관차가 끌게 되었다고 한다. 상트페테르부르크에서는 이 무렵에도 말이 끄는 수레가 레일 위를 달렸던 모양이다. 주석을 보면 전기로 말을 대신하는 수레도 상트페테르부르크에서 가끔은 볼 수 있었던 듯한데, 윤치호의 6월 28일 일기에는 실제로 '전차(street cars)'가 언급되고 있다. '철로마차'는 보통 '마차철도(馬車鐵道, Horsecar)'라고 하는데, 증기기관차가 등장한 이후에도 한참 동안 매연 등의 문제를 피하고자 도심에서는 이 마차철도를 활용했다고 전한다. 전기를 사용하는 '노면전차(路面電車, Tram)'도 이 무렵 운용되고 있었다.

'철로마차'에 관해 직접적으로 언급한 부분은 찾기 어렵지만, 6월 13일의 일기에서 러시아의 마차에 대한 기록은 찾아볼 수 있다.

> 대체로 서양인들은 수레를 이용하여 물건을 운반하는데, 이곳에서는 남자는 머리에 이고 여자는 등에 지는 방식으로 물건을 운반하는 일이 많다. 동양의 풍속에 가깝지만, 또한 (남녀의 역할이) 반대인 셈이다. 수레의 모양은 서양 나라들과 같은데, 다만 전기차는 없다. 수레를 끄는 말은 꼬리를 자르지 않고 눈을 가리지 않는다.[70]
>
> ─『환구일록』 6월 13일

시의 제1구와 제2구는 대로를 따라 깔린 철로와 그 위를 다니는 마차의 모습을 그렸다. 제2구의 "주륜(朱輪)"은 글자대로 옮기면 '붉은 수레바퀴'인데, 과거에 귀인들이 타던 붉은 칠을 한 화려한 수레를 일컫던 말로 풀이하는 편이 자연스럽다. 『문선』의 주석에 따르면 2,000석의 제후라야 '주륜'을 탈 수 있었다고 한다. 제3구와 제4구에서는 승객을 싣는 마차의 모양을 말했다. "비루(飛樓)"는 높은 누각이며, "행각(行閣)"은 정당(正堂) 앞이나 옆에 짓는 행랑이다. 둘을 합하면 '높고 긴 누각'이 되는데, 이는 오늘날의 이층버스처럼 생긴 당시의 마차철도의 모양을 묘사한 말로 이해된다. 이 공간에는 30명의 승객을 충분히 태울 수 있었다.

| 11 | **자전거 獨行車**

> 손으로 손잡이 잡고 발로 바퀴 돌리니,
> 바람처럼 내달리되 먼지도 일지 않네.
> 구태여 네 필 말 부려가며 수레 몰 것 있나.
> 빠르게도 느리게도 내 맘대로 갈 수 있으니.
> 手持機軸足環輪, 飄忽飛過不動塵.
> 何必御車勞六轡, 自行遲速在吾身.

"독행거(獨行車)"는 말이나 기관의 힘을 빌리지 않고 자기 혼자의 힘으로 가게 하는 수레라는 뜻이니, 자전거 이외의 무엇을 떠올리기는 어려울 듯하다. 그런데 『환구일록』에 등장하는 다양한 교통수단 가운데 자전거는 없는 듯하다. 핸들, 페달, 타이어가 하나씩 발명되면서 1880년대 말에는 오늘날과 거의 같은 자전거가 등장했으니, 적어도 유럽 지향적인 도시 상트페테르부르크에서는 자전거가 드물지는 않았을 것이다. 직접 자전거를 탔으리라고 상상하기는 어렵지만, 다른 사람이 타는 것을 보았을 가능성은 충분하다. 그렇다면 '죽지사'에서 다룰 만하다고 생각하지는 않았을까? 이 시는 그런 결과는 아닐까?

제1구에서는 자전거를 타고 가는 모습을 그렸다. "기축(機軸)"은 기관이나 바퀴 등의 굴대를 뜻하는 말이니, '기계의 축' 정도로 풀이할 수 있다. 김득련이 본 자전거가 어떤 모양이었는지는 분명하지 않지만, 대중화되기 시작한 자전거의 외관을 고려하면 핸들 부분을 잡은 모습이 앞바퀴의 중심에서 이어진 축과 연결된 막대를 쥐고 있는 것처럼 보일 가능성이 있다. 제2구에서는 자전거가 바람이나 새처럼 빠르게 지나간 다는 점과 그럼에도 먼지도 나지 않는다는 점을 말했다. 당시 일반적인 교통수단이었던 말이나 마차와 비교한 듯하다.

 제3구에서는 마차를 비교 대상으로 직접 등장시킨다. "육비(六轡)"란 '여섯 개의 고삐'로 풀이할 수 있는데, 네 필의 말을 뜻한다. 사마(駟馬), 즉 네 필의 말이 끄는 수레를 모는 사람은 여덟 개의 고삐 가운데 양편 참마(驂馬)의 고삐 하나씩을 제외한 여섯 개의 고삐를 쥐기 때문에, 네 마리의 말을 '육비(六轡)'라 하는 것이다. 네 필의 말이 끄는 수레는 말을 수고롭게 한다는 것이 우선 생각할 수 있는 단점이다. 제4구에서는 자전거의 상대적 장점을 드러낸다. 네 필의 말이 끄는 마차는 자전거보다는 빠를 것이다. 그렇지만 적당한 속력과 방향으로 갈 수 있도록 말을 부려야 한다. 자기 마음대로 조정할 수 있는 자전거가 이런 면에서는 더 편한 교통수단인 셈이다.

12 　러시아 역대 황제의 무덤이 모두 한 집에 있다 俄列皇陵墓盡在一堂

예배당 가운데 군주를 장사 지내고,
쇠난간 안에 옥돌로 무덤 만들었네.
만약 풍수로 하여금 이곳의 땅을 논하게 한다면,
청오자(靑烏子)의 비결이야 모두 헛된 글 되겠구나.
禮拜堂中葬國君, 鋳闌干裡玉爲墳.
若使堪輿論此地, 靑烏祕訣盡虛文.

6월 23일에 사절단은 네바강을 건너 남쪽으로 갔는데, 그곳은 표트르 대제가 적을 막기 위해 건설했다는 페트로파블롭스크 요새가 있는 섬이었다. 그 안에는 '성 베드로와 바울 성당'으로 풀이되는 페트로파블롭스크 예배당이 세워져 있었는데, 여기에는 표트르 대제를 비롯한 역대 황제의 무덤이 있었다.

오후 2시에 네바강을 건너 남쪽으로 조금 가니 예배당 하나가 있었다. 러시아 역대 황제의 무덤[墳墓]이 모두 한 공간에 있는데, 쇠로 난간을 만들고 백옥석(白玉石)으로 관을 제작하여 뚜껑을 덮어놓았다. 만일 표지(標識)를 써서 알려준 사람이 없었다면, 그것이 무덤임을 알 수 없었을 것이다. 그 위에는 빛깔 고운 꽃을 놓거나 등을 켜두었고, 옆에는 각국에서 보낸 순장(殉葬)하는 물건을 벌여놓았다. 은으로 나뭇잎 형상을 만들어 둥근 문 같은 모양

으로 두 줄로 포개 세워두었다.[71]

— 『환구일록』 6월 23일

김득련의 눈에는 예배당 안에 만들어진 황제들의 무덤이 기이해 보였던 듯하다. 황제의 분묘(墳墓)임에도 봉분을 만들지도 않았고, 각각의 무덤을 조성하지도 않았다. 관은 나무가 아닌 옥돌로 만들었다. 지관(地官)이 풍수지리를 따져 명당을 찾아내고 그곳에 거대한 능묘(陵墓)를 조성하는 조선의 풍속과는 전혀 달랐던 셈이다. 김득련은 그러한 차이를 고려하면서 기록하고자 했을 것인데, 그래도 일기의 "분묘(墳墓)"나 시 제목의 "능묘(陵墓)"와 같은 한문 표현은 다소 부자연스럽게 느껴지기도 한다.

시의 제1구와 제2구에서는 황제들의 무덤이 있는 예배당의 풍경을 그렸다. 옥돌로 만든 관, 관에 접근할 수 없도록 설치한 쇠로 만든 난간을 언급하여, 군주의 장례 풍속이 조선과는 다르다는 점을 알 수 있도록 했다. 제3구와 제4구에서는 풍수, 즉 지관이 러시아의 장례에서는 쓸모없으리라고 추측했다. 명당을 찾아 왕릉을 조성하고 매장을 하는 조선에서는 지관이 장례에서 큰 역할을 하지만, 정해진 예배당에 백옥석으로 만든 관을 봉안하는 러시아에서는 지관이 할 일이 별로 없으리라고 생각할 수 있다. "감여(堪輿)"는 풍수 또는 풍수설을 뜻하는 말이다. 청오자(青烏子)는 화음산(華陰山)에서 도를 배워 신선이 되었으며 지리에 능통하여 풍수가 되었다고 전해지는 인물이다. "청오비결(青烏祕訣)"이란 청오자의 풍수설로 풀이할 수 있으니, 곧 오늘날에도 전하는 '청오경(靑烏經)'을 가리키는 말일 것이다. 러시아에서야 명당을 가려야 할 이유가 없으니, 명당을 찾아내는 '청오비결'은 쓸모없는 헛된 글이 될 수밖에 없을 것이다.

13. 표트르 대제가 도읍을 세울 때 살던 집 大彼得開都時所居屋

중흥 군주 표트르 대제 창업한 공 존귀한데,
예전 살던 작은 집을 아직도 남겨뒀네.
도읍 세우던 때 참으로 애쓰셨으니,
검약의 가르침 후손들에게 끼치셨구나.
彼得中興創業尊, 舊居茅屋尙今存.
建都當日多勤苦, 儉約貽謨示後孫.

상트페테르부르크는 표트르 대제가 건설하고 도읍으로 삼은 도시이다. 상트페테르부르크에 머문 시기에 표트르 대제를 많이 언급하는 것은, 그만큼 도시에 그의 유적이 많았기 때문일 것이다. 6월 10일에 네바강 강변에서 표트르 대제의 기마상을 구경하는 장면에서는 출생과 즉위에서부터 도시 건설과 전승(戰勝)에 이르기까지 표트르 대제의 생애를 비교적 상세하게 서술했는데, "53세에 세상을 떠나니, 나라 사람들이 우러러 사모하며 동상을 세워 기념하였다. 또 '표트르'를 그 도읍의 이름으로 삼아 '중흥(中興)'을 칭송하였다(年五十三病崩, 國人仰慕鑄像記念, 仍以彼得名其都, 稱中興焉)"라는 구절로 마무리했다. 상트페테르부르크의 역사란 결국 '중흥의 군주'가 세운 도읍이라는 말로 요약될 수 있는 것이다.

6월 19일에 사절단은 표트르 대제의 집을 방문한다.

오후 3시에 네바강 다리를 건너 북쪽으로 조금 가니 표트르 대제가 도읍을 세울 때 살던 집이 있었다. 매우 낮고 작아서 4~5칸에 지나지 않았다. 이러한 검약의 제도로서 남겨 후손에게 교훈을 끼쳤으니, 진실로 중흥의 어진 군주이다.[72]

—『환구일록』 6월 19일

사절단이 찾아간 표트르 대제의 집은 그가 처음 도시를 건설하던 무렵인 1703년부터 8년 정도 살았던 곳이다. 1712년에 모스크바에서 상트페테르부르크로 도읍을 옮겼으니, 아직 도읍으로 삼기 전에 이곳에 머물렀던 셈이다. "이모(貽謨)"란 선조가 후손에게 남긴 교훈을 뜻하는 말이니, '이모연익(貽謨燕翼)' 또는 '연익이모(燕翼貽謨)', 즉 조상이 교훈을 끼쳐 자손을 편안하도록 돕는다는 주나라 무왕의 고사에서도 볼 수 있다. 중흥의 군주인 표트르 대제가 이 작은 집에 거주한 것이 곧 후손에게 남긴 중요한 교훈이었다고 이해한 셈인데, 더 나아가면 표트르 대제가 주나라 무왕과 같은 창업의 군주와도 다를 바 없다고 여겼다고 봐도 좋을 것이다.

시의 제1구와 제2구에서는 표트르 대제가 살던 집의 의의를 말했다. 중흥의 군주로서 큰 공업을 이루었음에도 작은 집에 살았음을 대비적으로 드러냈다. 제3구와 제4구에서는 도읍으로 삼을 도시를 건설하면서 작은 집에서 머물렀던 검약의 정신이 곧 후손에게 남기고자 하는 가르침임을 말했다.

김득련과 동행한 민영환도 표트르 대제의 집을 관람한 감상을 시로 남겼다.

표트르 대제의 옛집에 가니, 실내는 겨우 무릎을 용납할 정도요, 외양은 자그마하고 지붕에는 모두 나무껍질을 올렸다. 그 다스림이 나라를 이롭게 하는 데서는 뛰어나고 집을 짓는 데서는 모자랐으니, 참으로 검약한 영주(英主)이다.

往觀彼得舊屋, 間架不過容膝, 屋樣抵小, 瓦子俱是木皮. 治長於利國, 治短於營室, 眞儉約之英主也.

왕업 세울 적에 황제의 존엄 사양하고,
백성과 똑같은 집에서 기꺼이 지내셨네.
천하에 위엄 떨침은 창업(創業)에서 말미암고,
문장으로 이름 남김은 남은 가지에 맡기네.
사나운 범도 숲속의 짐승에 지나지 않고,
하늘 나는 용도 본래 물속의 물고기일 뿐이네.
근검한 일생 보낸 어진 황제 표트르는,
마음이 이 소박한 집 저버릴까 두려워했네.
退讓皇尊建業初, 庶黎無別樂同居.
威振寰區由創革, 名傳小技付支餘.
猛虎不過林下獸, 飛龍本是水中魚.
勤儉一生賢彼得, 素心恐負此茅廬.

— '해천춘범소집'

민영환의 시선 또한 크게 다르지 않았다. 표트르 대제의 집에서 얻은 덕목으로, 제목에서는 '검약(儉約)'을 말했고 시에서는 '근검(勤儉)'을 내세웠다. 중흥의 군주라는 화려한 공적과 자그마한 집이라는 소박한 생활을 대비시키는 구도를 취한다는 점도 기본적으로는 유사하다. 다만 초점에는 약간의 차이가 있는 듯하다. 김득련이 후손에게 남기는 가르침이라는 관점을 보았다면, 민영환은 표트르 대제의 자성(自省) 또는 자경(自警)의 관점을 찾아낸 듯하다. 약간의 차이가 있다고는 해도, 두 사람이 그려낸 표트르 대제의 모습은 성리학의 관점에서도 이상적인 군주상에 가깝다.

민영환의 시를 잠시 살펴보자. 제1구와 제2구에서는 존귀한 황제는 마땅히 궁궐과 같은 화려한 집에서 사는 법이건만, 표트르 대제는 백성들과 "무별(無別)", 즉 특별하지 않고 다를 바 없는 집에 살았다고 했다. 왕업을 세운 표트르가 거주했던 특별하지 않은 집이 곧 민영환이 찾아간 곳이다. 제3구와 제4구에서는 큰 위업도 작은 데서부터 시작된다는 점을 말하고자 한 듯하다. 제3구의 "창혁(創革)"은 곧 제1구의 "건업초(建業初)"의 뜻이다. 제4구의 "소기(小技)"는 '조충소기(彫蟲小技)', 즉 벌레를 새기듯이 문장을 꾸미는 자그마한 재주를 뜻하는 말로 이해된다. 제5구와 제6구에서는 대단해 보이는 범이나 용도 결국 짐승에 지나지 않는다고 했으니, 존귀한 황제 또한 인간이라는 점을 상기시킨 구절로 이해할 수 있다. 제7구와 제8구에서는 표트르 대제가 이 소박한 집을 남겨둔 이유를 상상하고 있는데, 민영환은 '자경(自警)', 즉 스스로 경계하려는 데서 그것을 발견한 듯하다.

14 　분수 噴水管

[각처에 많이 있지만, 오직 페테르고프에 설치한 분수가 서양 여러 나라에서 으뜸이다(各處多有, 惟彼撒湖浦所設, 甲於泰西諸邦)]

평지의 대롱에서 열 길 물줄기 뿜어내고,
수정렴은 옥 난간에 걸린 듯하네.
보석인 듯 물방울은 끊임없이 흩날리니,
맑았다가 비 내린 듯이 여름에도 서늘하네.
地管高噴十丈瀾, 水晶簾掛玉闌干.
沫水濺珠飛不絕, 晴天亦雨夏猶寒.

사절단은 황제를 다시 알현하기 위해 여러 차례 러시아 측과 접촉했다. 모스크바에서의 대관예식이 끝난 뒤에 황제는 아르한겔스크에 있는 황숙(皇叔) 세르게이의 집으로 갔고, 성묘 등을 위해 잠시 상트페테르부르크에 들렀다가 곧바로 140리 거리에 있는 페테르고프 궁전(Grand Peterhof Palace)에서 머물렀다. 사절단은 7월 10일에 외부대신을 찾아가서 '14일 행궁 폐현(陛見)'을 협의했고, 12일에 궁내부로부터 14일 오후 2시에 폐현하라는 청첩(請帖)을 받았다.

7월 14일에 사절단은 페테르고프 행궁으로 향했다. 소례복을 입고 정오에 특별 기차에 올라서 2시에 행궁에 도착했다. 황제는 '소행궁'에서 사절단을 맞이했는데, 민영환은 하직 인사를 올리고 황제는 자신의 초상을 내주며 양국의 우호를 말했다. 또 황제는 귀국 일정과 귀국로를 물었는데, 민영환은 일정은 정해지지 않았으나 남쪽 길은 괴질(怪疾)이 있어 장차 시베리아를 거쳐 돌아갈 것이라고 대답했다.

폐현을 마친 사절단은 '대행궁(大行宮)'으로 나왔는데, 궁내부에서는 그곳으로 술과 과일을 내왔다. 프랑스의 베르사이유 궁전을 본떴다고도 하는 페테르고프 궁전에서도 가장 화려하면서 유명한 곳은 바로 이 대행궁 앞의 분수공원이었다. 김득련은 그곳의 분수를 유심히 관찰하고 그 기록을 남겼으며, 시로도 읊었다. 먼저 일기의 기록을 살펴보자.

익히 듣건대 이곳의 분수는 각각의 법식이 지구상에서 으뜸이라고 한다. 대행궁 앞에 연못이 하나 있고, 그 동·남·북의 삼면에 각양각색의 분수기(噴水器) 수백 개가 설치되어 있다. 평지에서 4~5길 솟아올라 옥기둥이 우뚝하게 홀로 선 듯한 것도 있고, 가느다란 물줄기가 줄을 이뤄 대나무숲이 바람에 흔들리는 듯한 것도 있고, 시렁 위에서 드리워서 마치 수정렴(水晶簾)을 높이 걸어놓은 듯한 것도 있다. 사람의 입과 팔에서 분수가 뿜어지니 마치 무지개처럼 횡으로 뻗기도 한다. 새와 짐승, 거위와 오리가 날거나 춤추거나 헤엄치는데, 우러러보며 물을 뿜고 굽어보며 물을 토하니 뒤섞여 구분하기 어렵다. 이러기를 밤낮으로 그치지 않는다. 이는 철관(鐵管)으로 18리 밖에 있는 400척(尺) 높은 산 위의 물을 끌어들여다가 물줄기를 나누어 뿜어지게 만든 것이니, 참으로 기이하고 웅장한 광경이었다.[73]

─『환구일록』 7월 14일

"익히 들었다[稔聞]"고 먼저 밝혔으니, 사절단 또한 소문을 들었을 정도로 페테르고프 행궁의 분수는 대단히 유명했던 모양이다. 김득련은 분수공원의 풍경과 분수의 모양을 자세히 살펴보며 묘사했고, 분수의 운영 방식에 대해서도 들은 바를 기록했다. 윤치호도 분수가 특히 아름다웠다고 기록했는데, 그 광경을 상세히 묘사하지는 않았다. 분수의 운영과 관련해서는 김득련과는 조금 다른 정보를 남겼는데, 물을 약 6마일 떨어진 곳에서 끌어온다고 했고 분수는 오후 3~5시와 7~9시에 작동한다고 했다. 두 사람이 얻은 정보에는 약간의 격차가 있었던 모양이다.

'분수'가 아닌 '분수관'을 제목으로 내세웠지만, 시에서 철관(鐵管)의 형태나 원리 등에 관심을 보인 흔적은 찾기 어렵다. 어쩌면 "관(管)"은 장치의 일부로 이해되었을 듯도 한데, 그렇게 보면 '분수관'이란 '분수기', 즉 분수의 뜻으로 이해해도 좋을 것이다.

실제 시에서 그려낸 것은 분수가 만들어내는 풍경과 분수로 인해 느껴지는 청량감이라고 할 수 있다. 제1구에서는 높이 치솟는 분수를 말했는데, 일기에서 평지에서 4~5길 솟아오른다고 한 분수를 그려내려 한 듯하다. "10길"로 달리 말한 것은 시 특유의 표현이라고 이해할 수 있을 것이다. 제2구에서는 수정렴을 걸어놓은 듯한 분수를 말했으니, 역시 일기에서 그 대상을 찾아볼 수 있다. 제3구와 제4구에서는 분수로 인한 청량감을 표현한 듯한데, 분수에서 끊임없이 날리는 물방울로 인해 마치 비가 내리는 것처럼 여름에도 서늘하게 느껴진다는 것이다. 이 날 날씨를 김득련은 "맑음(晴)"으로 윤치호는 "날씨 좋음(Beautiful)"으로 기록했으니, 제4구의 "비"는 실제로는 비가 아니라 분수에서 날리는 물방울로 이해해야 할 것이다.

| 15 | **수돗물 自來水**

땅속의 쇠 대롱 멀리 산에 이어지니,
맑은 샘물 끌어와서 벽 사이에 모아두네.
졸졸 마르지 않고 꼭지에서 나오니,
물 긷는 수고로움 없이 온종일 한가롭네.
地中銕筧遠連山, 引到淸泉貯壁間.
涓涓不竭隨機出, 汲綆無勞盡日閒.

"자래수(自來水)"는 '절로 오는 물'로 풀이할 수 있으니, 곧 수돗물을 뜻한다. 중국어에서는 이 단어가 '상수도' 또는 '수돗물'이라는 뜻으로 사용된다. 대한제국 때인 1908년에 처음으로 상수도를 통한 수돗물을 공급하게 되었으니, 사절단이 방문했을 시점의 조선에서는 수도를 볼 수 없었을 것이다. 그것이 '상트페테르부르크 죽지사'에서 시설의 하나로 수돗물을 다룬 이유일 것이다.

언제, 어떤 계기로 이 시를 쓰게 되었는지는 불분명하지만, 어쩌면 사절단이 7월 21일에 정수장이나 수도국으로 번역될 수 있는 "녹수소(漉水所)"를 방문했던 일과 관련이 있을 법도 하다. 그날 일기의 주석에서는 "도시에서는 우물을 파거나 물을 긷는 수고가 없다(都內無鑿井汲水之勞)"라고 수도 시설의 혜택을 말했는데, 그 구절은 이 시 제4구와 거의 같은 뜻이다. 직접적인 관련성을 말하기는 어려울지 모르지만, 그날 쓴 시와 이 시는 내용상 서로 이어진다고 지적할 수도 있다. '죽지사'의 26번째 작품으로 수록된 〈정수장(漉水所)〉이 취수(取水)부터 급수(給水) 까지의 정수 및 배수 과정을 그렸다면, 이 〈수돗물〉은 급수된 물을 가정에서 편리하게 사용하는 장면을 그렸다고 할 수 있기 때문이다.

제1구와 제2구는 수도를 집까지 연결한 모습을 그린 것으로 짐작된다. "철관(鐵筧)", 즉 쇠 대롱은 수도관일 터이며, "벽간(壁間)"이란 집의 저수 공간일 것이다. 땅에 매설한 수도관을 통해 산속의 샘물을 집으로 끌어와 저장해 둔다는 뜻이 된다. 다만 〈정수장〉에서 말한 정수 및 배수 시설을 고려하면 조금 달리 이해할 수도 있을 듯한데, "벽간"을 높은 곳에 설치한 배수지(配水池)로 이해하면 제2구까지는 수돗물이 집에는 오지 않은 셈이 된다.

제3구와 제4구에서는 수도꼭지를 틀어 물을 얻게 됨으로써 한가해진 모습, 결국은 수도 시설의 편리함과 혜택을 말했다. 여기서 "연연(涓涓)"은 물이 가늘게 천천히 흐르는 모양이다. "수기(隨機)"는 그대로 옮기면 '기계(기기)를 따라서'라는 뜻이 되는데, 여기서 기기(機器)는 수도꼭지로 풀이하는 편이 자연스럽다.

16 맥주 공장 製酒所

삽시간에 좋은 술 백 동이 연달아 만들어내니,
전기와 증기기관이 절로 기구를 돌린 것이네.
그 시절 여양왕(汝陽王)이 이런 이치 알았다면,
주천(酒泉)으로 봉토 옮기길 바라지도 않았겠네.
霎造香醪百甕連, 電輪汽管自周旋.
汝陽當日能知此, 不願移封向酒泉.

6월 23일에 조선의 사절단은 페트로파블롭스크 예배당에서 조선과는 전혀 다른 '역대 황제의 무덤'을 목격한 이후 서쪽을 향했다. 그곳에서 너무나 익숙한 '술'이 지극히 낯선 방식으로 만들어지는 장면, 어쩌면 장례 풍속만큼이나 이질적일 법한 광경을 목격하게 된다.

다시 서쪽으로 10여 리를 가서 맥주 공장에 들어갔다. 그곳 주인은 독일 사람 프레낀게인데, 여기에 온 지 20여 년에 이 일을 하게 되었다고 한다. 첫 번째 방에 들어가니 기계를 설치하여 석탄을 연소시키는데, 여러 개의 바퀴가 돌아가고 있었다. 두 번째 방에는 거대한 솥 수십 개를 두었는데, 거기에 보리 원료를 채우고 사람이 막대기로 뜨거운 물을 섞어 저어주니 더운 김이 자욱하게 피어오른다. 세 번째 방에도 역시 거대한 솥을 두었다. 맥아즙(麥汁)이 흘러나오며 묽은 죽처럼 되는데, 수십 간을 거친다. 네 번째 방에는 쇠로 만든 큰 용기(容器)를 설치하여 그 '묽은 죽'을 받아들이게 하는데, 이미 술이 되어 더운 김이 아직도 모락모락 피어오른다. 다섯 번째 방에서는 차갑게 해서 저장한다. 여섯 번째 방에는 많은 사람이 줄지어 앉아 있다가 술을 유리병에 채우고 나뭇조각으로 밀봉한다. 이런 과정이 모두 바퀴와 파이프를 이용하여 차례차례 이어지니, 사람의 힘을 많이 줄일 수 있다. 장인(공장 노동자)이 총 500여 명이며, 매일 200동이의 술을 만들고 매달 500만 병의 술을 판다고 한다[술 한 병의 값은 30전 이상이다]. '국얼(麴糵)'이라 칭하는 것은 곧 꽃술(花蕊)인데, 우리나라의 어떤 꽃인지는 아직 모르겠다.[74]

—『환구일록』 6월 23일

  맥주 공장의 시설과 규모는 아마도 김득련이 조선에서 보았던 양조장과는 비교할 수 없을 정도로 컸을 것이다. 6개의 방(屋)이 있다는 것은 곧 6개의 공정이 있다는 뜻인데, 바퀴(輪)와 파이프(管)는 각각의 공정을 효율적으로 이어주는 구실을 한다. 그래서 500명의 노동자를 고용하여 매일 200동이의 술을 생산하고 매달 500만 병의 맥주를 판매한다고 했는데, 10전을 1냥으로 환산하면 월 매출은 150만 냥에 이른다. 김득련의 기록을 보면 노동자의 상당수는 포장 작업을 맡았으리라고 추정할 수 있는데, 이는 증기기관이나 전기를 쓰는 기계를 활용함으로써 노동력을 줄인 결과일 것이다.
  맥주 제조 공정에 대한 설명은 다른 시설을 서술한 것보다는 자세하지만, 구체적으로 이해하기는 어렵다. 용어나 공정이 낯설기 때문일지도 모른다. 첫 번째 방에서 본 기계는 연매기(燃煤機), 즉 석탄을 화로에 공급하여 연소시키는 장치인 급탄기(給炭機)일 것이며, "바퀴(輪)"란 동력을 전달하기 위한 톱니바퀴를 가리키는 말인 듯하다. 세 번째 방을 설명한 구절에 쓰인 "麥汴"은 "麥汁"의 오기로 짐작되는데, 여기서는 바로잡아 옮겼다. 여섯 번째 방에서 병을 봉하는 데 사용한 "나뭇조각(木片)"은 코르크인 듯한데, 정확히 알 수는 없다.

시의 제1구와 제2구에서는 전기와 증기기관을 활용한 덕분에 좋은 술을 빠른 시간에 끊임없이 만들어낼 수 있게 되었음을 말했다. 술을 담고 익을 때까지 기다릴 필요가 없으니, 원할 때면 언제나 술을 맛볼 수 있게 된 것이다. 일기처럼 6개의 공정을 세세하게 말하지는 않았다.

제3구와 제4구에서는 '술'로 유명했던 '여양왕'의 고사를 끌어와서 이 맥주 공장을 본 감회를 드러냈다. 여양왕(汝陽王) 이진(李璡)은 두보의 〈음중팔선가(飮中八僊歌)〉에 등장하는 당나라 현종 때의 술을 좋아하는 명사(名士) 가운데 한 사람이다. 여양왕은 〈음중팔선가〉의 「하지장(賀知章)」 다음인 두 번째로 등장하는데, 두보는 "여양왕은 술을 세 말 마시고 조회에 나가는데, 길에서 누룩 실은 수레만 만나도 침을 흘리며, 주천(酒泉)에 옮겨 봉해지지 못함을 한탄한다네(汝陽三斗始朝天, 道逢麴車口流涎, 恨不移封向酒泉)"의 3구(句)로 그가 얼마나 술을 좋아했는지 노래했다. "주천(酒泉)"은 술이 솟는 샘이라는 글자의 뜻처럼 술로 소문난 곳이니, 여양왕이 늘 좋은 술을 맛볼 수 있는 그곳에 봉해지기를 바라더라도 이상한 일은 아닐 것이다. 『한서』에는 무제(武帝) 때 물맛이 술과 같다고 알려진 주천군(酒泉郡)을 설치했다는 기록이 있다.

17 농업박물관 農務博物館

온갖 곡식 씨앗은 제각기 표시해 두었는데,
농기구 특히 정밀하고 농법 절로 넉넉하네.
보게나, 경작하고 수확하는 농기구뿐이랴.
수차를 늘 설치하여 어린 고기도 기르는구나.

百千穀種各分標, 農器偏精法自饒.
試看刈春耕穫外, 水輪長設養魚苗.

사절단은 6월 24일에 러시아 농무대신(農務大臣)을 방문하여 농업과 임업에 대해 의논하고 책을 받기로 했다. 이튿날 농무대신이 찾아와 수림학교(樹林學校) 방문을 권했고, 다음 날인 26일에 사절단은 수림학교를 방문했다. 그리고 29일에는 농업박물원(農業博物院), 즉 농업박물관을 방문한다. 윤치호는 이 박물관이 농업박물관으로는 세계 최고라는 말을 들었다고 일기에 기록했다. 윤치호는 이날 교도소(penitentiary)와 병원을 포함한 공공시설 방문을 제안하는데, 이 가운데 교도소는 7월 3일에 방문한다. 김득련의 기록은 다음과 같다.

오후 2시에 농업박물원에 갔다. 박물원 위원인 미첼니츠가 하나하나 보여주는데, 파종하고 수확하여 탈곡하는 모든 기구가 다 갖춰져 있고 다른 나라에서 온 것도 많았다. 그 가운데 편리한 것을 가려서 쓰면 사람의 힘을 소비하지 않고도 곡식은 더 많이 얻을 수 있다. 러시아의 남쪽 지방에는 현재 이 방법을 쓴다고 한다[남쪽 지방은 토지가 비옥하며 농업에 힘쓴다]. 각종 곡식의 씨앗과 아름다운 꽃, 과일, 채소, 삼, 목화, 견사(繭絲, 누에고치에서 뽑은 실) 등을 모두 비치하였다. 또 집 안에 연못을 파고 수륜(水輪, 수차)을 설치하여 물이 쉬지 않고 흐르게 해두었다. 유리관에는 물고기의 알을 넣어두고 그 아래로 물이 흐르게 하여 알이 부화하여 물고기가 되기를 기다려서 연못 안에서 길렀다가 네바강에 방사하니, 참으로 어린 물고기를 길러내는 좋은 방법이다. 각양각색의 수차가 모두 뛰어나니, 만약 우리나라에서 이것을 사용한다면 좋은 논 수만 이랑을 일굴 수 있을 것이다. 그렇지만 만들어 쓴 사람이 아직 없으니, 탄식하지 않을 수 없다.[75]

—『환구일록』6월 23일

농업박물관에는 아마도 증기기관 등을 설치하여 기계화되었을 각종 농기구, 각종 농작물의 씨앗과 견본, 물고기를 길러내는 양식업의 설비들, 각양각색의 수차들이 있었다. 농업과 어업은 조선의 주요 산업이었으니, 당시 세계적인 규모의 박물관에서 당시로서는 첨단의 설비들을 살펴본 조선의 사절단은 큰 희망과 함께 현실에 대한 절망감과 안타까움을 느꼈을 것이다. 김득련이 마지막에 내비친 탄식에는 그러한 복합적인 감정이 담겨 있다. 한편 "수만 이랑(幾萬頃)"은『해천추범』에는 "기만만경(幾萬萬頃)"으로 되어 있는데, 아마도 실수인 듯하나 분명하지는 않다.

시에서는 농업박물관에서 얻은 견문을 하나하나 언급했는데, 물고기

양식법에 특별히 주목한 것으로 보인다. 제1구에서는 각종 곡식의 씨앗을 모두 비치해 둔 점을 말했는데, 아마 글자 수의 제한이 없었다면 꽃, 과일 이하 각종 식물을 갖춰두었다는 점도 언급했을 법하다. 제2구에서는 농기구와 농법을 말했는데, 박물관에서 보여준 농기구는 인력(人力), 즉 사람의 노동력을 쓰지 않고도 수확량을 늘릴 수 있는 농법을 가능하게 하는 수단이었다. 제3구와 제4구에서는 '보소'나 '보게나' 정도로 옮길 수 있는 "試看"을 내세워 표현의 방식을 조금 바꾸었는데, 결과적으로는 수확하고 찧고 경작하는 등의 용도에 맞는 농기구들과 함께 어린 물고기(魚苗), 즉 치어(稚魚)를 길러내는 양식법을 가장 놀라운 견문으로 추천한 셈이라 할 수 있다.

| 18 | **성 밖의 우유 얻는 목장 城外取牛乳所**

어미 소는 송아지 이끌고 푸른 들로 내려오고,
저물녘 들판의 집엔 나무 그림자 어른거리네.
여기서야 비로소 성 밖의 우유 맛 아나니,
눈앞에서 우유 얻고 좋은 음식 마련하네.
老牛將犢下青郊, 野屋斜陽樹影交.
到此始知城外味, 眼前取乳備佳肴.

민영환은 6월 16일 오후 2시에 외부(外部)의 카파니스트 백작(Count Kapanist)을 방문했는데, 김득련은 동행하지 않은 듯하다. 민영환이 돌아온 후 사절단은 스테인을 따라나선다.

스테인이 함께 유람 가기를 청하였다. 오후 3시에 기차를 타고 동남쪽 60여 리를 가서 내렸다. 어떤 공원에 들어가니, 둘레는 족히 수십 리가 되고 수목이 울창하며 시장은 제법 머니 참으로 '청량세계(清涼世界)'였다. 두루 구경하며 걷다가 한 집에 닿았는데, 소를 길러 우유를 얻는 곳이었다. 우리나라의 종목남국(種牧南局)과 거의 같은 곳인데, 각종 우유를 팔았다. 성안에서는 물을 섞어 우유를 파는 일이 많으니, 그런 까닭에 여기에 와서 참맛이 나는 우유를 마시는 사람이 많았다. 여러 종류를 맛보고 몇 시간 돌아다니다가 기차를 타고 자정에 집에 돌아왔다.[76]

―『환구일록』 6월 16일

스테인은 상트페테르부르크 동남쪽 60여 리 거리에 있는 공원으로 사절단을 이끌었다. 그 공원에는 '소를 길러 우유를 얻는 곳(喂牛取乳之所)', 즉 목장이 있었다. '종목남국', 즉 남쪽 종목국(種牧局)이란 10여 년 전에 서울 남쪽에 설치한 서양식 목장인데, 이 공원의 목장과 거의 비슷한 모습이었던 모양이다. 물을 섞지 않은 우유를 맛보려고 많은 사람이 이곳을 찾는다고 했는데, 성안에서 물을 섞은 우유를 파는 것은 아마도 상하지 않은 상태로 유통하기 위해서였을 것이다. 그렇지만 그렇게 해서는 우유의 참맛을 느끼지 못했을 것도 분명한 일이다. 자정에 집에 돌아왔다고 했으니, 사절단은 꽤 긴 시간을 이 공원과 목장에서 보냈을 것이다.

윤치호의 일기에서는 16일에 스테인 형제와 함께 '아카디아 정원(Arcadia garden)'에서 저녁을 보냈다고 했으니, 이날 사절단이 간 곳은 아카디아 정원이었으리라고 짐작할 수 있다. 다만 여기에는 우유나 목장에 대한 언급은 없는데, 어쩌면 그곳의 우유가 윤치호에게는 특별히 인상적이지 않았기 때문인지도 모른다.

그런데 전날인 6월 15일의 일기에는 우유와 목장에 대한 언급이 나타난다.

황제 마을로부터 1마일 정도 떨어진 파블롭스키 공원(Pavlovsky Park)으로 가서 농장에서 신선한 우유와 비프스테이크 요리를 맛보았다. 다른 공원

들과 다를 바는 없는 그 공원은, 조선의 읍 하나 정도로 규모가 컸다.[77]

—『윤치호 일기』 6월 15일

 황제 마을, 즉 '황촌(皇邨)'은 상트페테르부르크 동남쪽 50여 리에 있었다. 『환구일록』에서 공원이 동남쪽 60여 리 거리라고 했으니, 황촌에서 공원까지는 10여 리 거리가 된다. 마일로 환산하면 대략 2.4 마일이니, 김득련이 말한 '공원'과 파블롭스키 공원의 위치가 일치하지는 않는 셈이다. 그렇지만 이 정도 차이를 이유로 두 '공원'이 같은 곳일 가능성을 배제하기도 어렵다. 어느 '공원'인지가 그리 중요한 일은 아닐 수 있겠지만, 시의 풀이는 그에 따라 조금 달라질 수도 있다. 만약 그곳이 파블롭스키 공원이라면 사절단은 우유와 함께 비프스테이크를 먹었다고 할 수 있고, 그렇다면 제4구의 "가효(佳肴)", 즉 좋은 음식이 우유가 아니어도 그리 이상하지 않게 된다.

 시의 제1구와 제2구에서는 저물녘 목장의 풍경을 그렸다. "노우(老牛)"는 늙은 소라기보다는 어미 소로 풀이하는 편이 자연스러울 듯한데,『후한서』에 "어미 소가 송아지를 핥는다(老牛舐犢)"라는 용례가 있기 때문이다. "야옥(野屋)", 즉 들판의 집은 목장의 집일 것이다. 제3구와 제4구는 이 목장의 우유가 특별함을 말했다. 제3구의 "성 밖의 맛(城外味)"이란『환구일록』에서 언급한 것처럼 물을 섞은 성안의 우유와는 다른 참맛을 뜻한다. 제4구의 "눈앞에서 우유를 얻다(眼前取乳)"란 목장이라 바로 그곳에서 우유를 짠다는 뜻이다. 제4구는 "가효(佳肴)"가 무엇을 가리키는지에 따라 조금 달리 풀이될 수 있는데, 만약 그것이 우유라면 이 구절은 '눈앞에서 우유를 짜서 (우유라는) 좋은 음식을 마련하네'로 풀이될 수 있을 것이다. 다만 이런 풀이는 시의 표현으로는 다소 부자연스러워 보인다.

| 19 | **전화기 傳語筩** |

벽에서 울리는 종소리, 사람 대신 부르는데,
통 속에서 전하는 말은 육성과 똑같다네.
마주 보고 대화하듯 만사를 의논하니,
편지 전하는 비둘기 오가는 수고로움 면하겠네.
鍾鳴壁上替人招, 筩裡傳言不爽毫.
萬事相論如對面, 鴿奴從免往來勞.

전화는 인류의 삶을 크게 변화시킨 발명품이다. 발명자와 특허에 대한 논란이 있기는 하지만, 전화는 1876년에 알렉산더 그레이엄 벨(Alexander Graham Bell, 1847~1922)이 특허를 얻은 이후 점차 실제 생활에도 사용되기 시작했다. 당시는 조선에 도입되기는 했으나 본격적으로 사용되지는 않았던 시점이었다. 초기에 전화기를 일컫던 단어인 '전어통(傳語筒)'이 'telephone'을 음차한 단어인 '덕률풍(德律風)'과 함께 사용되고 있었으니, 조선의 사절단에게도 완전히 새로운 문물은 아니었을지 모른다. 그렇지만 김득련이 그것을 사용해 보지는 못했을 것이다. 『환구일록』에서도 전화기에 대한 기록을 찾기는 어려운데, 김득련은 '죽지사' 소재의 하나로 전화기를 다루었다.

제1구와 제2구에서는 전화를 받는 장면을 그렸다. 전화벨이 울리면 전화를 받아 대화를 하게 되는데, 누가 왔다고 알리는 사람도 필요하지 않고 대면하여 말하는 것과 다를 바도 없다는 것이다. "불상(不爽)"은 '차이 없다' 또는 '어긋나지 않는다'라는 말이니, 아마도 "不爽毫髮"의 준말로 썼을 "不爽毫"는 터럭만큼도 어긋나지 않는다는 뜻이 될 것이다.

  제3구에서는 제2구의 시상을 이어 육성과 다를 바 없는 목소리를 주고받으며 대화하는 모습이 마치 직접 만나서 대화하는 것과 같고, 그래서 하지 못할 이야기도 없다고 했다. 제4구에서는 고사를 끌어들여 전화기의 편리함을 표현했다. "합노(鴿奴)"는 편지를 전달하는 비둘기, 즉 전서구를 가리키는 말이다. 당나라 장구령(張九齡)이 어릴 때 비둘기 다리에 편지를 묶어 전하게 했는데, 이를 '비노(飛奴)'라고 일컬었다고 한다.

20 　전등 電氣燈

전깃줄 종횡으로 그물처럼 이어놓고,
집집이 나선형 기구에 전기를 끌어오네.
유리등 절로 켜져 빛이 두루 퍼지니,
온 도시 매일 밤을 환하게 보내는구나.
電索縱橫似網羅, 家家引用盡旋螺.
玻燈自發輝煌遍, 滿郭通明夜夜過.

전등은 비교적 이른 시기인 1887년에 조선에 도입되었다. 에디슨이 백열등을 상용화한 것이 1879년의 일이니, 10년도 채 되지 않았을 때 들여온 셈이다. 그렇지만 궁궐을 넘어서 민간에서 사용하기 위해서는 전력 설비를 갖춰야 했으므로, 이 무렵에도 대중화되지는 않았다고 해야 옳을 것이다.

사절단은 러시아에 들어온 이래 많은 전기 시설과 전등을 볼 수 있었다. 특히 모스크바에서는 대관식 이래 사흘 동안 점등(點燈)된 거리의 장관을 지켜보았으니, 전등은 분명 낯선 문물이 아니었을 것이다. 백야 현상으로 해가 늦게 진다고 해도 전등은 필요했을 것이며, 실제 사절단이 전등을 접한 흔적은 여러 곳에서 확인할 수 있다.

제1구와 제2구에서는 전기를 공급받아 전등을 켜는 모습을 그렸다. 그물이나 거미줄처럼 촘촘하게 연결된 전깃줄은 집집이 전기를 공급하는데, 그 전기를 끌어다 쓰는 것이 나선형 기구, 즉 전등이라 했다. "라(螺)"가 운자이므로, '螺旋'은 '旋螺'로 썼을 것이다. 제3구와 제4구에서는 전등을 밝힌 도시의 모습을 그렸다. 즉 집집이 전등을 환히 밝히니, 온 도시가 환해진다고 했다. "야야(夜夜)"는 밤마다 또는 매일 밤의 뜻이며, "과(過)"는 (밤을) '지내다' 또는 '보내다'로 풀이될 수 있다. 다만 '과(過)'는 운자이니, 특별히 강조한 표현이라고 보기는 어려울 듯하다.

21 감옥 監獄署

죄가 무겁건 가볍건 칼은 씌우지 않고,
방에 편히 두고서 밥과 차를 제공하네.
게다가 온갖 기술 배워 일하도록 하니,
고초는 모두 잊고 집인 듯이 지내겠네.
監囚輕重並無枷, 安置房中供飯茶.
且學百工隨作業, 頓忘苦楚似居家.

6월 29일에 윤치호가 내놓은 제안에 공감했기 때문인지 아니면 6월 30일에 러시아 외부대신의 답신을 받음으로써 러시아와의 교섭이 사실상 마무리되었기 때문인지는 알 수 없지만, 민영환은 7월 1일에 감옥을 둘러볼 수 있을지 문의한다. 러시아의 경무관은 미리 날짜를 정해야 한다고 답했고, 이에 이틀 뒤인 3일에 방문하기로 약속을 정했다. 이제 7월 3일 김득련의 일기를 살펴보자.

오후 3시에 재판소에 갔다. 소장 레로페예프가 인도하여 옥우(獄宇, 감옥 건물) 3층을 보여주었다. 죄가 무거운 이는 방마다 1명을 가두고 죄가 가벼운 이는 큰 방에 10여 명을 가두며, 여자 감옥은 따로 설치했다. 어떤 죄수에게도 칼이나 차꼬는 쓰지 않으며, 각기 책상과 의자, 침대를 갖고 편안히 지낼 수 있도록 한다. 하루에 세 끼를 주고 의복 또한 지급하며, 욕실, 병 치

료하는 곳, 운동하는 곳을 둔다. 죄수들은 자신이 배운 바에 따라 각기 물건을 만드니, 온갖 종류의 장인이 다 갖춰지는 셈이다. 벌어들인 돈 가운데 90퍼센트는 관(官)에 납부하고 10퍼센트는 관에서 매달 거둬놓았다가 풀려날 때 계산해서 지급하여 생활에 보태게 한다고 말한다.

　죄수들은 재판 이후에 감옥서(監獄署)로 보내니, 또 살펴보러 갔다. 서장 출리스케가 맞이하여 감방 및 각종 규칙과 제도를 두루 보여주었는데, 재판소와 다른 바가 없었다. 여기에는 10년 이내로 징역을 살 죄수를 수용하고, 10년 이상인 사람은 매우 추운 북도(北島)로 내쫓아 징역살이를 시킨다고 한다. 자세히 살펴보건대 두 곳에 수감된 사람은 500여 명인데 극심한 고초를 겪는 모습은 없고 각기 스스로 새로워지는 길을 도모하니, 가히 사람을 다스리는 데 법도가 있다고 일컬을 만하다. 두 곳의 1년 경비는 20만 원이다.[78]

—『환구일록』 7월 3일

　사절단은 재판소의 감옥 건물(獄宇)과 감옥서(監獄署)의 감옥(房屋)을 둘러보았는데, 두 곳은 미결수 수용 시설인지 기결수 수용 시설인지를 제외하면 큰 차이가 없었다. 김득련은 어떤 죄수에게도 칼을 씌우거나 차꼬를 채우지 않으며 기본적인 가구와 생필품을 지급하여 편안한 생활을 영위하게 한다는 점에 주목했으며, 특히 죄수들이 "자신지방(自新之方)", 즉 자기 자신을 새롭게 할 수 있는 방도를 도모하게 한다는 데서 깊은 인상을 받았다. 1894년에 전옥서(典獄署)에서 이름을 바꾼 감옥서 또한 이러한 제도를 갖추면 좋으리라는 생각을 사절단 중에 누군가는 해보았을지도 모른다.

윤치호 또한 러시아의 감옥에서 깊은 인상을 받은 듯하다. 깨끗하고 악취가 없는 감방, 침대부터 성경에 이르기까지 지급되는 다양한 물품들, 3개의 예배당, 공원, 산책로 등을 언급하고 그것이 '러시아 정부의 문명(the civilization of the Czar's government)'을 보여준다고까지 호평했다. 윤치호는 부분적으로는 더 상세한 정보를 기록했는데, 죄수는 508명이며 이 가운데 정치범이 147명이라는 점, 감방의 수는 총 285개라는 점 등이 이에 해당한다. 또한 10년 이상의 징역을 받을 사람을 보내는 곳을 '사할린섬(island of Saghalien)'이라고 지목한 점도 유의할 만한데, 그렇다면 김득련이 말한 "북도(北島)"란 곧 사할린섬으로 풀이될 수 있기 때문이다.

시에서도 일기에서 인상 깊게 관찰했던 요소들을 강조했다. 제1구에서는 어떤 죄수에게도 칼을 씌우지 않는다는 점을 말했다. 제2구에서는 죄수에게 기본적인 가구와 음식을 포함한 생필품을 제공한다는 점을 말했다. "안치방중(安置房中)"에 강제노동이나 고문이 없다는 뜻이 있을 법도 하지만, 일기에서는 그런 풀이를 뒷받침할 만한 근거를 찾기는 어렵다. 제3구에서는 온갖 공예 혹은 온갖 기술 가운데 무언가를 배워서 일을 하도록 했다는 점을 말했는데, 이는 "자신지방(自新之方)"과 직간접적으로 연관된 대목이다. 제4구에서는 죄수의 관점을 빌려서 러시아의 감옥이 지닌 덕목을 상상한 듯한데, "자기 집에서 지내는 것과 비슷하다(似居家)"라는 다소 과장된 듯하지만 김득련이 러시아 감옥을 파악한 맥락에서는 그리 어색하지 않다.

| 22 | **면포 공장 綿布織造所**

켜고 타고 풀 먹이고 말려 날줄 씨줄 짜내니,
베틀은 바퀴 따라 잠시도 멈추지 않네.
날마다 면포 천백 필을 만드는데,
기묘한 그림 찍어내며 울긋불긋 물들이네.
繰彈糊曬緯還經, 杼軸隨輪暫不停.
綿布日成千百疋, 印來奇畵染紅靑.

   7월 9일에 사절단은 네 곳의 제조소(製造所), 즉 공장을 방문한다. 이는 민영환이 탁지부 대신에게 주선을 부탁한 결과였는데, 『윤치호 일기』의 7월 7일 일기에 실린 스테인과 민영환의 대화에서 그 경위를 짐작할 수 있다. 스테인은 자신이 며칠 동안 공장 방문을 주선하느라 분주히 움직이다가 민영환이 이미 탁지부 대신에게 공장 방문 주선을 요청하는 편지를 보냈다는 사실을 알게 되었다고 했다. 어쨌든 결과적으로 탁지부에서 일정을 조율하게 되는데, 7일에 탁지부 관리가 찾아와서 "제조소 가운데 둘러볼 만한 곳은 마땅히 날짜를 배정하여 다시 알려드리겠다(各製造可觀處, 當排日更報)"라고 말한다. 그리고 이틀 뒤인 7월 9일에 탁지부의 주선으로 네 곳의 공장을 방문하게 된 것이었다.
   면포직조소(綿布織造所), 즉 면포 짜는 공장은 마지막에 방문한 곳이었다. 김득련은 다음과 같이 기록했다.

이어서 면포 짜는 공장에 갔다. 이곳은 사립회사이며, 사주(社主)는 영국 사람 헨리 하워드(Henry Howard)이다. 네다섯 곳에 기계를 설치했는데, 큰 것은 1,500마력이며 작은 것도 최소 500마력이다. 기계 또한 영국에서 가져온 것이다. 매우 정밀하게 솜을 타고서 고르면서 가늘게 실을 켜고, 풀을 발라 단단히 꼬아서 날실로도 만들고 씨실로도 만들고, 그것으로 베틀에서 베를 짠다. '돌리는 바퀴(轉輪)'도 함께 사용하지만, 모두 사람이 감독하여 만든다. 방직기는 1,900대인데, 사람이 그 옆에서 실이 끊어지지는 않는지 베틀 북은 제대로 오가는지 자세히 살펴본다. 공장 노동자는 2,000여 명[남녀가 각기 절반이다]이며, 매달 4만 5,000필을 짠다고 한다.[79]

—『환구일록』7월 9일

면포 짜는 공장의 묘사는 비교적 자세하지만, 정확한 뜻을 알기 어려운 구절도 있어서 윤치호의 기록도 함께 살펴볼 필요가 있다. 윤치호의 기록을 참고하면, 우선 사주인 "헤리 하워두"는 "헨리 하워드(Henry Howard)"임을 알 수 있다. 또한 그 공장은 '제사공장(Cotten Mills)'이며, 그곳에서 총 2,300마력의 동력으로 1,900대의 직기(織機, looms)를 가동하고 있음을 확인할 수 있다. 윤치호가 공정을 구체적으로 설명하지는 않았지만, 이런 용어를 참고하면 김득련이 말한 "돌리는 바퀴(轉輪)"란 역직기(力織機, power loom) 자체이거나 그 일부, 또는 동력을 생산하는 기관을 뜻하는 말이리라고 짐작할 수 있다. 윤치호는 생산량, 노동시간, 임금 등에도 관심을 보였고, 그곳에서 들은 설명을 그대로 옮기듯이 두름(pieces)의 길이를 러시아의 단위인 '아친'으로 표기했다. 참고로 윤치호의 기록은 다음과 같다.

> 그다음 간 곳은 새로 설립된 제사공장이다. 감독관인 헨리 하워드는 영국인이다. 이 시설의 동력은 2,300마력이다. 1,800명의 남녀 노동자가 있다. 9만 5,000개의 방추(紡錘), 1,900대의 직기에서 4만 5,000두름을 생산하며, 각 두름은 길이가 58.5아친(achin)이다. 월급은 22~50루블이며 노동시간은 13시간 15분이다.[80]
>
> ―『윤치호 일기』 7월 9일

시를 살펴보자. 제1구에서는 제사(製絲)의 공정을 옮겨놓듯이 실 짜는 과정을 그렸다. 날줄과 씨줄을 짜기 위해 고치에서 실을 켜고(繅絲) 솜을 타고(彈綿) 풀을 먹이고(塗糊) 햇볕에서 말린다[曬]. 건조 과정이 일기에는 언급되지 않았지만, 이 공장에서도 건조 과정을 거쳤을 것임은 짐작할 수 있다. 제2구에서는 베틀, 즉 역직기를 이용하여 베를 짜는 장면을 그렸는데, 그것이 베틀과 북, 물레 등을 묘사한 것인지 아니면 역직기에서 동력을 이용하여 베 짜는 장면을 묘사한 것인지는 분명하지 않다. "바퀴 따라(隨輪)"가 어떤 의미인지 명확히 말하기는 어렵기 때문이다. 어느 쪽이건 쉴 새 없이 공장이 가동되고 있음을 강조하고 있다고 지적할 수 있다. 제3구에서는 하루 생산량을 말했는데, 매달 생산량인 4만 5,000필을 1일 생산량으로 환산하고 글자 수와 평측을 고려하여 "천백 필"이라고 썼을 것이다. 제4구에서는 프린트와 염색을 말했는데, 이 공정은 김득련이나 윤치호의 기록에 보이지 않는다. 이 공장에서는 프린트와 염색을 하지 않기 때문일 수도 있지만, 공장 측의 설명이 불충분했거나 조선의 사절단이 제대로 이해하지 못했을 수도 있다. 시에서 언급한 것을 보면 후자일 가능성이 높아 보인다.

사절단은 7월 16일에는 다른 공장을 방문한다. 그곳은 독일 사람 하알이 세운 '면포염화소(綿布染畵所)'였는데, '면포 짜기 — 표백 — 건조 — 염색 — 그림 인쇄 — 포장'에 이르기까지 여러 단계의 공정을 기계화하여 운영하고 있었다. 그곳의 노동자는 수천 명이며, 1년 매출은 300만 원이었다. 김득련은 어쩌면 이 공장에서의 견문까지 시에 반영했을지도 모른다.

23 종이 공장 造紙所

[나라 전체의 관용지는 모두 여기서 만든다(通國官用紙, 盡造於此處)]

낡은 물건 거둬들여 찌니 열기가 후끈한데,
잠깐 사이에 갈더니 흰 즙 되어 엉기네.
채를 펼쳐 받으면 갖가지 종이 절로 만들어지니,
온 나라의 문서 이 종이에 모두 쓰겠구나.
收蒸敗物熱騰騰, 頃刻磨來白汁凝.
布簧自成多樣紙, 一邦簿牒盡飜謄.

7월 9일에 방문한 네 곳의 공장 가운데 가장 먼저 들른 곳은 조지소(造紙所), 즉 종이를 만드는 공장이었다. 민영환이 탁지부 대신에게 주선을 부탁하여 이날 방문하게 되었음은 앞의 작품인 〈면포 공장〉에서 밝힌 바 있는데, 면포 공장보다 앞서 방문한 세 곳의 공장, 즉 종이 공장(造紙所), 지폐 공장(造紙幣所), 인쇄 공장(畫繪印刷所)은 서로 가까운 곳에 있는 관립 공장이어서 하나의 공장처럼 이해될 수도 있었던 듯하다. 윤치호는 이 셋을 구별하지 않고 "정부 제지 공장(the State Paper Mills)"이라고 일컬었다. 김득련은 종이 공장과 지폐 공장을 다룬 시를 써서 '상트페테르부르크 죽지사'에 포함시켰다. 종이 공장 방문의 기록은 다음과 같다.

오전 11시에 탁지부 관리 미할로비치가 와서 함께 종이 공장(造紙所)에 갔다. 건물은 높고 넓은데, 칸을 나누어 기계를 설치했다. 첫째 칸에는 수십 대의 큰 쇠 시루[북 모양이다]를 설치하여 휴지, 묵은 솜, 해진 옷, 가죽 따위를 집어넣고 증기기관의 동력으로 쪄서 내보낸다. 다음 칸에서는 그것을 자잘하게 썰어서 큰 용기(容器)에 넣고, 물에 섞고 바퀴(동력)로 갈아서 흰 즙으로 만들어 다음 칸으로 흘려 내보낸다. 다음 칸에서 채를 펼쳐 그 흰 즙을 받으면 절로 흰 눈의 빛깔이 되는데, 이 큰 종이는 점점 두루마리가 된다. 다음으로는 깨끗하게 말리고, 다음으로는 잘라서 작은 조각으로 만들고, 다음으로는 각양각색의 흰 무늬를 찍어낸다. 처음부터 마지막까지 걸린 시간이 몇 분에 불과하니, 이는 모두 기륜(機輪, 동력)으로 만드는 것이다. 그러나 그 과정을 돕는 장인(노동자)도 3,000여 명이다. 한 나라 전체의 관용 종이는 이곳에서 모두 만든다. (종이를 만들기 위해) 거둬들인 썩거나 해진 물건이 산처럼 쌓여 있으니, 비로소 천하에 버릴 물건이 없음을 알겠다.[81]

―『환구일록』7월 9일

사절단이 방문한 종이 공장은 동력을 이용하여 기계화된 곳이었다. 첫 공정부터 마지막 공정까지 몇 분 만에 마칠 수 있다고 했으니, 그 속도나 생산량은 대단한 수준이었을 것이다. 각종 기계와 3,000여 명의 노동자가 일사불란하게 움직이며 종이를 만들어내는 공장의 광경은 사절단을 압도했을 법하다. 윤치호는 짤막하게 언급했지만, 김득련은 공정을 하나하나 살피며 자세히 기록했다. 일기에서 화륜(火輪), 륜(輪), 기륜(機輪) 등으로 표현된 바퀴가 무엇인지 다소 불분명하지만, 이들은 대체로 동력을 발생시키는 증기기관을 가리키는 말로 이해할 수 있을 듯하다. 즉 동력을 내는 '증기 터빈'이라고 보면, 자동화 또는 기계화된 종이 공장의 모습을 이 기록에서 찾아볼 수 있을 법하다. 이 공장을 보면서 김득련은 무엇을 생각했을까? 마지막에 "천하에는 버릴 물건이 없다(天下無棄物)"라는 말을 비로소 알겠노라고 한 것이 그 가운데 하나일 것이다. 익숙히 들어온 말이지만, 쓸모없게 여겨지던 온갖 물건들이 종이로 재탄생하는 과정에서 그 말이 무슨 뜻이었으며 또 틀리지 않았다는 것을 깨닫게 되는 것이다. 이런 깨달음은 여러 방향으로 진전될 수 있을 터이니, 조선의 사절단이 각기 이 깨달음을 어떻게 활용했을지 따져보는 것도 좋을 법하다.

시에서는 종이 만드는 과정을 간략하게 정리한다. 제1구에서는 패물(敗物), 즉 쓸모없게 된 온갖 물건들을 거둬들여서 찌는 광경을 그렸다. 일기에서 언급한 종 모양의 거대한 "쇠 시루(鐵甑)"에서 이뤄지는 공정인 셈인데, 시에서는 사정상 '鐵甑'을 드러내지는 못했던 듯하다. 제2구에서는 흰 즙으로 만드는 과정에 짧은 시간만 걸린다는 점을 말했다. 자동화 또는 기계화의 결과임은 앞서 말한 바와 같다. 제3구에서는 채로 걸러서 종이를 만들어내는 과정을 그렸는데, 그것이 "절로(自)" 이뤄진다는 점을 놓치지 않았다. 제4구에서는 이 공장에서 만든 종이의 쓰임새를 말했는데, 나라 전체의 관용 종이를 감당할 수 있을 정도이니 그 생산량이 대단함을 알 수 있다. "천하에는 버릴 물건이 없다(天下無棄物)"라는 말을 시에도 끼워 넣고 싶었을 듯도 한데, 글자 수에 제한이 있기도 하지만 '죽지사'의 성격에는 그리 어울리지 않았을 법도 하다.

| 24 | **지폐 공장 造紙幣所**

종이 잘라 만든 지폐로 백금(百金)을 대신하건만,
매일 교역하여도 다투지 않는구나.
아무런 지장 없이 온 나라에 통용하니,
위아래 서로 믿는 마음 비로소 알겠도다.
片紙裁成代百金, 日中交易不相侵.
通行一國都無碍, 始識能孚上下心.

김득련은 7월 9일에 방문한 네 곳의 공장 가운데 세 곳에서 '상트페테르부르크 죽지사'에 포함되는 시를 읊었다. 〈면포 공장〉, 〈종이 공장〉에 이어서 읊은 곳이 '지폐 공장(造紙幣所)'이다. 종이 공장 곁에 이 지폐 공장이 있었고, 또한 근처에 시로는 읊지 않은 '인쇄 공장(畵繪印刷所)'도 있었다. 김득련은 이곳을 다음과 같이 기록했다.

그 곁에는 지폐 공장을 함께 세웠다. 장인(노동자) 수천 명[여성이 매우 많다]이 종잇조각을 절단하고 차차 인쇄해 간다. 각각의 무늬와 그림은 수십 개의 기판(機板)을 거친 이후에 위조를 막을 수 있게 된다. 매일 지폐 50만 원[러시아의 지폐는 1, 2, 3, 5, 10, 25, 100원권으로 규정되어 있다]을 만들어 나라 전체의 은행들에 나눠 보내서 오염되어 쓰기 어렵게 된 지폐를 바꾸게 한다. 또 인쇄 공장(畵繪印刷所)이 있으니, 철각판(鐵刻板)이나 점석판(點石板)

으로 색깔을 넣어 인쇄하는데 정교하기가 비할 데 없다. 세 곳(종이 공장, 지폐 공장, 인쇄 공장)은 모두 관립인데, 1년 경비는 천만 원이라 한다.[82]

—『환구일록』 7월 9일

화폐는 경제 규모가 커질수록 중시될 수밖에 없는데, 휴대에 편리한 지폐를 통용시키기 위해서는 반드시 위조(奸僞)를 방지해야 한다. 러시아에서도 "간위(奸僞)", 즉 사기와 위조를 막기 위해 유의했음을 여기서 알 수 있는데, 기록만으로 판단하자면 위조 방지를 위한 과정을 사절단이 제대로 살펴보지는 못했던 듯하다. 관립으로 종이 공장, 인쇄 공장과 함께 지폐 공장을 설립한 이유는 충분히 짐작할 수 있을 것이다. '인쇄 공장'은 따로 시로 읊지는 않았던 듯하다. 한편, 7월 16일에는 주전소(鑄錢所)도 방문하는데, 함께 살펴볼 만하다.

시에서는 '공장'에서 지폐를 만드는 과정보다는 지폐 자체의 효용과 사회적 가치에 주목하고 있다. 제1구와 제2구에서는 백금이 지폐를 만드는 과정보다는 지폐가 문제없이 통용된다는 점에 주목했다. "백금(百金)"은 많은 돈을 뜻하는 말인데, 『공양전(公羊傳)』의 주석에는 "백만 전(錢)"으로 풀이하기도 했다. 제3구와 제4구에서는 지폐의 통용으로부터 상하의 '신용'을 찾고 있다. "부(孚)"는 "신(信)"의 뜻이다.

| 25 | **황제가 타는 기선** 御乘火輪船

러시아 황제 바다 순행할 때 타는 배에는,
삼백의 수군이 늘 대기하네.
복도에 낸 교창(交窓) 화려하게 번쩍이니,
엄연한 궁궐이 바다에 떠 있구나.
俄皇巡海所乘舟, 三百水軍長待留.
複道交窓金碧耀, 儼然宮闕泛中流.

7월 20일에 크론시타트(Kronshtadt) 항구를 둘러본 사절단은, 돌아오는 길에 두 척의 특별한 배에 올라가 볼 기회를 얻었다. 김득련은 배의 이름을 언급하지 않았지만, 윤치호는 발트함대 최대의 군함 나바린(Navarine)호와 황실의 요트 폴리아라이오 즈베즈다(Poliiarraio Zvezda)호라고 기록했다. 김득련은 이 가운데 황실의 요트를 시로 읊었는데, 이 배에 대한 일기의 기록은 다음과 같다.

황제가 바다를 순행할 때 타는 배에 올랐다. 해군 300명과 장교 15명이 승선하며, 1시간에 70리를 간다. 선실과 문, 벽, 책상, 의자는 모두 무늬가 있는 좋은 나무로 장식하여 환하게 번쩍여서 볼 만하다. 여러 가지 시설이 잘 갖춰져 있어서 참으로 하나의 궁궐이다. 이 배를 만드는 데 든 비용이 300만 원이라 한다.[83]

―『환구일록』 7월 20일

  화려한 외관과 빼어난 성능을 갖춘 요트를 둘러본 셈인데, 당시로서는 누구도 쉽게 얻을 수 없는 기회였을 것이다. 윤치호는 배의 이름과 함께 제원을 더 자세히 기록했는데, 600마력의 엔진, 수병 350명, 장교 15명, 포 6문, 19~20노트의 속력을 제시하고 목재 장식의 아름다움에 감탄했다. 또 값을 "300만 루블(3 million Rs)"이라 했는데, 이를 보면 김득련이 사용한 단위 "원(元)"은 곧 루블임을 알 수 있다.

  시의 제1구와 제2구에서는 황제가 타는 배에 수군 300명이 늘 대기한다고 했는데, 결국 배의 규모를 이렇게 표현했다고도 이해할 수 있다. 제3구와 제4구에서는 배의 화려함이 궁궐에 못지않음을 말했다. "교창(交窓)"이란 창살을 '정(井)' 자 모양으로 짜서 분합문 위에 끼우는 창을 말하는데, 여기서는 화려하게 장식한 창이라는 뜻으로 볼 수 있다.

26 정수장 漉水所

취수관으로 강물 성 남쪽으로 끌어다가,
찌꺼기 걸러내어 큰 못에 담아두네.
날마다 맑은 물 삼억 동이 보내나니,
온 도시 가져다 쓰니 또한 참으로 정교하도다.
管通江水引城南, 漉滓篩査貯一潭.
日送淸波三億甕, 滿都取用亦精覃.

"녹수(漉水)"는 물을 거른다는 뜻이니, 물에 섞인 오물이나 기타 불순물을 걸러내는 일을 가리키는 말로 예전에도 사용되었다. 물론 과거에는 물속에 있는 벌레나 티끌을 걸러내기 위한 작은 주머니인 '녹수낭(漉水囊)' 같은 간단한 물건에 사용되었으니, 상수도로 식수를 공급하던 상트페테르부르크의 시설에 비할 바는 아닐 것이다. "녹수소(漉水所)"나 "녹수처(漉水處)"는 물에서 불순물을 걸러내서 식수로 공급하는 곳, 즉 정수장이나 수도국을 전래의 용어를 사용하여 표현한 말일 법한데, 윤치호는 이를 "Waterworks", 즉 급수 시설이라고 일컬었다. 사절단은 7월 21일에 이 '녹수소'를 찾아갔다.

오전 10시에 녹수처(漉水處)에 가보았다. 땅속에 관(管)을 매설하여 네바 강의 물을 끌어들이고, 두 곳에 승수기(升水機, 물 끌어올리는 기계) 18대를 설치하되 아래에는 철망을 두어 오물이 절로 걸리게 한다. 다시 녹수기(漉水機, 물 걸러내는 기계)로 끌어들여 쇠로 만든 체에 받아서 미세한 찌꺼기를 모두 걸러낸다. 물 저장하는 곳[석굴 속과 같다]으로 끌어들이는데, 아래에는 큰 돌을 깔고 중간에는 작은 자갈을 깔고 위에는 가는 모래를 깔아 물을 깨끗하게 안정시킨다. 이 물이 격수기(激水機)로 흘러가면 190척 높이까지 올려보냈다가 다시 아래로 내려가게 하는데, 땅에 매설한 관을 이용하여 이 물을 각처로 나눠 보낸다. 도시 전체가 매일 쓰는 물이 모두 여기서 나온다[도시에서는 우물을 파거나 물을 긷는 수고가 없다]. 강물을 끌어들이는 데서부터 나눠 보내는 데까지 거리가 1리 남짓인데, 한 모금의 물도 새는 것을 아직 보지 못했으니 참으로 큰 경륜이요, 지극한 편리를 도모한 일이다[50년 전에 처음 시작하였다].[84]

—『환구일록』 7월 21일

전문적인 용어가 정착되지 않은 한문으로 낯선 시설인 상수도를 설명하는 것은 쉬운 일이 아니다. 물론 김득련이 처음 접하는 수도 시설의 단계와 원리를 얼마나 이해하고 있었을지도 문제이지만, 이해한 바를 기록하는 데서도 어려움을 겪었을 것이다. 문맥을 정확히 파악하기는 어렵지만, 오늘날의 상수도 시설을 참고하여 김득련의 기록에 접근해 보기로 한다.

'녹수처'에서 김득련이 처음 접한 것은 관(管)과 승수기(升水機)였다. '관'은 네바강의 강물을 끌어오는 데 쓰는 것이니 취수관(取水管) 또는 도수관(導水管)일 것이며, '승(升)'이 '오르다' 또는 '끌어올리다'의 뜻이니 승수기는 아마도 일종의 펌프일 듯하다. 윤치호는 18개의 "filter"를 언급했는데, 이를 그대로 받아들인다면 '승수기'는 '여과기(filter)'가 될 것이다. 다만 윤치호는 정수의 과정을 자세히 묘사하지 않았으니 정수 시설 일반을 합쳐서 'filter'라고 말했을지도 모른다. 어쨌거나 '관'과 '승수기'가 수원(水源)인 네바강에서 취수하는 과정에 쓰인다면, 그 아래에 둔 철망(鐵網)을 일차적인 여과 시설을 말한 것으로 이해할 수 있다.

다음으로 언급한 것은 녹수기(漉水機)와 '저수처(儲水處)'인데, 이들이 본격적인 정수 시설인 듯하다. 녹수기의 쇠로 만든 체에서 찌꺼기들을 모두 걸러내고 저수처, 즉 '물을 저장하는 곳'에서 깨끗하게 만든다고 했다. 저수처란 모래, 자갈, 큰 돌을 차례로 깔아서 미세한 입자를 걸러내도록 만들어진 못인 '여과지(濾過池)' 또는 '완속 여과지'를 가리키는 말인 듯한데, "석굴 속과 같다(如石窟中)"라는 주석은 보통 여과지는 굴 또는 건물 안에 설치하거나 지붕을 덮는 등 이물질의 혼입(混入)을 방지하는데, 그 형상을 설명하고자 붙인 듯하다.

다음으로는 격수기(激水機)를 말했는데, 여과지에서 정화된 물을 공급하기 위한 시설, 즉 배수(配水) 시설로 짐작된다. "격(激)"은 물의 흐름을 흔들어놓거나 바꾸는 행위를 말하는데, 『맹자』의 "물길을 막아서 흐르게 하면 산 위로도 가게 할 수 있다(激而行之, 可使在山)"라는 구절에서 그 용례를 찾을 수 있다. 격수기에서는 여과지의 물을 일반적인 흐름과는 달리 흐르게 하는데, 여기서는 190척(57.5미터) 높이까지 보낸다고 했으니 위로 끌어올렸다는 말이 된다. 격수기에서 보낸 물은 보통 '배수지(配水池),' 즉 수돗물을 안정적으로 나눠 보내기 위해 높은 곳에 설치한 저수지로 가게 되는데, 김득련은 배수지에 올라가지는 않았기 때문인지 따로 언급하지는 않았다.

마지막은 도시 곳곳으로 물을 공급하는 과정이니, '땅에 묻은 관', 즉 급수관(給水管)을 통해 여러 곳으로 수돗물을 보내게 되는 것이다.

시를 살펴보자. 제1구와 제2구에서는 취수와 정수의 과정을 말한 듯한데, 일기에서처럼 전체 과정을 세세히 그려내지는 않았다. 제1구의 강물을 끌어오는 관(管)이란 취수관이나 물을 취수구(取水口)로부터 정수장으로 이동시키는 '도수관(導水管)'일 것이다. 제2구의 "못(潭)"이란 여과지 또는 배수지일 듯한데, 배수지에 올라가 보지 못했다면 정수장에 있는 여과지에 물을 저장해 둔다고 이해했을 법도 하다.

제3구와 제4구에서는 상수도 시설의 효용을 말했는데, 깨끗한 물 삼억 동이를 매일 공급하여 온 도시가 쓸 수 있도록 한 것이 또한 "정담(精覃)"이라고 했다. "정담"은 정교하면서도 깊다고 풀이할 수 있는데, 운자인 "覃"에 큰 뜻이 없다면 정밀하거나 정교한 일이라는 칭찬으로 이해할 수 있을 것이다. 제3구의 "波"는 물결이라는 뜻이니 물 또는 수돗물로 풀이할 수 있다. "水"를 쓰는 편이 자연스럽지만, 평측을 고려하여 상성인 "水" 대신 평성인 "波"를 쓴 듯하다.

| 27 | **해구의 포대** 海口礮臺

이따금 파도 속에 뾰족하게 돌을 쌓고,
견고한 포대 세워 엿보는 적 방비하네.
바다의 관문 난공불락의 요새 되었으니,
구십 년 동안 늘려가며 세운 것이라네.
往往波中累石尖, 礮臺堅築防闚覘.
海門仍作金湯固, 九十年來建設添.

사절단은 7월 18일에 이어 20일에도 해군부(海軍部)의 안내를 받아 특별한 곳을 둘러볼 수 있었다. 김득련은 18일에 건조 중인 거대한 군함을 보고 〈조선소(造船廠)〉를 썼는데, 20일에는 상트페테르부르크의 입구이기도 한 크론시타트 항구를 둘러보고 포대와 황실의 요트를 소재로 삼아 〈황제가 타는 기선〉과 〈해구의 포대〉 두 편의 시를 썼다. 나중에 본 황실의 요트를 노래한 시가 앞쪽에 수록되었는데, 이는 '상트페테르부르크 죽지사'에서 창작 시점의 순서를 따르지 않기 때문일 것이다.

크론시타트 항구의 포대를 둘러본 기록은 다음과 같다.

오전 8시에 해군장관 후으쓰두푸[오스트로포프]가 또 해구(海口)의 포대에 가자고 청하기에 네바강에 나가서 기선에 올랐다. 이 기선은 궁내부에서 관리하는 것인데 화려하면서도 편안하여 다른 배와 달랐다. 서남쪽으로 140리를 가서 크론시타트 항구에 이르니, 여염집이 즐비하고 배는 숲처럼 늘어섰다. 바닷속 곳곳에 돌을 쌓아 좌우에 포대를 만들었고, 산에 의지하여 축대를 쌓은 곳도 있는데 포가(砲架, 포신을 올려놓는 받침대)를 설치하여 수병을 두어 지키게 한다. 시험 삼아 몇 차례 포를 쏘니 우레처럼 찢어지는 듯한 굉음이 난다. 이곳은 도읍을 연 뒤로 점차 증설하여 견고한 금성탕지(金城湯池)가 되었다.[85]

— 『환구일록』 7월 20일

"후으쓰두푸" 또는 "후오쓰두푸"로 표기된 인물은, 김영수의 연구에 의해 1892년에 해군 소장이 된 오스트로포프 제독임이 밝혀진 바 있다. 그는 7월 18일에 조선소 등을 안내했는데, 이날도 사절단을 찾은 것이다. 사절단은 궁내부에서 관리하는 배로 크론시타트 항구로 가서 포대들을 구경했는데, 윤치호의 기록에 따르면 이 배는 황실 소유의 요트 오네가(Onega)호였다. 크론시타트(Кронштáдт)는 독일어로는 '크론슈타트(Kronsdatd)'라고 쓰는데, 윤치호는 "Cronstadt"로 기록했다. 이 항구는 상트페테르부르크에서 서쪽으로 30킬로미터 정도 떨어진 코틀린섬(Kotlin Island)에 건설되었는데, 원래 스웨덴령이었으나 표트르 대제가 점령했으며 이후 러시아 발트함대의 기지로 활용되었다. 이곳은 상트페테르부르크 방어의 핵심적인 요새였으니, 해방(海防)에 관심을 둘 수밖에 없는 조선의 사절단이 주목할 만한 곳임은 분명하다. 러시아 측에서도 이런 사정을 이해하고 있었기 때문에 대포를 발사하는 광경까지 보여주었을 것이다. 일기에서 한 가지 바로잡을 부분이 있다면 항구의 방향인데, 네바강에서 이 항구로 가려면 서남쪽이 아닌 서북쪽으로 항해해야 한다.

    시의 제1구와 제2구에서는 크론시타트 항구 곳곳의 포대를 그렸다. "파도 속(波中)"이란 일기에서 말한 "바닷속(海中)"일 것이며, 견고하게 세운 포대란 곳곳에 세운 포대들을 함께 일컬은 말일 것이다. 크론시타트에 세운 첫 번째 요새인 크론실롯(Kronshlot)은 일종의 인공섬을 만들어 건설한 것이니, 제1구에서 그린 광경은 이러한 인공섬의 요새로 이해해도 좋을 것이다. 제3구와 제4구에서는 여러 해 동안 포대를 증설하여 결국 난공불락의 요새가 되었음을 말했다. "금성탕지(金城湯池)"란 쇠로 만든 성벽과 끓는 물로 채운 해자로 풀이할 수 있으니, 그만큼 튼튼한 방어시설을 갖춘 견고한 요새를 뜻한다. 제3구의 "해문(海門)"은 "해구(海口)"로 쓰는 편이 제목과 어울려 더 자연스러울 법한데, 평측을 고려하여 거의 비슷한 뜻을 지닌 말로 바꾼 듯하다. "門"은 평성이며, "口"는 상성이다.

28 조선소 造船廠

[북양(北洋)의 군함 가운데 가장 큰 것이다(北洋軍艦最大者)]

새로 만드는 큰 배에는 삼나무만 쓰는데,
오층 철갑의 선체에 세 개의 돛을 걸었네.
질서 정연한 대포 앞에 천 명 군사가 서면,
제독은 높은 곳에서 큰 깃발을 세우겠지.
巨艦新成盡用杉, 五層錬甲掛三帆.
礟鎗如織千軍立, 提督高臨建大縿.

조선의 사절단은 상트페테르부르크에 체류하면서 러시아 관리들의 안내를 받아 각종 시설을 돌아보고 있었다. 민영환이 러시아 대신에게 요청하여 방문이 이뤄진 사례도 있었음은 면포 공장과 종이 공장의 방문 사례에서 확인할 수 있는데, 사절단의 관심이 컸을 군사 시설 방문에도 사전 요청이 있었을 법하다. 요청 여부는 알 수 없지만, 적어도 동행 안내와 같은 관련 부처의 협조가 있었던 것은 분명하다. 군부(軍部) 관리의 안내로 7월 16일과 17일에 탄환 공장, 전장 모형 전시장, 포탄 및 포차(砲車, gun carriage) 공장을 방문했는데, 다음 날인 18일에는 해군부(海軍部)의 안내를 받아 몇 곳을 방문하게 된다.

오전 10시에 해군장관 후오쓰두푸[오스트로포프]와 함께 조선창(造船廠,

조선소)에 갔다. 바야흐로 군함 한 척을 만들고 있었는데, 규모가 매우 커서 1만 2,000톤을 실을 수 있으며 5~6년 후에야 마무리할 수 있다고 한다. 해군부에 들어가니 이전에 사용하던 군함 및 각국 군함의 모형을 모두 만들어 두고 널리 관람할 수 있도록 했다. 이어서 작은 기선을 타고 서쪽으로 30리를 가서 조포창(造礮廠, 대포 공장)에 도착했는데, 기계의 굉장함은 이제까지 본 곳들 가운데 으뜸이었다. 크고 작은 대포와 수뢰포(水雷礮)가 헤아릴 수 없이 많은데, 큰 것은 길이 8~9파(把)에 둘레가 3파이며, 탄환의 크기는 1장(丈) 1포(抱)였으며 포탄 한 발은 50리까지 날아간다. 이와 같은 것은 1년에 겨우 1대를 만들 수 있다고 한다. 매일 둘러보건대 물과 땅에서 사용할 무기를 끊임없이 만드는데 세계 각국도 마땅히 이와 같을 것이니, 이 무기들이 장차 어디에 쓰이겠는가? 하늘이 생령(生靈)을 편안케 하려 한다면, 반드시 무기를 모조리 녹여 농기구로 만드는 날이 있어야 할 것이다.[86]

— 『환구일록』 7월 18일

사절단을 인도한 "후오쓰두푸", 즉 오스트로포프 제독은 이틀 뒤인 20일에도 사절단을 안내한다. 또 8월에는 사절단과 어울리기도 하며, 사절단을 전송하는 데 참석하기도 한다. 제독의 안내를 받아 사절단이 방문한 곳은 조선소, 전시장(박물관), 대포 공장의 세 곳이었다. 한문 기록에서는 때로 도량형 단위를 전달하는 데 어려움이 생기기도 하는데, 특히 어쩌면 러시아에서 사용한 도량형 단위일 수도 있는 "파(把)", "장(丈)", "포(抱)"로 표기한 '큰 대포'의 크기는 짐작하기 쉽지 않다. 다만 함께 관람했던 윤치호가 "12인치 대포(a 12 in. gun)"를 만드는 데 12개월이 걸린다고 쓴 기록을 참조하면, '큰 대포'가 곧 12인치 포였음을 짐작할 수 있다.

러시아 군부와 해군부의 안내를 받아 며칠 동안 무기 공장들을 둘러본 김득련은 아마 무기의 크기나 성능에 놀라고 부럽기도 했을 것이다. 그렇지만 이처럼 끊임없이 무기가 생산되면 결국은 이 많은 무기로 수많은 사람을 해치게 되리라고 예상하고, 그런 미래를 근심한다. 무기를 녹여 농기구를 만든다는 생각은 물론 독창적인 것이 아니며, 고전에서 유래한 관용적인 표현에 가깝다. 그렇지만 무기 공장들을 둘러본 뒤에 떠올린 이런 생각은 관념적인 무엇일 수만은 없으며 어느 정도는 실감(實感)에 바탕을 둔 깨달음이라고 해도 좋을 법하다.

시에서는 세 곳 가운데 조선소만을 다루었으며, 무기가 가져올 미래에 대한 근심은 드러내지 않았다. 아무래도 풍속을 전달하는 데 주력하는 '죽지사'로 쓴 시이기 때문일 것이다.

제1구와 제2구에서는 조선소에서 건조하고 있는 큰 배, 아마도 5~6년 뒤에 완성될 1만 2,000톤급의 군함을 만드는 모습을 그렸다. "삼나무(杉)"는 운자이기도 하지만, 유럽에서는 고급 건축 자재로 쓰는 크고 웅장한 나무를 지칭하는 말로 쓰이기도 하니 제1구는 결국 좋은 나무만 쓴다는 뜻이 될 것이다. "오층 철갑"은 배의 아래쪽 높은 선체(船體)에 철갑을 둘렀다는 말일 것이며, "세 개의 돛"이란 돛대 셋을 설치한 형태를 가리키는 말일 것이다. 건조 중인 배에서는 이런 특징들이 더 잘 보였을 수도 있다.

제3구와 제4구에서는 군함에 해군이 올라 도열하고 깃발을 게양하는 장면을 그렸는데, 실제 모습이라기보다는 상상한 모습일 가능성이 커 보인다. 배를 건조하는 조선소에서 읊었다는 점을 고려하면, 실제 조선소에 있는 배에는 해군보다는 공장 노동자들이 올라가 있었을 가능성이 크기 때문이다. 제3구의 "포창(礮鎗)"은 대포와 창으로 풀이할 수 있지만, 여기서는 배에 설치된 함포로 이해하는 편이 자연스러울 듯하다. 이 큰 배가 완성되면, 함포는 잘 짜놓은 베처럼 질서정연하게 설치되어 있을 것이며 그 앞 갑판에 수많은 군사가 설 것이다. 제4구에서는 제독이 함교(艦橋)에 올라 군사를 지휘하는 한편으로 배에 큰 깃발을 게양하는 장면을 떠올릴 수 있는데, 이 또한 상상일 법하다. 물론 전혀 보지 않은 광경을 그렸다기보다는 다른 곳에서 본 광경을 조선소에서 건조하고 있는 배를 보며 떠올렸다고 말해야 옳을 것이다.

　시를 읽고 다시 살펴보면 제목인 '조선소'와 제목 아래 붙인 주석이 다소 어색하다는 점을 발견할 수 있다. 조선소의 광경보다는 그 조선소에서 건조하고 있는 큰 배를 노래한 작품이기 때문이다. 사실 '조선소에서 만들고 있는 큰 군함' 정도의 제목을 붙여야 그 아래에 주석을 붙인 이유도 이해될 수 있다. 즉 이 배가 완성되면 북양함대에서 제일 큰 배가 될 것이라는 뜻이 될 수 있기 때문이다.

| 29 | **도서관 書籍院**

> 수집한 진귀한 책 수만 권인데,
> 유리 상자에 넣고 비단 제첨 드리웠네.
> 등불 설치한 책상들 모두 깔끔한데,
> 와서 보기는 허락하되 빌려주진 않는다네.
> 收得奇書萬卷支, 玻璃爲匣縹籤垂.
> 聯丌燈燭皆精設, 只許來看不許貤.

　　김득련은 8월 11일의 일기에서 '러시아 수도의 서적관(書籍館)'을 설명했는데, 이곳을 실제 방문하고 쓴 것인지는 확인하기 어렵다. 윤치호의 일기에는 11일의 일기가 없고, 다른 날짜에도 이 도서관을 방문했다는 기록이 보이지 않는다. 김득련은 "살피건대(按)"를 앞세워 서양의 문자를 간략히 설명한 후 이 '서적관'에 대해 길게 서술했다. 문자와 서적관 모두 책에서 보거나 누군가로부터 들은 정보를 옮긴 것일 가능성이 크다. 서적관을 서술한 부분은 다음과 같다.

　　러시아 수도에는 서적관이 있다. 그중 가장 오래된 것은 라틴과 유대[유대는 하나라 때 개국했다]의 글인데, 소가죽에 쓰고 그것을 묶어서 큰 책으로 만들었다. 그다음 오래된 책은 마호메트의 경문(經文)으로 돌궐[지금의 튀르키예]에서 구했는데, 장황(裝潢)을 하여 책으로 만들었다. 또 몽골의 글과 티

베트(西藏)의 경전이 있다. 영국, 프랑스, 네덜란드 책의 경우에는 수천 종 이상이다. 한문책으로는 『십삼경』, 『동화록』, 『성리정의』, 『주자전서』 등의 10여 종이 있고, 또 『서상기』, 『홍루몽』 같은 종류의 책도 있다. 소장한 책이 10만여 권이니, 천문, 지리, 산학, 의학, 화학으로 분야를 나누어놓았다. 서루(書樓) 오른쪽에는 널찍한 집 두 곳이 있는데, 그곳에 긴 책상 수십 개를 놓았다. 학문을 좋아하는 이가 그곳으로 가져가 볼 수 있도록 허락하는데, 다만 책을 밖으로 가져갈 수는 없다. 또 등불과 초를 갖춰두고 밤에도 와서 볼 수 있게 하니, 진실로 권학(勸學)의 큰 사업이다.[87]

―『환구일록』 8월 11일

여기에 설명된 도서관은 상트페테르부르크의 러시아 민족도서관으로 추정되는데, 1795년에 예카테리나 2세의 주도로 '제국 공공 도서관(Imperial Public Library)'으로 설립되었으며, 1995년 이후 '러시아 국립도서관(National Library of Russia)'으로 일컬어진다. 설립 초기부터 폴란드를 비롯한 여러 곳에서 희귀본을 포함한 각종 문헌을 수집했으며, 사절단이 방문했던 시점에는 세계적인 도서관 가운데 하나였다.

도서관의 장서 가운데 희귀본으로 언급한 책들이 구체적으로 어떤 것인지는 확인하기 어렵다. 그렇지만 가장 먼저 거론한 "라틴과 유대의 글(臘丁猶太文)"은 현존하는 히브리어 성경 가운데 가장 오래된 것 중 하나인 '레닌그라드 사본(Leningrad Codex)'일 가능성이 있다. 이 사본은 1863년에 이 도서관으로 옮겨져 '상트페테르부르크 사본'으로 일컬어졌으며, 1008년 무렵 작성되었고 양피지에 기록되어 가죽으로 묶여 있는 상태였다고 한다.

  도서관의 도서 분류 방법과 열람 방식은 오늘날에는 당연한 것으로 보일지 몰라도 당시 김득련의 시각으로는 특별해 보였을 법하다. '경사자집(經史子集)'이 아닌 천문, 지리, 산학, 의학, 화학으로 도서를 분류하는 방식이 우선 이색적이었을 것이며, 서가 옆에 "널찍한 집 두 곳(廣廈二區)"을 두어 책을 열람할 수 있게 한 방식은 인상적이었을 것이다. 여기서 "널찍한 집 두 곳"은 독립 건물이라기보다는 홀과 같은 넓은 공간을 가리키는 말인 듯한데, 분명히 말하기는 어렵다. 밤에도 책을 꺼내서 긴 책상에 앉아서 보는 풍경을 상상하는 것만으로도, 김득련은 부러움을 느끼지 않았을까?

  김득련은 사실 모스크바에서 '러시아 도서관'과 유사한 시설을 방문한 일이 있었다. 앞서 잠시 언급한 사실이지만 조선의 사절단은 5월 29일 오후 2시에 박물원에 들렀고, 그곳의 장서가 3만 권이며 "마음대로 와서 열람할 수 있게 하되 대출은 허락하지 않는다"라고 설명한 바 있다. 적어도 도서의 관내 열람과 관외 대출 금지 규정은 같았던 셈이니, 상트페테르부르크의 도서관의 '책을 밖으로 가져갈 수는 없다'는 규정을 이해하는 데는 어려움이 없었을 것이다.

  시에서는 희귀본을 비롯한 장서와 도서 열람 방식에 주목했다. 당시 조선인에게 가장 특이하게 여겨질 만한 부분을 강조했던 셈이다.

  제1구에서는 장서의 규모에 대해 말했다. "만권지(萬卷支)"는 1만 권 단위로 헤아린다는 뜻이니, 수만 권 또는 십수만 권으로 풀이할 수 있다.

제2구에서는 희귀본의 보관 또는 전시 광경을 말한 듯하다. 일기에는 이에 대한 언급이 없지만, 현재의 도서관 모습에서 상상할 수는 있을 것이다. "갑(匣)"은 작은 상자를 뜻하는데, '책갑(冊匣)'의 뜻으로 이해하는 편이 일반적일 듯하다. 다만 "유리 상자[玻璃爲匣]", 즉 유리로 책갑을 만드는 사례가 있는지는 의문이다. 유리 진열장 안에 책을 넣어서 전시하는 광경이라고 이해하는 편이 오히려 자연스러울 듯하다. "첨(籤)"은 제첨(題簽), 즉 종이나 비단 등에 제목을 써서 앞표지에 붙이는 외제(外題)를 뜻하는 말로 이해되는데, 전시 광경이라면 책 제목보다는 책에 대한 설명을 써놓은 쪽지일 가능성도 있다.

제3구에서는 책상과 등을 갖춘 열람실의 광경을 그렸다. 간행본에는 두 번째 글자가 "兀"처럼 보이기도 하는데, "几", 즉 책상으로 보아야 뜻이 통한다. 아마도 인쇄 상태의 문제인 듯하다. "연기(聯几)"는 '이어진 책상들', 즉 늘어선 책상들로 풀이할 수 있다.

제4구에서는 '관내 열람'의 규칙을 말했는데, 마지막의 "불허치(不許甀)"는 얼핏 보면 뜻이 통하지 않아 잘못 번역하기 쉬우므로 주의할 필요가 있다. "치(甀)"는 술병 또는 술 단지를 뜻하는 글자인데, 이 뜻대로만 옮기면 이 세 글자가 '술 마시기를 허락하지 않는다'는 뜻으로 풀이 된다. 그렇지만 도서관에서 술을 마시는 사람이 어디 있을까? 여기서 "치(甀)"는 "치차(甀借)"의 뜻으로 풀이해야 한다. '치차'란 책을 빌리기 위해 술 단지에 술을 가득 채워 가는 데서 온 말이니, 곧 책을 빌린다는 뜻이 된다. 『성호사설』에서도 "책을 빌릴 때도 한 병, 책을 돌려줄 때도 한 병(借書一甀, 還書一甀)"이라는 말이 널리 퍼져 있었음을 확인할 수 있다. 사실 "불허치(不許䫆)"와 같은 구절을 쓴 사례는 잘 발견되지 않는데, 어쩌면 압운을 하려다 보니 잘 쓰지 않는 표현을 쓰게 된 것일지도 모른다.

30 각급 학교 各學校

경향엔 수풀처럼 학교가 많고,
사농공상에 각기 학과가 있네.
남녀가 여덟 살이면 모두 학교에 들어가니,
책 읽으며 절차탁마하지 않는 이 없구나.
京鄕林立塾庠多, 農士工商各有科.
男女八齡皆入學, 治書無不琢如磨.

　조선의 사절단은 5월 20일에 모스크바에 도착하고 8월 19일에 상트페테르부르크를 떠난다. 러시아의 옛 수도와 새 수도에서 3개월을 머문 셈이지만, 학교를 방문한 일은 많지 않았던 듯하다. 러시아로 한정한다면 6월 26일에 수림학교(樹林學校)를 방문한 일과 7월 7일에 기계학교(機械學校)를 방문한 일 정도가 기록에 남아 있으며, 추가로 8월 5일에 선장을 양성하는 선정학원(船政學院)을 설명한 사례 정도가 있다. 그렇지만 사절단이 학교 및 교육에는 별 관심이 없었으리라고 단정하기는 어렵다. 김득련만 해도 잠시 지나오면서도 영국과 독일의 학교 제도를 언급했는데, 8월 9일에는 서양의 학교 제도 일반을 간략히 정리하고 그 내용을 '죽지사'에도 담았다.

　서양 각국에서 백성을 교육하는 방법을 살펴보면, 남녀가 8세가 되면 모두 학당에 들어가니 만약 들어가지 않으면 그 부모에게 죄를 묻는다. 벙어리, 귀머거리, 소경도 모두 그에 맞는 학당이 있어서 가르치며, 빈궁한 사람이나 부모 잃은 사람도 또한 거두어 의숙(義塾, 의연금으로 세운 학교)에 보낸다. 나라 안에 학숙(學塾)이 수풀처럼 많으니 대·중·소의 구분이 있고, 재주에 따라 과목을 나누니 문·무·상·농·공(文武商農工)에 맞는 전문의 학문이 있다. 나라의 모든 사람이 각기 한 가지 재주를 갖고 있으며 또한 문자를 알지 못하는 이가 없으니, 가히 성대하고도 아름답다고 이를 수 있다.[88]

—『환구일록』 8월 9일

러시아 또는 서양의 각급 학교를 실제로 어느 정도 살펴보았는지는 알 수 없지만, 학교 제도의 핵심을 이 시에 담으려 한 듯하다. 제1구와 제2구에서는 각급 학교가 많고 전문 과목이 설치되어 있다고 했으니, 『환구일록』에서도 그런 내용을 이미 볼 수 있었다. 물론 시에서는 글자 수와 평측에도 유의하여 약간 달리 표현하기도 했다. 제3구와 제4구에서는 남녀 구분 없이 8세가 되면 입학하여 모두 절차탁마한다고 했는데, 이 또한 일기에서 볼 수 있는 내용이다. "절차탁마"는 『시경』〈기욱(淇奧)〉의 "깎고 다듬은 위에 또 쪼고 간 듯하도다(如切如磋, 如琢如磨)"라는 구절에서 유래한 말이니, 시에서는 그 일부를 가져와 쓴 셈이 된다.

31 겨울 궁전의 박물관 溫宮博物館

[온궁은 러시아 황제가 겨울에 머무르는 궁전이다(溫宮俄皇冬日所居之宮)]

진기한 보물 헤아릴 수 없이 많으니,
거둬들인 옛 물건 수십 칸에 진열했네.
황금 공작과 황금 닭은 황금 나무 아래 서서,
시간 맞춰 춤추고 시간 맞춰 우는구나.
奇珍異寶摠難名, 古物蒐羅數十楹.
金雀金鷄金樹下, 按時飛舞按時鳴.

온궁, 즉 겨울 궁전은 네바강 강변에 세워진 화려한 궁궐이다. '상트 페테르부르크 죽지사'의 세 번째 작품인 〈네바강〉에서 언급했던 바로 그 궁궐이다. 사절단은 8월 1일에 그동안 여기저기 다니는 동안 멀리서 바라보았을 이 궁궐을 찾아갔다.

오후 2시에 겨울 궁전(溫宮)[황제가 겨울에 거처하는 궁궐이다]을 가보았다. 푸른 방과 금빛 전각이 복도와 회랑으로 연결되어 화려하고도 널찍했다. 벽에는 역대 황제의 초상과 옛 전진(戰陣)을 그린 그림이 걸려 있는데, 모두 유화였다. 그 곁에는 박물원이 있는데, 역대로 사용하던 투구와 갑옷, 창과 포를 비롯해 각양각색의 신기한 물건들을 진열해 두었다. 희귀하고 값진 보물이 이루 다 말할 수 없을 정도로 많지만, 어느 방에는 황금 나무[가지, 줄기, 꽃, 잎을 금으로 만들었다] 한 그루를 심고 황금 공작 한 마리와 황금 닭 두 마리[역시 금으로 만들었으며, 안에는 기계장치(機管)를 설치했다]를 세워놓았다. 시간에 맞춰서 날고 울어 괘종시계를 대신하니, 참으로 진기한 물건이다.[89]

— 『환구일록』 8월 1일

오후 1시에 에르미타주 미술관과 겨울 궁전을 방문했다. 이곳에 전시된 귀중하고 웅장한 소장품을 훑어보기에 두세 시간은 너무 짧다. 혼자 한 번 더 그 박물관을 방문하고 싶다.[90]

— 『윤치호 일기』 8월 1일

겨울 궁전 자체도 화려했지만, 궁전의 박물원(博物院), 즉 박물관에 전시된 수많은 소장품은 더욱 눈길을 끌었던 모양이다. 에르미타주(the Hermitage)는 당시 세계적인 박물관으로 명성이 높았으니, 김득련과 윤치호가 보인 반응은 지극히 자연스럽다. 다만 김득련의 기록에는 한문 특유의 전고나 관습적인 표현이 포함될 수도 있어서 주의할 필요가 있다. 예컨대 겨울 궁전을 묘사하면서 사용한 "벽방(碧房)"과 "금전(金殿)"과 같은 말은, '주란(朱欄)'이나 '수렴(繡簾)'처럼 화려한 건물을 지칭하는 관습적인 표현이다. 그러니 실제로 궁전에 푸른색 방이나 황금으로 장식한 전각이 있어야만 이런 말을 쓸 수 있는 것은 아니다.

시에서는 박물관에 집중했다. 제1구와 제2구에서는 박물관에서 수집

한 진기한 보물들이 너무나 많아서 수십 칸에 진열해 놓아야 할 정도라고 했다. 이때 "난명(難名)"은 이름을 붙이기도 어렵다는 말이니, 말로 형용하기 어렵다거나 너무 많아서 헤아리기 어렵다는 뜻으로 풀이할 수 있다. 이 보물은 이렇고 저 보물은 저렇고 하는 식으로 말하거나 쓸 수 없다는 뜻으로 이해하는 편이 자연스러우며, 그 보물의 이름을 내가 미처 몰랐다는 의미로 풀이하기는 어려울 듯하다.

제3구와 제4구에서는 그 값진 보물들 가운데 가장 특별하다고 여긴 '황금 공작과 황금 닭, 황금 나무'를 묘사했다. 일기의 설명을 시로 옮긴 셈인데, 이 보물이 괘종시계처럼 시간을 알리는 구실을 한다는 점을 짐작할 수 있다. 이 시계는 지금도 남아 있는데, 김득련의 설명이 정확하지는 않은 듯하다. 실물을 보면, 황금 나무 위에 큰 공작이 있고 그보다 조금 아래에 부엉이와 닭이 있음을 확인할 수 있다. 공작, 부엉이, 닭이 "날고 춤추고 우는" 동작은 매우 정교한데, 실제의 움직임을 그려 내기에는 다소 부족한 표현인 듯도 하다.

32 유리 공장 琉璃製造所

바닷모래 녹여서 유리를 만드는데,
쇠 대롱에 적시면 옻처럼 늘어지네.
입으로 불면 조금씩 그릇 만들어지는데,
형상 새기고 갈아 빛내니 묘하고도 기이하네.
海沙鎔化造玻璃, 鐵管蘸來如漆垂.
口吹轉轉能成器, 雕狀磨光妙更奇.

　사절단은 8월에도 탁지부의 주선으로 공장 몇 곳을 방문한다. 8월 5일 오후 1시에는 탁지부 관리의 안내를 받아 자기 공장(磁器燔造所), 유리그릇 공장(玻璃器製造所), 양초 공장(鑄燭所)을 둘러보았다. '자기 공장'은 사실 상트페테르부르크를 대표하는 공예품인 '황실 도자기(Imperial Porcelain)'를 생산하는 곳이었는데, 김득련은 조선의 분원(分院)에서 생산하는 자기보다 특별히 뛰어나다고 생각하지는 않았던 듯하다. 윤치호는 양초 공장에 대해 상대적으로 길게 언급했는데, 양초가 그리스정교회의 재정에서 갖는 의미에도 관심을 보였다. 김득련은 세 곳 가운데 '유리그릇 공장'만을 이 '죽지사'에 포함했는데, 일기에는 그 공장에 대해 이렇게 기록했다.

　그 옆에는 유리그릇 공장이 있었다. 재료는 분명하지 않으나 모래흙 종류에 다른 물질을 섞는다고 한다. 매우 큰 풀무(冶爐) 하나를 설치하여 그 재료를 즙이나 고약처럼 녹이고 쇠로 만든 대롱을 거기에 담갔다가 꺼내는데, 대롱을 불어가며 점차 그릇을 만들어간다. 각각의 모양을 이처럼 만든다. 그릇의 크기와 두께는 관을 부는 데 달렸으니, 보는 사람이 탄성을 지르게 된다. 다음으로는 갈아서 빛을 내고 또 그다음에는 무늬를 새기게 되니, 지극히 정밀하고도 오묘하다.[91]

—『환구일록』 8월 5일

시에서는 유리그릇을 만드는 과정을 순서대로 그려낸다. 제1구에서는 재료인 모래를 녹이는 장면을 그렸다. 풀무를 이용하여 높은 온도에서 가열해야 모래흙에 다른 물질을 첨가한 '재료'는 즙이나 고약처럼 녹은 상태가 된다. 제2구에서는 즙이나 고약 같은 상태가 된 재료를 쇠로 만든 대롱으로 꺼내는 장면을 그렸다. "옻처럼 늘어진다(如漆垂)"라는 말은 곧 나뭇가지 끝으로 찍어낸 옻과 같은 상태가 된다는 뜻이다. 제3구에서는 입으로 불어서 유리그릇을 만들어내는 장면을 그렸는데, 여기서 "전전(轉轉)"은 '점점'의 뜻으로 풀이할 수 있다. 대롱을 입으로 불면 반대쪽에서 '녹은 재료'가 조금씩 부풀면서 그릇의 형상을 점차 갖추어가는데, 이 과정을 묘사한 것이다. 제4구는 일기에서 언급한 마지막 단계, 즉 연마와 조각의 장면을 그린 것으로 이해할 수 있다.

33　천문대 天文臺

흠천감(欽天監) 밖에 높은 건물 세우니,
모든 별이 망원경 속에서 다가오네.
서양에는 추산법(推算法)이 가장 정밀하니,
혜성 올 것 미리 알아 재이(災異)로 여기질 않네.
欽天監外有高臺, 星斗皆從鏡裡來.
西國尤精推算法, 預知彗孛不爲災.

사절단은 7월 31일에 러시아의 풀코바 천문대(Pulkova Observatory)를 방문했다. 여기에는 당시 세계 최대의 굴절 망원경이 설치되어 있었으며, 이 시설을 바탕으로 러시아는 천체 물리학을 선도하고 있었다. 김득련은 이 천문대의 구조와 역할을 묘사했는데, 그 뒤에는 서양 천문학의 의의에 대한 나름의 견해도 덧붙였다. 조금 길지만, 이날 일기를 아래에 제시한다.

오후 7시에 블란손과 함께 골비노 땅[여기서 30여 리 떨어진 곳이다]의 천문대에 갔다. '둥근 집' 안에 망원경 4~5대를 설치하고 위에 유리를 덮어 여닫는데, 250~260배를 볼 수 있다. 12년 전에 또 '둥근 집' 하나를 세웠는데, 높이 10길에 둘레는 60~70간이다. 아래에 축바퀴(輪軸) 및 전기기기를 설치하고 만 배를 볼 수 있는 큰 망원경을 걸었는데, 위로 유리창을 걷고 망원경을 들어 별을 보되 별의 이동에 따라 전기로 바퀴를 돌려 '집'을 회전시키고 창 사이로 망원경을 옮긴다. 망원경을 통해 별 하나를 보니, 크기가 사발만 하고 별빛이 사방으로 뻗는데 공기로 인해 여러 빛깔이 뒤섞여 보인다. 그렇지만 구름에 가려 어두워져서 미처 뭇별을 다 볼 수 없었으니, 참으로 한스럽다.

한 방에는 시계 하나를 놓아두었는데, 분초까지 정확하게 맞춰서 조금도 차이 나지 않게 한다. 매일 이 시계를 기준으로 삼아 전기를 이용하여 상트페테르부르크의 오포(午砲, 정오를 알리는 대포)가 저절로 발사되게 하니, 도시 전체가 이 시계로 정오를 맞추는 것이다.

해, 달, 별들의 사진을 보고 천문학자의 말을 들어 보면 이러하다. 해는 용광로 속의 달궈진 쇠와 같아서 화염이 분출하여 빛나고, 달은 본래 검고 어두운 큰 땅덩어리로되 햇빛을 빌려서 밝게 되는데 지구가 사이에 끼어들어 반달, 보름달, 그믐달, 초승달과 같이 차거나 비는 형상이 나타나게 된다. 별들은 너무 멀어서 그 속을 자세히 살필 수는 없다. 다만 살피건대 7월에 대화심성(大火心星)이 흘러가면, 운석(隕石)이나 운동(隕銅)으로 돌이나 금속이 떨어진다. 이것으로 깊이 연구하면, 해와 달에는 분명히 '생물'이 없고 별에는 '세계'가 있는 것 같다. 이른바 '은하'라는 것은 곧 뭇별이 빛을 내는 것이다. 대개 서양인의 격치학(格致學)은 천문에 더욱 정밀하니, 몇 년에 한 번 보이는 혜성도 미리 언제 올지 헤아려 재이(災異)로는 여기지 않는다.[92]

— 『환구일록』 7월 31일

『해천추범』에는 이날 일기에 몇 개의 오탈자가 있는데, 어쩌면 옮겨 쓰는 사람도 정확한 뜻을 이해하지 못해서 실수한 결과인지도 모른다. 하늘의 별을 관찰하는 일은 조선에서도 중시되었지만, 망원경으로 별의 움직임을 관찰하는 일은 아무래도 낯선 장면이었을 것이다. 더욱이 풀코바 천문대는 "유럽에서는 가장 정교하다(the finest in Europe)"라고 서술할 만큼 당시로서는 최신의 시설을 갖춘 곳이었다.

풀코바 천문대는 1839년에 첨단 시설로 세워졌는데, 1885년에는 당시로서는 세계 최대였던 30인치의 굴절 망원경까지 갖추게 된다. 윤치호는 34인치 구경 렌즈를 쓰는 40피트(약 12미터) 길이의 망원경이라고 기록했으니, 그 규모는 관람객을 압도했을 법하다. 김득련이 "원옥(圓屋)", 즉 '둥근 집'이라고 지칭한 시설은 돔(dome)일 것인데, 천문대의 돔에는 축바퀴(輪軸) 및 전기기기를 설치하여 대형 망원경을 운용하였을 것이다. 김득련은 별 하나를 보았다고 기록했는데, 윤치호가 "불행히도 구름 때문에 달과 별들을 볼 수 없었다"라고 쓴 것을 보면 천체를 제대로 볼 수 없는 상황이었던 모양이다.

서양 천문학과 천체의 사진들을 통해 김득련은 해와 달이 빛나는 원리가 같지 않고 별에는 돌이나 금속과 같은 다양한 물질이 있음을 확인한다. 이 과정에서 언급한 "칠월유화(七月流火)"는 『시경』「빈풍(豳風)」의 〈칠월〉의 서두로 잘 알려진 구절인데, 주석을 참고하면 "칠월에 대화심성(大火心星)이 서쪽으로 내려가거든"으로 풀이할 수 있다. 다만 여기서는 원전의 문맥을 그대로 가져온 것인지는 분명하지 않으며, 별에 '세계'가 있다는 것을 알게 되는 계기로 인용했을 뿐인 듯하다. 서양 천문학은 그 자체로 중요한 지식일 수 있지만, 여기서는 전통적인 '재이론

(災異論)', 즉 각종 천재지변이 인간의 잘못에서 유래한다는 논리를 비판하거나 약화시키는 근거로 활용된다. 일식, 월식, 혜성의 출현 등은 가장 심각한 재이(災異)에 해당하는데, 천문 관측을 통해 예상할 수 있는 일월식이나 혜성은 '재이'라고 하기 어려울 것이다.

시에서는 일기에서 수록한 다양한 정보들, 거대한 망원경이나 천문대의 구조, 망원경을 운용하는 방식 등은 언급하지 않았다. 스물 여덟 글자의 짧은 형식에 담을 수 있는 정보는 많지 않기 때문일 것이다.

제1구와 제2구에서는 천문대와 망원경을 중심으로 풀코바 천문대에서의 관측 장면을 그렸다. 제1구의 "흠천감(欽天監)"은 명나라 이래의 천문대 명칭인데, 풀코바 천문대처럼 망원경을 통한 관측을 한 곳은 아니었다. 여기서는 천문(天文)을 관장하는 기관을 뜻하는 보통명사로 이해할 수 있을 것이다. 기관, 즉 관서 밖에 망원경으로 천체를 관측할 수 있는 건물인 돔을 세웠다는 뜻이 된다. 제3구와 제4구에서는 정밀한 서양의 추산법으로 혜성의 진로를 예측하면 그것이 '재이'가 아님을 알 수 있게 된다고 했는데, 일기의 마지막 부분 내용을 시에 담은 것이라고 해도 좋을 것이다. 여기서 추보(推步), 추산(推算), 추수(推數) 등은 천체의 운행을 관측하는 일로 풀이할 수 있다. 또 시의 "災"는 일기의 "災"와 같은 글자인데, 앞서 추산을 말했으므로 '재앙'보다는 '재이'로 이해하는 편이 자연스러울 듯하다.

사절단은 천문대에서 많은 이야기를 들었을 것이다. 윤치호의 일기를 보면 천문대의 역사나 일화를 들었던 듯하며, 천문대 주변의 경관을 보고 감탄하기도 했을 법하다. 김득련의 입장에서는 이 시에서 미처 다루지 못한 소재나 내놓지 못한 감상이 적지 않았을 것이다. 김득련은 '죽지사'로 내세운 이 짧은 작품에서 미처 말하지 못한 감회를 별도의 시에 담는데, 뒤에 수록하는 〈골비노 마을의 천문대를 가서 관람하고 돌아오면서 산에 올라 짓다(往觀鶻比老邨天文臺 歸路登山有作)〉가 곧 그 작품이다.

6부

상트페테르부르크에
머물며

〈상트페테르부르크의 나르바 개선문〉(1910)

나르바 개선문(Narva Triumphal Gate)은 알렉산드르 1세가 나폴레옹의 침공을 막아낸 일을 기념하여 상트페테르부르크에 세운 건축물이다. 윤치호는 일기에서 나폴레옹에게 승리한 것을 기념하는 '모스크바 개선문(Moscow Triumphal Gate)'을 보았다고 기록했는데, 모스크바 개선문은 튀르키예와의 전쟁을 비롯한 여러 전쟁의 승리를 기념한 건축물이니 '나르바 개선문'과 착각했으리라고 짐작된다. 두 개선문은 모두 골비노 마을의 풀코바 천문대(Pulkova Observatory)로 가는 길에 있다. 김득련은 골비노 마을의 천문대를 관람하고 읊은 시의 첫 구절에서 나르바 개선문을 다음과 같이 언급하고 있다. "전공 기념한 문 바깥에 높은 산 있네. / 서양 제패하고선 개선가 울리며 귀환했으리라."

41

러시아 도읍에 '불망'이라는 꽃이 있는데, 여인이 머리 가득 이 꽃으로 장식했다

俄京有花名不忘, 女人滿首粧戴

불망화 한 가지를 손수 꺾어다가,
이별하지 말자며 이별할 때 기약 삼아 주었네.
꽃이 잊지 않으면 사람도 잊지 않으리니,
길이 봄빛 남겨두면 그리운 마음 일어나겠지.
手折不忘花一枝, 無離別處贈佳期.
花不忘時人不忘, 長留春色惹相思.

"불망(不忘)"은 잊지 않는다는 뜻이니, 김득련이 본 꽃은 5~6월에 하늘색 꽃을 피우는 유럽 원산의 '물망초(勿忘草)'일 듯하다. 애인을 위해 꽃을 꺾어 강을 헤엄쳐 건너다가 급류에 휘말린 청년이 애인에게 그 꽃을 던져주면서 '나를 잊지 말라'고 했고 그 애인은 평생 그 꽃을 지니고 있었다는 독일의 전설이 있는데, 물망초(Vergissmeinnicht, forget me not)라는 이름은 이 전설로 인해 생긴 것이라고 한다.

러시아 수도 상트페테르부르크에서 낯선 꽃을 접했을 때 이런 전설까지 들었을지는 알 수 없다. 그렇지만 이 꽃의 이름이 무엇이며 이곳 사람들은 이 꽃을 어떤 의미로 주는지 들었던 모양이다. 김득련은 '잊지 않는다(不忘)'는 뜻에 유의하여 어쩔 수 없이 이별하게 된 이가 이 꽃

을 건네주는 장면을 시로 그려냈다. 제1구와 제2구에서는 이별을 앞둔 이가 불망화를 건네며 다시 만날 기약을 건네는 장면을 그렸다. 제3구와 제4구에서는 봄빛을 간직한 '불망화'를 보면서 사람도 떠난 사람을 잊지 않고 그리워하게 되리라는 상상을 내놓았다. 요컨대 자신이 전해 들은 '불망화(不忘花)' 또는 물망초의 의미를 시적인 장면으로 옮겼다고 이 시를 평할 수 있다.

김득련은 무슨 계기로 이런 시를 썼을까? 『환구음초』에 수록된 다른 작품들과는 성격이 달라 보이므로, 자연히 이런 의문을 품게 된다. 정확한 경위는 알 수 없지만, 민영환의 시에서 그 단서를 찾을 수 있다.

러시아 사람 그루셉스키(古樂詩)는 몇 해 전에 우리나라 주재 대리참찬(代理參贊)으로 있었는데, 그 사이 오스트리아 영사를 지내고 최근에 외부(外部)로 돌아오게 되었기에 인사하러 왔다. 공관에서 함께 저녁을 먹고 나서 더위를 피할 겸 공원에 가자고 청하여 10여 리 떨어진 강촌(江村)으로 갔다. 그곳에 다루(茶樓)가 하나 있는데, 강물 바로 곁에 몇 층의 누대를 올렸고 정원에는 다구(茶具)를 펼쳐두고 식탁을 갖춰놓았다. 무성한 나무와 향기로운 꽃들, 유유히 항해하는 배가 사람의 정신을 황홀하게 했다. 술을 마시고 나서 돌아오는 길에 꽃 파는 사람을 만났는데, 그루셉스키가 꽃 한 송이를 사서 나에게 주며 이르기를 "이 꽃은 불망화입니다. 귀국에 주재할 때의 사귐을 회고하건대 이번 서방에서 만난 것도 또한 기이한 인연이니, 차마 잊을 수 없어 이 꽃을 드리는 것입니다"라고 하였다. 숙소에 돌아와 화병에 꽂아두고 이에 절구 한 수를 읊는다.

俄人古樂詩, 年前駐我國代理參贊, 間充奧地理亞領事, 近日還充外部來拜. 公館同饔夕飯, 要請納涼於公園, 同往一江村十餘里, 有一茶樓, 臨流起數層樓臺, 庭排茶具, 設飮卓. 嘉木之盛, 衆卉之香, 帆檣之蕩洋, 令人神越. 飮畢歸路, 有賣花人, 古樂詩者買花一朶, 贈我曰此花卽不忘花也, 回思駐貴國時論交, 逢此西方亦一奇緣, 不忍相忘所以供花云, 歸寓揷瓶仍唫一絶.

이별할 때 주는 버들을 내 평생 미워하더니,
불망화 기이한 꽃을 비로소 보는구나.
뜬구름 같은 인생 이별의 한을 씻으려면,
이 꽃 심어두고 잊지 않아야 하겠네.
生憎楊柳別離枝, 始見奇花不忘枝.
若雪浮生別離恨, 種得此花不忘枝.

긴 제목에서 민영환이 '불망화'를 알게 된 경위를 확인할 수 있다. 혼자 그루셉스키를 만나 술잔을 기울였을 것 같지는 않으므로, 김득련을 포함한 사절단 일행도 동행하면서 그 일을 목격했으리라고 짐작할 수 있다. "고락시(古樂詩)", 즉 그루셉스키는 『환구일록』에 세 차례 등장한다. 6월 24일에 사절단을 찾아왔고, 8월 4일에 여러 사람과 함께 식사했으며, 8월 19일에 상트페테르부르크를 떠나는 사절단을 전송했다. 다음은 6월 24일의 기록이다.

오후 7시에 외부(外部) 관리 그루솁스키[우리나라의 서울에 있을 때 '고락시(古樂詩)'라고 일컬었다]가 와서 인사했다. 일찍이 우리나라 서울의 러시아 공사관 참찬관으로 4년가량 머물던 사람이다. 우리나라 풍속을 잘 알아서 흥미진진하게 이야기를 나누었다.[93]

—『환구일록』 6월 24일

그루솁스키의 이력이나 사절단을 찾아온 경위가 민영환이 시 제목에서 밝힌 것과 비슷하다. 꽃 파는 여인에게서 물망화를 사서 민영환에게 주었다거나 하는 이야기는 없지만, 이날 또는 그 얼마 뒤에 민영환이 말한 일이 있었으리라고 짐작할 수 있다. 그루솁스키가 전해준 물망화 꽃의 사연이 민영환이나 김득련이 평소와는 다른 감각적인 시를 쓰게 한 계기가 되었을 것이니, 시의 인연 또한 꽃만큼이나 기이한 셈이다.

42 단옷날
端午日

앵두는 이미 익고 살구 처음 누레지는데,
정원에는 푸른 버들에 그네 묶었네.
괴이하게도 밤마다 비바람 서늘하니,
단오 날씨가 중양절과 흡사하구나.
櫻桃已熟杏初黃, 園裡秋千繫綠楊.
恠煞連宵風雨冷, 端陽天氣似重陽.

6월 15일은 음력 5월 5일, 즉 단오였다. 김득련은 상트페테르부르크의 이날 풍경이 고향과 비슷하되 날씨는 사뭇 다르다는 사실을 깨닫는다. 『환구일록』에서는 이렇게 기록했다.

> 오늘은 곧 단옷날이다. 이곳에도 그네 놀이가 있다. 시가지에는 앵두나 살구 같은 계절 과일이 있어 풍경이 우리나라와 다를 바 없다. 그러니 고국에 대한 그리움을 금할 수 없다. 요즈음 날씨는 도리어 싸늘하여 문을 닫고 가죽옷을 입어야 하니, 중양절 때와 흡사하다. 그런데도 피서를 가는 사람이 많으니 모름지기 괴이할 따름이다.[94]
>
> ―『환구일록』 6월 15일

상트페테르부르크는 북위 59도가 넘는 곳에 있다. 조선과 기후 차이가 클 수밖에 없다. 이미 상하이에서 절기 차이를 체험하고 "강남에는 봄이 일찍 온다"라는 말을 믿게 되었다고 했으니, 김득련은 이러한 차이를 받아들일 만한 감각을 갖추고 있다고 말해도 좋을 것이다. 그렇지만 상트페테르부르크에서 맞이한 단옷날 풍경은 조선과 흡사한 점이 있는 듯하다. 하지만 날씨는 중양절(음력 9월 9일)처럼 서늘한데 이곳 사람들은 피서를 떠난다고 하니 선뜻 이해하기는 어려운 일이다.

시의 내용도 일기에서 드러낸 감각과 감회를 벗어나지는 않는다. 제1구와 제2구에서는 조선의 단옷날과 비슷한 점을 드러냈는데, 앵두와 살구 같은 계절 과일이 익어가는 풍경과 나무에 그네를 묶어놓은 모습이 그것이다.

제3구와 제4구에서는 기후의 차이를 말했다. 얼핏 보아 풍경이 비슷하지만, 날씨는 단오가 아니라 중양절과 흡사하다. 이러한 감각은 고향에 대한 그리움을 증폭시켰을 법하다. 물론 그립다거나 근심된다는 등의 말은 하지 않았지만, 시를 통해 그런 감각을 읽어낼 수 있을 것이다.

제4구의 "괴살(怪煞)"은 '매우 괴이하도다'와 같은 감탄의 뜻으로 풀이할 수 있는데, '살(煞)'은 정도가 심함을 뜻하는 어조사(語助辭)로 이해된다.

민영환도 단오를 맞이하여 시를 한 수 읊었다.

단옷날 우연히 짓다
端陽日偶題

장마철 다가오는데 보리는 아직 익지 않았고,
미인의 치맛자락은 수양버들에 숨었네.
그네는 아마 단오 명절에 어울릴 터인데,
중양절 날씨가 단오에 이르렀구나.
梅候將闌麥未黃, 青娥裙帶隱垂楊.
鞦韆疑是酬佳節, 重陽天氣屆端陽.

— '해천추범소집'

    제1구와 제2구에서는 날씨와 그네를 말했으니, 김득련의 시와 유사한 전개를 보인다. "매후(梅候)"는 매우(梅雨)가 내리는 절기, 즉 늦봄에서 초여름의 장마철을 가리키는 말이다. "청아(青娥)"는 아름다운 여인을 뜻하는 말이며, "군대(裙帶)"는 치마끈 또는 치맛자락을 뜻하는 말이다. "은(隱)"은 '숨다' 또는 '숨기다'의 뜻을 지닌 말이지만, 여기서는 '은현(隱現)', 즉 숨었다 나타났다 하면서 보일락 말락 하는 모습을 뜻하는 것으로 이해하는 편이 자연스러울 듯하다. 제3구와 제4구에서도 김득련의 시에서처럼 기후의 차이에 주목했다. 그네 놀이를 하니 단오가 분명한 듯하지만, 실제 날씨는 중양절처럼 서늘하다는 것이다.
    사실 김득련의 시와 민영환의 시는 운자(韻字)가 같다. 두 사람이 같은 운자로 함께 읊었거나, 그렇지 않으면 누군가 먼저 시를 쓰고 다른 사람이 차운(次韻)했을 것이다. 후자의 경우라면 민영환이 먼저 시를 읊고 김득련이 차운시를 썼다고 이해하는 편이 물론 자연스러울 것이다. 어느 쪽인지는 알 수 없지만, 단오에 두 사람이 함께 시를 읊으며 고향 생각을 했으리라는 점은 충분히 짐작할 수 있다.

43 낙조를 보다
觀落照

해가 높이 떠오르고서야 닭은 비로소 울고,
9시에 해 떨어져도 밖은 제법 밝네.
반년 동안 거리에 등불 밝힐 일 없으니,
참으로 인간 세상의 불야성이로다.
三丈日高鷄始鳴, 亥初落照尙微明.
半年行路無燈燭, 儘是人間不夜城.

상트페테르부르크에서 사절단이 목격한 가장 이국적인 풍경은 백야 현상이었을 것이다. 윤치호는 한밤중에 도착한 6월 8일의 일기에서 "매우 새롭다"라고 썼으며, 김득련은 6월 9일의 일기에서 계절별로 해가 뜨고 지는 시각이 얼마나 다른지 기록했다. 앞서 말한 바처럼 이전에 바르샤바와 모스크바에서 백야 현상을 보았다고 번역한 것이 오류라면, 적어도 상트페테르부르크가 본격적인 백야 현상을 경험한 장소라고 말할 수 있다.

사절단은 상트페테르부르크에서 제법 오랜 시간을 머물렀다. 그 기간 동안 해가 뜨고 지는 시간에도 미세한 변화가 있었다.

이곳의 일출과 일몰을 살펴보면, 오전 2시 15분에 해가 뜨고 오후 9시 45분에 해가 진다. 해가 지고도 하늘은 아직 밝아서 길거리의 행인을 분별할 수 있으며, 곧바로 다시 해가 뜬다. 하지 전후 4개월[4~7월]은 이러하며, 동지 전후 8개월[8~3월]은 해가 매우 짧아지는 때이니 정오에 해가 뜨고 오후 3시에 해가 져서 긴 밤 내내 어둡다고 한다. 이 지역이 북극에 가까워 위도가 북쪽에 치우친 까닭이다.[95]

— 『환구일록』 6월 9일

요즘은 오전 3시에 해가 뜨고 오후 9시에 해가 진다. 하늘빛이 조금 어두워지니, 거리에 비로소 등을 켠다.[96]

— 『환구일록』 7월 24일

해 지는 시간만 비교한다면 9시 45분(6월 9일)에서 9시(7월 24일)로 달라졌다. 동지 무렵이 되면 해가 떠 있는 낮이 3시간 남짓이 되겠지만, 그 이전에도 조금씩 해가 지는 시간이 빨라지는 것이다. 그렇지만 이러한 변화를 체감할 때쯤 떠날 준비를 하니, 사절단은 상트페테르부르크의 백야 속에서 계속 생활했던 셈이 된다.

시에서는 "낙조(落照)를 보다"라는 제목을 내세웠지만, 백야 기간 상트페테르부르크의 낙조를 본 것이니 결국 낙조 시간에 본 백야를 그린 셈이 된다. 다만 제2구의 "해초(亥初)"가 정확한 시간을 말한 것이라면, 7월 24일 무렵의 백야로 이해할 수도 있다. 물론 근체시의 제약을 고려하면 이처럼 말하기는 어려울지도 모른다.

제1구에서는 이미 환하게 밝은 하늘을 배경으로 닭이 우는 풍경을 그렸다. 닭은 제시간에 울었지만, 하늘은 '제시간'과 다른 모습을 보인 것이다. 여기서 "삼장일고(三丈日高)" 또는 "일고삼장(日高三丈)"은 해가 세 길이나 올랐다는 말이니, 대낮이 되었음을 뜻한다. 제2구에서는 오후 9시에 해가 지는 풍경을 그렸는데, 그 풍경은 익히 보던 석양이나 낙조와는 다르다. 이미 오후 9시가 지나고 해도 졌는데, 그 무렵에도 세상은 "미명(微明)", 즉 희미하게나마 밝다. 늦게야 해가 지고도 낮이 이어지는 풍경, 즉 백야의 풍경이다.

제3구와 제4구에서는 백야로 인해 등불을 밝히지 않아도 거리가 늘 환한 상트페테르부르크를 '불야성'으로 비유했다. '불야성'은 원래 등불을 켜서 밤에도 대낮같이 밝은 곳을 일컫던 말이지만, 등불을 켤 필요도 없이 항상 대낮같이 밝은 이곳이야말로 진짜 불야성이라고 말할 수 있을 것이다. 제3구의 "반년"이 실은 4개월이어야 한다고 지적할 수도 있겠지만, 적어도 사절단이 머물던 기간에는 '불야성'의 풍경이 일상적인 것이었다고 말해도 좋을 것이다.

44 상트페테르부르크 공관에서 느낀 바 있어
彼得都公館有感

큰 바다를 건너 이곳에 이르니,
여름인데도 서늘하고 북풍은 매섭네.
보빙 사절 되어 이제 빈관에서 술 마시는데,
예전 퇴조(退朝)할 적엔 어로(御爐)의 향 스몄지.
길은 장건(張騫)이 두우성 범하던 곳을 지나고,
땅은 소무(蘇武)가 양 치던 곳에 가깝네.
미주와 유럽까지 두루 유람했으니,
언제쯤 행장 꾸려 고향에 돌아갈까.

跋涉重溟到此方, 夏天猶冷北風強.
報聘今携賓館酒, 退朝時惹御爐香.
路過張騫犯斗牛, 地隣蘇武牧羝羊.
壯遊已遍美歐界, 何日理裝歸故鄕.

 김득련은 모스크바를 떠나기 얼마 전에 공관에서 몇 편의 시를 읊은 바 있다. 그때의 시에서는 부모와 가족을 꿈에서 만나거나 모스크바에서 고향과 비슷한 풍경을 찾아보려 했고, 고향의 벗들과 재회할 날을 기대했다. 상트페테르부르크에서도 시간이 나면 이런 개인적인 감회를 시로 풀어내고 싶은 마음이 생겼을 것이다. 러시아와의 교섭을 위해 할 수 있는 일이 별로 없었다고 한다면, 더욱 그러했을 법하다. 상트페테르부르크의 공관, 즉 약간은 좁은 사절단의 숙소에서 김득련은 "유감(有感)", 즉 느끼는 바가 있어 시를 읊는다.

제1구와 제2구에서는 긴 여정을 요약하고 상트페테르부르크의 낯선 기후를 말했다. "발섭(跋涉)"은 산을 오르고 물을 건넌다는 말이며, "중명(重溟)"은 바다를 뜻하는 말이다. 태평양과 대서양을 건너온 일을 특히 강조할 만하다고 생각했다면, '거듭'의 뜻도 지니는 '重'이 포함된 단어를 의도적으로 사용했을 법도 하다. 여름인 6월 8일(음력 4월 27일)에 도착한 상트페테르부르크의 '차가운' 날씨는 시와 일기에서 여러 차례 언급한 바 있다.

제3구와 제4구에서는 사절단으로 러시아에 머무는 현재와 관리로 조회에 참여했던 과거를 대비시킨다. "보빙(報聘)"은 답례로 방문함을 뜻하는 말이니, 첫 작품에서 이미 이번 사절이 보빙의 뜻으로 보내는 것임을 밝힌 바 있다. "퇴조(退朝)"는 조회를 마치고 물러남을 이르는 말이다. "어로(御爐)"는 '어로(御鑪)'라고도 하는데, 임금이 쓰는 향로를 뜻한다. 당나라 가지(賈至)의 〈이른 아침 대명궁에서 양성(兩省)의 동료들에게 올리다(早朝大明宮呈兩省寮友)〉에 "검과 패옥 소리 울리며 옥 계단을 걷고, 의관 갖춘 몸에는 어로의 향이 스몄도다(劍佩聲隨玉墀步, 衣冠身惹御爐香)"라는 구절이 있다. 이 구절은 조선에서도 널리 인용되고는 했는데, 숙종은 차운시를 남겼으며 정조는 이 구절을 시제(試題)로 내기도 했다.

제5구와 제6구에서는 가장 멀리 사신을 갔던 장건(張騫)과 소무(蘇武)

의 고사를 들어 이번 사절단이 얼마나 먼 곳까지 온 것인지 말했다. 장건은 한나라 무제(武帝)의 명을 받아 하수(河水)의 근원을 찾아 나섰는데, 뗏목을 타고 도착한 곳에서 베를 짜는 여인과 소에게 물을 먹이는 장부 한 사람을 만나고 돌아왔다고 한다. 뒤에 엄군평(嚴君平)이 "아무 날 아무 때에 객성(客星)이 견우성을 침범했는데, 날짜를 따져보니 바로 이 사람이 은하에 도착한 때이구나"라고 말했다고 한다. "두우성을 범하다(犯斗牛)"라는 말은 곧 이 고사를 일컬은 것이다. 소무는 한나라 무제의 명을 받아 사신이 되어 흉노로 갔는데, 흉노에서는 굴복을 강요하며 북해(北海)의 황무지로 보내 양을 치게 했다. 소무는 19년을 버틴 끝에 한나라로 돌아갈 수 있었다고 한다. '북해'는 귀국하는 길에 사절단이 지나게 될 바이칼호로 알려져 있다.

제7구와 제8구에서는 이미 아메리카와 유럽까지 돌아볼 만큼의 장유(壯遊)를 경험했다고 자부하면서도 한편으로는 고향으로 돌아갈 날을 기다리는 심정을 드러냈다. 요컨대 모스크바의 공관에서처럼 가족, 고향, 벗을 그리워하는 마음이 솟아난 결과가 이 작품이라고 말할 수 있을 것이다.

그런데 이번에는 민영환도 함께 시를 읊었던 듯하다. 민영환이 남긴 시 가운데 같은 운자를 쓴 작품이 있으니, 상트페테르부르크의 숙소에서 운자를 뽑아 함께 시를 읊었으리라고 짐작할 수 있다. 민영환은 이런 사정을 말하지는 않고 러시아의 "새 도읍(新京)", 즉 상트페테르부르크에서 썼다고만 했는데, 일부 연구에서는 모스크바의 공관에서 썼다고 잘못 이해되기도 했던 듯하다. 민영환의 시는 두 수로 이루어져 있는데, 그 가운데 첫째 수는 김득련의 시와 같은 운자를 썼으며 둘째 수는 다른 운자를 썼다. 두 수를 다른 시점에 썼을 가능성도 있는 셈이다. 민영환이 쓴 시는 다음과 같다.

러시아의 새 도읍에 머물며 밤에 잠을 이루지 못하였는데, 피로가 빌미가 되고 고향 생각이 실마리가 되었다. 느낀 바 있어서 짓는다.
在俄新京, 夜不能寐, 憊勞成祟, 鄕懷結緖, 感而有作.

(1)
좋은 처방 집에 있으리라 믿기 어려우니,
먼저 원기 길러야 건강할 수 있다네.
절제 없이 먹고 마시니 새로운 빌미 더해지는데,
자만하지 못할 피로에도 조금 나아지면 안심했네.
불로장생하는 영약 있다는 삼신산은 멀고,
중생 구제하는 책에 실린 온갖 풀은 향기롭네.
온 세상이 모두 나를 위한 학문 함을 아노니,
고질병에서 회복하여 음양에 맞추고자 하노라.
宜家未信有賢方, 先養眞元得自强.
飮餐無節添新祟, 憊勞難誇任小康.
長生靈藥三山遠, 濟衆神書百草香.
擧世皆知爲己學, 欲蘇痼瘼適陰陽.

(2)

전기로 석탄으로 기계를 움직이는데,

만물을 저울질하여 어긋나지 않았네.

하늘과 사람이 부합하니 견뎌내는 땅이 없고,

찡그리고 웃음에 맞춰서 해진 옷을 내리셨네.

이전 일 쉼 없으니 누가 다시 끼어들랴?

수레 기울여 스스로 함께 돌아갈까 두렵네.

어찌 일신하여 대업 이룰 생각은 하지 않는가?

앉은 채 때만 기다리다 성공함은 고금에 드물다네.

以電以煤械與機, 權衡萬物不曾違.

天人相副無鏗地, 嚬笑維關賜弊衣.

未息前塵誰更攝, 恐傾一轍自同歸.

盍念日新成大業, 待時坐困古今稀.

— '해천춘범소집'

민영환의 시에 담긴 뜻은 사실 명확히 파악되지 않는다. 일부 구절의 전고를 파악하기 어렵기도 하고, 오탈자의 가능성도 있기 때문이다. 그렇지만 첫째 수가 몸을 추스르고자 하는 뜻을 나타냈다면, 둘째 수는 일신(日新)하여 큰 사업을 이루고자 하는 뜻을 나타냈다고 이해할 수는 있을 듯하다.

첫째 수에서 "의가(宜家)"는 '의기실가(宜其室家)', 즉 가정을 화목하게 한다는 뜻으로 흔히 사용되는데, 이렇게 풀이하면 문맥이 잘 통하지 않는다. '宜'를 '마땅히'나 '과연' 정도의 말로 따로 새겨야 할 듯하다. 제6구의 "제중신서(濟衆神書)"는 중생을 구제하는 신이한 책으로 풀이할 수 있는데, 여러 처방을 모은 의서(醫書)들을 지칭하는 말로 이해된다. '제중신편(濟衆新編)'과 같은 의서 제목에서 유사한 용례를 찾아볼 수 있다. 제7구의 "위기학(爲己學)"은 '위기지학(爲己之學)', 즉 자기의 본마음을 찾기 위한 학문의 뜻으로 흔히 사용되는데, 이렇게 풀이하면 밤잠을 이루지 못하는 데 대한 처방은 자신의 본마음을 찾아내는 공부에 있다는 말로 정리할 수 있을 것이다. 불로장생의 영약이나 신비한 약초들보다는 마음을 다스려 원기를 회복하는 수양이 긴요하다는 생각을 담은 셈이다.

둘째 수에서는 먼저 러시아의 성공을 말하고 다음으로 그것을 본보기로 삼아 대업을 이루겠다는 뜻을 밝힌 듯하다. 제3구에서는 "적을 공격하면 굳게 견뎌내는 자가 없다(敵攻無堅)"라는 말을 활용한 듯하며, 제4구에서는 한나라 소후(昭侯)의 고사를 인용했다. 전국시대 한(韓)의 소후는 '해진 바지(敝袴)'를 아랫사람들에게 나눠주지 않았는데, 그 이유를 묻자 대답하기를 "내가 듣건대 '현명한 임금은 한 번 찡그리고 한 번 웃는 것도 아낀다'라고 하는데, 지금 저 해진 바지는 어찌 다만 찡그리고 웃는 것일 뿐이겠는가? 나는 반드시 공을 세운 이를 기다리기에 그것을 보관하고 아직 누구에게 주지 않은 것이다(吾聞明主之愛一嚬一笑, 今夫袴豈特嚬笑哉? 吾必待有功者, 故收藏之未有予也)"라고 했다. 소후의 사례처럼 공을 세운 이에게 적절한 상이 돌아가도록 유의했다는 뜻이 될 것이다.

45 네바강에서 저물녘 경치를 보다
曳瓦江晚眺

[1]
푸릇푸릇 나무는 겹겹이 늘어섰고,
양쪽 강변 누대엔 서늘한 기운 모였네.
한 뼘 석양이 가로질러 와서 비추니,
온 도읍의 유리창마다 등불 컨 듯하네.
葱靑樹木立層層, 兩岸樓臺爽氣凝.
斜陽一扶橫來照, 萬戶玻窓似點燈.

[2]
무더운 여름이 가을처럼 서늘하니,
무성한 강풀엔 북풍이 불어오네.
오로지 이때 기이한 절경 나타나니,
밤에도 누대 아래엔 석양이 붉었네.
炎天凉意仲秋同, 江草萋萋吹北風.
惟有此時奇絶景, 五更樓下夕陽紅.*

네바강은 사절단이 수시로 드나들던 곳이니, 그곳 경치는 점차 눈에 익었을 것이다. 그런데도 여전히 강 주변의 풍경이 눈에 띄었다면, 그것

---

* (원주) 오후 9시가 지나서야 해가 겨우 서쪽으로 진다(時過亥初, 日纔西落).

은 백야가 펼쳐지는 계절의 영향 때문일지도 모른다. 〈낙조를 보다〉에서 도시 전체의 백야를 그렸다면, 이 시에서는 네바강 주변의 백야 풍경을 그렸다고 할 수 있을 듯하다. '저물녘(晚)'이 시계에 표시되는 저녁이 아니라 해가 지는 광경으로 구별되는 저녁이기 때문에, 네바강에서 맞이하는 저물녘의 풍경은 백야로 인해 빚어진 절경으로 그려질 수 있었을 것이다.

첫째 수에서는 석양이 비치는 강변과 집들의 풍경을 그렸다. 제1구와 제2구에서는 무성한 여름의 숲과 서늘한 강변의 누대를 대비했는데, 분명 여름임에도 서늘한 네바강 주변의 특징을 잘 포착하고 있다. 제3구에서는 "가로질러 다가오는(橫來)" 석양을 말함으로써 위도가 높은 지역 특유의 풍경을 포착하고, 제4구에서는 그 석양이 만호(萬戶)의 수많은 집, 또는 만호 장안(萬戶長安)의 모든 집을 비춰 유리창이 불을 켠 듯 빛나는 광경을 묘사했다. 제1구의 "총청(葱靑)"은 초목이 푸르고 무성한 모양을 일컫는 말이며, 제3구의 "일부(一扶)"는 네 손가락을 펴서 이은 길이를 뜻하는 말이다.

둘째 수에서는 네바강 자체에 집중한다. 제1구와 제2구에서는 네바강의 여름 날씨를 말했는데, 이런 인식은 단오 날씨가 중양절과 마찬가지라던 단옷날의 김득련과 민영환의 감회에서 이미 볼 수 있었다. 제3구와 제4구에서는 '이때', 즉 가을처럼 서늘한 여름에만 나타나는 네바강의 절경을 말했는데, 그것은 결국 백야가 펼쳐진 네바강의 낙조 풍경이다. "오경(五更)"은 밤의 시간을 다섯으로 나눠 일컫는 말이니, 대략 저녁 7시부터 새벽 5시까지이다. 물론 주석에서 밝힌 바처럼 해초

(亥初), 즉 오후 9시가 지나서야 해가 지는 네바강에서는 '5경'으로 일컬어지는 밤 전체를 밤이라고 하기는 어려울지도 모른다. 또 '5경'을 다섯 번째 밤의 시간, 즉 새벽 3시에서 5시로 이해하기도 하나, 저물녘의 풍경이라는 시의 내용과는 맞지 않는다. 어쨌든 '밤'으로 흔히 이해하는 시간이 이르러도 해는 지지 않고, 또 해가 지고 나서도 캄캄한 밤이 되지는 않는다. 제4구는 그런 풍경을 절묘하게 그린 셈이다.

이 시는 『환구음초』에서 특별히 감각적인 작품으로 보이기도 한다. 시집 뒤에 실린 서상교의 발문에서는 이 작품을 뛰어난 작품 셋 가운데 하나로 지목하고 있는데, 이는 시의 감각적이면서도 사실적인 표현에 주목한 결과인 듯하다. 서상교는 둘째 수의 제4구를 특별히 주목하면서 "비록 네바강의 진경을 그렸지만, 천고에 어찌 이처럼 꼭 들어맞는 말이 있겠는가(雖寫曳瓦江眞景, 而千古豈有如此之格言)"라고 높이 평가했다.

『환구일록』에도 네바강의 저물녘 경치를 묘사한 대목이 여럿 있는데, 상트페테르부르크에 온 지 열흘 남짓 지난 6월 21일의 일기에는 조금 다른 감각이 담겨 있어 흥미롭다.

> 오후 7시에 네바강을 건너 몇 개의 섬을 돌아보았다. 나무는 푸릇푸릇하고 정원의 수풀은 깊고 그윽하다. 오늘은 예배하는 날이어서 노니는 사람이 더욱 많다. 어느 술집을 찾아 들어가니 강을 끼고 누각을 세웠는데, 배들이 그 아래로 왕래하여 현호정사(玄湖亭榭)의 저물녘 구경을 연상시킨다. 몇 잔의 술을 마시고 산보하며 거닐다가 11시에 공관에 돌아왔다.[97]
>
> ─『환구일록』 6월 21일

네바강이 이국적인 곳임은 분명하지만, 그곳에서 노니는 사람들과 강을 오가는 배들에 집중한다면 그 풍경은 누구에게나 익숙할 법도 하다. 현호정사(玄湖亭榭), 즉 '현호의 정자'는 서울의 오강(五江) 가운데 하나인 현호(玄湖)에 세워진 곳이니, 김득련을 비롯한 사절단은 네바강에서 서울의 나루터 풍경, 그러니까 자신들이 노닐던 고향의 일을 떠올릴 수도 있다. 먼 이국땅에서 문득 찾아오는 향수나 고향에 대한 기억이 그들 마음 한편에 있었을 것이다.

46
집에서 음력 4월 11일에 보낸 편지를 음력 6월 5일에 우편으로 받아서 보았다
陰曆六月初五日, 從郵遞見四月十一日出家書

부모님 떠나온 지 다섯 달 만에 처음 편지 받았는데,
부모님 편안하고 집안 안온하다니 얼마나 기쁜가.
급한 마음에 미처 못 본 소식 있을까 염려되니,
몇 번이나 손에서 말았다가 다시 펼쳤던가.
五朔離闈始見書, 親安家穩喜何如.
惟恐悤悤看未盡, 幾回手裡捲還舒.

음력 6월 5일은 양력 7월 15일이며, 음력 4월 11일은 양력 5월 23일이었다. 7월 15일에 5월 23일의 편지를 받았으니, 편지가 도착하기까지 대략 50여 일이 걸린 셈이다. 이날 윤치호와 민영환 또한 집에서 보낸 편지를 받은 듯하니, 사절단의 편지를 모아서 전달한 모양이다. 김득련과 윤치호는 이 일을 각기 일기에 기록했다.

처음으로 집에서 보낸 편지를 우편으로 받아보았는데, 5월 21일에 부친 것이었다. 넉 달 동안 떨어져 지내다가 부모님의 안부를 받들게 되니, 기쁘고 다행스러운 마음을 이루 헤아릴 수 없다.[98]

─『환구일록』 7월 15일

5월 21일에 쓴 아버지와 어머니의 편지를 오후에 받았다. 편지를 읽으니 행복했다.[99]

—『윤치호 일기』 7월 15일

　『해천추범』에서는 "5월 22일"에 보낸 편지를 받았다고 기록했으니, 민영환은 5월 22일 자 편지를 받은 모양이다. 김득련은 시에서는 5월 23일(음력 4월 11일), 일기에서는 5월 21일에 보낸 편지를 받았다고 했는데, 어느 쪽이 옳은지는 판단하기 어렵다.

　김득련은 머나먼 러시아 땅에서 첫 편지를 받은 반가움을 시로 읊었다.

　제1구에서는 "오삭이위(五朔離闈)"를 말했는데, 여기서 "이위(離闈)"는 부모님 계신 곳을 떠난다는 뜻이다. 처자보다는 부모님을 먼저 내세우는 표현을 쓴 것이다. 또 김득련은 4월 1일, 즉 음력 2월 19일에 집을 떠났으니, 이날(음력 6월 5일)은 음력으로 환산하면 다섯 달째가 된다. 제2구에서는 편지의 내용을 말했는데, 부모님과 집안 모두 별 탈이 없다는 것이다. 근심을 덜고 기뻐하게 된 것은 당연한 일이다.

　제3구에서는 편지가 왔다는 사실에서 얻은 기쁨과 편지에서 평안하다는 안부를 읽은 안도감이 가라앉으면서 혹시 생긴 일말의 의구심을 말했다. 혹시 편지에서 놓친 소식은 없었을까? 제4구에서는 그로 인해 편지를 자꾸만 다시 펴보게 되고 마는 행동을 포착할 수 있다. 제3구와 제4구에서 그려낸 김득련의 모습은, 어떤 의구심보다는 편지를 보면서 얻은 반가운 마음을 되새겨 보고자 하는 심정을 품은 쪽에 가까울 법도 하다.

47

계정 공사가 율시 한 수를 지어주시니, 곧 원운(元韻)에 차운하여 받들어 올린다

桂庭公使見贈一律, 因次原韻奉呈

빛나는 사신의 임무를 받은 초봄,
사행길 모시면서 기거를 함께했네.
안개에 숨은 남산의 표범 되기는 어려우니,
바람 타고 오르는 북해의 물고기를 홀연 보았네.
지구 돌며 기이한 볼거리 날로 풍부해지는데,
전보 쳐서 먼 곳의 소식을 자주 전하네.
러시아 수도 사신의 일 이제 마쳤으니,
배와 수레 빌려 타고 시베리아 거쳐 돌아갈지라.

皇皇玉節啓春初, 一路陪遊共起居.
終難霧隱南山豹, 忽見風搏北海魚.
奇觀日富環璆際, 遠信頻通打電餘.
使事俄京今告竣, 歸程西伯[*]賃船車.

"계정(桂庭)"은 민영환의 호이다. 김득련이 민영환과 수창(酬唱)한 흔적은 앞서 몇 작품에서 찾을 수 있었는데, 이 시에서는 김득련이 그것

---

* (원주) 장차 시베리아를 거쳐 돌아갈 것이다(將由西伯里復路).

을 직접 밝혔다. 민영환은 김득련에게 주는 시의 제목에서 그 경위를 더 상세히 밝혔으니, 그의 시를 먼저 살펴보기로 한다.

> 나는 참서관 김득련과 십수 년 이래 마음을 터놓고 지내며 또 세교(世交)의 정이 있으니, 이것이 그가 이 용렬하고 어리석은 병든 사내를 저버리지 않고 조선 500년 이래로 아직 밟아보지 못한 땅에 집안 식구도 돌보지 않고 수많은 산과 물을 건너며 나와 동행한 까닭이다. 앉을 때면 같은 자리에 앉고 길을 갈 때면 같은 수레를 타서 하늘 끝에 닿음에 나그네 시름과 고향 그리는 마음을 참으로 버리기 어려워 문득 시 한 수를 완성하니, 하나는 두 사람의 정을 위함이요, 하나는 회포를 풀기 위함이다. 이는 가히 천년의 기이한 인연이라 할 수 있을 것이다.
> 儂與金參書得鍊, 十數年來, 以相論心, 又有通家之情, 所以不棄此庸愚之一病夫, 五百年來未踐之地, 忘家累而同我行千山萬水, 坐則同席, 行則同車, 及到天涯, 客愁鄉緖, 實難除却, 猝成一首, 一以爲兩人之情, 一以爲暢懷, 此可謂千載奇綠也.

바다 일렁이고 산이 울창한 3월 초순,
나란히 말 달리고 함께 배 타며 기거도 함께했네.
사람도 새와 같으니 어찌 벗을 구하지 않겠나.
내가 물고기 아니니 물고기의 즐거움을 어찌 알겠나.
백 일 동안 나그네 되니 세 대륙 바깥이요,
한밤중에 집에 돌아가니 한 조각 꿈이라네.

경세제민(經世濟民)의 방책 도모할 높은 재주 갖췄으니,

그대 시 읊고 일기 써서 앞 수레에 싣는구려.

海山鬱鬱暮春初, 幷馬同舟伴起居.

友不求乎人亦鳥, 樂何知也我非魚.

十旬爲客三洲外, 半夜歸家一夢餘.

高手可圖經濟策, 以詩以記載前車.

― '해천춘범소집'

긴 제목에는 민영환과 김득련의 관계, 민영환이 가진 고마움의 감정이 표현되어 있다. 그런데 이 제목은 다소 불분명하거나 부정확하게 번역된 바 있으며, 그 때문에 두 사람의 관계에 대한 오해가 널리 퍼지기도 했던 듯하다. "통가지정(通家之情)"을 친척의 정으로 잘못 번역한 것이 그 오해의 출발점인 듯한데, "통가(通家)"는 선대로부터 교분이 있는 집안을 뜻하는 말이니 '통가지정'이 있다는 구절은 곧 세의(世誼) 또는 세교(世交)가 있는 집안 사이라는 뜻이 된다. "가누(家累)"도 '집의 누(累)한 것'으로 번역되어 독자를 혼란스럽게 했는데, 이 말은 가문의 재산이라는 뜻으로도 쓰이지만 여기서는 '가권(家眷)', 즉 식구라는 뜻으로 풀이해야 문맥이 통한다. 한유의 「이고에게 주는 글(與李翶書)」에 있는 "식구는 겨우 30명(家累僅三十口)"이라는 구절에서 그 용례를 찾을 수 있다. 민영환의 표현대로 두 사람의 동행은 '기연(奇緣)'에서 유래한 것이라 할 수 있겠지만, 친척이나 인척 관계여서 동행하게 되었다고 할 수는 없는 것이다.

민영환은 이 시를 통해 100일 동안 동고동락하는 김득련에게 우정을 표하고 나아가 김득련의 재주를 칭송한다. 제1구에서는 "모춘초(暮春初)", 즉 3월 초순이라는 시간을 언급했는데, 사절단이 음력 2월 19일에 서울을 떠났으니 3월 초순은 사행을 떠난 지 얼마 지나지 않은 시점이 되는 셈이다. 제3구와 제4구에서는 전고를 활용하여 김득련과의 동행을 표현했다. 제3구는 『시경』 「소아(小雅)」의 〈벌목(伐木)〉에 있는 "저 새를 보니, 새도 벗을 부르는데, 더구나 우리 사람들이, 벗을 찾지 않으랴(相彼鳥矣, 猶求友聲, 矧伊人矣, 不求友生)"라는 구절을 인용한 것인데, 이는 곧 새처럼 사람도 벗을 찾는 마음이 있음을 말한다. 제4구는 『장자』 「추수(秋水)」에 실린 장자와 혜자(惠子)의 대화에서 인용한 것인데, 장자가 물고기의 즐거움에 대해 말하니 혜자가 "그대가 물고기가 아닌데 어찌 물고기의 즐거움을 아는가(子非魚, 焉知魚之樂)"라고 반문했다고 한다. 제6구는 〈모스크바 공관에서 꿈을 기록하다〉에서 그렸던 꿈을 언급한 듯하다. 제8구는 현재 김득련이 하는 일을 말한 것인데, 민영환이 생각하는 『환구음초』와 『환구일록』의 목적은 "앞 수레에 싣는 것(載前車)"임을 여기서 알 수 있다. 앞 수레에 싣는다는 것은 곧 '전거지감(前車之鑑)'을 말하는데, 이는 앞에 간 수레가 뒤집히는 것을 보고 뒤에 따라오는 수레가 거울삼는다는 고사에서 유래한 말이다.

김득련은 민영환의 시를 받고 아마도 자신을 알아주는 데 대한 감사의 마음을 가졌을 법하다. 그래서인지 차운시에서는 그에 대한 답례일 수 있는 내용을 담았다. 김득련은 민영환이 얼마나 훌륭한 자질을 지녔으며 뛰어난 업적을 쌓고 있는지를 차운시에서 풀어낸다. 이 차운시에서는 운자(韻字) 외에 구성이나 표현 등에서도 민영환의 시와 유사한 점을 발견할 수 있다. 화답의 의미가 컸기 때문일 것이다.

　제1구와 제2구에서는 초봄에 사절의 임무를 받아 공사를 배종(陪從)하며 함께 생활했음을 말했다. 민영환은 3월 11일(음력 1월 28일)에 특명전권공사의 직을 받았으니, 이를 "계춘초(啓春初)"라 이른 듯하다. "황황(皇皇)"은 아름답고 성한 모습을 뜻하는 말이며, "옥절(玉節)"은 옥으로 만든 부신(符信)이니 곧 사신의 직임을 받았다는 말이다. 『시경』 「소아(小雅)」에 사절을 보낼 때 부르게 했다는 노래인 '황황자화(皇皇者華)'가 있으니, 사절의 임무를 맡게 된 까닭에 "황황"이라는 말을 썼을 것이다.

　제3구와 제4구에서는 전고를 활용하여 민영환의 재능과 성취를 말했는데, 앞서 살펴보았듯이 민영환의 시에서도 제3구와 제4구에서 전고를 인용한 바 있다. 제3구는 『열녀전(列女傳)』 「도답자처(陶答子妻)」에 있는 남산현표(南山玄豹) 또는 남산무표(南山霧豹)의 고사를 인용한 것인데, 민영환과 같은 인재가 명성과 재능을 온전히 하기 위해 은거하려 하나 결국 세상 밖으로 나올 수밖에 없었음을 말한 것이다. '도답자 아내'의 말에 따르면 남산의 표범은 안개비가 올 적에 자신의 털을 더럽힐까 염려하여 밖을 나오지 않고 굴속에 꼭 숨어서 지내는데, 이 때문에 안개비가 내리는 7일 동안 먹지도 않는다고 한다. 제4구는 『장자』 「소요유(逍遙遊)」에 있는 북명(北冥)에 산다는 거대한 물고기 '곤(鯤)'의 고사를 인용한 것인데, 곤은 거대한 새 '붕(鵬)'이 되는데 대붕이 남쪽 바다로 갈 때는 "회오리바람을 타고 9만 리 창공으로 날아오른다(搏扶搖而

上者九萬里)"라고 한다. 여기서 '부요(扶搖)'는 회오리바람이니, 시에서는 '搏扶搖'를 '搏風'으로 줄여 인용하기도 한다.

제5구와 제6구에서는 사절단의 상황과 일을 말했으니, 이 또한 민영환의 시와 유사한 구성을 취했다고 할 수 있다. 제6구는 사절단의 일을 보고하는 것을 말한 듯한데, 이는 〈대서양을 건너는 배 안에서〉의 본문에 붙은 "그 사이에 공무(公事)가 있으면, 전보로 대신 아뢰었다(間有公事, 屢以電報代奏)"라는 주석에서 짐작할 수 있다.

제7구와 제8구에서는 현재 상황과 가까운 장래의 일을 말했다. 사신의 임무는 무사히 마무리했으며, 시베리아를 거치는 경로로 귀국할 일이 남았다는 것이다. 민영환이 시베리아를 거치는 길로 귀국하기로 결심한 시점은, 적어도 7월 14일 이전이다. 7월 14일에 러시아 황제를 만나 인사를 올릴 때 이를 말한 바 있으며, 그 이전에 남쪽 길은 괴질로 인해 어렵다는 사실도 이미 파악하고 있었다. 물론 구체적인 귀국 경로와 시기, 교통수단까지 결정하는 시점은 8월 14일 무렵이지만, 대략적인 계획은 꽤 오래전에 마련해 두었던 셈이다.

한 가지 흥미로운 사실은, 원래 김득련이 민영환에게 전한 차운시는 시집에 수록된 시와 몇 구절에 차이가 있었다는 점이다. 민영환의 시 11수를 수록한 '해천춘범소집'에는 제5~8구의 몇 글자가 《환구음초》와는 다른 김득련의 시가 수록되어 있다. 둘의 차이를 살펴보면 민영환의 사절로서의 활동에 집중하는 방식으로 구성이나 표현을 다듬은 흔적을 발견할 수 있다. 다음은 '해천춘범소집'에 수록된 시이다.

빛나는 사신의 임무를 받은 초봄,

사행길 모시면서 기거를 함께했네.

안개에 숨은 남산의 표범 되기는 어려우니,

바람 타고 오르는 북해의 물고기를 홀연 보았네.

지구 돌며 새로운 견문 날로 풍부해지는데,

전보 치는 여가에 고향 소식도 전하네.

러시아 수도 사신의 일 이제 이미 마쳤으니,

돌아갈 행장 속히 꾸리고 배와 수레 빌릴지라.

皇皇玉節啓春初, 一路陪遊共起居.

終難霧隱南山豹, 忽見風搏北海魚.

新聞日富寰球際, 鄕信時通打電餘.

使事俄京今已竣, 歸裝速理賃船車.

48 계정 공사의 '소상자찬'에 삼가 화답하다
謹和桂庭公使小像自贊韻

일찍 문원(文苑)에 올라 문장으로 일을 삼았고,
큰 선비로 보필하니 세상에 공이 있도다.
한결같은 충애(忠愛)의 마음 늘 얼굴빛에 나타나니,
그림이야 어찌 칠분이나마 비슷할 수 있으랴.
早登文苑硯爲農, 大雅扶輪世有功.
忠愛一心常著色, 丹靑那得七分工.

계정(桂庭) 민영환의 '소상자찬(小像自贊)'을 보고, 김득련은 화운시(和韻詩)를 쓴다. 민영환의 시에서 그 경위를 찾아볼 수 있으니, 이를 먼저 아래에 제시한다.

러시아의 수도에 사진국(寫眞局) 하나가 있는데, 손님의 모습을 잘 찍는다고 한다. 두 참서관을 이끌고 함께 갔다. 그 뒤에 내 쇠약한 형상을 장황(裝潢)하였는데, 그림이야 고상하지만 거친 몰골이 이미 드러나 있어서 벗들의 한바탕 웃음거리로 삼을 만했다.
俄京, 有一寫眞局, 善模儀客云, 督兩參書同往, 該后摺一衰狀, 畵則高矣, 麤則已露, 可助知舊之一笑也.

네 모습은 시골 농부에 지나지 않으니,

벼슬아치나 장수가 된들 장차 무슨 공을 세우겠나.

그릇되게도 벼슬 얻어 가문의 명성 떨어뜨렸으니,

감히 맑은 조정에서 백공을 다스리겠는가.

伊貌不過一楚農, 爲卿爲將是何功.

誤忝名器家聲墮, 敢用淸朝理百工.

'해천춘범소집'에는 제2구의 두 번째 '爲'와 '卿' 사이에 한 글자가 빠졌는데, 대략적인 뜻을 짐작하는 데는 지장이 없다. 현재 전하는 사진에 기록된 화상찬을 보면 몇 글자가 다른데 여기서는 화상찬에 따라 옮겼다. 제3구의 "명기(名器)"는 작위(爵位)와 거복(車服)을 뜻하니, 벼슬자리를 비유적으로 일컫는 말이다. 요컨대 모습은 시골 농부와 다를 바 없고 재주가 없는데도 외람되이 벼슬자리를 얻었다고 했으니, 스스로 자신을 낮춘 셈이다. 물론 이는 일종의 희학(戱謔)이며, 자찬(自贊)의 글에서 드물지 않은 표현 방식이다. 민영환은 관복을 입고 사진을 찍었는데, 왜소해 보이기는 해도 쇠약한 형상이라거나 시골 농부라는 말은 지나치다. 그러니 농담조가 다분한 말인 셈이다.

김득련은 이런 농담을 접하고 정색하며 그렇지 않다고 항변한다. 물론 이 또한 당연한 관습일 터이다. 제1구와 제2구에서는 문장으로 명성이 높고 인재로 훌륭히 보필하여 세상에 공이 있다고 했으니, 민영환의 자조(自嘲)에 대한 답변인 셈이다. 여기서 "대아(大雅)"는 덕망이나 학식이 높고 재주가 많은 사람을 뜻하는 말이다. 제3구와 제4구에서는 그림이 오히려 실제 모습보다 못하다고 했으니, 이 또한 다듬고 꾸미고 할 것 없다는 민영환의 말을 뒤집어 실제 모습을 칭송한 셈이 된다. "칠분(七分)"은 10분의 7이며, "공(工)"은 '공교롭다' 또는 '정교하다'라는 뜻이다.

49

골비노 마을의 천문대를 가서 관람하고 돌아오면서 산에 올라 짓다

往觀鶻比老邨天文臺 歸路登山有作

전공 기념한 문 바깥에 높은 산 있네.
서양 제패하고선 개선가 울리며 귀환했으리라.
만호(萬戶) 큰 도성엔 금빛 장식 찬란하고,
구가(九街) 넓은 거리엔 전기등 와사등 밝혔겠지.
시계 종소리 땅에서 울려 시간을 맞추고,
망원경 천문대 앞에 걸어 별들을 당겨놓네.
석양에 수레 멈추고 멀리까지 바라보니,
흉금이 깨끗해져 속세의 먼지 사라지네.

紀功門外有高山,* 遂覇西洋奏凱還.
萬戶城臨金碧裡, 九街燈發電煤間.**
鐘鳴地底時辰合,*** 鏡掛臺前星斗攀.****
斜日停車窮遠矚, 胸襟灑落俗塵刪.

---

* (원주) 전 러시아 황제 알렉산드르 1세가 나폴레옹을 격파하고 철문을 세워서 전공(戰功)을 기념하였다(前俄皇亞歷山得一世, 破拏破倫, 作鐵門紀功).

** (원주) 도성 안을 내려다보았다(俯瞰都內).

*** (원주) 지상층 건물 방에 시계를 하나 두었는데 분초도 어긋나지 않는다. 이 시계를 기준으로 삼아 상트페테르부르크에서 오포(午砲)를 쏜다(置一時表於地室, 分秒不差, 以此準彼得都午礮).

**** (원주) 1만 배를 볼 수 있는 망원경으로 천문을 관측한다(望遠鏡可見萬倍, 以觀天文).

7월 31일 저녁에 사절단은 풀코바 천문대를 방문했고, 김득련은 '죽지사' 한 편을 써서 이 천문대의 관측 장면과 서양 천문학의 의미를 담은 바 있다. '상트페테르부르크 죽지사'의 마지막 작품인 〈천문대〉가 그것이다. 그렇지만 천문대를 오가며 얻은 견문은 스물 여덟 자의 짧은 시에 모두 담을 수 없었던지, 『환구일록』에도 이날의 일을 상세히 기록했다. 그리고 돌아오는 길에 썼다는 이 시에 붙인 주석에 미처 일기에 쓰지 못한 정보를 담았다. 동행했던 윤치호의 기록에서도 천문대 방문길에서 얻은 견문의 흔적을 찾아볼 수 있다. 윤치호는 천문대로 가면서 그곳의 역사와 풍경까지 기록했다.

오후 6시 반에 민영환, 술고래[김득련], 블란손과 함께 사륜마차를 타고 풀코바 천문대(Pulkova Observatory)로 갔다. 도시와 천문대 사이의 길은 그늘을 드리운 나무가 심어진 채 화살처럼 쭉 뻗어 있었다. 모스크바 개선문은 알렉산드르 1세가 나폴레옹에게 승리한 것을 기념해 세워진 것으로 도시가 지방으로 합류되는 지점에 있다. 그 천문대는 규모가 크고 잘 정돈된 공원에 둘러싸여 아름다운 외관을 갖추고 있었다.[100]

— 『윤치호 일기』 7월 31일

'모스크바 개선문(Moscow Triumphal Gate)'은 페르시아, 튀르키예, 폴란드와의 전쟁에서 승리한 일을 기념하여 상트페테르부르크에 세운 건축물이니, 나폴레옹에게 거둔 승리를 기념한 것은 아니다. 알렉산드르 1세가 나폴레옹의 침공을 막아낸 일을 기념하여 세운 건축물은 나르바 개선문(Narva Triumphal Gate)인데, 모스크바 개선문에서 멀지 않은 곳에 있다. 두 개의 개선문은 모두 숙소에서 풀코바 천문대로 가는 길에 있으니, 아마도 천문대로 향하는 마차에서는 둘 모두를 볼 수 있었을 것이다. 그리고 그때 블란손은 그 내력을 자랑스럽게 소개했을 것인데, 윤치호는 두 개선문에 대한 설명을 들으며 둘을 하나로 혼동했을지도 모른다. 알렉산드르 1세가 나폴레옹의 침공을 막아내고 파리에 입성하기까지의 역사는 러시아의 자부심을 상징하는 일이었는데, 조선의 사절단에게도 대단한 전공(戰功)으로 여겨졌을 법하다.

김득련은 천문대의 견문과 개선문에 얽힌 일화를 겹쳐서 생각했던 듯하다. 알렉산드르 1세 때의 승리가 천문대의 건설과 확장에 영향을 준 것도 부정하기는 어려우니, 지리적인 연상을 넘어서 역사의 연관을 발견하는 착상이라 할 수도 있을 것이다.

제1구에서는 개선문을 거쳐 천문대에 다녀오는 길을 말했다. "높은 산(高山)"이란 아마도 천문대에서 귀가하는 길에 올랐던 산일 것이다. 어쩌면 천문대가 있는 산일 법도 한데, 어느 쪽이건 김득련은 이 산 위에서 개선문이 있는 도시 쪽을 바라보면서 시를 읊게 되었을 것이다. 제2구에서는 개선문을 보면서 러시아의 과거를 떠올린다. 아마도 블란손에게 들었을 알렉산드르 1세의 전공을 생각한 것일 터이다. 제3구와 제4구에서는 당시의 개선 광경을 그려본다. 얼마 전에 대관예식을 치르는 모스크바 시내의 화려한 장식과 연등을 보았으니, 알렉산드르 1세의 개선 광경을 상상하는 일이 어렵지는 않았을 것이다. "만호(萬戶)"는 상트페테르부르크의 수많은 백성을, "구가(九街)"는 상트페테르부르크의 넓은 거리를 가리키는 말로 썼을 것이다. 실제 "구가"는 도성의 넓은 거리를 가리키는 말로 흔히 쓰인다.

　제5구와 제6구에서는 천문대에서의 견문을 말했다. 시계와 거울(망원경), 지상과 대전(臺前), 시간과 별로 두 구는 대를 맞추고 있는데, 『환구일록』의 7월 31일 일기를 참고하지 않으면 그 뜻을 정확히 이해하기는 어려울 법도 하다. 제5구의 "지저(地底)"란 땅바닥이라는 뜻이지만, 돔 부분이 아닌 건물의 어느 방, 즉 지상층의 어느 방이라고 풀이하는 편이 정확할 것이다. 제6구의 대(臺)는 천문대로 이해해야 할 것인데, 〈천문대〉의 제1구에서 언급한 "높은 건물(高臺)"과 같은 말로 풀이할 수도 있을 듯하다.

　제7구와 제8구에서는 현실로 돌아온다. 6시 30분 또는 『환구일록』에서 말한 7시에 천문대로 출발했다고 하면 돌아올 때는 상당히 늦은 밤일 터이지만, 김득련이 곳곳에서 언급하듯이 7월의 러시아에서는 해가 늦게 지니 이때도 "사일(斜日)", 즉 기우는 해를 말할 수 있을 것이다. 속세의 먼지를 모두 씻어버린 듯한 깨끗한 기분을 느끼는 것은 무엇 때문일까? 비록 이전과는 다른 방식이기는 하지만, 천문대와 망원경을 통해 하늘에 한껏 가까이 접근했기 때문이기도 할 법하다.

50 양력 7월 7일
陽曆七月七日

음력, 양력, 러시아력 각기 다르니,
한 해에 세 차례 칠석날 돌아오네.
견우와 직녀여, 오늘 밤 짧다고 한탄하지 마오.
아직도 만날 기회 두 번이나 남았잖소.
陰陽俄曆各差池, 一歲三回七夕時.
雙星莫恨今宵短, 猶有前頭兩會期.

    1896년에 아메리카와 유럽을 거쳐 러시아로 간 사절단은, 아마도 날짜를 말하고 기록할 때 상당한 어려움을 겪었을 듯하다. 이 해에 조선에서는 처음으로 양력(그레고리력)을 사용하게 되었고, 러시아에서는 '러시아력', 즉 그레고리력이 아닌 율리우스력을 사용하고 있었다. 조선에서는 일상생활에서는 여전히 음력을 사용하고 있었으니, 조선의 사절단은 이 세 가지 역법을 모두 사용할 수 있어야 했다. 『환구일록』에서 이 세 가지 역법에 따라 날짜를 표기한 것은, 그런 사정을 잘 보여주는 사례라 할 것이다.

    물론 역법만 이들을 혼란스럽게 했던 것은 아니었을 것이다. 사절단은 태평양에서 날짜변경선을 지나갔는데, 김득련은 그때의 일기에서 '4월 22일'이 두 번 나타나게 되는 원리를 설명한 바 있었다. 그리고 그에 따라 김득련은 『환구일록』에 '4월 22일'의 일기를 두 차례 작성해서 수록했다.

김득련은 양력 7월 7일을 맞이하면서 이 혼란스러울 법한 '세 가지 역법'으로부터 하나의 시상을 떠올린다. '세 개의 역법'은 한 해에 같은 날짜를 세 번 나타나게 한다는 생각으로부터 견우와 직녀의 만남 또한 세 번 이뤄질 수 있다는 발상을 얻을 수 있었던 것이었다. 견우와 직녀가 만난다는 칠석날은 음력 7월 7일이니, 사실 시에서 읊은 양력 7월 7일은 칠석날이 아니었다. 그렇다 한들 견우와 직녀가 만나는 7월 7일이 세 번 돌아온다면 그 정도의 문제는 눈 감을 수 있는 것 아니겠는가?

제1구와 제2구에서는 세 가지 역법으로 인해 한 해에 세 차례의 칠석날이 생길 수 있다는 착상을 펼친다. 제1구의 "차지(差池)"는 고르지 아니하여 차이가 난다는 뜻이다. 제3구와 제4구에서는 견우와 직녀에게 앞으로도 두 차례의 칠석날, 즉 만날 기회가 남았다는 말로 짧은 만남의 아쉬움을 위로한다. 러시아력 7월 7일이 며칠 뒤인 양력 7월 19일이며, 진짜 칠석날인 음력 7월 7일은 양력 8월 15일이다. 그러니 모두가 칠석날이라면 얼마 지나지 않아 두 번의 만남이 이뤄질 것이 아니겠는가? 제3구의 "쌍성(雙星)"은 '두 개의 별'이라는 뜻으로 풀이될 수 있지만, 견우성과 직녀성을 가리키는 말로 사용되고 있었다. 두보의 시 〈설십이장 판관이 시를 보내 준 데 대해 삼가 답하다(奉酬薛十二丈判官見贈)〉에서도 이 말을 찾을 수 있다.

이 시는 참신한 발상을 바탕으로 삼아 시상을 전개하지만, 어느 정도는 희작(戱作)으로 보이기도 한다. 그렇지만 필사본 시집 뒤에 실린 서상교(徐相喬)의 발문에서는 이 작품을 시집의 대표작 가운데 하나로 높이 평가하고 있다. 서상교는 이 시의 제2구인 "한 해에 세 차례 칠석날 돌아오네(一歲三回七夕時)"를 정작(鄭碏, 1533~1603)의 시 〈중구일에 원길에게 부치다(重九寄元吉)〉의 제4구인 "가을 어느 날이 중양절 아니리(九秋何日不重陽)"에 비견될 만한 명구라고 평했는데, 정작의 시구는 『일성록』에 정조가 수원 유생들에게 보인 시취(試取)의 부제로 기록될 만큼 널리 알려진 구절이기도 했다. 발상이 유사해 보이기도 하지만, 그것만으로 이 작품을 높이 평가하지는 않았을 것이다.

> **51** 비서랑 소석 민경식과 참서관 월산 주석면이 유람신사로서 남쪽 길[상하이로부터 떠나 오데사항에 정박하였다]로 여기에 도착했는데, 사행은 장차 머지않아 돌아갈 것이기에 이 시를 읊어 회포를 편다.
> 閔小石秘書郞[景植]·朱月山參書官[錫冕], 以遊覽紳士, 從南路[自上海來泊烏啼沙港]來到, 而使行將非久回程. 賦此敍懷.

어명 받들어 내 중춘(仲春)에 떠났으니,
미주와 유럽에서 견문을 새롭게 했네.
달리고 달리느라 몸은 이미 쇠처럼 단련되었건만,
나그네 생활에 근심하느라 귀밑털은 은빛 되었네.
북쪽 땅에는 재주 닦을 선비 머무르고,
동쪽 향할 배에는 사신이 떠나려 하네.
다시 한마디 드리나니 부지런히 배우시게나.
이러한 때 문명을 진보시켜야 하나니.

唧命吾行自仲春, 美歐諸國見聞新.
驅馳已鍊身如鐵, 覉旅還愁鬢似銀.
北地且留遊藝士, 東檣將發採風人.
一言更贈須勤學, 開進文明迨此辰.

민경식(閔景植, 1871~?)과 주석면(朱錫冕, 1859~?)은 사절단이 떠난

지 불과 사흘 뒤에 러시아로 출발했지만 7월 15일에야 상트페테르부르크에 도착했다. 김득련은 이들이 겪은 고난을 귀 기울여 들었던 듯한데, 일기에 다음과 같이 기록했다.

> 오후 7시에 비서랑 민경식과 참서관 주석면이 '유람신사(遊覽紳士)'로 이곳에 왔다. 먼 이국에서 반갑게 손을 맞잡으니, 보통의 만남에 비길 바가 아니다. 들건대 4월 초에 협판 성기운과 함께 한성을 떠났는데[사절단보다 사흘 뒤에 출발했다], 배를 기다리다가 옌타이와 상하이에서 여러 날 체류하였다 한다. 또 성 협판은 병이 있어 상하이에서 되돌아갔고, 두 사람은 홍콩과 싱가포르를 거쳐 이집트에 이르렀는데 그곳에 괴질이 있어 배가 지나가는 것을 허가하지 않아서 또 10여 일을 머물렀으며 튀르키예를 거쳐 러시아 남쪽 국경의 오데사항으로 입국하여 기차를 타고 이제야 겨우 여기에 도착할 수 있었다고 한다. 도중에 타는 듯한 더위로 매우 고생하였는데, 아덴(亞丁, Aden) 등지에는 비가 내리지 않은 지 이미 7년이 되었다고 한다.[101]
>
> ―『환구일록』 7월 15일

민경식과 주석면의 임무 또는 목적이 무엇인지는 사실 분명하지 않다. 김득련은 이들을 "유람신사(遊覽紳士)"라고 지칭했는데, '외국에 나가 둘러보며 배울 선비' 정도로 풀이될 수 있는 이 명칭은 진짜 목적을 감추기 위해 꾸며낸 말처럼 보이기도 한다. 왜 사절단이 떠난 지 불과 사흘 뒤에 출발했는지, 그리고 미국과 영국이 아닌 이집트와 튀르키예를 거쳐서 '러시아'로 가서 무엇을 보고 무엇을 배우려 했는지 이해하기 어렵기 때문이다. 더욱이 민영환의 재당질(再堂姪)인 민경식은 물론이며 주석면 또한 사절단과 모르는 사이가 아니었으니, 무언가 석연치 않은 점은 분명히 있었다. 『윤치호 일기』에 의하면 민영환은 출국 이전인 3월 30일에 이미 민경식이 포함된 "비밀 사절(a sort of a secret mission)"의 존재를 거론하며 사직을 고려했다고 하는데, 이런 주장을 그대로 받아들일 수는 없다고 하더라도 민경식과 주석면이 단순한 '유람신사'가 아니었으리라고 의심할 만한 정황은 있었던 듯하다. 한편으로 민영환은 이들의 러시아행을 주시하고 있었던 것 같은데, 『윤치호 일기』에는 7월 12일에 민영환이 민경식의 오데사 도착 소식을 담은 전보를 받았다는 기록이 있다.

김득련이 '비밀 사절'과 같은 복잡한 사정을 인지하고 있었는지, 어떤 의심을 품고 있었는지는 현재로서는 알 수 없다. 적어도 일기의 기록에서는 인지나 의심의 흔적을 찾기 어려우며, 시에서도 사정은 마찬가지인 듯하다. 김득련이 시에서 제시하는 민경식과 주석면의 면모는 사실 "유람신사"에 가까워 보인다.

제1구와 제2구에서는 사절단의 일원으로 세계를 돌아본 자신의 경험과 그 가치를 말했다. 서울을 떠난 4월 1일이 음력 2월 19일이니 곧 "중춘(仲春)"에 떠난 것이다. "견문을 새롭게 했다(見聞新)"라는 말은 새로운 것들을 많이 보고 많이 들었다는 뜻이겠으나, 운자이기도 한 "새롭게 한다(新)"라는 말에 어쩌면 약간은 성리학적인 의미를 담았을지도 모른다. 제3구와 제4구에서는 고국을 떠난 이후의 어려움을 요약한 듯하다. 제3구에서 몸이 단련되었다고 한 것도 실상은 그만큼 강행군하면서 힘들었다는 뜻으로 이해되기 때문이다.

제5구와 제6구에서는 러시아에 머물 두 사람과 러시아를 떠날 사절단을 대비시키면서 각각의 역할을 환기한다. "유예사(遊藝士)"는 학문 또는 기예를 익히는 선비라는 뜻이니, '유람신사'와 같은 말이라고 볼 수 있다. "채풍인(採風人)"이란 민간의 노래를 채집하는 사람이란 뜻인데, 결국 왕명으로 어떤 임무를 받아 멀리 나가는 사람, 즉 여기서는 '사신'으로 풀이될 수 있을 것이다. 제7구와 제8구에서는 러시아에 남아 재주를 닦아야 할 '유람신사'들에게 부탁하는 말을 밝혔다. "모름지기 부지런히 배우라(須勤學)"라는 말이 그 핵심일 것이니, 민경식과 주석면에 대한 기대가 큰 까닭에 이처럼 말했을 것이다.

시는 시일 뿐이다. 회고하면서 격려하는 실제 마음이 어떠할지는 이것만으로는 단정하기 어렵다. 윤치호는 7월 16일의 일기에는 김득련과 김도일이 민경식과 주석면에게 자기 침대를 내주려 하지 않았다는 말이 보이는데, 말 이상의 격려는 하고 싶지 않았는지도 모른다. 물론 김득련과 김도일을 별로 좋아하지 않았던 윤치호의 '관찰'이므로, 이 일화를 그대로 받아들일 필요는 없다.

52 계정 공사를 따라 마차를 타고 옐라긴섬에 가서 바람을 쐬며 소석, 월산과 함께 생각나는 대로 읊다
隨桂庭公使乘車往連絡岐島納凉, 同小石月山漫吟

섬에서 노닐며 서늘한 바람 쐬노라니,
석양 비낀 강언덕엔 풀빛이 짙구나.
늘어선 상점엔 기이한 나무 울창하고,
행궁을 둘러싸고 빼어난 꽃 이어지네.
강 위의 철교는 고운 무지개가 뜬 듯하고,
정원 가운데 돌길은 시위 당긴 활이 걸린 듯하네.
상트페테르부르크 한 도회가 가장 번성하나니,
북방 러시아 이로부터 가장 웅대할지라.
周遊島嶼灑凉風, 兩岸斜陽艸色豐.
奇樹鬱蒽開列肆, 名花聯絡繞行宮.
江上鐵橋浮彩蝀, 園中石路掛彎弓.
彼得一都全盛最, 朔方從此擅豪雄.

민경식과 주석면은 7월 15일에 상트페테르부르크에 도착하여 사절단과 함께 지냈는데, 며칠 뒤에 따로 숙소를 얻었다. 그렇지만 왕래를 끊지는 않았으며, 공적인 자리에 동석하기도 했다. 다음은 두 사람이 숙소를 얻은 날의 기록이다.

소석 민경식과 월산 주석면이 공관 문 안의 누옥(樓屋)에 머물 곳을 정하였다. 아침저녁으로 공관에서 식사하고 오가며 담화하여 객지의 회포를 위로하니, 또한 떠도는 부평초와 같은 신세에서 맞이하는 기이한 인연이다.[102]

― 『환구일록』 7월 19일

민영환, 민경식, 주석면을 포함한 사절단 일행이 옐라긴섬을 찾은 것은 피서를 위해서였을 것이다. 김득련은 6월 12일에는 네바강에 놓인 다리를 건너 옐라긴섬을 찾은 바 있었으며, '상트페테르부르크 죽지사'에서 이 섬을 다루기도 했다. 동행하는 이가 조금 늘었겠지만, 섬의 경관이 크게 바뀌지는 않았을 것이다. 시를 읊는 이는 김득련인데, 제목을 보면 이 시를 읊을 때는 민경식, 주석면이 어떤 식으로든 함께 참여했을 가능성도 있다.

제1구와 제2구에서는 옐라긴섬의 저물녘 풍경을 그렸다. 섬에서의 피서인 셈이니, 원래 물을 뿌린다는 뜻의 "쇄(灑)"는 잘 어울리는 글자이다. 비낀 석양과 여름의 짙은 풀빛 또한 어울리는 조합이다. 제3구와 제4구에서는 건물과 초목이 어울린 풍경을 그렸다. 상점까지 늘어선 울창한 나무, 행궁을 둘러싸고 끝없이 이어지는 기화이초(奇花異草)는 이 섬의 여름 경관을 상상하게 한다. 제5구와 제6구에서는 무지개 모양의 철교와 활시위 모양의 길을 말했는데, 무지개 모양의 철교는 앞서 옐라긴섬의 풍경을 묘사할 때도 언급된 바 있다. 제7구와 제8구에서는 러시아의 수도는 이미 전성기이며 러시아 또한 그에 걸맞은 웅대한 시기를 맞이하리라고 했는데, 이는 시상을 마무리하기 위한 표현처럼 보인다.

53 동물원에 유람갔더니 일찍이 보지 못했던 동물들이 있어서 각기 한 편의 시로 읊다
遊生物院有所未曾見者, 各系一詩

1 사자 獅子

그림에서 보던 붉은 갈기와는 전혀 다르니,
긴 얼굴 누런 털에 몸은 곰을 닮았구나.
한 번 포효하면 뭇짐승 제압할 수 있으련만,
어찌하여 힘을 잃고 우리에서 고생하는가.

圖中火鬣本無同, 長面黃毛體似熊.
一吼可能制群獸, 如何失勢困樊籠.

2 악어 鱷魚

뾰족한 주둥이 꿈틀대며 네 다리 늘어뜨리고,
몸에는 갑옷 두르고 물가에 나와 노니네.
한창려가 제사하고 올린 제문 더욱 대단하였으니,
조주로부터 여기로 응당 옮겨왔겠구나.

矢嘴蜿蜒四足垂, 甲身水上出遊時.
昌黎祭後文猶壯, 應自潮州盡此移.

| 3 | **재주 부리는 코끼리 戲象**

소의 몸에 털은 없고 눈은 자그마한데,
어금니 뻗고 코 휘두르며 무대 앞에 서네.
먹고 살고자 춤도 추고 거문고도 연주하나니,
사람 향해 조아리며 먹이 살 돈을 구하네.
牛體無毛眼小穿, 張牙揮鼻立臺前.
戲舞彈琹爲口腹, 向人叩索買餳錢.

| 4 | **검은 꿩과 흰 꿩 黑白雉**

흰색과 검은색이 선명한 꿩 몇 쌍,
때때로 숲속에서 꺽꺽 우는구나.
장차 성인의 조정에 중역하여 바칠지니,
먼 땅에 살고 있을 줄 뉘 알았으리오.
數雙黑白色分明, 時見林間格格鳴.
將爲聖朝重譯獻, 誰知遐土此鍾生.

사절단은 6월 11일에 상트페테르부르크의 식물원과 동물원을 방문했으며, 김득련은 '상트페테르부르크 죽지사'에서 그 두 곳을 다룬 바 있다. 언제인지 또 실제로 방문했는지 확인하기는 어렵지만 서커스장에서 동물을 보았을 가능성이 있으며, 6월 17일에 영화관에 가면서 근처의 동물원을 들렀을 가능성도 있다. 또한 6월 14일에 블란손의 집이 있는 황촌을 방문했을 때는 근처에 있는 코끼리 훈련장에도 들렀다.

여기서 1리쯤 떨어진 곳에 코끼리 훈련소(馴象所)가 있다. 큰 집의 앞쪽에 쇠로 울타리를 만들어 코끼리 한 마리를 가둬놓았다. 어떤 사람이 구령으로 코끼리를 앉게 하거나 나가고 물러나게 하며 코로 팔음금(八音琴)을 연주하게 하니, 이는 모두 가르쳐서 그렇게 된 것이다. 재주를 보이고 돈을 거둬들이니, 또한 이익을 꾀하는 방법이다.[103]

—『환구일록』 6월 14일

코끼리를 가둬놓고 훈련시키는 목적은 오직 돈이다. 동물원이나 서커스장 또한 돈을 벌어들이기 위한 시설이라고 할 수 있다. 이에 대해 김득련은 불편한 마음을 품었던 듯한데, 여기에 "모리지방(謀利之方)"이라는 표현을 쓴 데서 그것을 짐작할 수 있다. 한편 "팔음금(八音琴)"은 보통 오르골로 풀이되는 단어인데, 여기서 코끼리가 연주했다는 '팔음금'이 어떤 것인지는 분명하지 않다.

김득련은 네 편의 작품에서 '일찍이 보지 못했던 동물들'을 묘사하는데, 그 시선은 기본적으로 코끼리 훈련을 보던 데서 크게 벗어나지 않는다. 무언가 편치 않은 마음을 조금씩 드러내는데, 그렇다고 적극적으로 어떤 의견이나 주장을 표명하지는 않는다. 외국죽지사에 가까운 작품의 성격을 고려한다면, 이는 당연한 일일 것이다.

첫째 수에서 다룬 동물은 사자이다. 김득련은 사자를 그림으로 접했던 듯한데, 제1구와 제2구에서는 실제 모습은 그림과는 전혀 달랐다고 했다. 얼굴, 털빛에서 몸집까지 언급했으니, 상당히 자세히 들여다볼 수 있었던 모양이다. 제3구와 제4구에서는 포효하는 소리를 사자의 특징으로 포착했는데, 그처럼 온갖 짐승들을 위압하는 힘을 갖추고도 지금은 우리에 갇힌 채 곤란을 겪는 신세임을 말했다. 사실만 쓴 것일 수도 있고 어떤 비유적이거나 상징적인 뜻을 숨긴 것일 수도 있지만, 확인할 수는 없다.

둘째 수에서 다룬 동물은 악어이다. "鱷"은 '鰐'과 통용된다. 직접 본 일은 없었겠지만, 김득련은 시문에서는 '악어'를 무수히 보았을 것이다. 거세고 큰 파도를 두고 '경파악랑(鯨波鰐浪)'과 같은 표현을 시문에서 흔히 사용하기도 하거니와, 당송팔대가의 한 사람인 한유의 명문장 가운데 하나인 「제악어문(祭鱷魚文)」을 수없이 읽었을 것이다. 한유(韓愈)는 당나라의 문장가로, 자는 퇴지(退之)이며 호는 창려(昌黎)이다. 조주 자사(潮州刺史)로 부임했을 때 그곳의 악계(惡溪)에 사는 악어가 가축과 농산물을 모두 먹어 백성들이 살 수가 없었는데, 한유가 찾아가서 양과 돼지를 물에 던져 제사를 지내고 「제악어문」을 지어 악계에 던졌다. 그날 저녁에 폭풍이 불고 천둥이 치더니, 며칠 만에 그곳의 물이 다 마르고 악어가 사라졌다고 한다.

시로 돌아가 보자. 제1구와 제2구에서는 악어의 외모와 동물원에서 노니는 모습을 그렸다. "시취(矢嘴)"는 화살처럼 뾰족한 주둥이의 모습을 말한 것으로 짐작된다. "완연(蜿蜒)"은 뱀 등이 구불거리며 기어가는 모양을 형용하는 말이니, 마치 땅에 몸통이 닿을 듯이 기어가기 때문에 이처럼 말한 듯하다. 그러면서도 네 개의 다리가 있으니, 뱀과는 다른 셈이다. 여기에 갑옷을 두른 듯한 몸을 더하면 직접 보지 못한 사람도 악어의 외모는 상상할 수 있을 것이다. 제3구와 제4구에서는 한유의「제악어문」을 거론함으로써 러시아 상트페테르부르크에 악어가 있게 된 이유를 상상했다. 제3구는 제물을 바치고 제사 지낸 뒤에 제문을 악계에 던진 일을 말한 것이며, 제4구는 한유의 제문으로 인해 말라버린 조주에 있을 수 없게 된 악어들이 사라졌다고 하더니 결국 모두 이곳 상트페테르부르크로 옮겼던 것이라고 상상한 것이다.

셋째 수에서 다룬 동물은 코끼리이다. 6월 14일에는 훈련시키는 광경까지 보았으니, 여러 차례 관찰하고서 시를 쓸 수 있었을지도 모른다. 제1구와 제2구에서는 코끼리의 외모와 무대에 선 동물원 생활을 그렸다. 대략 소와 비슷해 보이지만 털은 없고 눈은 작다는 것, 거대한 어금니와 긴 코가 있다는 점이 외모상의 특징일 터인데, 다른 동물과는 달리 무대 앞에 서 있다고 했다. 재주를 익히고 재주를 부려서 돈을 얻는 과정과 광경을 보았으니, 김득련의 눈에는 그 모습이 인상적이었을 것이다. 제3구와 제4구에서는 재주를 부리고 돈을 구하는 모습을 그렸는데, 여기서 코끼리가 연주했다는 '거문고(槮)'는 6월 14일 일기에서 말한 '팔음금(八音琴)'과 같은 악기일 듯하다.

넷째 수에서 다룬 동물은 검은 꿩과 흰 꿩이다. 꿩이야 쉽게 접할 수 있는 동물이지만, 그 빛깔이 검은색이나 흰색인 경우는 보기 어렵다. 그래도 굳이 '일찍이 보지 못했던 동물'에 넣을 것까지야 없다고 할지 모르겠으나, '중역헌치(重譯獻雉)'의 고사가 있으니 특별히 관심을 두게 되었으리라고 말할 수 있다. 이 고사는 『후한서』「남만전(南蠻傳)」에 보인다. "교지국의 남쪽에 월상(越裳)이라는 나라가 있었는데, 주공이 섭정한 지 6년에 예악을 제정하여 천하가 화평하니, 월상씨(越裳氏)가 세 마리의 코끼리를 타고 거듭 통역하여 조회를 와서 흰 꿩을 바쳤다(交阯之南有越裳國, 周公居攝六年, 制禮作樂, 天下和平, 越裳以三象重譯而獻白雉)"라고 했는데, 먼 곳에서 찾아와 바친 흰 꿩은 곧 천하가 잘 다스려진다는 징표로 받아들여진 것이다. 뒤에 왕망(王莽)이 변방의 오랑캐들로 하여금 스스로 월상씨라 칭하고 중역(重譯)하여 흰 꿩 한 마리와 검은 꿩 두 마리(白雉一, 黑雉二)를 바치게 했다고 하니, 이는 고사를 활용하여 속임수를 쓴 것이다. 여기서 "중역"이란 두 번 또는 여러 번 통역을 거침을 뜻하는 말인데, 지역이 너무 멀면 여러 차례 통역을 거쳐야 말이 통할 수 있게 되는 것이다.

시로 돌아가 보자. 제1구와 제2구에서는 흰 꿩과 검은 꿩 몇 쌍이 동물원의 숲속에서 생활하는 모습을 그렸다. "색이 분명하다"라는 말은 다른 색이 섞이지 않았다는 뜻으로 이해할 수 있다. 제3구와 제4구에서는 주나라 성왕 때 성조(聖朝), 즉 어진 임금이 다스리는 조정을 위해 여러 차례 통역을 거쳐야 말이 통할 만큼 먼 곳에서 조회를 와서 흰 꿩을 바쳤다는 고사처럼 앞으로 누군가 이 꿩들을 상서(祥瑞)로 바치게 되지나 않을까 하는 상상을 담았다. 사실 고전에서 읽었다 하더라도 흰 꿩이나 검은 꿩의 존재를 믿기는 어려웠을 것인데, 러시아 땅에서 그런 동물을 직접 목격하게 되니 더 이상 의심할 수 없게 되었을 것이다.

김득련은 상트페테르부르크의 동물원에서 많은 동물을 목격할 수 있었을 것이다. 때로는 이름만 들었던 동물, 책에서만 보았거나 고사에서만 들었던 동물을 직접 대면하고 그 경험을 이처럼 시로 읊었다. 어쩌면 뜻밖의 소득이었을 것이다.

그런데 책에서만 본 '신이(神異)한 동물'을 모두 만날 수는 없었다. 실제로 존재할 리 없는 동물도 있기 때문인데, 그런 사례를 7월 24일의 일기에서 찾아볼 수 있다.

> 살피건대『신이경』에서는 "북방에는 얼음이 수만 리나 되고 그 두께는 백 길이다. '혜서'가 그 얼음 아래의 땅속에 사는데 그 털의 길이가 8척이니, 그것으로 이불을 만들어 바람과 추위를 막을 수 있다"라고 하였다. 시험 삼아 러시아 사람에게 물어보았더니, 그런 동물을 아는 사람이 전혀 없었다. 어떤 이는 "북극의 얼음은 매우 두껍고 멀리까지 퍼져 있는데, 얼음 아래에는 바닥이 없다. 비록 파서 바닥을 본다고 할지라도 모두 물이며 흙은 아니다. 그러니 이런 동물(혜서)은 없다"라고 말했다.[104]
>
> ─『환구일록』 7월 24일

동방삭이 썼다고 전하는『신이경(神異經)』의「북황경(北荒經)」에 혜서(䚶鼠) 또는 계서(磎鼠)라는 전설상의 동물이 언급되어 있는데, 북방의 두꺼운 얼음 아래의 땅속에 산다고 했으니 러시아 사람에게 그런 동물이 있는지 물어본 것이다.『신이경』에서는 그 동물이 쥐처럼 생겼으나 초목을 먹고 무게는 천근이라 했으며, 8척에 이르는 털로 이불을 만들면 추위를 막을 수 있고 가죽으로 북을 덮으면 북소리가 천리까지 간다고 했다. 그렇지만 이와 비슷한 동물은 러시아에서도 발견할 수 없었을 것이다. 다만 『신이경』과 같은 부류의 문헌에 전하는 지리 지식을 러시아에서 확인하려는 시도가 여러 차례 보인다는 점도 유의할 만한데, 전근대와 근대가 공존하던 19세기 말의 조선 지식인의 관심사와 지적 호기심의 방향성을 여기서 조금은 엿볼 수 있기 때문이다.

54 객사에서 우연히 쓰다
旅枕偶題

예전 추옹(秋翁) 가르침을 들었다네.
"운서(韻書)는 곧 내 스승이라네.
일찍이 범공(范公)의 법을 배우는데,
틈만 나면 즐겨 보았지.
이 말을 그대 부디 기억하게나.
분명 내 말 생각날 때 있으리라."
가르치는 방법인 듯하기에,
궁금해도 더 여쭤보지 못했다네.
이제 나는 사절을 따라왔는데,
러시아 도읍에서 돌아갈 날은 더디네.
원래 라틴 문자를 알지 못하니,
서양 여러 나라 글을 어찌 이해할까.
사람 만나면 그저 한 번 웃을 뿐이니,
백치 신세 면하기도 어렵구나.
이보다 더 무료할 수 없건만,
마땅히 즐길 것도 없구나.
행장은 어찌 그리 엉성하게 꾸렸던지,
책이라고는 가져오지 않았네.
겨우 운서 한 권 몸에 지녔고,

붓 한 자루 더 갖췄을 뿐이네.
날마다 한가로이 폈다 접노라니,
절로 생각나는 바 있네.
생각 따라 의경(意境)이 얻어지고,
의경 따라 마음이 옮겨지네.
때론 잊었던 것 깨닫기도 하고,
때론 옛일을 쫓을 수도 있었네.
앉으나 누우나 손에서 놓지 못하니,
점점 재미가 늘어가는구나.
나의 유람 멀고도 장대하니,
보고 들은 것 모두 기이하네.
세 대륙에 사만 리 거치며,
풍속 또한 물어보았네.
쓰고 쓰면서 운을 맞추니,
약간의 시를 얻을 수 있었네.
이번 길에 이 책 없었다면,
한갓 몰자비(沒字碑)나 되었겠지.
글자마다 막힌 마음 틔워주니,
다른 스승 또 있어야겠나.
아득히 그때 말씀 생각해 보니,
추옹은 나를 속이지 않으셨구나.
昔聞秋翁誨,* 韻書卽吾師.

嘗學范公法, 無事喜看之.
此言君須記, 必有想吾時.
意謂教人術, 更不叩其疑.
今我隨使節, 俄都歸夢遲.
素昧臘丁字,** 豈解諸邦詞.
逢人輒一笑, 難免做白痴.
無聊莫此甚, 消受沒良資.
行裝何草草, 書籍本不持.
只將韻一册, 兼存筆一枝.
日日開舒捲, 自然有所思.
因思而境得, 因境而情移.
或忘處能醒, 或古事可追.
坐臥手難釋, 漸覺味生滋.
我遊遠且壯, 聞見儘多奇.
三洲四萬里, 風俗亦詢諮.
謄述仍叶韻, 可得若干詩.
此行無此册, 徒作沒字碑.
字字開茅塞, 餘師復有誰.
緬憶當年語, 秋翁不我欺.

* (원주) 고환당 강위 선생의 다른 호는 추금이다(姜古懽先生, 一號秋琴).
** (원주) 서양의 문자는 그리스로부터 시작되었다(西國文字, 自希臘始).

"여침(旅枕)"은 객지(客地)에서의 잠자리를 뜻하는 말이니, 여기서는 객사(客舍), 즉 사절단의 숙소를 가리키는 말로 이해할 수 있다. 결과적으로는 몇 편의 시 제목에서 사용되었던 '공관(公館)'과 같은 말인 셈이다. 제목으로는 앞서 살펴보았던 〈상트페테르부르크 공관에서 느낀 바 있어〉와 거의 같은 말이라고 할 수도 있는데, 감회의 내용이 같지 않으니 작품에서 드러내는 뜻은 물론 같지 않다. 〈상트페테르부르크 공관에서 느낀 바 있어〉에서는 머나먼 러시아에 사절로 와서 경험했던 일들을 회고하며 고향으로 돌아갈 날을 기다리는 심정을 노래한 바 있다.

이 시는 20운(韻) 40구(句)의 장편이다. 러시아에 사절단으로 온 감회를 비교적 길게 노래한 셈인데, 그러다 보니 말이 통하지 않는 러시아에서 활동하는 중국어 역관으로서의 솔직한 심정을 드러내기도 했다. 『환구음초』를 짓게 된 계기나 배경 또한 여기서 어느 정도 엿볼 수 있을 법하다.

김득련은 스승 강위에 대한 회상으로부터 시상을 끌어낸다. 고환당(古懽堂) 또는 추금(秋琴)이라는 호로 알려진 강위(姜瑋, 1820~1884)는, 육교시사의 리더이자 김득련이 시의 스승으로 받드는 인물이었다. 김득련이 사절단의 일원으로 러시아에 온 1896년은 이미 세상을 떠난 지 10여 년이 지난 시점이었는데, 〈대평원을 지나며〉의 사례에서 살펴보았듯이 김득련은 그의 시구를 활용하는 등의 방식으로 스승을 기리고 있었던 듯하다.

제1구에서 제8구까지는 스승 강위의 가르침을 회상했다. "추옹(秋翁)"은 '추금(秋琴) 노인' 또는 '추금 어르신' 정도의 말이니, 곧 지금은 세상을 떠난 스승 강위를 일컫는 말이다. 강위의 가르침은 '운서는 내 스승'이라는 간단한 말이었는데, 김득련은 무슨 뜻인지 의문이 들었으되 더 묻지는 않았던 모양이다. 강위가 말한 "나를 생각할 때(想吾時)"란 여기서는 결국 나의 그 가르침이 생각날 때라는 뜻으로 풀이할 수 있다.

제9구에서 제16구까지는 러시아에서의 생활을 말했다. 고향 땅에 돌아갈 날은 빨리 오지 않고, 말도 통하지 않는 러시아에서 지내자니 백치나 다름없는 신세라고 했다. 제10구의 "귀몽(歸夢)"은 귀향의 꿈을 뜻하는 말이니, "귀몽지(歸夢遲)"는 고향에 돌아가고 싶은 마음은 간절한데 돌아갈 날은 빨리 오지 않아서 러시아 도읍에서 계속 머무르게 된다는 뜻으로 풀이할 수 있다. 제16구의 "소수(消受)"는 누리면서 쓴다는 말이니, '즐길 만한 것' 정도로 풀이할 수 있다.

제11구에는 "서양의 문자는 그리스로부터 시작되었다(西國文字, 自希臘始)"라는 주석을 붙였는데, 이는 그리스 문자로부터 유래한 라틴 문자, 즉 알파벳을 알지 못한다는 뜻으로 이 주석을 붙인 듯하다. '알파벳(alphabet)'이라는 말 또한 그리스 문자의 첫 두 글자에서 유래한 것이기도 하다. 『환구일록』에서는 서양 문자에 대한 조금 더 자세한 정보도 기록해 두었는데, 참고삼아 살펴볼 만하다. '사주(史籒)'는 주나라 선왕 때의 태사(太史)로, 대전(大篆)을 만들었다고 전해진다.

　　서양 역사를 살피건대, 그리스는 상나라 중엽에 개국하여 처음으로 문자를 만들고 나라 사람들에게 전하였으니 이는 창힐이나 사주(史籒)의 옛 자취와 똑같다. 유럽인들이 문자를 쓴 것은 그리스로부터 비롯되었으며, 그 뒤에 여러 나라에서 각기 그리스 문자의 자모를 가감(加減)하여 각각 그 나라의 말소리에 맞춰 그 나라의 문자로 삼았다.[105]

— 『환구일록』 8월 11일

제17구에서 제28구까지는 러시아에서 시를 쓰게 된 사정을 말했다. 말도 통하지 않고 적당한 소일거리도 없는 러시아 땅인데 읽을 책조차 가져오지 않았고, 어쩔 수 없이 몸에 지닌 운서(韻書)와 붓을 만지작거리다가 시를 쓰게 되었다는 것이다. 운서를 폈다 접었다 하다 보니 생각이 떠오르고, 그 생각(思)은 의경(意境)으로, 그 의경에서 마음(情)으로 이어진다. 이것은 흔히 말하는 작시(作詩)의 과정과 크게 다르지 않다. 운서와 붓을 몸에 지니고 있었기에 이런 일이 가능했을 것이다.

일단 시를 읊기 시작하니, 이제는 쉽게 그만둘 수 없다. 잊었던 것이 머리에 떠오르기도 하고, 옛일도 좇을 수 있을 것만 같은 생각도 든다. "옛일(古事)"이란 자신의 지난날일 수도 있고, 역사에 남은 어떤 일일 수도 있다. "앞으로 올 것은 좇을 수 있다(來者可追)"라는 말이 일반적으로 통용되지만, 옛일 또한 그러하다는 것이다. 과거를 추억(追憶)할 수도 있고, 역사나 고적을 뒤좇아 가볼 수도 있다. 그러다 보니 자신이 시를 읊는 데 재미를 느끼게 되었음을 깨닫게 된다. 이것이 시를 계속 쓸 수밖에 없는 이유일 것이다.

제29구에서 제36구까지는 사절단으로 와서 많은 시를 쓰게 된 경위를 말했다. 멀리까지 오면서 수많은 장관을 보았으니 기이한 견문을 얻었고, 그렇게 먼 땅의 풍속도 물어서 어느 정도 알게 되었으니 풍부한 쓸거리를 마련한 셈이다. 운을 맞춰서 써가니, 곧 상당한 시를 짓게 된 것이다. 김득련은 이 책, 즉 운서가 없었다면 '몰자비(沒字碑)'나 되었으리라고 술회했는데, 몰자비란 원래는 글이 새겨져 있지 않은 비석을 뜻하는 말인데 그런 비석처럼 겉모양만 그럴듯하고 별 가치는 없는 사람을 이르는 말로도 쓰이고는 했다. 『오대사(五代史)』에는 최협(崔協)을 '몰자비'로 불렀다거나 안숙천(安叔千)을 '안몰자(安沒字)'로 불렀다는 등의 이야기가 전해진다. 한편 여기서는 이 시들, 즉 『환구음초』 덕분에 자신은 '몰자비'의 신세를 면했다는 안도감이나 약간의 자부심도 읽어볼 수도 있다.

제37구에서 제40구까지는 '운서는 내 스승'이라는 추금 선생의 가르침이 옳았음을 깨달았다고 밝히며 시상을 마무리한다. 스승의 가르침을 받으면서 남았던 의문에 대한 답을 스스로 찾았다는 것인데, 이로 인해 시가 깔끔한 구성을 갖추게 되었다고 평할 수 있다. "모색(茅塞)"은 길이 띠(茅)로 인하여 막힌다는 뜻이니, 물욕에 가린 어리석은 마음을 비유하는 말이다. 깨닫지 못하고 어리석은 채로 막힌 마음은 시를 쓰면서 열리게 되었으니, 시를 쓰게 만든 운서 이외에 다른 스승은 필요하지 않은 셈이다. 그런 생각은 결국 스승 강위의 가르침이 옳았다는 깨달음으로 이끌게 된다는 것이다.

상트페테르부르크 객사에서 얻은 깨달음은 한편으로는 스승 강위에 대한 추모의 정을 담은 것이라고도 말할 수 있다. 스승이 추천한 스승, 그것이 참된 스승이라는 구도는 결국 자신이 이룬 성취가 스승과 떼려야 뗄 수 없다는 뜻을 담은 것이기도 하다. 이러한 일련의 생각을 하면서 김득련은 스승의 가르침을 되새겨 보았을 것이다. 초기의 개화사상가로 일컬어짐에도 그 면모가 온전히 드러나지는 않은 인물인 강위의 위상을 이렇게 요약한다면, 김득련의 『환구음초』는 그 부분이나마 찾아낼 수 있는 단서 가운데 하나가 될 수 없을까? 더 따져보아야 할 과제일 것이다.

한편 이 시에서 『환구음초』의 계기를 찾으려 한다면, 지나치게 자구(字句)에 얽매일 필요는 없을 듯도 하다. 시의 표현과 역사 혹은 사실의 기록은 다르기 때문이다. 예를 들어보자. 앞서 윤치호는 김득련이 무엇인가 "옮겨 적는다(copy)"라고 기록한 바 있는데, 이 말을 그대로 받아들인다면 그것은 책을 가져오지 않았다는 제18구의 표현과 모순될 수 있다. 그렇지만 제18구는 읽으면서 시간을 보낼 수 있는 책은 챙겨오지 못했다는 약간은 과장이 섞인 표현이거나 운서를 뒤적이며 시 쓰는 것 말고는 할 일이 없었다는 상황을 그려낸 표현으로 이해해야 자연스러울 것이다. 물론 시가 가진 제약이 작동하고 있다는 점도 함께 고려해야 할 것이다.

> **55** 사행이 돌아갈 날이 8월 19일로 정해졌다. 소석과 월산은 이곳에 남아 더 머무를 것이기에 시를 지어 이별을 적는다.
> 使行回期, 定于八月十九日. 小石·月山將落留此地, 詩以志別.

① 소석에게 주다 贈小石

청년 학사 장대한 유람이 많았으니,
작년엔 미국, 올해는 유럽, 다시 러시아라네.
모름지기 각국의 정치와 제도 잘 배우시게나.
훗날 정사 보좌하며 혼란을 막아야 할지니.
英年學士壯遊多, 昨美今歐轉入俄.
各國政規須盡習, 佐治他日鎭騷訛.

② 월산에게 주다 贈月山

러시아에 머무르며 언어를 배우고,
많이 보고 듣되 참된 근원 찾아보게나.
돌아올 때 나라 다스릴 방책을 올릴지니,
조금이나마 성은에 보답할 길만 생각하시게.
因住俄邦學語言, 見聞多處溯眞源.
歸時將獻治平策, 一念涓埃答聖恩.

민경식과 주석면은 7월 15일에 '유람신사'를 자처하며 상트페테르부르크에 도착했고, 이후 사절단과 가깝게 지냈다. 윤치호의 기록에서는 이들에게 비밀스러운 목적이 있었으리라는 정황을 찾아볼 수 있지만, 김득련은 그런 낌새를 알아차리지 못했는지 몰라도 '다른 목적'에 대한 언급을 남기지는 않았다. 적어도 표면적으로는, 김득련에게 이들은 계속 '유람신사' 그 이상도 그 이하도 아니었던 셈이다.

두 사람을 만난 지 한 달 정도 지난 8월 14일에는 사절단이 돌아갈 일정이 정해진다. 8월 19일에 출발하여 시베리아, 흑룡강(黑龍江), 블라디보스토크(海參威)를 지나고 이어서 원산, 부산, 인천을 거치는 여정이 확정된 것이다. 두 사람의 유람신사, 즉 민경식과 주석면은 사절단이 떠난 이후에도 상트페테르부르크에 머무를 예정이었기에, 김득련은 이들에게 작별의 뜻을 담은 시를 쓴다. 8월 19일에 작별할 이들에게 남기는 증별시(贈別詩)를 쓴 셈인데, 여기에 각각에 대한 당부의 말을 담았다.

소석(小石)은 1871년생인 비서랑 민경식이다. 1852년생인 김득련과는 거의 스무 살 차이가 나는 셈인데, 첫머리에 "영년(英年)", 즉 청년을 거론한 것은 이 때문인지도 모른다. 제1구와 제2구에서는 "장유(壯遊)", 즉 장대한 유람을 언급했는데, 민경식이 그런 유람을 했다는 뜻이라기보다는 예전에는 없었던 그런 유람의 기회가 생겨나고 있다는 뜻일 법하다. 물론 러시아까지 온 민경식은 그런 기회를 얻었거나 앞으로 얻게 될 대표적인 인물 가운데 하나일 것이다. 제3구와 제4구에서는 민경식에게 주는 당부의 말을 담았는데, 세계 각국을 돌아보며 '정규(政規)'를 잘 배워서 뒷날 정사를 보좌할 때 활용할 수 있도록 하라는 것이 그 요점이다. "소와(騷訛)"는 소요와 거짓으로 풀이할 수 있는데, "鎭騷訛"는 적극적으로 해석하자면 제대로 배우고 익혀서 뒷날 잘못된 정보에 바탕을 둔 소란이 일거나 유언비어가 횡행하지 못하도록 하라는 뜻으로 이해할 수 있다.

월산(月山)은 1859년생인 참서관 주석면이다. 김득련과는 일곱 살 차이가 나니, 소석 민경식처럼 청년으로 대하기는 어려웠을 법하다. 오히려 자신이 미처 하지 못한 일이나 떠나면서 되돌아보니 아쉬운 일을 떠올리면서, 여기에 남아 있을 사람에게 그 일을 당부하는 것으로 보이기도 한다. 제1구와 제2구에서는 러시아에서 해야 할 일을 말했다. 언어를 배우는 것, 무엇을 보고 듣더라도 참된 근원을 찾을 것. 쉽지 않은 과제이지만, 김득련으로서는 가장 아쉬웠던 부분인 듯도 하다. 그리고 이 둘은 김득련이 깨달은 '러시아를 비롯한 서양의 문물을 대하는 자세'일 수 있으니, 특별히 주목할 필요도 있을 것이다. 제3구와 제4구에서는 성은에 보답하겠다는 마음을 늘 간직하고 그 결과로 러시아에서의 연구를 바탕으로 '치평책(治平策)'을 써서 바칠 수 있도록 하라고 당부했다. 헌책(獻策)은 오래전부터 외유(外遊)를 통해 얻은 경륜을 드러내는 수단이었으니, 이런 당부는 당연한 일인지도 모른다. 제4구의 "연애(涓埃)"는 가느다란 물줄기와 티끌처럼 보잘것없음을 뜻하는 말이다. 한편 필사본에서는 제1구의 '邦'을 '都'로 바꿨는데, 평측에는 차이가 없다.

56 러시아 해군 장관에게 주다
贈俄國海軍將官

장군은 해군 군함 모는 법을 배우고,
일찍이 호기롭게 오대주를 돌아다녔다네.
기쁘게도 해구에 전운이 잠잠하니,
부둣가 누각에 손님 맞아 밤놀이를 베푸네.
將軍學駕水師舟, 豪氣曾環五大洲.
海門差喜氛塵靖, 邀客艙樓卜夜遊.

"장관(將官)"은 장군을 포함한 장교를 가리키는 말이다. 즉 이 시는 러시아의 해군 장교 또는 장관에게 준 것으로, 이 '장관'은 김득련을 포함한 사절단과 어느 정도 친밀한 사이였으리라고 짐작할 수 있다. 이런 조건에 맞는 인물로는 '해군 장관 후오쓰두푸'가 눈에 띈다. 그는 7월 18일에 조선소(造船廠), 7월 20일에 크론시타트 항구를 방문할 때 동행했고, 8월 4일에는 사절단의 연회에 초청받았으며 8월 19일에는 역까지 나와 사절단을 전송했다. 김영수의 『100년 전의 세계 일주』에 의하면 미국 탐험에도 참여하고 제물포를 여러 차례 왕복하며 동해 연안을 측량하기도 했던 오스트로포프 제독이 곧 '후오쓰두푸'라고 한다.

제1구와 제2구에서는 '해군 장관'의 이력을 말했다. 해군의 배, 즉 군함 모는 법을 배웠다고 했으니 해군 장교로 교육받았을 것이며, 오대주를 돌아다녔다고 했으니 세계 곳곳을 다닐 정도로 많은 항해 경험이 있다는 것이다. 이는 오스트로포프 제독의 이력과 비슷해 보인다.

제3구와 제4구에서는 평화로운 시기여서 밤놀이를 베푼다고 했는데, 그러한 행위의 주체는 사실 분명하지 않다. 제3구의 "분진(氛塵)"은 '나쁜 기운'이나 '세속의 티끌' 정도로 풀이할 수 있는데, 여기서는 '전쟁의 기운'으로 이해하는 편이 자연스러울 듯하다. 해문(海門)은 육지 사이에 낀 바다의 통로이니, 곧 해구(海口)와 같은 말이다. 앞에서 살펴보았던 크론시타트 항구의 포대를 그린 시에서 '해구'와 '해문'이 통용된 사례를 찾아볼 수 있다. 제4구의 "창루(艙樓)"는 선실을 말한 것일 가능성도 있지만, '선창(船艙)', 즉 부두 주변의 누각(樓閣)으로 풀이할 수도 있다. 전자라면 배에서 밤놀이를 베풀었다는 뜻이 되는데, 『환구일록』에서는 그런 일이 있었는지 확인되지 않는다. 후자라면 8월 4일에 사절단이 베푼 "에레스쩌棧", 김영수의 책에 의하면 '에르네스트 식당'에서의 연회를 떠올릴 수 있다. 『환구일록』의 기록에 의지한다면, 8월 4일에 조선의 사절단이 베푼 연회에 '해군 장관'이 참석했고, 김득련이 '해군 장관'의 이력을 듣고 어쩌면 크론시타트 항구 동행 등의 호의에 감사하는 마음으로 시를 써서 주었다고 정리할 수 있을 것이다. 물론 사실로 확정할 만한 단서는 없으니, 이런 해석은 아직은 추측일 뿐이다.

57 염오(念梧) 수원(隨員)이 프랑스어를 배우기 위하여 이제 파리로 간다. 이때 객지에서 객을 전송하며 남북으로 헤어지게 되니 슬퍼서 마음을 가누기 어렵다.
念梧隨員爲學法語, 今往巴黎. 此時客中送客, 南北分路, 悵難爲懷.

동방에서부터 함께 손잡고 와서,
넉 달을 러시아에서 머물렀네.
문 나서면 같은 배와 수레를 탔고,
침상 나란히 하여 함께 쉬었네.
나는 외국의 글을 알지 못하니,
몰자비(沒字碑)와 다를 바 없었네.
그대는 일찍이 영어를 익혔으니,
십 년의 학업을 이미 마쳤네.
아아 나는 귀머거리 벙어리로 행세하며,
그대를 기다렸다가 수작하고 응답했네.
일이 생기면 주선할 능력 있으니,
그대 홀로 고생하며 항상 골몰했네.
이제 다행히 사신의 일 끝나니,
행장 꾸리고 돌아갈 배 알아보네.
부러워라, 그대 글공부에 부지런하여,
기꺼이 마음과 힘을 다 쏟았네.

프랑스어까지 배우려는 생각 품으니,

뜻을 세워 그윽이 분발하는구려.

그대의 총명하고 지혜로운 재주라면,

응당 빨리 성공했음을 고할 것이네.

그대 홀로 남아서 돌아가지 않으니,

가는 이나 머무를 이나 서글퍼 아쉬워하네.

네바강 강변에서 전별연을 베푸나니,

작별하는 이에게 이 말을 전한다오.

우리 일행 북쪽 길로 갈 것이니,

말갈의 산천으로 들어갈지라.

가을바람 맞으며 삼만 리를 지날지며,

장성(長城)의 동굴에선 말에게 물 먹일지라.

생각건대 그대 돌아올 때는,

배 타고 남월(南越)을 지날지라.

모름지기 기이한 사적 모두 찾을지니,

승(乘)과 도올(檮杌)도 메꿀 수 있으리라.

한성에서 다시 만나는 날,

빠뜨리는 것 없이 베껴 쓸지라.

남로와 북로의 기록 합할지니,

한 편의 책으로 인쇄하리라.

携手自東來, 駐俄四閱月.

出門同舟車, 聯榻共息歇.

我昧殊邦書, 無異沒字碣.

君曾演英語, 十年業已卒.

嗟我故聾啞, 酬答待君發.

有事能周旋, 賢勞恒汨汨.

使務幸今竣, 束裝問歸筏.

羡君勤詞令, 不憚心力竭.

法語又欲學, 銳志奮幽勃.

以若聰慧才, 速成應告厥.

落後而不還, 去留悵忽忽.

設餞曳瓦江, 贈別相謂曰.

此行從北路, 山川入靺鞨.

秋風三萬里, 飲馬長城窟.

想君賦歸時, 航海經南越.

奇蹟須盡搜, 亦可備乘杌.

漢城重逢日, 繕寫無遺闕.

合將南北記, 一篇付剞劂.

염오(念梧)는 윤치호이다. 윤치호는 김득련에게 그리 호의적이지 않았는데, 모스크바에서 보낸 마지막 날인 6월 7일의 일기에서는 김득련이 식사하는 모습을 말이나 물고기, 돼지에 비기며 "불쾌하다(disagreeable)"라고 기록하기도 했다. 때로는 유학, 조선의 조정 또는 민영환에 대한 불만까지 김득련을 향해 쏟아내듯이 일기에 기록했으니, 김득련이 이런 속마음을 알았다면 상당히 불편했을 법도 하다. 어쨌거나 김득련은 그런 기록을 남기지는 않았으며, 태평양을 건너는 배에서 입은 부상을 근심한다거나 프랑스어 학습에 열중하는 모습을 부러워하는 등 윤치호를 약간은 우호적인 시선으로 보기도 했다.

> 염오 윤치호는 서울에 있을 때 정동학교에서 프랑스어를 조금 배웠다. 여기에 도착한 뒤에 봉급 40원에 여교사 한 사람을 구하였는데, 오전 11시에 배우러 가서 오후 1시에 돌아오기가 어느새 한 달이 되니 점차 진보하는 모습이 나타난다. 이는 힘을 기울여 부지런히 공부한 결과이니, 다른 사람이 부러워한다.[106]
>
> —『환구일록』 7월 11일

러시아에서의 프랑스어 학습에 관한 기록인데, 김득련의 눈에는 상당히 긍정적으로 비쳤던 듯하다. 어쩌면 주석면에게 준 짧은 증별시에서 "언어를 배운다(學言語)"는 문제를 언급한 것도 이런 영향인지 모른다. 윤치호가 느끼는 러시아에서의 프랑스어 학습 환경이나 이유 등과는 별개로, '역관' 출신인 김득련은 그것이 상당히 중요한 일이라고 느꼈을 법도 하다.

8월 14일에 사절단의 귀국 일정이 19일로 정해지는데, 윤치호는 프랑스어 공부를 위해 귀국을 미루기로 한다. 이는 윤치호와의 이별을 의미하는 것으로 김득련은 다음과 같이 기록했다.

떠날 날짜가 점차 다가오니 행장을 꾸렸는데, 염오 윤치호는 프랑스어가 아직 능숙해지지 않은 까닭에 잔류해서 머물며 몇 달 배우고 나서 남쪽 길로 돌아오기로 정했다. 배와 수레에서 함께 고생하며 4만 리 길을 오고 5개월을 밤낮으로 마주하다가 이처럼 헤어지게 되니, 참으로 섭섭한 마음을 가누기 어렵다.[107]

— 『환구일록』 8월 15일

염오 윤치호는 이미 여기에 잔류해서 머물며 프랑스어를 배우기로 했으나, 도리어 많이 불편할 듯하여 프랑스 수도 파리로 가서 머물기로 했다. 오후 8시에 기차로 떠나게 되니 함께 정거장에 가서 손을 맞잡고 전송하였다. 아득히 수레(기차)에서 이는 티끌을 바라보니, 암담하게 사람의 혼을 녹여내는 이별의 심정을 이기지 못했다.[108]

— 『환구일록』 8월 18일

윤치호는 8월 15일 이전에 잔류를 결정하고, 이후 15일부터 18일 사이에 파리행을 결정했을 것이다. 4만 리 길을 동행하고 5개월을 대면하면 여러 감정이 생길 것이다. 상트페테르부르크에서는 제법 긴 시간 동안 방을 함께 쓰기도 했으니 더욱 그러할 것이다. 그렇지만 작별을 앞두고는 슬프고 아쉬운 감정이 앞섰던 모양이다.

8월 18일의 일기에서는 표현의 문제도 눈여겨볼 만하다. 기차를 타고 떠나는 장면을 묘사하면서 "거진(車塵)", 즉 수레가 가면서 일어나는 먼지를 말했으니, 한문의 문맥을 떠나면 어색한 표현이라고 할 수 있다. "암연소혼(黯然銷魂)"은 너무나 슬퍼서 혼을 녹이는 듯하다는 말인데, 작별에 특별한 의미를 부여하는 표현은 아니다. 남조 양나라 강엄(江淹)의 〈별부(別賦)〉 서두에 있는 "암담하게 사람의 혼을 녹이는 것은 오직 이별일 따름이다(黯然銷魂者, 唯別而已矣)"라는 말을 인용한 것으로, 어느 정도는 작별의 심정을 묘사하는 데 사용되는 관용적 표현이기도 하다. 그래서인지 직역하면 다소 과하게 느껴지기도 한다.

김득련은 윤치호와의 작별을 앞두고 그 슬픈 마음을 18운(韻) 36구(句)의 장편으로 그렸다. 제목에 윤치호가 파리로 간다는 말이 있으니, 아마도 8월 15일부터 18일 사이에 썼을 듯하다.

제1구에서 제4구까지는 사절단으로 동행하며 동고동락했음을 말했다. 5월 19일(음력 4월 7일)에 바르샤바를 떠나 러시아 땅에 들어섰고 8월 18일(음력 7월 6일)에 윤치호가 파리로 떠나게 되었으니, 러시아에 함께 머문 기간이 4개월이 되는 셈이다. "탑(榻)"은 앉거나 눕는 데 쓰는 가구를 가리키는 말로 의자나 안석(案席)에서부터 평상과 침상까지 모두 여기에 해당한다. 여기서는 침상으로 풀이했지만, 의자나 안석, 평상까지 포함한 말로 이해하는 편이 자연스럽다. 즉 제4구는 쉴 때도 같은 곳에서 쉬었다는 뜻으로 이해된다.

제5구에서 제12구까지는 윤치호에 대한 고마움과 위로의 뜻을 밝혔다. "수방(殊邦)"은 다른 나라 곧 외국을 뜻하는 말인데, 여기서는 서양 여러 나라를 가리킨다. "몰자비"는 〈객사에서 우연히 쓰다〉에서도 자신의 신세를 빗대 사용했던 말로, 원래는 글이 새겨져 있지 않은 비석을 뜻하지만, 겉모양만 그럴듯하고 별 가치는 없는 사람을 가리키는 말로 쓰이고는 했다. 외모는 위풍당당해도 글을 깨치지 못했던 안숙천(安叔千)이 '안몰자(安沒字)'라고 불리며 조롱당했듯이, '중국어 역관' 김득련도 여기서는 글을 깨치지 못한 몰자비와 다를 바 없는 것이다. 〈객사에서 우연히 쓰다〉에서는 『환구음초』 덕분에 '몰자비'의 신세를 면했다고 자신을 위로할 수도 있었지만, "수답(酬答)", 즉 말을 주고받거나 답변해야 하는 상황에서는 영락없는 '몰자비'인 것이다. 10년의 학업을 마쳐 영어에 능숙한 윤치호는 '몰자비 김득련'의 위기를 해결해 줄 수 있는 인물이기에, 김득련은 그에게 의지했고 이제 감사의 뜻을 표하는 것이다.

윤치호의 활약은 제9구에서 제12구까지에 나타난다. 제9구와 제10구에서 그린 장면을 상상해 보면, 김득련이 윤치호에게 어떻게 의지했는지 짐작할 수 있다. 귀머거리나 벙어리로 행세한다는 것은 〈객사에서 우연히 쓰다〉에 있는 "사람 만나면 그저 한 번 웃을 뿐이니, 백치 신세 면하기도 어렵구나(逢人輒一笑, 難免做白痴)"의 구절과 결국 같은 말이다. 듣지 못하고 말하지 못하는 척하면서 시간을 끌다가 윤치호가 오면 그제야 말을 주고받거나 답변함으로써 위기를 넘겼을 것이다. 제11구와 제12구에서는 공적인 일을 처리할 때도 주선할 만한 능력을 지닌 윤치호가 홀로 수고해야 했음을 말했다. "현로(賢勞)"는 홀로 고생한다는 뜻인데, 맹자가 『시경』「소아(小雅)」〈북산(北山)〉을 인용한 데서 유래한 말이다. 〈북산〉은 주나라의 대부가 자기만 늘 부역에 종사하게 되는 불공정한 정사를 풍자하여 부른 노래인데, 맹자는 시를 인용하며 "이것이 왕의 일이 아님이 없건만, 나만 홀로 어질다 하여 수고롭구나(此莫非

王事, 我獨賢勞也)"라고 해석했다. 김득련이 윤치호에게 "현로"라는 말을 썼을 때는 미안함이나 감사의 뜻이 있었다고 보아야 할 것이다.

제13구에서 제20구까지는 사절단의 일이 마무리된 뒤에 프랑스어 공부를 위해 남고자 하는 윤치호를 격려하는 말을 담았다. "귀전(歸箋)"은 돌아갈 배로 풀이되는데, 기차로 떠날 예정이니 실제로는 돌아갈 교통편이라는 의미가 될 것이다. "사령(詞令)"은 사한책령(詞翰策令)의 공부, 즉 글공부를 뜻하는 말이지만, 제8구에서 언급한 '10년의 학업'을 가리키는 말로 이해할 수 있으니 외국어 공부로 풀이할 수도 있을 듯하다. "예지(銳志)"는 뜻을 날카롭게 한다는 말이니, 곧 뜻을 세워 집중한다는 뜻이다. 제19구와 제20구는 일종의 덕담으로 이해되는데, 뛰어난 재질로 매진할지니 짧은 시간 안에 큰 성취를 얻으리라고 예상한다고 했다. 제19구의 "약(若)"은 2인칭으로 이해하는 편이 자연스러울 듯하다.

제21구에서 제24구까지는 전별연에서 윤치호에게 어떤 말을 전하겠노라고 했다. 윤치호만 남겨두고 떠나게 되니 아쉽기는 하지만, 전별연에서는 그런 아쉬움을 넘어설 만한 격려와 기약을 전하고자 하는 것이다. 제22구의 "홀홀(忽忽)"은 여러 가지 뜻이 있지만, 여기서는 '홀홀불락(忽忽不樂)', 즉 실망하여 마음이 편치 않음을 뜻하는 말로 풀이하는 편이 자연스러울 듯하다.

제25구에서 제36구까지는 전별연에서 윤치호에게 전하는 말의 내용이다.

먼저 제25구에서 제28구까지는 시베리아를 거치는 북쪽 길을 갈 사절단의 일을 예상했는데, 가을에 3만 리 길을 가는 동안 말갈의 땅과 만리장성의 유적을 거치게 되리라고 말했다. 제28구의 "장성굴(長城窟)"은 만리장성의 동굴이라는 뜻인데, 악부에서부터 자주 다뤘던 소재이기도 하다. 왕한(王翰)의 〈고장성음(古長城吟)〉에는 "돌아오다 장성의 동굴에서 말에게 물 먹이니, 장성 길가에는 백골이 많도다(回來飲馬長城窟, 長城道傍多白骨)"라는 구절이 있는데, 이 백골은 곧 진시황 때 장성 쌓던 병사들의 것이라고 했다. 여기서는 이런 고사가 있는 진시황의 옛 장성 유적을 거친다는 말이다.

제29구에서 제32구까지는 프랑스어 공부를 마치고 남쪽 길로 귀국하게 될 윤치호의 여행길을 상상했다. 남월(南越) 땅을 지나면서 알려지지 않은 기이한 사적들을 만나게 될 것이니, 그것을 모으면 역사책을 보충할 수도 있으리라고 했다. 제29구의 "부귀(賦歸)"는 돌아옴을 알린다거나 벼슬을 버리고 귀향한다는 등의 뜻으로 쓰이는데, 여기서는 '돌아오다' 또는 '귀국하다' 정도로 풀이하는 편이 자연스러울 듯하다. 제32구의 "승올(乘杌)"은 진(晉)의 기록인 '승(乘)'과 초(楚)의 기록인 '도올(檮杌)'을 합쳐 부른 것인데, '역사책'의 뜻으로 이해할 수 있다. 또 "비(備)"는 여기서 '보완하다'나 '메꾸다' 정도의 뜻으로 풀이할 수 있다.

제33구에서 제36구까지는 한성, 즉 서울에서 다시 만날 날을 기약하며, 그때 각기 남쪽 길과 북쪽 길의 여행기를 써오자고 했다. 둘을 합쳐 하나의 책을 만들면, 아마 그 책은 더 많은 곳을 더 자세히 다룬 책이 될 수 있을 것이다. 김득련은 그렇게 완성된 책을 인쇄하겠노라고 하며 시상을 맺었다.

김득련의 제안을 윤치호가 문자 그대로 받아들이기는 어려웠을 것이다. 만리장성이 어떠하며 남월의 역사나 지리가 어떠한지는 윤치호의 관심 밖일 것이기 때문이다. 그렇지만 어쩌면 김득련이 가진 감사의 심정이나 위로하고자 하는 의도는 전달되었을 수도 있다. 한편으로는 김득련의 시점에서 생각한다면, 아쉬운 지금의 작별이 장차 '한 편의 책'이라는 더 큰 업적의 바탕이 될 수 있다는 생각은 자신의 아쉬운 마음을 위로하는 방법이었을지도 모른다.

58 염오의 증별시에 차운하다
用念梧贈別韻

상트페테르부르크에서 아쉬운 이별의 술잔 잡고,
양관곡(陽關曲) 세 차례 노래 다시 부르네.
성실히 공부하게나 그대에게 남기는 말이요,
힘내서 잘 드시라 나를 전송하는 마음이네.
지금은 부질없이 변방의 먼 산 바라보지만,
훗날 밤에는 고국의 밝은 달 보며 그리워하겠지.
아득한 귀국길은 추위도 유독 일찍 오나니,
북녘엔 거센 바람 불고 눈까지 내릴 듯하네.

悒悵離樽彼得城, 陽關更唱第三聲.
實心勤學留君語, 努力加餐送我情.
此時空望邉山遠, 他夜相思漢月明.
迢迢歸路寒偏早, 北陸罡風雪意生.

윤치호는 처음에는 민영환과 김득련에 대해 호의적이지 않았지만, 헤어질 무렵에는 그런 태도에 약간의 변화가 나타났다. 물론 윤치호의 일기를 보면 그의 생각이 날마다 바뀌는 것을 알 수 있지만, 이때는 윤치호의 잔류가 결정된 이후이기 때문인지 민영환과의 갈등은 윤치호의 일기에서 더 이상 드러나지 않는다.

8월 13일 밤에는 윤치호가 "작별의 정을 표현하는 8행의 한시(4 couplets in Chinese expressing my farewell sentiment)"를 지어서 민영환과 김득련에게 보여준다. 윤치호는 근체시의 율격을 제대로 맞출 수 없었지만, 민영환과 김득련은 입을 모아 성공을 축하한다.

> 봄이 저물려 할 무렵 한성을 떠났는데,
> 러시아 도읍 서늘한 바람에는 가을 소리 비치네.
> 한 배로 바다 거듭 건너노라니 우의 돈독해졌으니,
> 남북으로 헤어지게 됨에 근심하는 마음 알겠네.
> 나는 남아 부족한 어학을 깨치려 하나니,
> 그대 돌아가 문명(文明) 이루는 데 힘써주시게나.
> 매화 피는 시절에 만나기로 약속할지니,
> 밤새도록 술잔 기울이며 평생을 이야기하세.
> 三春欲暮離漢城, 俄都涼風見秋聲.
> 重洋同舟敦友誼, 南北洙路信愁情.
> 我留語學開茅塞, 君歸努力輔文明.
> 梅花時節相逢約, □盃剪燭話平生.
>
> ―『윤치호 일기』 8월 13일

제8구의 한 글자가 빠졌지만, 대략의 뜻을 짐작하는 데는 큰 무리가 없다. 표현이 그리 자연스럽지는 않지만, 자신은 부족한 어학을 익힐 것이니 민영환을 포함한 사절단은 문명을 이루기 위해 힘써달라는 뜻은 충분히 전달되었을 것이다. 여기서 제5구의 "모색(茅塞)"은 길이 띠(茅)로 인하여 막힌다는 뜻이니, 그런 막힌 길을 뚫듯이 막힌 어학 공부를 깨치겠노라는 다짐을 표현한 것이다.

김득련은 윤치호의 시에 차운하여 시를 한 수 썼다. 일종의 화답시(和答詩)인 셈인데, 내용상으로는 직접적인 화답의 의미를 찾기는 어려워 보인다. 그렇지만 전별연의 광경을 그려냄으로써 증별시로서의 뜻은 분명히 드러낸 듯하다.

제1구와 제2구에서는 전별연의 장면을 그렸다. 상트페테르부르크에서 전별연을 베풀게 되었음을 먼저 말하고, 전별연의 관습에 맞춰 구슬픈 이별의 노래를 부르는 장면을 그렸다. "양관제삼성(陽關第三聲)"이란 '양관삼첩(陽關三疊)', 즉 〈양관곡〉을 세 차례 부르는 일일 것인데, 사절단은 이미 서울을 떠날 때 베풀어진 전별연에서 이 노래를 부른 바 있다. 『환구일록』 4월 1일의 기록에 보이는 "술잔을 잡고 이별을 말하며 양관곡을 불렀다"라는 구절에서 이를 확인할 수 있다.

제3구와 제4구에서는 당부의 말을 주고받는 광경을 그렸다. 러시아에 남을 윤치호에게 "마음을 다해 성실히 공부하라(實心勤學)"라는 말을 전하니, 윤치호는 떠날 사절단에게 "기운껏 잘 드셔서 몸을 돌보시라(努力加餐)"라는 말로 화답한다. 여기서 "가찬(加餐)"은 음식을 더 드시라는 뜻이니, 몸을 보중(保重)하시라는 당부를 표현하는 말이다. 또 이백의 시 〈왕륜에게 주다(贈汪倫)〉에 "도화담 물 깊이가 천 자이지만, 왕륜이 나를 전송하는 마음에는 못 미치네(桃花潭水深千尺, 不及汪倫送我情)"라는 구절이 있으니, '나를 전송하는 마음(送我情)'이라는 시구는 자주 쓰인다.

제5구와 제6구에서는 지금 헤어지게 됨을 아쉬워하면서 뒷날 만날 것을 기약하는 뜻을 표현했다. 여기서 "한월(漢月)"은 고국을 비추는 달을 뜻하는데, 두보의 〈전출새(前出塞)〉에 있는 "이미 고국의 달을 멀리 떠나왔는데, 어느 때나 성을 쌓고 돌아가리오(已去漢月遠, 何時築城還)"에서 유래한 말이다.

제7구와 제8구에서는 이제 시베리아를 거쳐 귀환하게 될 사절단의 귀국길 풍경을 말했다. 8월에 출발하겠지만, 그 8월은 조선의 8월이 아니다. 이미 이런 사실을 체득한 사절단과 김득련은 추위가 빨리 닥칠 뿐만 아니라 거센 북풍에다 눈까지 만나게 될 것임을 짐작할 수 있다. 어느 정도는 작별하게 되는 심정을 추운 귀국길에 빗댄 듯도 하다.

윤치호는 8월 16일에도 한시 한 편을 지었는데, 민영환, 김득련과 함께 마지막으로 섬들을 돌아다닌 이후에 그 풍경을 읊은 것이다. 이날 일기에는 "아주 서늘했고 돌아오는 길에 심하게 비가 내렸다. 네바강의 강언덕과 거리를 따라 늘어선 가스등과 전등의 풍경은 매우 아름다웠다"라고 날씨와 풍경을 기록했다.

> 가스등 전기등 빛을 다퉈 불야성 이뤘는데,
> 가을비는 멀리 저녁 종소리를 적시네.
> 내 반생의 풍파는 언제 그칠까.
> 흐르는 한 점 눈물 구곡간장을 태우네.
> 煤電爭光不夜城, 秋雨遠濕暮鐘聲.

半生風波何時靜, 一點淚傷九曲情.

— 『윤치호 일기』 8월 16일

    13일에 쓴 한시와 같은 운자를 썼는데, 이번에는 율시가 아닌 절구이다. 제2구의 "적시다(濕)"는 일종의 공감각적 표현을 시도한 흔적인 듯한데, 한시에서는 다소 어색해 보인다. 사실 13일에 쓴 한시에도 이와 유사한 표현의 흔적이 나타나기도 하니, 어쩌면 영시를 습작하면서 얻은 표현 방식일지도 모른다.

7부

시베리아를 건너
연해주에 이르다

〈니즈니노브고로드 박람회장 주 건물〉(1896)

1896년 8월 19일 상트페테르부르크를 떠나 귀국길에 오른 사절단은 다시 모스크바를 거쳐 8월 21일 니즈니노브고로드에 도착하여 이곳에서 엿새를 머문다. 니즈니노브고로드는 모스크바에서 약 400킬로미터 떨어진 곳에 조성된 '신도시(노브고로드)'로서 이곳의 박람회(박물회)는 유럽에서도 유명한 행사였다. 사절단은 박람회의 규모와 진열품에 감탄했고 김득련은 건물의 배치, 경비 사항, 개최 시기 등을 정리해 기록에 남겼다. 박람회의 정식 명칭은 '1896년 전(全) 러시아 산업 및 예술 박람회'이고 5월 28일부터 10월 1일까지 개최되었다. 사진은 막심 페트로비치 드미트리예프(Maxim Petrovich Dmitriev)가 촬영한 박람회장 주 건물이다.

59 상트페테르부르크를 떠나며
離發彼得都

하늘 끝의 나그네 가을바람 불어오매,
러시아 도읍 떠나 동쪽으로 향하네.
섬을 돌며 바람 쐬던 밤 가장 그리우니,
선창다리 위아래로 숱한 등불 붉었었지.
天涯爲客見秋風, 離發俄都路向東.
最憶納凉環島夜, 艙橋上下萬燈紅.

8월 14일에 사절단의 귀국 일정과 경로가 결정되었다. 8월 19일에 상트페테르부르크를 떠나기로 했으며, 기차로 시베리아(西伯里)를 지나서 흑룡강(黑龍江)을 건너 블라디보스토크(海參威)에 닿은 다음에 원산항, 부산항, 인천 제물항(濟物港)에 도착하는 여정이었다. 조선에 파견되는 러시아 군부 관리 "부싸싸"(포차타)가 동행하기로 약속했다.

8월 19일에 사절단은 예정대로 상트페테르부르크를 떠났다. 블란손을 비롯한 몇 사람과 작별 인사를 나누고, 기차역으로 향했다. 출발 광경은 이렇게 기록했다.

자정에 나는 공사를 모시고 김도일, 스테인과 함께 기차 정거장에 도착하였다. 민경식, 주석면, 해군 장교(將官) 오스트로포프, 신문사 사람 안드로니

7부 시베리아를 건너 연해주에 이르다 467

코프, 스테인의 노모(老母)와 스테인의 아우 모제스가 모두 왔고, 서양 하인 믹털이 또한 와서 기다리고 있었다. 다시 미진한 회포를 풀다가 시간이 되어 기차에 올라 손을 들어 작별했다. 이번에는 북쪽 길로 가니, 길은 모스크바로 향한다. 바퀴 소리를 울리며 곧바로 달리니, 몇 달 답답하던 터라 문득 상쾌하게 느껴졌다. 기차 안에서 잤다.[109]

— 『환구일록』 8월 19일

임무를 마치고 귀향하는 길. 6월 8일에 도착했으니, 상트페테르부르크에 머문 지 73일이 지났다. 김득련은 『환구일록』에서는 떠나는 순간의 상쾌함을 말했지만, 시에서는 상트페테르부르크에서 경험한 즐거웠던 순간을 되돌아본다.

제1구와 제2구에서는 아득히 먼 곳 러시아에 가을이 가까워지니 사절의 일이 끝나 귀향하게 되었음을 말했다. "천애(天涯)", 즉 하늘의 끝은 곧 러시아를 가리킨다. 제3구와 제4구에서는 상트페테르부르크에서 가장 기억에 남는 순간으로 옐라긴섬에서 피서한 일을 떠올렸는데, 언제의 일인지는 분명하지 않다. 제3구의 "환도(環島)"는 '섬을 돌다'로 풀이할 수 있을 듯하다. 고유명사일 가능성도 배제하기 어려우나 가능성이 크지는 않은 듯하다. 『환구일록』에 이러한 섬의 명칭이 보이지 않으며, 6월 12일의 일기에 옐라긴섬에서 "강을 따라 돌아다녔다(沿江周歷)"라고 했으니 섬을 도는 일이 피서의 한 방법이었던 듯하기 때문이다. 제4구의 "선창다리(艙橋)"는 6월 12일 일기에 언급된 '선창교(船艙橋)'인 듯하다.

60 다시 모스크바를 지나며
重過毛壽古

['莫西科'라고도 한다(一名莫西科)]

기차가 밤새 달리더니,
다시 모스크바 성을 지나네.
눈에 띄는 나무 낯설지 않고,
마주치는 사람 옛 친구라네.
올 때에는 봄빛이 한창이더니,
가는 길엔 가을 하늘 푸르네.
고달픈 나그네 심정 깨닫노라니,
거울 속 구레나룻엔 서리 내렸네.
汽車行一夜, 重過莫西城.
看樹非生面, 逢人是舊情.
來時春色爛, 去路秋天淸.
漸覺羈懷苦, 鏡中霜鬢生.

첫 번째로 기차가 도착한 곳은 모스크바였다. 상트페테르부르크로 올 때의 길을 되돌아간 셈인데, 그런 까닭에 풍경이 낯설지는 않다. 그럼에도 시간은 제법 흘렀기에 계절은 바뀌었다. 일기에서는 다음과 같이 기록했다.

지나는 길이 완전히 처음 보는 곳이 아니며, 기억나는 곳도 있다. 올 때는 보리와 밀이 한 치쯤 자라 들판을 푸르게 덮었는데, 이제는 수확하는 모습이 보인다. 이곳은 몹시 추워서 모든 곡식과 채소가 자라는 기간이 여름 석 달에 불과하다. 1,400리를 가서 오후 5시에 모스크바에 도착했다. 정거장에 내려 저녁을 먹고 곧바로 떠났다.[110]

— 『환구일록』 8월 20일

  시에서 그려낸 모스크바를 다시 찾아온 감회도 크게 다르지 않다. 몇 달 사이에 '변하지 않은 것'과 '변한 것'을 대비시켰는데, 다만 그것을 보는 사람의 변화를 강조했다는 점이 차이라면 차이일 것이다.

  제1구와 제2구에서는 기차가 밤새 달려서 다시 모스크바를 지난다는 사실을 말했다. 제2구의 "莫西"는 제목 아래 주석에서 언급한 "莫西科", 즉 모스크바일 것인데, 제목에서 사용한 표기인 "毛壽古"를 쓰지 않고 이 별칭을 사용했기에 주석을 붙였을 것이다. 둘 다 모스크바의 음차이지만, 측성인 '壽'를 피하고 평성인 '西'를 써야 평측을 맞출 수 있어서 "莫西"로 표기했을 것이다. 제3구와 제4구에서는 '변하지 않은 것'으로 나무와 사람을 들었다. 짧은 시간에 어떤 옛 친구를 마주쳤기에 "구정(舊情)"이라 했는지 물을 수도 있겠지만, 일기를 보건대 특정한 인물을 지칭했다고 하기는 어려우며 대조의 효과를 위한 표현일 뿐이라고 해야 옳을 듯하다.

  제5구와 제6구에서는 처음 왔을 때와 돌아가는 길에 다시 왔을 때를 대비시켰는데, 봄과 가을이라는 계절 차이를 직접적으로 드러냈다. 제

7구와 제8구에서는 가장 큰 변화를 자신에게서 찾았다. 몇 달 사이에 나그네 생활의 고달픔도 깨닫게 되었고 구레나룻도 서리 내린 것처럼 셌다는 것이다. 필사본에서는 제7구의 "漸"을 "新"으로 고쳤는데, 이렇게 되면 '문득' 또는 '새삼스레' 정도로 풀이할 수 있다. 내용상 큰 차이는 아니지만, 필사본의 표현이 조금 더 자연스러운 듯하다.

61 박물회를 관람하기 위하여 하신주(니즈니노브고로드)에 머물다

爲觀博物會, 留下新州

사신 태운 뗏목 하신주에 매어두고,
박물원에 잠시 머무르네.
장강(長江)의 달밤에 맑은 놀이 즐기니,
바로 소동파 노닐던 칠월 기망(旣望)이로다.

星槎來繫下新州, 博物園中暫滯留.
淸遊夜卜長江月, 正値蘇仙旣望秋.

모스크바를 떠난 기차는 니즈니노브고로드(Nizhny Novgorod)를 향했다. '저지대의 새로운 도시'라는 뜻을 가진 이 도시에는 박물회(博物會, 박람회)가 열리고 있었는데, 탁지부 대신 비테의 요청에 따라 이 박물회를 방문하기로 한 것이었다. 기차는 모스크바로부터 1,200리를 달려 8월 21일 오전 7시에 도착했는데, 탁지부의 통지에 따라 관찰사(觀察使)가 관리를 파견해 정거장에서 사절단을 맞이하게 했다. 관찰사는 해군 대장 출신으로 조선 근해를 항해하기도 했던 "쌔라노푸"(바라노프)였는데, 오후 1시 무렵 관찰부에서 마련한 숙소를 찾아 사절단과 인사를 나누었다. 김득련은 도시의 풍경과 함께 박물회가 열리는 박물원(博物院)을 방문한 일을 기록했다.

이곳은 원래 큰 도회이니, 주민은 10여만 명이며 제반 시설은 상트페테르부르크와 같다. 큰 강이 그 가운데를 지나는데, 선창다리를 놓아 왕래할 수 있도록 했다. 강의 남쪽에는 산이 있고, 산 위에는 인가가 많은데 숙소는 여기에 있었다. 푸른 빛이 아른거리는 산이 숙소 건물을 마주하니 시원한 기운이 절로 불어오는데, 이런 일은 상트페테르부르크에서는 없었다. 복천암(福泉庵)에서 더위를 피하며 청유(淸遊)를 즐기던 일이 절로 생각난다.

오후 3시에 관찰사를 방문하여 답례하고 나서 박물원(博物院)으로 갔다. 박물원은 강의 북쪽 넓은 들판에 있었다. 이곳은 원래 수풀이 제멋대로 우거진 곳이었는데, 박물회를 열기 위해 새로 개척했다고 한다. 둘레는 10여 리요, 여러 층의 건물이 하늘까지 솟고 큰 창고가 수풀처럼 빽빽하게 들어섰다. 그 사이에는 꽃이 핀 정원과 풀이 무성한 길이 별이나 바둑돌처럼 퍼져 있었다. 그 건물과 창고 안에는 러시아 전국에서 생산하고 제조한 각종 물품을 모아다가 종류별로 진열해 놓았다. 또 속지(屬地)에서 생산한 것도 모아다가 분류하여 박람(博覽)에 도움이 되고 우열을 비교할 수 있도록 하였다. 이 박물원의 위원 클라레가 앞에서 인도하며 소개했는데, 몇 곳의 점포를 둘러보니 이미 두 눈이 어질어질하여 제대로 쳐다볼 여유도 없었다. 이 박물회는 러시아에서 처음 만들었으며, 탁지부에서 설치를 주관한다. 6월 초에 처음 열고 10월 초에 닫는데, 건물과 창고, 숲과 정원을 만드는 데 드는 경비가 400만 원이라고 한다. 식당에서 저녁을 먹고 오후 7시에 숙소로 돌아왔다.[111]

—『환구일록』 8월 21일

큰 강이 흐르고 있다고는 했지만, 니즈니노브고로드에는 산도 있어서 네바강을 중심으로 저지대에 건설된 상트페테르부르크와는 풍경이 달랐다. 숙소 건너편으로 "취미(翠微)", 즉 산 중턱에서 아른거리는 푸른 빛을 볼 수 있었고, 그 광경을 보면서 '복천암(福泉庵)의 청유(淸遊)'를 떠올릴 수 있었다. 복천암은 아마도 속리산 법주사의 유서 깊은 암자를 가리키는 듯하며, '청유(淸遊)'란 속되지 않은 맑은 놀이, 즉 선비들의 유람을 뜻한다. 아무래도 상트페테르부르크보다는 고국의 풍경과 더 비슷하게 느껴졌던 모양이다.

'박물회', 즉 니즈니노브고로드의 박람회는 이미 유럽에서도 유명한 행사였다. 박물회가 펼쳐지는 박물원을 찾은 사절단은 규모와 진열품에 감탄했고, 김득련은 배치, 경비, 개최 시기 등을 정리해서 기록해 두었다. 박물원에 머문 시간이 그리 길지는 않았을 것이니, 이날은 자세히 살펴볼 만한 여유가 없었을 것이다.

김득련은 니즈니노브고로드에 도착한 일을 시로도 읊었다.

제1구와 제2구에서는 사절단이 귀국하는 길에 하신주에 잠시 머무르며 박물원을 방문하게 된 일을 말했는데, 장건(張騫)의 고사를 활용하여 표현한 듯하다. "성사(星槎)"는 사행(使行)을 뜻하는 말인데, 장건이 사신의 명을 받아 뗏목을 타고 떠나 견우를 만났다는 '장건승사(張騫乘槎)'의 고사와 연관된 말로 이해되기도 한다. 사절단이 탄 기차를 '성사(星槎)', 즉 뗏목이거나 작은 배로 지칭했으므로, 그것을 '매다(繫)'라고 표현하는 것이 도리어 자연스러워진다.

제3구와 제4구에서는 니즈니노브고로드의 풍경을 소동파가 뱃놀이하던 적벽을 통해 그렸다. 소동파의 〈적벽부(赤壁賦)〉는 "임술년 가을 7월 16일(壬戌之秋, 七月旣望)"로 시작되는데, 그 풍경이 니즈니노브고로드에서 마주한 풍경과 비길 만하다고 여겼던 듯하다. 제3구의 장강(長江)은 니즈니노브고로드의 '긴 강'이고도 하고 소동파가 놀이했던 중국의 '장강(長江)'이기도 할 것이다. 제4구의 "소선(蘇仙)"은 곧 소동파(蘇東坡), 즉 소식(蘇軾)이다. 황정견(黃庭堅)을 비롯한 여러 사람의 시에서는 소동파를 '소선'으로 일컫고는 했다.

    제4구에 주목하면, 이 시는 니즈니노브고로드에 도착한 8월 21일이 아니라 며칠 뒤인 8월 24일의 일을 다룬 것이라고 말할 수도 있을 법하다. 8월 21일은 음력 7월 13일이며, 8월 24일이 음력 7월 16일, 즉 "칠월 기망(旣望)"이다. 24일에도 니즈니노브고로드에 머물렀고 저녁에는 관찰사의 초대를 받아 강가의 누각에서 식사를 했다. 그러니 날짜와 일정을 고려하면 적어도 제3구와 제4구는 8월 24일의 일을 다룬 것이라고 풀이하는 편이 자연스럽다.

62 박물회를 관람하다
觀博物會

러시아 땅 어찌 그리도 넓은지,
세 대륙에 웅거하여 크게 번성하였도다.
나눠진 육부 모두 러시아라 일컫는데,
남아도는 물산도 세상에서 좋아할 만한지라.
근년에 마음먹고 애써 찾아내니,
옛것 새것 할 것 없이 무진장이라.
나라 전체 박물회를 의논하더니,
여러 해 경영하여 이제 비로소 열었네.
박물회 터는 하신주에 정하더니,
박물원 배치는 화려하고도 웅장하네.
각 지방 기이한 물품 모아들이니,
저마다 앞다퉈 새롭고 정교함을 자랑하네.
황제 돌아보실 무렵 때마침 들렀는데,
두 눈이 어질하여 형용하지도 못하겠네.
진기한 그릇과 그림은 번쩍번쩍 빛나고,
종과 북에다 거문고로 옛 음악을 펼치네.
무기 만들고 베 짜는 데 모두 기계를 쓰고,
쇠와 돌, 석탄과 소금은 각기 광석이 있네.
가죽옷 입고 얼굴 감싼 잠수부는,

물고기처럼 오르내리며 물결을 일으키네.
바람 넣은 열기구엔 사람을 앉히고,
훨훨 날아올라 하늘 위로 향하네.
나머지 진기한 보물 많고도 많으니,
이름 듣고 바로 잊어도 어쩔 수 없다네.
갈수록 정밀해지고 사물마다 새로우니,
조화옹 솜씨는 장인에게 다 빼앗겼구나.
이 박물회는 백성들의 박람(博覽) 위한 것이니,
헤아릴 수 없는 큰 비용도 아끼지 않았네.
박물원 문 활짝 열어 마음대로 오가게 하니,
다섯 달 관람은 겨울 보름날에 끝나리라 하네.
俄國之土一何曠, 跨據三洲大興旺.
區分六部皆稱俄, 物産陳陳趣所尙.
邇來刻意苦搜索, 攷據舊新無盡藏.
議設通國博物會, 經營多載今始剙.
會地擇定下新州, 廠院排布極麗壯.
各方奇貨咸聚集, 爭衒新巧不相讓.
我行適值皇鑒時, 兩目生眩不能狀.
鼎彛圖繪光陸離, 鍾鼓琴瑟古音暢.
鑄兵織綿皆用機, 金石煤鹽各有礦.
衣皮罩面潛水軍, 如魚出沒波濤漲.
受風輕璆能坐人, 飄飄飛向雲霄上.

其餘珍寶列叢錯, 聞名旋忘亦無妨.
精益求精物物新, 盡奪化工輸意匠.
此是爲民資博覽, 巨費不吝算無量.
洞開院門任去來, 五朔觀止冬月望.

사절단은 8월 26일에 니즈니노브고로드를 떠날 예정이었으니, 22일부터 25일까지 박물회를 둘러볼 시간이 있었다. 실제로는 22일에 여러 곳을 관람하고 23일에 다시 몇 곳을 관람하고 경기구(輕氣毬), 즉 열기구를 탔지만, 24일과 25일에는 식사 및 연회 초청 등으로 시간을 보낸 듯하다. 열기구를 탄 일은 짤막하게 언급하고 별도의 시로 읊었으니, 〈박물회를 관람하다〉에서는 주로 22일의 일을 다루었다고 해도 잘못된 말은 아닐 것이다.

오전 11시에 키세료프와 함께 박물원에 가니, 클라레도 왔다. 식당에서 아침을 먹고 여러 곳을 두루 관람하였다. 기기(機器) 전시장들, 직조물 전시장들, 회화 전시장, 밀랍 인형 전시장, 동물(鳥獸魚鼈) 전시장, 수목 전시장, 광물 전시장들, 가화(假花, 종이꽃) 점포, 음악을 연주하는 전기통(電筩) 점포, 부하라(卜賀羅) 사람의 물건을 다루는 점포를 둘러보았다. 해군 기기처(機器處)에 들어가니, 퇴역한 장군 '쓸글일노푸'가 영접하여 인도했다. 함포, 수뢰 등은 모두 상트페테르부르크에서 본 것이었다. 물을 채운 인공 저수지가 있었는데, 깊이가 족히 10여 길은 된다. 수군 한 사람에게 '꿰매지 않은 가죽옷'을 입고 머리는 구리로 감싸되 얼굴 부분에 유리를 박아 넣어 빛을 받아들일 수 있게 하고 허리에는 전선을 묶고서 저수지 안에 뛰어 물밑을 자세히 살펴보게 하고서 말을 전달하니, 제법 시간이 지난 뒤에 나와서 옷을 벗는데 한 방울도 젖지 않았으니 참으로 좋은 잠수 방법이다. 오후 6시에 숙소에 돌아왔다.[112]

—『환구일록』8월 22일

키세료프는 21일에 관찰사 바라노프가 사절단의 숙소에 함께 머물도록 명했던 관리이며, 클라레는 21일에 사절단을 인솔한 박물원 위원이다. 이날은 많은 전시장 또는 부스를 둘러보았는데, 이 가운데 새, 짐승, 물고기, 자라 등의 동물이나 수목 등은 표본을 전시했을 듯하다. 원문의 "광묘(礦苗)"는 노두(露頭), 즉 광상(鑛床)이 지표에 드러난 부분을 말하는데, 여기서는 제련하지 않은 원석인 광석(鑛石)으로 풀이할 수 있을 듯하다. 또 "卜賀羅"는 당시 토후국이었던 부하라 칸국(Khanate of Bukhara, 布哈拉汗国)의 표기인 듯하니, 전날의 소개를 참고하면 '속지(屬地)' 가운데 하나인 이곳의 생산물을 전시한 부스를 사절단이 방문했던 모양이다. 사절단 또는 김득련이 특별히 관심을 보인 곳은 해군 기기처였다. 잠수복과 잠수 장비를 착용하고 저수지에 들어간 수군이 임무를 마친 후 잠수복 안으로는 한 방울도 물이 새어들지 않았음을 확인했고, 김득련은 그러한 잠수 방법에 감탄했다. 조선에서는 물론이고 모스크바나 상트페테르부르크에서도 보지 못한 장면이었던 모양이다. 원문에 사용된 "수군(水軍)"이 '해군(海軍)'과 같은 말인지는 분명하지 않은데, 번역문에서는 우선 원문대로 '수군'으로 옮긴다.

시에서는 박람회 장면을 어떻게 그렸는지 살펴보자. 시는 15운(韻) 30구(句)의 장편이다.

제1구에서 제10구까지는 박물회를 마련하게 된 경위를 말했다. 넓은 러시아 땅에서 좋은 물품이 많이 생산되지만, 그 가운데 어떤 것은 몇 해가 지나도록 남아돌아 쌓여가기만 했다. 시에서 직접 말하지는 않았지만, 나라가 넓다 보니 그렇게 좋은 물건이 있는지 사람들이 몰라서 이처럼 좋은 물건들이 남아돌게 된다고 생각했던 모양이다. 그래서 나라 전체에서 좋은 물품들을 모아 박물회를 개최할 계획을 세웠고, 하신주, 즉 니즈니노브고로드에 터를 마련하여 화려한 박물원을 건설했다고 했다. 제1구에서 제4구까지는 러시아의 상황을 제시하고, 제5구와 제6구에서는 러시아의 상황을 실제로 점검한 결과를 말하고, 제7구에서 제10구까지는 박물회의 기획과 실천을 요약했다고 정리할 수 있다. 누군가로부터 박물회를 베풀게 된 이유와 경과에 대한 설명을 듣고서 그것을 시로 표현한 것일지도 모른다.

제2구의 "과거(跨據)"는 '걸터앉아 점거하다'나 '걸쳐서 지키다'로 풀이되니, "과거삼주(跨據三洲)"는 세 대륙 또는 세 대륙의 경계에 걸쳐 있다는 뜻이 된다. 제4구의 "진진(陳陳)"은 원래 여러 해 지난 양식을 가리키는 말이니, 여기서는 미처 다 쓰지 못할 만큼 많아서 남아돈다는 뜻으로 풀이할 수 있다. "취소상(趣所尙)"은 '취향이 숭상하는 바이다'로 직역할 수 있는데, 결국 세상 사람들이 좋아할 만한 물건들이라는 의미로 풀이할 수 있을 듯하다.

제11구에서 제26구까지는 전시품에 초점을 맞춰 박물회의 풍경을 그렸다.

제11구에서 제14구까지는 박물회에 대단한 전시품이 모였음을 말했다. 황제가 박물회를 찾은 것은 24일의 일기에 따르면 월전(月前), 즉 달포 전의 일이며, "두 눈이 어질어질(兩目生眩)"했던 것은 21일 첫 관람 때의 일이다. 여러 시간대의 일을 합쳐놓은 셈이다.

제15구는 기기 전시장 가운데 한 곳과 회화 전시장의 풍경을 말한 듯하다. "정이(鼎彝)"는 종묘에 늘 비치해 놓는 솥, 즉 예기(禮器)를 말하는데, 공훈이 있는 사람들의 사적을 여기에 새겼다고 한다. "육리(陸離)"는 여러 빛이 뒤섞여 눈부시게 번쩍이는 모양을 뜻하는 말이다. 제16구는 일기에서 언급하지 않은 악기 전시장의 풍경을 말한 듯한데, 어쩌면 '음악을 연주하는 전기통 점포(以電筩奏歌樂鋪)'를 그린 것일지도 모른다. 제15구와 제16구에서 '옛 예기'와 '옛 음악'을 언급한 점은 주목할 만한데, 역사적 유물을 모은 박물관 같은 전시장이 설치되어 있었을 가능성도 생각해 볼 만하다. 제17구는 기기 전시장과 직조물 전시장의 풍경을 그린 듯하며, 제18구는 광물 전시장의 풍경을 다룬 듯하다. 광물 전시장은 22일에 이어 23일에도 둘러보는데, 이 전시장에는 광물뿐 아니라 아직 제련하지 않은 광석도 전시한 듯하다.

제19구와 제20구에서는 해군 기기처(機器處)에서 지켜본 잠수 광경을 말했다. 일기에서 상세히 묘사한 점을 고려하면, 시에서는 의외로 소략하여 다루었다. 제21구와 제22구에서는 사람을 태우는 열기구를 말했는데, 23일에는 실제 이 열기구를 타고 하늘에 오르게 된다.

제23구에서 제26구까지는 전시품 전반의 가치를 아울러 표현했다. 너무 진기한 물건이 많은 까닭에 이름을 듣자마자 잊어버려도 이상하지 않다고 했고, 마치 조화옹의 솜씨를 뺏어오기라도 한 것처럼 전시품들을 만든 솜씨가 대단하다고 했다. 제25구의 "정익구정(精益求精)"은 이미 정밀한데도 더욱 정밀해지기를 구한다는 말이니, 지속적으로 발전하고 있다는 점 또한 제시하려 한 듯하다.

제27구에서 제30구까지는 박물회의 경비와 기간을 말하면서 그 의의를 정리했다. 백성들의 박람(博覽)을 돕는다는 것은, 백성들이 새롭고 좋은 물품을 보고 견문을 넓힐 수 있도록 한다는 의미로 풀이할 수 있다. 〈박물회를 관람하기 위하여 하신주에 머물다〉를 살펴보면서 제시했던 8월 21일의 일기에 의하면, 김득련은 경비는 400만 원(루블)이며 개회 기간은 '6월 초~10월 초'라는 설명을 들었다. 다만 이 설명에서 제시한 날짜가 양력인지 음력인지는 분명하지 않은데, 제30구의 번역은 이에 따라 조금 바뀔 수도 있다.

63 열기구를 타다
乘輕氣璆

열기구 안에 앉으니,
하늘로 오르더니 서서히 나아가네.
바람 타고 능히 오르내리고,
번개 품고 좌우로 오갈 수 있네.
삼천 세계에서 마음껏 노닐고,
구만리 길을 단숨에 날아오르네.
하늘 나는 신선이 일찍이 약속하더니,
봉래산, 영주산으로 나를 맞아들이네.
輕氣璆中坐, 騰空冉冉行.
御風能上下, 藏電任縱橫.
遊戱三千界, 搏扶九萬程.
飛仙曾有約, 邀我到蓬瀛.

사절단은 8월 23일에도 전날에 이어 박물회 관람에 나선다. 일기의 기록은 이러하다.

오전 11시에 박물원에 갔는데, 근처 식당에서 아침 식사를 했다. 또 전장(戰場) 유화를 진열한 전시장, 군대 병원들, 시베리아 및 블라디보스토크의 각종 산물을 다루는 점포, 금은·옥석·석탄과 소금 등의 광석을 관람했다. 돌소금을 깎아 만든 작은 정자 및 각종 기구가 있었는데, 정결하면서도 견고하니 수정과 다를 바 없다.

어떤 곳에 들어가니 열기구가 있었다. 대나무로 네 사람이 앉을 수 있는 광주리를 만들었고, 위에는 바람을 받는 가벼운 공 모양의 물체를 끈으로 묶어놓았다. 주관하는 사람이 제반 기구를 모두 설치해 두고 함께 타기를 청하였다. 바람 타고 올라가서 하늘 사이에서 배회하고 마치 날개가 돋아 신선이나 된 듯이 훨훨 날았는데, 기계 줄이 있어서 마음대로 내려올 수 있었다. 마치 꿈에서 신선으로 노닐다가 깨어난 듯했다. 오후 6시에 숙소로 돌아왔다. 포차타는 볼일이 있어서 동행하지 못했는데, 뒤따라와서 오늘 정오에 도착했다.[113]

— 『환구일록』 8월 23일

유화 전시장, 병원, 특산물 점포, 광석 전시장을 관람했고, 이어서 열기구를 타고 하늘을 날았다고 했다. 아무래도 열기구로 하늘을 비행한 일이 강렬했을 법한데, 일기에서도 길게 기록하고 따로 시로 읊기도 했다. 포차타가 사절단에 합류한 일도 기억해 둘 만한데, 이제 윤치호가 빠진 대신 포차타가 동행하여 원래의 사절단과 같은 인원수가 된 것이다.

열기구를 탄 일은 장편인 〈박물회를 관람하다〉에서도 짧게 다루었지만, 이 시에서 다시 많은 전고를 활용하며 따로 다루었다.

제1구와 제2구에서는 열기구를 타고 하늘로 올라가는 광경을 그렸다. 일기에서는 '대나무로 만든 광주리'에 네 사람이 앉을 수 있다고 했으니, 여기에 탔다는 말일 것이다. "염염(冉冉)"은 천천히 나아가는 모양을 뜻하는 말이다. 하늘로 올라간 다음 천천히 이동하기 시작했다는 말이 된다.

제3구와 제4구에서는 열기구가 상하좌우로 움직이며 비행할 수 있다고 했다. "어풍(馭風)"은 바람을 부린다거나 바람을 탄다고 풀이할 수 있는 말인데, 신선이 이처럼 바람을 타고 멀리까지 갈 수 있다고 한다. "장전(藏電)"은 뜻이 분명하지 않은데, '전기를 쓴다'나 '전기를 저장한다'로 번역되기도 했으나 『환구일록』에서는 열기구에서 전기를 이용하는 장면을 찾기 어렵다. 실제 모습을 말한 것이 아니라면 전고(典故)를 활용한 표현일 것인데, 이 또한 확인하기 어렵다. 구름이나 용과 관련된 '번개(電)'로 우선 풀이할 수 있을 듯하지만, 더 확인할 필요가 있다. 이처럼 불분명한 구절이 있기는 하지만, 열기구를 상하좌우로 조종할 수 있다는 것이 두 구의 요점임은 분명하다.

제5구와 제6구에서는 열기구가 멀리까지 갈 수 있음을 말했다. "삼천계(三千界)"는 불교의 용어인 '삼천대천세계(三千大千世界)'의 준말로, 결국 우주(宇宙)와 같은 말이다. 제4구는 『장자』「소요유」에서 대붕(大鵬)이 "회오리바람을 타고 9만 리 창공으로 날아오른다(搏扶搖而上者九萬里)"라고 한 구절을 인용한 것이니, 붕새처럼 열기구가 높이까지 단숨에 올라갈 수 있다는 뜻이 된다.

제7구와 제8구에서는 열기구를 타고 비행한 것을 '신선의 여행'으로 표현했다. 신선이 옛 약속을 지켜서 자신을 선경(仙境)으로 불러들였다는 것인데, 그만큼 비현실적이면서 환상적인 여행이어서 사람이 갈 수 없는 신선의 영역에 들어가게 된 것은 아닌지 생각하게 된다는 말이다. "봉영(蓬瀛)"은 삼신산(三神山)에 속하는 봉래산, 영주산으로 풀이할 수 있는데, 결국 먼 곳의 선경(仙境)이라는 뜻으로 이해할 수 있다.

64 볼가강에서 화륜선을 타고 동남쪽을 향하여 밤에 떠나다
月嘉江乘輪船向東南夜發

박물원 안에서 유람을 마치고,
볼가강 강변에서 돌아갈 행장 꾸리네.
강물 따라 끊임없는 배의 등불은 희고,
강언덕에 이어지는 마을의 나무는 푸르네.
길은 남쪽에 가까우니 가을이 다시 더워지고,
해는 북쪽을 떠나니 밤이 처음 길어지네.
가을바람에 문득 고향 생각 일어나니,
농어회 순채국에 차조술 향내로다.
博物院中遊覽畢, 月嘉江上倚歸裝.
沿流不斷帆燈白, 逐岸相連社樹蒼.
路出近南秋更熱, 日行離北夜初長.
西風忽覺鄕思動, 鱸膾蓴羹秫酒香.

사절단은 박물회에서 열기구를 탄 이후에도 니즈니노브고로드에서 며칠을 보냈다. 8월 24일에는 박물회장(博物會長)의 초청을 받아 식사했는데, 숙소로 돌아가는 길에는 사람의 말을 흉내 내도록 길들인, 물개로 추정되는 동물을 보았다. 저녁에는 관찰사의 초청을 받아 건물이 화려하고 경관이 아름다운 부중(府中), 즉 관찰부의 청사에서 저녁을 먹었다. 이튿날인 25일에는 총순(總巡), 잠수 시범을 보인 해군, 열기구 관련자 등에게 상패(賞牌)를 만들어주었고, 식당에서 만찬을 베풀고 러시아 관리 등을 초청했다. 답례의 자리를 마련한 것인데, 관찰사는 공무로 인해 아들을 대신 보냈다. 김득련은 만찬을 마치고 돌아오면서 본 밤 풍경을 보았는데, "거리와 산, 강의 다리와 배에 전기등과 가스등이 뒤섞여 불을 밝히니, 별과 달이 빛을 잃었다(街巷山麓, 江橋舟楫, 電煤交錯, 星月無光)"라고 묘사했다.

8월 26일에 사절단은 니즈니노브고로드를 떠난다. "목도(木道)", 즉 뱃길을 이용하여 출발하기로 했는데, 이틀 뒤에 기차로 갈아탈 예정이었다. 정오에 관찰사와 작별하고 사절단은 배를 타러 떠났다.

> 오후 2시에 선창에 도착하니, 해군 장군 '쓸글일노푸', 박물회 위원 클라레, 관찰부의 관리 시모노푸와 키세료프, 숙소 주인 렐고프가 이미 와서 기다리고 있었다. 함께 악수하고 헤어졌다. 곧바로 배에 올랐는데, 이 배는 명륜(明輪)이 아주 크지는 않으나 격식은 잘 갖춰져 있었다. 강물을 따라 남쪽으로 가니, 양편 기슭에는 봉우리가 겹겹이 쌓여 있고 수목이 울창하다. 또 촌락이 이어지고, 배가 끊이지 않는다.[114]
>
> —『환구일록』 8월 26일

러시아의 지명이나 인명을 기록하는 일은 쉽지 않았을 것인데, 김득련은 한글과 한자를 섞어가며 나름대로 일관되게 표기했다. 다만 이곳의 "모시노푸"는 앞에서 여러 차례 썼던 "시모노푸"와 어긋나니 오류일 것이다.

"월가江"(『환구일록』)이나 "月嘉江"(『환구음초』)으로 기록한 강은, 곧 볼가강이다. 니즈니노브고로드에서 보았던 오카강이 곧 이 볼가강의 지류이다. 사절단이 탄 배는 "부신낀輪船", 즉 푸시킨호인데, 이 배는 관찰부에서 준비한 것이었다. 일기에서 언급한 "명륜(明輪)"은 화륜선의 기륜(汽輪, 물레바퀴)이니, 그 크기는 배의 외관상 크기를 결정하는 것처럼 보일 수 있다. 화륜선의 기륜 가운데 선내(船內)에 있는 것을 '암륜(暗輪)'이라 하고 선외(船外)에 있는 것을 '명륜(明輪)'이라 한다. 푸시킨호는 이날 114리를 가서 잠시 정박했다가 다시 62리를 가서 정박하니, 이날 176리를 운항한 셈이 된다.

시로 돌아가 보자.

제1구와 제2구에서는 박물회 관람을 마치고 돌아갈 준비를 하는 모습을 그렸다. "귀장(歸裝)"은 돌아갈 행장이니, "의귀장(倚歸裝)", 즉 돌아갈 행장에 기댄다는 구절은 행장을 꾸리고 나서 출발을 기다린다는 뜻이 된다.

제3구와 제4구에서는 강 위와 강변의 풍경을 대비함으로써 푸시킨호가 지나는 길을 묘사했다. "사수(社樹)"는 풍토에 맞는 나무를 뜻하는데, 과거에 제후가 사단(社壇)을 만들 때 그 땅에 적합한 나무를 심었다는 데서 유래한 말이다. 배의 불빛인 '흰색(白)'과 나무의 빛깔인 '푸른색(蒼)'을 의도적으로 대비시킨 표현일 것이다.

제5구와 제6구에서는 배를 타고 이동하면서 나타나는 기후의 변화를 말했다. 배가 남쪽을 향하니 위도가 낮아진다. 그러니 가을이 다시 더워지고 밤은 길어지는 것이다. 며칠 만에 이런 변화가 생길지는 다소 의문스러우나, 상트페테르부르크와 같은 백야 현상이 거의 나타나지 않는 곳까지 내려간 셈이니 이런 관찰이 잘못된 것은 아닐 것이다.

 제7구와 제8구에서는 귀향길에 나서서 서풍을 맞으며 일어나는 고향 생각을 말했다. 진나라 장한(張翰)이 가을바람이 불자 순채국과 농어회가 생각이 나서 고향으로 돌아갔다는 '순갱노회(蓴羹鱸膾)'의 고사를 활용하여 자신의 향수를 표현했다. "서풍(西風)"은 곧 추풍(秋風)으로 가을바람이다.

 일기와 시를 살펴보고 나면, 시의 제목에 대해 약간의 의문이 들 수 있다. 일기에서 오후 2시에 니즈니노브고로드를 떠났다고 했으니, "밤에 떠나다(夜發)"라는 말은 어색해 보이기 때문이다. 반면에 시의 제3구에서는 "배의 등불이 희다(帆燈白)"라고 했으니, 시간이 밤처럼 보이기도 한다. 그렇다면 '밤'이란 출발의 시점이 아니라 배가 운항한 시간대를 말한 것으로 이해해야 할 듯하다.

65 기차를 타고 시베리아 길로 들어서다
乘汽車入西伯里路

밤낮으로 가고 가도 들판은 아득한데,
가을빛 한창이니 나뭇잎은 붉었네.
만 리를 이미 지났어도 겨우 절반이니,
돌아가는 구름은 어디서 서울을 바라볼까.
行行日夜野漫漫, 秋色崢嶸木葉丹.
萬里已過纔半路, 歸雲何處望長安.

사절단을 태운 푸시킨호는 26일에 176리, 27일에 732리, 28일에 772리를 가서 오전 11시에 사마라(Samara)에 도착했다. 볼가강을 따라 1,680리를 내려온 것이다. 이제 사마라에서 시베리아로 들어설 기차에 오르게 된다.

오전 11시에 사마라에 도착했다. 이곳에는 관찰부가 있는데, 관찰사 '물안천이노푸'는 마침 다른 곳에 갔기에 부관찰사 '꼰도이지'가 정선창(停船廠, 포구)에 나와 영접하였다. 부내의 주민은 1만 5,000명이며, 거리와 시가도 가지런히 정돈되어 있었다. 여기서 기차로 갈아탈 것인데, 상트페테르부르크에서 출발한 기차가 그사이 이미 육로로 와서 기다리고 있었다. 오후 3시 45분에 출발했다. 이 기차는 객실이 5간인데, 우리 일행만 태울 뿐 다른 사

람은 태우지 않아서 매우 편안했다.[115]

— 『환구일록』 8월 28일

　김득련은 이제 기차에서 시베리아로 들어가는 풍경을 마주하게 된다. 그리고 그 며칠 동안의 감회를 시로 읊었다.

　제1구와 제2구에서는 아득한 들판과 단풍이 든 나무의 풍경을 말했다. "만만(漫漫)"은 멀고 아득한 모양을 뜻하는 말이며, "쟁영(峥嶸)"은 높고 험준한 모양 또는 기운이 왕성함을 일컫는 말이다. 제3구와 제4구에서는 서울까지 가는 길을 손꼽아 본다. 1만 리를 왔어도 절반 정도 온 것일 뿐이니 아직 서울은 멀다. 그래도 하늘 높은 곳에 흐르는 구름은 볼 수 있지 않을까 생각하며 바라본다. 구름은 과연 서울을 볼 수 있을까? 언제쯤 볼 수 있을까?

　시에서 몇 구절을 살펴보면, 언제쯤 이 시를 읊었을까 궁금해진다. 제1구처럼 아득한 벌판이 펼쳐지는 것은 시베리아로 들어선 이후일 것인데, 기차는 29일 오후 5시에 시베리아 초입인 바조바야를 지나니 이후 광야가 이어진다. 제2구처럼 단풍이 든 나무는 31일의 일기에 처음 언급된다. 철교가 완성되지 않았거나 불완전한 곳도 있었는데, 9월 1일과 9월 4일에는 배로 강을 건넌 다음 기차를 바꿔 타기도 했다. 사실 평탄한 여행길은 아니었던 셈이다. 제3구의 1만 리는 언제 지났을까? 기차로는 29일에 1,370리, 30일에 1,012리, 31일에 1,510리, 9월 1일에 658리, 2일에 240리, 3일에 912리, 4일에 536리를 갔다. 총 6,238리다. 이후에는 마차로 산길을 가니, 이전의 뱃길까지 합하면 9월 4일쯤이 아닐까?

66 음력 7월 26일은 백모님의 소상이다. 내가 다른 나라에 있어 제사에 참석하지 못하니, 슬프고 그리운 마음을 더욱 견딜 수 없다.
陰七月二十六日, 伯母忌辰小朞也. 身在他邦, 未得參事, 尤不勝情理愴慕.

지난 가을 큰 슬픔 어찌 차마 말하랴.
세월은 훌쩍 흘러 이미 일주기라.
이역에 머물며 이날을 맞이하니,
동쪽으로 광호(廣湖) 구름 바라보며 눈물 흘리네.
忍說前秋巨創時, 年光倏忽已周朞.
身留異域當今日, 東望湖雲眼淚垂.*

　음력 7월 26일은 곧 9월 3일이다. 이날은 민영환의 생일이어서 그곳의 러시아 관리 몇 사람을 초대하여 함께 식사했다.『해천추범』에는 생일 식사 일화가 빠졌는데, 민영환이 개인적 기록이라 생각하여 삭제했을 듯하다. 김득련도 백모의 소상(小祥)은『환구일록』에서 언급하지 않았는데, 아마 개인적인 기록이라 여겼기 때문일 것이다. 이런 사정을 보면,『환구음초』가『환구일록』보다 상대적으로 사적인 기록이라 할 수

---

* (원주) 종형의 집이 광호에 있다(從兄家在於廣湖).

도 있을 법하다.

　김득련은 아직 시베리아에서 돌아가는 길이니, 백모의 소상, 즉 돌아가신 지 1년 만에 지내는 제사에 참석할 수 없다. 대신 그 추모의 마음을 시로 옮겨 전하는 것이다.

　제1구와 제2구에서는 1년 전의 상을 회고하며 이미 1년이 흘렀음을 말했다. "거창(巨創)"은 부모의 상을 일컫는 말이며, "연광(年光)"은 곧 세월이다. 제3구와 제4구에서는 아직 이역 땅 러시아에 머물러 있는 자신의 처지를 말하고 백모께서 계시던 곳을 향할 구름을 바라보면서 눈물을 흘리게 된다고 했다.

67 감회를 써서 우정 협판께 올리다
書懷呈雨亭協辦

4월에 떠나와서 돌아가지 못했고,
소식 전할 길은 반년 동안 막혔구려.
천하 향한 뜻 저버려 마음 편치 않은데,
집안 식구 멀리 있어 가장 근심스럽네.
다행히 황령에 힘입어 사신 일 마쳤지만,
어려움 구제할 계책 없으니 부끄럽도다.
중양절에는 작원에 당도할 수 있을지니,
함께 국화주에 취하여 활짝 웃을지어다.

四月行人尙未還, 音書隔斷半年間.
蓬桑搖落心難逐, 家室蒼茫慮最關.
幸賴皇靈完使事, 愧無良策濟時艱.
勺園可到重陽節, 一醉黃花共解顏.*

우정(雨亭)은 외부 협판 고영희이다. 서울을 떠나던 4월 1일에 〈갈림 길에서 읊조려 우정 협판에게 주다〉를 쓴 바 있으니, 돌아가는 길에도 다시 시를 써서 보낼 만큼 가까운 사이였던 듯하다.

---

* (원주) 나의 거처를 '작원(勺園)'이라 한다(余所居曰勺園).

제1구와 제2구에서는 반년의 시간 동안 만나지 못했을뿐더러 서신도 전할 수 없었다고 했다. '4월'의 행인(行人)은 김득련 자신일 것인데, 아마도 양력일 4월을 말한 점은 흥미롭다. 공식적으로 양력을 처음 쓰게 된 1896년이지만, 사적인 영역에서는 음력을 쓰는 것이 일반적이었을 것이기 때문이다. 이미 김득련의 시에서도 여전히 음력이 많이 쓰였음을 확인할 수 있었다.

제3구와 제4구에서는 천하를 편안케 할 큰 뜻은 이루지 못하고 집안 식구 같은 작은 일에 도리어 근심하는 자신의 처지를 대비하여 말했다. "봉상(蓬桑)"은 상봉지지(桑蓬之志)이니 유년 시절에 천하를 경륜하려는 큰 뜻을 품음을 말한다. 사내아이가 태어나면 뽕나무로 활을 만들고 쑥대로 화살을 만들어 천지 사방에 쏘았다는 상호봉시(桑弧蓬矢)의 풍속에서 유래했다. "요락(搖落)"은 잎이 시들거나 떨어짐을 말하니, 여기서는 뜻을 펴보지 못하게 되었다는 말이 된다.

제5구와 제6구에서는 사신의 일은 무사히 마쳤으나 외국을 돌아본 지식인의 책임은 다하지 못했다고 스스로 한탄했다. 제6구는 마땅히 시속의 폐단을 구제할 만한 구폐책(救弊策)을 써서 바쳐야 할 것인데, 그렇게 하지 못했다는 뜻이다. 월산 주석면에게 준 증별시에서 치평책(治平策)을 올릴 생각을 하라는 격려의 말을 건넨 바 있으니, 정작 자신은 그렇게 하지 못했다는 데 대해 부끄러운 마음을 가진 것이다.

제7구와 제8구에서는 우정 고영희에게 귀국한 뒤 집에서 만나자는 기약의 말을 건넸다. "해안(解顔)"은 얼굴을 부드럽게 하여 활짝 웃는다는 뜻이다. 김득련은 중양절인 음력 9월 9일에는 집에 도착할 수 있으리라고 예상했지만, 실제로는 중양절에 블라디보스토크에 있었다. 원래 예정보다 늦어질 만한 사정들이 생겼던 모양이다.

68. 양력 9월 9일 시베리아 산길 가운데서 짓다
陽曆九月九日西伯里山路中作

달력 보니 오늘은 9월 9일이라.
절기는 백로 지나니 비로소 밤이 길어지네.
북녘땅 일찍 추워지니 서리 이미 내렸는데,
온 산에 물든 단풍 중양절을 떠올리게 하네.
看曆今朝爲九九, 節過白露夜初長.
北地早寒霜已下, 滿山紅葉記重陽.

중양절은 음력 9월 9일이다. 양력 9월 9일은 특별한 날이 아니지만, 24절기로는 백로(白露) 무렵이 된다. 백로는 처서(處暑)와 추분(秋分) 사이의 절기로, '흰 이슬'이라는 이름처럼 밤이면 기온이 내려가 풀잎에 이슬이 맺히기 시작한다고 하니 곧 가을이 본격적으로 시작되는 시기인 셈이다. 김득련은 9월 9일의 날짜를 보면서 백로와 중양절, 9월 9일의 러시아(시베리아) 날씨 등을 함께 떠올렸을 것이다. 어쩌면 〈감회를 써서 우정 협판께 올리다〉에서 고영희에게 건넨 중양절의 약속도 함께 생각했을지 모른다.

"시베리아의 산길(西伯里山路)"은 기차가 아닌 마차로 지나갔다. 기차는 9월 5일 오전 2시에 크라스노야르스크(Krasnoyarsk)에 도착했는데, 그곳부터는 아직 레일(鐵軌)이 깔리지 않은 까닭에 마차로 이동할 수밖에 없었다. 이렇게 시작된 마차 여행은 다른 시에서 소재로 삼았는데, 9월 9일이면 마차로 이동하기 시작한 지 닷새가 지난 시점이다. 9월 9일의 일기에는 중양절이나 절기에 관한 언급은 보이지 않으며, 마차가 지나가는 길가의 풍경, 특히 시베리아 철도 건설 현장에 대한 간략한 묘사가 나타난다.

> 오전 7시 30분에 출발하여, 108리를 가서 오후 2시에 후도련란쓰계(후도베란스꼬예)에 도착하여 차와 점심을 먹었다. 곧바로 앞길로 나갔는데, 길가에는 역참(驛站)과 시골집이 있을 뿐이며 개척하여 형성된 마을은 없었다. 철로를 이어서 만들고 있기 때문에 토굴을 파거나 천막을 설치하여 일꾼들이 거처하게 한다.[116]
>
> —『환구일록』 9월 9일

시에서는 중양절, 백로에다가 상강(霜降)까지 등장시킨다. 여러 절기와 여러 기후가 엇갈리는 러시아 또는 시베리아의 면모를 포착하고, 이를 시로 흥미롭게 표현한다. 제1구에서는 양력으로 9월 9일, 즉 중양절은 아니지만 중양절 같기도 한 날임을 말했다. 제2구에서는 실제로는 백로임을 말했는데, 그러므로 가을이 시작되어 밤이 길어지기 시작한다는 것이다. 제3구에서는 시베리아는 일찍 추워지는 까닭에 이미 서리가 내렸다고 했는데, 이는 곧 서리가 내린다는 상강(霜降), 즉 양력 10월 23일 무렵의 날씨라는 말이 된다. 제4구에서는 단풍을 보면서 양력 9월 9일이지만 '중양절'과 다를 바 없음을 깨닫게 한다.

69 시베리아 철로가 중간에 끊겨 마차를 타고 가다
西伯里銕路中斷, 乘馬車作行

1 철로 끊어진 사천여 리,
높으락낮으락 산길로 마차를 모네.
부딪히고 흔들려도 면할 방도 없으니,
지난날 요동 벌판 지날 때 같구나.
銕途中斷四千餘, 山路崎嶇策馬車.
撞觸簸搖無計免, 依如昔日過遼墟.

2 험준한 고개 벼랑 모두 평평하게 깎았으니,
네 마리 말은 쉬지 않고 수레 끌고 가는구나.
기찻길 이어 만든 길 벽지까지 통하고,
잦은 우편물 먼 데까지 보내네.
아름드리 늙은 나무는 나이를 모르겠고,
절로 핀 들꽃은 이름을 알 수 없네.
밤낮으로 달려 몹시도 지루하면,
찬바람 속에 말방울 소리 근심스레 듣노라.
仄嶺縣崖盡削平, 騑騑四牡載車行.
汽途連築通荒塞, 郵信頻傳遞遠程.
老樹成圍難記歲, 閒花自發不知名.
驅馳晝夜支離甚, 愁聽寒風馬鐸鳴.

시베리아 횡단 철도는 완성되지 않았으며, 사절단이 귀국할 무렵에도 교량과 철로를 건설하고 있었다. 사절단을 태운 기차는 9월 5일 오전 2시에 크라스노야르스크에 도착하는데, 이제 앞으로는 철로가 깔리지 않은 길이 펼쳐져 있었다. 마차를 타고, 때로는 배를 타고 이동할 수밖에 없는 상황이 된 것이다. 9월 5일에 사절단은 마차를 준비한다.

> 이곳[크라스노야르스크]에는 장거리로 빌릴 수 있는 마차가 없어서 마차 네 대를 샀다. 말은 역마를 쓰되 역참마다 교체하기로 했다. 마차 하나에는 두 사람이 앉을 수 있으니, 공사는 손희영을 데리고 함께 타고, 나는 김도일과 함께 타고, 포차타와 스테인이 함께 타고, 행장은 다른 마차에 따로 실었다. 오전 2시에 출발했다. 철로위원 길몬은 악수하여 작별하고, 경무관 거발로푸가 순검(巡檢) 두 사람을 데리고 동행하며 호위한다. 이후로는 각기 경계에서 교대하기로 했다. 러시아 법에는 60리 또는 50리나 30리마다 역 하나를 설치하여[러시아의 1리는 우리의 2리이다] 관리의 행차를 지원하게 하는데, 마차 한 대에 말 네 마리 또는 세 마리를 매주고 역참마다 마부에게 30전을 지급할 따름이다.[117]
>
> —『환구일록』9월 5일

이제 네 대의 마차에 사람 여섯과 그들의 행장을 싣고 떠나기로 한 것인데, 경찰 세 사람의 호위를 받으며 역참에서 말을 교체하면서 이동할 것이었다. "지대(支待)"는 공무로 시골에 가는 벼슬아치의 음식과 물품 등을 그곳 관아에서 지급하던 일을 말하는데, 역참에서 큰 환대를 기대하기는 어려운 상황이었던 셈이다.

이날부터 9월 23일에 흑룡강의 뱃길을 이용하기까지 오랜 마차 여행을 경험하게 된다. 중간에 바이칼호를 건너기도 하지만 건너편에서 다시 마차를 타게 되니, 9월 22일 일기에서처럼 "마차를 탄 것이 모두 18일(乘馬車凡十八日)"이라고 해도 잘못이 아닐 것이다. 이처럼 마차로 시베리아를 건너는 여행은 기차 여행과는 다를 수밖에 없었을 것이다.

김득련은 마차로 시베리아를 건넌 경험을 네 편의 시에 담았는데, 마차 여행 자체에 주목한 절구와 율시를 한 수씩 써서 그 첫머리에 실었다. 이어지는 세 편의 시에서는 몽골인들의 유목 생활 모습, 큰 도시 이르쿠츠크의 경관, 거대한 바이칼호의 풍경을 담게 된다.

이제 시의 내용을 살펴보자.

첫째 수는 절구이다. 제1구와 제2구에서는 철로가 아직 이어지지 않았으니 남은 4,000여 리의 길을 마차를 타고 가야 한다는 사실을 말했다. 제2구의 "기구(崎嶇)"는 길의 높낮이가 고르지 않음을 형용하는 말이다. 제3구와 제4구에서는 마치 요동 벌판을 지날 때처럼 부딪히고 흔들리면서 가게 되었다고 했는데, 중국어 역관 출신이기에 이러한 비유를 하게 되었을 것이다. "당촉(撞觸)"은 부딪힌다는 뜻이며 "파요(簸搖)"는 상하로 좌우로 흔들린다는 뜻이니, 제3구는 산길에 흔들리는 마차 안에서 어쩔 수 없이 여기저기 부딪히면서 가게 된다는 말이 된다.

첫째 수의 제3구에서 내비친 고난은 일기에서는 구체적으로 언급된다. 다음은 마차 여행을 시작한 지 얼마 지나지 않은 9월 7일의 일기 가운데 한 부분이다.

마차를 탄 이후로는 길가에 밥을 먹거나 잘 만한 여관이 없어서 늘 마차에서 내렸을 때 가져온 차와 점심을 우사(郵舍)에서 잠시 먹었다. 또한 마차 안에서 밤을 보내는데, 부딪히고 흔들려서 눈을 붙이기가 어렵다. 비로소 길 가기 어려운 것이 이와 같음을 깨닫겠다.[118]

―『환구일록』 9월 7일

"우사(郵舍)"는 공문을 중계하여 전달하고 여행자에게 말을 제공하던 곳이니, 곧 역참(驛站)이다. 과거부터 사용하던 말이니, 김득련은 근대적인 '우체국'을 뜻하는 말로 쓰지는 않았을 것이다. "길 가기 어려움(行路之難)"은 사행(使行)의 어려움으로 풀이할 수도 있는데, 여기서는 기차로 여행할 때와 비교한 말로 볼 수도 있을 듯하다. 다만 '시인' 김득련으로서는 이백의 시 〈행로난(行路難)〉이 떠올랐음 직하다.

둘째 수는 율시이다. 마차 여행에 조금 익숙해진 것인지 이제 마차가 가는 도로를 관찰하고 마차로 여행하면서 보이고 들리는 것들에 관심을 보이기 시작한다. 첫째 수와는 초점이 달라졌다고 하는 편이 옳을 것이다.

제1구와 제2구에서는 마차가 달리는 도로를 말했다. 원래의 길은 측령(仄嶺), 즉 경사가 급한 고갯길이거나 현애(縣崖), 즉 깎아지른 듯한 절벽이었는데, 그것을 평평하게 깎아서 길을 만들었다고 했다. 그러니 네 마리 말이 모는 마차도 달릴 수 있는 것이다. "비비(騑騑)"는 말이 쉬지 않고 가는 모습을 형용하는 말이다. "사모(四牡)"는 네 마리의 건장한 수말로 풀이할 수 있는데, 『시경』의 전고를 고려하면 사행(使行)의 의미를 담은 말로도 이해할 수 있을 듯하다. 제3구와 제4구에서는 이 도로가 얼마나 유용한지를 말했다. 철로가 끊어진 곳에서 바로 이 도로를 이용할 수 있게 되니, 교통은 황새(荒塞), 즉 황량한 변방까지 통하게 되고 우편도 멀리까지 전달되는 것이다. 『환구일록』에서도 도로의 상태를 언급했는데, 대체로 폭은 넓지만 길이 질다고 했다.

> 마차를 탄 뒤로 여러 날 지나는 곳은 비록 산길이지만 높은 언덕이나 험한 고개는 없고 양쪽으로는 나무가 하늘을 찌를 듯하다. 주먹 크기의 돌조차 없이 모두 부드러운 흙이요, 더럽고 습한 진창이니 마차가 통행하기 매우 어렵다. 그렇지만 도로의 폭은 몇 자가 되니, 두 대의 마차가 다닐 수 있어서 오고 가는 마차가 맞부딪힐 우려는 없다.[119]
>
> —『환구일록』 9월 8일

제5구부터는 마차를 타고 가는 자신의 감각으로 초점을 돌린다. 제5구와 제6구에서는 마차에서 보는 풍경을 그렸는데, 무척이나 오래되었을 법한 나무와 이름 모를 들꽃들에 시선을 준다. 제6구의 "한화(閒花/閑花)"는 들꽃, 즉 야생화를 뜻하는 말이다. 제7구와 제8구에서는 밤낮없이 달리는 마차에서 듣게 되는 바람 소리와 말방울 소리를 언급한다. 지루하면 이런 소리를 듣는다고 했지만, 실상은 밤이 되어 바람 소리와 말방울 소리가 더 크게 들렸을 것이다. 제8구의 첫 글자인 "근심한다(愁)"가 별다른 의미가 없는 말은 아닐 듯도 하다.

| 70 | 몽골 경계를 지났다. 몽골사람으로 러시아 호적에 편입한 자가 매우 많은데, 변발하고 장포를 입는 풍속은 아직 고치지 않았다. 천막을 설치하여 들판에서 살면서 유목할 따름이다.

過蒙古境. 蒙人之入俄籍者甚多, 辮髮長袍尙不改焉. 設幕野居遊牧而已.

장포(長袍)에 변발하고 우마차에 앉았으니,
유목하느라 때때로 게르를 옮기며 사는구나.
부락은 절로 생(生)과 숙(熟)으로 나뉘건만,
혼돈에서 깨지 못한 태초의 모습이네.
長袍辮髮坐牛車, 遊牧時遷毳幕居.
部落自分生熟種, 渾圇未闢太荒初.

시베리아에는 원래 몽골 제국의 후예들이 있었고, 러시아는 이들을 밀어내면서 조금씩 동진(東進)했다. 이 무렵에도 시베리아와 그 인근 지역에는 상당한 수의 몽골인들이 살고 있었다. 8월 31일에 "옴시끼", 즉 옴스크(Omsk)에 도착한 사절단은 그곳에서 몽골인에 관한 이야기를 들었는데, "이 관찰부에는 5개의 속읍(屬邑)이 있는데, 땅이 몽골에 인접하여 몽골인으로 입적한 이가 5만여 명이며 생산되는 물품으로는 소와 말이 으뜸이라고 한다(此府有五屬邑, 地接蒙古, 而蒙古人入籍爲五萬餘,

所産牛馬爲最云)"라고 기록했다. 『해천추범』에서는 입적한 몽골인을 50만여 명이라고 썼는데, 아마 이는 오류일 듯하다.

사절단은 마차를 타고 시베리아를 이동하던 시기에 몽골인을 목격할 수 있었다. 만약 기차로 이동할 수 있었다면, 그들을 알아볼 만한 시간이나 여유가 없었을지도 모른다. 사절단은 9월 14일에 바이칼호를 건넜고, 다음 날인 9월 15일에 지금의 울란우데(Ulan-Ude)인 '웰혼예우진쓰갓야'(베르흐네우딘스크, Verkhneudinsk)와 그 인근인 '온오흐이쓰갓야'(오노호이, Onokhoi)를 마차를 타고 지나갔다. 아마도 오늘날의 부랴트 공화국(Buryat)에 속하는 지역을 지났을 듯한데, 그곳 주민은 몽골 계열인 부랴트인(Buryats)이다. 이 지역은 몽골에 인접한 곳이기도 하고, 주민들 또한 대체로 몽골 계열인 셈이다. 김득련은 부랴트 지역 혹은 그 인근을 지나면서 본 몽골인의 모습을 간략하게 기록했다.

> 오후 6시에 오노호이에 도착했다. 수레바퀴가 손상되어 잠시 머물면서 수리했다. 오후 8시에 앞으로 나아갔다. 지나는 곳에 때때로 들판을 개간하여 형성한 마을이 있었는데, 몽골인이 섞여 살면서 유목을 한다. 변발과 장포(長袍)의 풍습은 아직 고치지 않았다.[120]
> ─『환구일록』 9월 15일

몽골 경계를 지나며 본 몽골인의 모습을 시로 읊기도 했는데, 9월 15일에 보았던 광경을 그린 것인지는 분명하지 않다. 만약 9월 15일의 일을 읊은 것이라면, 이어지는 두 편의 시, 즉 〈이르쿠츠크 총독부에 이르러(到日區西界摠督府)〉와 〈바이칼호를 건너서(渡白葛湖)〉보다 뒤에 싣는 편이 자연스러울 것이다. 물론 상트페테르부르크 시기 이후의 작품들은 시간순으로 수록하지만은 않았으니, 작품의 순서를 반드시 바꿔야 한다고 보기는 어렵다. 시에 묘사된 내용은 15일 일기의 기록과 크게 다르지 않지만, 일기에는 없는 정확성이 의심스러운 정보를 더 담고 있다.

제1구와 제2구에서는 전통적인 풍속을 지키면서 유목을 하는 몽골인의 모습을 그렸다. 제1구에서는 장포(長袍), 변발과 함께 우마차를 거론했는데, 유목을 위해 이주할 때 우마차가 필요하니 이는 늘 이주할 수 있도록 준비하고 있음을 말한 셈이다. 제2구에서 언급한 "취막(毳幕)"이란 모직으로 만든 천막인데, 흉노족이 사용한 천막을 가리키는 말로 흔히 사용된다. 한 예로 흉노족에 억류당했던 소무(蘇武)에 관한 기록에서 '취막'을 찾아볼 수 있다. 몽골의 전통적인 이동식 천막은 '게르(ger)'이니, 정확한 표현은 아닌 셈이다. 유목을 위해서는 천막을 옮길 수 있어야 하는데, 제2구에서는 이처럼 천막을 이동시켜 가며 산다는 사실을 말한 것이다.

제3구와 제4구에서는 몽골의 관습을 판단 또는 평가하고 있는 듯하다. 다만 그 근거는 다소 이해하기 어려운데, 새로 얻은 정보보다는 전래의 편견에서 유래한 듯하다. 제3구에서 말한 '생(生)'과 '숙(熟)'의 구분은 (소)중화나 문명인의 관점에서 오랑캐 또는 미개인을 나누는 방식의 하나로 이해할 수 있다. '번인(番人, 오랑캐)'을 사납고 제어하기 어려운 '생번(生番)'과 유순하며 어느 정도는 교화된 '숙번(熟番)'으로 나누는 방식이 있었으니, 몽골의 부락도 이처럼 나눌 수 있다는 것이다. 그 구분의 기준은 문명인과 가깝게 생활하는 정도일 것이다. "혼륜(渾圇)"은 혼륜(渾淪)이나 혼돈(混沌)과 같은 말이니, 제4구는 생이건 숙이건 관계없이 모든 몽골인이 아직 혼돈을 깨는 개벽(開闢)에 이르지 못한 단계라는 말이 된다.

71 이르쿠츠크 총독부에 이르러
到日區西界摠督府

이곳은 시베리아의 중성(中城)이니,
원대한 계책 세워 이제 총독부를 열었네.
백성과 물산 몰려들고 시가지 가지런하니,
번화하기로는 러시아 도읍에 뒤지지 않겠네.
此爲西伯里中城, 遠略今開摠督營.
民物輻臻街市整, 繁華端不讓俄京.

　밤낮으로 달리던 마차는 "일쿠쓰계(日區西界)", 즉 이르쿠츠크에 잠시 멈추었다. 마차를 수리하고, 잠시 쉬어갈 필요도 있었던 듯하다. 이곳은 총독부를 설치하고 관찰사를 둔 시베리아 중경(中境)의 중심지이며, 김도일의 친척 두 사람이 다니는 대학교가 있는 곳이기도 했다.
　사절단은 9월 11일에 이곳에 도착하여 "졔곳棧舍"(데코 호텔)에 묵었다. 12일에는 총독과 관찰사를 방문했으며, 13일에는 총독의 초청으로 만찬에 참석했다. 마차를 수리하는 데 시간이 필요했기 때문인 듯한데, 결국 13일 밤 10시에 출발하게 된다. 『환구일록』에서는 간략하게나마 이르쿠츠크의 풍경과 현황을 기록했다.

　거리와 상가를 둘러보니 가지런하면서도 깨끗하고 화려하여 모두 상트페테르부르크의 제도를 본뜬 것이다. 인물은 빼어나고 거리에는 마차 소리가 끊임없이 떠들썩하니, 참으로 번화한 땅이다. 몇천 리 떨어진 황량하고 아득한 물가에 어찌 이처럼 눈이 번쩍 뜨일 만한 곳이 있으리라고 생각이나 하겠는가? 이는 모두 위아래가 치세(治世)를 도모하여 날마다 문명의 극치로 나아간 결과이니, 보는 사람이 부러워하고 감탄하게끔 할 따름이다.[121]

—『환구일록』 9월 12일

    살피건대 시베리아는 서, 중, 동의 세 곳으로 나누는데, 중경(中境)과 동경(東境)에는 총독을 두어 다스린다. 이곳은 중경의 중앙이다. 부내의 인구는 1만 5,000명이며 부유하다. '중경(中京)'이라고 일컫는다.[122]

—『환구일록』 9월 13일

김득련은 이러한 풍경을 시로도 읊었다.
    제1구에서는 시베리아의 "중성(中城)"이라고 했는데, '중앙에 있는 도시'나 '중요한 도시' 정도로 풀이할 수 있을 듯하다. 어쩌면 제4구에서 '京'을 썼으므로 '중경(中京)'을 다른 글자로 표현한 것일 수도 있다. 제2구에서는 원략(遠略), 즉 원대한 책략으로 멀리 떨어진 이곳에 총독부를 열었다고 했는데, 운에 맞지 않는 '부(府)'를 쓰지 못했을 것이다. 다만 총독은 군대를 이끄니 '영(營)'을 써도 잘못은 아니다. 제3구와 제4구에서는 이르쿠츠크의 풍경을 그렸는데, 그 내용은 12일 일기의 기록에서 벗어나지는 않는 듯하다.

72 바이칼호를 건너서
渡白葛湖

맑고 맑은 바이칼 호수 백 리 길,
돛단배로 무사히 건너고 산길로 들어가네.
가을 풍경 즐기며 마차 천천히 가니,
이내 몸은 단풍 물든 어촌 그림 속에 있도다.
百里澄淸白葛湖, 布帆無恙入山途.
愛看秋色車行緩, 身在漁邨黃葉圖.

    9월 13일 밤 10시에 이르쿠츠크에서 출발한 사절단은, 14일 오전 5시에 '폭 160리에 길이 400리에 이르는 거대한 호수' 바이칼호에 도착했다. 화륜선을 타고 160리를 가서 호수 건너편에 닿으니, 시간은 정오였다. 오후 2시에 다시 마차로 이동하기 시작하는데, 『환구일록』에서는 "온종일 호수를 끼고 갔는데, 돌길은 구불구불하고 산봉우리는 휘도니 마차가 심하게 흔들려 견디기 어려웠다(盡日沿湖而行, 石逕透迤, 峯巒轉廻, 車甚搖難耐)"라고 이날의 길을 기록했다.
    시에서도 바이칼호를 건너고 다시 마차에 올라 산길로 접어드는 광경을 그렸다.
    제1구와 제2구에서는 바이칼호를 무사히 건너고서 산길로 들어가는 광경을 그렸다. 실제로는 "윤선(輪船)"을 타고 160리를 7시간 만에 건넜지만, 시에서는 돛단배로 100리를 건넜다고 표현했다. 시의 율격과 의경(意境)을 고려한 결과일 것이다.

    제3구와 제4구에서는 호수를 끼고 난 길로 마차를 모는 광경을 그렸다. 마차가 천천히 가는 것은, 사실은 돌길에다 굽이굽이 산봉우리 사이로 난 길로 가야 했기 때문일 것이다. 그렇지만 그동안 가을빛, 즉 가을 풍경을 완상하는 기회를 얻을 수 있었다. 적어도 마차에 탄 김득련은 그렇게 생각했을 것이다. 이 광경을 되새겨 보면, 마치 자신이 나뭇잎이 노랗게 물든 가을의 어촌 마을을 그려놓은 그림에 들어가서 그 일부가 된 것처럼 느껴진다. 스스로 그렇게 느꼈듯이 사절단의 마차는 한 폭의 동양화 같은 풍경 속으로 지나가는 것이다.

73 흑룡강에 이르러 화륜선으로 갈아타고 블라디보스토크로
향한다. 오늘은 몹시 고단하다.
抵黑龍江, 更乘輪船, 向海蔘威. 今日甚憊.

1. 마차로 20일을 가노라니,
몸 고달파 마음도 흔들리네.
길 험하다고 말하기도 두려운데,
날씨 차가워 병은 쉬이 생기는구나.
아련히 새벽꿈에서 깨어나니,
어질어질 숙취에 빠진 듯하네.
재촉하여 흑룡강에 이르렀더니,
기쁘게도 가로놓인 화륜선 보는구나.
車行二十日, 辛苦撓心旌.
路險言猶怕, 天寒病易生.
依依晨覺夢, 圍圍宿沈醒.
催到黑龍水, 喜看輪舶橫.

2. 흑룡강 물줄기는 어찌 이리도 긴가.
동으로 만 리 흘러서 바다로 들어가네.
강 양편은 러시아와 만주로 나뉘니,
때론 거룻배 띄워 통상(通商)도 할 수 있겠네.
黑龍江水一何長, 萬里東流入大洋.

兩岸自分俄滿界, 時航一葦可通商.

[3] 북풍이 물결 일으키니 밤엔 한기 일어나고,
강언덕 서리 맞은 잎엔 달빛이 되려 밝네.
뼛속 시리고 정신 맑아 잠 못 이루니,
선창(船窓)에 누워 닭 울음소리 세어보네.
北風吹浪夜寒生, 霜葉江皐猶月明.
骨冷神淸無夢寐, 船窓臥數曉鷄聲.

　　사절단의 마차 여행은 9월 22일에 마무리된다. 관찰부가 있는 도회지인 이르쿠츠크와 "치닷"(치타, Chita) 정도를 제외하면 마땅한 숙소도 없었으니, 계속 마차에서 머물 수밖에 없었다. 심지어 추석인 9월 21일에도 사정은 다르지 않았다. 사람과 말이 모두 지쳤다거나 독감으로 온몸이 아프다거나 하는 탄식이 절로 날 만한 날들이 이어졌다. 김득련은 마차 여행을 마치면서 짤막한 소회를 밝히는데, "날씨가 겨울처럼 차가워 땅도 얼고 물도 얼었고 추위로 인한 고통 또한 심하다. 마차를 타고 온 것이 18일 동안인데, 그간 겪은 것이 모두 고초였는데도 간신히 견뎌냈다. 이는 참으로 황령(皇靈)이 도우신 바로다(日冷如冬, 地凍溪氷, 寒苦亦甚. 乘馬車凡十八日, 所經無非苦楚, 而僅僅支過, 此眞仰賴皇靈攸庇耳)"라고 했다. 흔들리는 마차와 차가운 날씨는 "간신히(僅僅)"라고 표현할 정도로 견디기 힘든 것이었음을 여기서 다시 확인할 수 있다.

23일 오전 4시에 사절단은 흑룡강(黑龍江)의 지류인 '씰올갓강'(실카강, Shilka)에 도착하여 화륜선에 올랐다. 이날 김득련은 특별한 감상을 말하지는 않았지만, 전날 굳이 "내일은 마차를 버리고 배에 올라 강물을 따라 동으로 내려갈 것이다(明將捨車登船, 順流東下)"라고 계획을 밝힌 바도 있으니 분명히 상당한 기대를 품었을 것이다. 이날 일기에서는 배를 타고 가면서 바라본 실카강 주변을 묘사하는데, "강은 동남쪽으로 흐르는데, 물굽이는 구불구불하고 양편 강언덕은 높은 절벽이다. 서리 맞은 나뭇잎이 울긋불긋하며, 풍경은 기이하고 빼어난 데가 많다. 산 위에는 눈이 하얗게 쌓였고 북풍이 크게 일어나니, 누구도 그 추위를 견딜 수가 없다(江流東南, 曲灣逶迤, 兩岸層壁, 霜葉丹黃, 景狀多奇絶處, 而山上雪白, 罡風大作, 人不堪其寒)"라고 했다. 마차의 흔들림은 사라졌을지 몰라도 추위는 가시지 않은 것이다.

24일에 사절단을 실은 배는 드디어 흑룡강에 도착한다.

> 오전 5시에 출발하여 649리를 가서 오후 3시에 '이그나시노' 땅에 이르렀다. 여기서부터 장차 흑룡강이 된다. 강폭은 조금 넓어지고, 물은 누런 흙탕물이되 깊지는 않다. 남쪽은 만주의 모허(漠河) 땅이니, 강가에는 청나라 사람의 집이 있다. 북쪽은 러시아의 변경이니 드문드문 촌락이 있다. 장작을 싣기 위해 잠시 정박했다가 오후 6시에 다시 출발했다.[123]
>
> —『환구일록』 9월 24일

흑룡강은 러시아에서는 아무르강(Amur River)이라 일컫는다. 지류인 실카강을 벗어나면 강폭이 넓어지고 물빛도 누렇게 바뀌지만, 김득련은 강을 경계로 남쪽과 북쪽이 각기 청나라와 러시아로 달라진다는 데 더 주목한다. 강 양편 풍경이 다르다는 점이 눈에 띄기도 했겠지만, 백두산정계비 등 청과의 '국경' 문제에 관여했던 선조 김지남(金指南)과 김경문(金慶門)에 대한 기억이 떠올랐기 때문일 것이다.

흑룡강 항해는 10월 9일 '니마'에서 기차를 타기까지 이어진다. '물나고볘첸쓰ㅋ'(블라고베셴스크)와 시베리아 동변(東邊) 총독부가 있는 '허발흡쓰크'(하바롭스크)에서 배를 갈아탔으니, 사절단은 흑룡강에서 화륜선 셋을 타본 셈이다. 배를 기다리며 며칠 머무는 동안, 그리고 잠시 배가 정박하는 동안에 조선의 유민들이 찾아와 사절단을 만나기도 했다.

김득련은 흑룡강 항해 기간에 모두 세 편의 시를 썼다. 하바롭스크에서 한 편을 썼고, 선조들의 업적을 떠올리며 한 편을 썼다. 나머지 한 편에는 〈흑룡강에 이르러 화륜선으로 갈아타고 블라디보스토크로 향한다. 오늘은 몹시 고단하다〉라는 제목으로 오언율시 한 수와 칠언절구 두 수, 모두 세 수를 수록했는데, '오늘(今日)'이 언제인지, 세 수 모두 같은 날 쓴 것인지는 분명하지 않다. 만약 '오늘'이라 지칭한 어느 하루에 모두 썼다고 하더라도, 그 속에 담긴 경험은 여러 날의 것이었을 가능성이 큰 듯하다.

첫째 수는 오언율시인데, 마차 여행에서 벗어나 화륜선을 타러 가는 광경을 그렸다.

제1구와 제2구에서는 20일 동안 이어진 마차 여행의 고초를 말했다. 9월 22일 일기에서는 18일 동안의 여행이라 말했고 '고초' 아닌 것 없었다고 했는데, 이를 시의 형식에 맞게 고쳐 쓴 것이라고 이해해도 좋을 듯하다. 제2구의 "심정(心旌)"은 안정되지 않은 마음을 깃발에 빗댄 표현인데, 『전국책』 「초책(楚策)」에 나오는 "과인은 누워도 자리가 편치 않고 먹어도 맛이 달지 않아서 마음이 흔들리기를 마치 높이 매달아 놓은 깃발과 같으니 끝내 안정할 곳이 없다(寡人臥不安席, 食不甘味, 心搖搖如懸旌, 而無所終薄)"라는 구절에서 유래한 말로 알려져 있다. 제3구와 제4구에서는 제2구의 '신고(辛苦)'를 부연한 셈인데, 흔들리는 마차와 차가운 날씨로 그 구체적인 면모를 드러냈다.

제5구와 제6구에서는 배를 타러 실카강으로 떠나는 상황을 묘사한 듯하다. 23일 오전 4시에 실카강에 도착했으니, 아마도 새벽녘에 실카강으로 출발했을 것이다. "어어(圉圉)"는 곤궁하여 펴지 못하는 모양을 뜻하는 말이니, '빌빌거리다'나 '비실대다'로 흔히 풀이된다. 제7구와 제8구에서는 강에 도착하여 화륜선을 본 순간을 그렸으니, "기쁘다(喜)"라는 말은 그 순간의 심정을 정확히 드러낸 표현일 것이다.

둘째 수는 칠언절구인데, 실카강을 벗어나 흑룡강에 이르렀을 때의 풍경을 그린 듯하다. 앞서 살펴본 9월 24일 일기에서 이와 관련된 듯한 서술을 찾을 수 있다.

제1구와 제2구에서는 흑룡강의 지리적 위치를 말했는데, 동쪽으로 만 리를 흘러 바다로 들어간다고 했다. "큰 바다(大洋)"란 동해를 말한다. 제3구와 제4구에서는 흑룡강이 러시아와 만주의 경계가 되기에 강의 양쪽 기슭에는 각기 러시아와 청나라의 마을이 세워져 있음을 말했다. 이는 일기에서 특별히 주목했던 부분이기도 한데, 제4구에서는 "거릿배(一葦)", 즉 돛도 없는 조그만 배로 통상을 할 수 있을 만큼 가깝다고 그 거리를 구체화하여 표현했다. "통상(通商)"은 외국과의 교역에 쓰는 말이니, 강이 두 나라 사이의 경계를 이루고 있음을 표현하기에 적절한 어휘라 할 수 있다.

셋째 수도 칠언절구인데, 화륜선으로 흑룡강을 따라 내려가며 얻은 감회를 말했다. 어느 때의 일이라고 말하기는 어렵지만, 9월 23일 실카강에서 본 풍경과 그때 느낀 추위로부터 이와 제법 유사한 면모를 찾아볼 수 있다.

제1구와 제2구에서는 배를 타고 가면서 보는 흑룡강의 풍경을 그렸다. 북풍(北風) 또는 강풍(罡風)으로 표현되는 찬 바람이 강물에 물결을 일으키고 사람에게 한기를 느끼게 한다. 또 강가의 나무들은 서리를 맞아 울긋불긋하고, 그 나무 위로 비치는 달빛은 도리어 더 밝게 느껴진다. 이는 일기에서 말한 풍경에서 크게 벗어나지 않는 셈이다. 제3구와 제4구에서는 배에 탄 자신의 모습으로 초점을 옮긴다. 뼛속까지 시릴 정도로 추워지니 정신은 도리어 또렷해지고 그래서 잠도 오지 않는다. 그러니 선창, 즉 선실 창가에 누워서 닭 울음소리나 셀 수밖에 없다. 아마 그래도 쉽게 잠들기는 어려웠을 것이나, 이전의 마차 여행보다는 사정이 나았을 법도 하다.

74 하바롭스크 총독부에 이르러
到許發湖總督府

총독의 관아 하바롭스크에 있으니,
겹겹이 관문 세워 동쪽 변방 지키네.
황무지가 변하여 번화한 땅 되었으니,
사십 년 사이에 풍경도 달라졌구나.
總督衙臨許發湖, 重關設陌鎭東隅.
荒蕪變作繁華地, 四十年來景象殊.

사절단은 10월 3일에 하바롭스크에 도착했다. 배를 갈아타기 위해 잠시 내린 것이지만, 시베리아 동경(東境) 총독부가 설치된 도시여서 둘러볼 만한 곳이 꽤 있었다. 총독은 모스크바에서 만났던 인물이어서 사절단을 환대했다. 하바롭스크의 인구는 6,000명인데 청나라 사람이 절반이며 일본인도 조금 있다고 했다. 사절단은 10월 6일 오후 8시에 하바롭스크를 떠나는데, 머무르는 동안 박물원, 사관학교, 여학교, 기기창(機器廠), 소방서(救火所)를 방문했고 마병(馬兵) 훈련도 참관했다. 다음은 박물원 방문 장면이다.

오후 4시에 박물원에 가보았다. 새로 만들어서 아직 규모가 크지는 않았다. 우리나라의 의복이나 기구 등의 물건도 대략 갖춰놓았으며 청나라와 일본 두 나라의 물건도 나열해 두었다. 러시아 사람의 말을 들건대, 흑룡강 북쪽 변경은 본래 청나라 땅이었는데 40년 전에 '무라비옵'(무라비요프)이라는 이가 새로 개척하여 러시아에 귀속시켰고, 강변에 총독부를 설치하고 관리를 두어 울타리가 될 만한 중진(重鎭)으로 만들었다고 한다. 나라 사람들이 그 사람의 공업을 칭송하여 높은 탑 위에 동상을 세워 잊지 않도록 기념한다.[124]

—『환구일록』 10월 4일

무라비요프, 즉 니콜라이 무라비요프아무르스키(1809~1881)는 러시아의 군인으로, 아무르강 일대를 탐험하고 이후 청나라와 조약을 맺어 아무르강 북쪽의 영유권을 얻었다. 1847년에서 1861년까지는 동부 시베리아 총독을 지냈다. 하바롭스크라는 지명은 탐험가 '하바로프'의 이름에서 유래한 것이지만, 이에 대해서는 알지 못했던 듯하다.

김득련은 하바롭스크의 경관과 내력을 소재로 삼아 시를 읊었다. 제1구와 제2구에서는 하바롭스크의 총독부 건물의 면모를 말했는데, 일기에서 말한 "보장중진(保障重鎭)"의 모습으로 그렸다고 해도 좋을 듯하다. 10월 4일 오후 6시에 만찬 초청을 받아 총독부에 들렀으니, 이때의 감회라고 볼 수도 있다. 제3구와 제4구에서는 하바롭스크가 40년 동안 황무지에서 변화한 땅으로 바뀐 사실을 말했다. 비록 무라비요프의 이름이나 그의 동상을 언급하지는 않았지만, 박물원에서 러시아 사람에게 들은 이야기가 그러한 묘사의 바탕이 되었을 것임은 충분히 짐작할 수 있다.

75

우리 동방 사람들은 대개 "장백산[일명 백두산 또는 불함산이라고도 한다] 위에 큰 못이 있는데 둘레는 80리이며 물이 나뉘어 흘러 세 개의 강이 된다. 남쪽은 압록강, 동쪽은 토문강, 북쪽은 흑룡강이다"라고 말한다. 이는 그 땅에 직접 가서 그 형세를 상세히 살피지 못하고 전해지는 말만 듣고서 대략 말한 것일 뿐이다. 이제 지도를 살펴보니 러시아와 몽골 양국의 경계에 새안산(塞安山, Khingan)이 있는데, 북으로는 실카강(賽兀佳江, Shilka)으로 뻗어나가 러시아의 경계가 되고 남으로는 아르군강(戞軍江, Argun)으로 뻗어나가 몽골의 경계가 된다. 동으로 몇백 리를 흐르다가 합류하여 흑룡강이 되고, 다시 5,000여 리를 흘러 동해로 들어간다. 흑룡강의 남쪽 강변부터 비로소 만주의 경계가 된다. 장백산은 흑룡강의 동남쪽에 있는데 그 산에서 북으로 흐르는 물이 쑹화강(松佳里江, Songhua)이 되어 흑룡강에 합류하니, 실상 흑룡강이 장백산에서 발원하는 것은 아니다.

예전 우리 숙종 임금 때[청나라 강희 연간]에 청나라에서 오랄총관 목극등(穆克登)을 파견하여 북쪽 경계를 조사하여 정하게 했는데, 그때 내 선조이신 광천공(廣川公) 부자께서 이 일에 참여하셨다. 무산으로부터 800여 리를 돌아다니며 토문강의 발원지까지 거슬러 올라가서 장백산 정상에 올라 '큰 못'을 두루 살펴보고서 경계를 상세히 정하고, 물이 나뉘는 곳에 석비(石碑)를 세우고 그 지형을 그려서 돌아와 조정에 바치셨다. 숙종 임금께서 어제시(御製詩)를 지어 "그림으로 보아도 도리어 웅장한데, 산을 오르면 기상이 어떠하랴. 지난번 국경 정하던 근심이, 이제부터 저절로 없어지리"라고 하시고, 아울러 은혜로운 상도 내리셨다. 이제 내가 강을 따라 동쪽으로 내려오니, 장백산이 손으로 가리킬 수 있는 곳에 있다. 그렇지만 길이 아득히 멀 뿐만 아니라 마음대로 올라가서 선조의 유적을 찾아뵐 수도 없으니, 도리어 너무나 부끄럽고 한탄스럽다.

我東人蓋言, 長白山[一名白頭山, 又曰不咸山]上有大澤, 周八十里, 分流爲三江, 南鴨綠, 東土門, 北黑龍. 此未能躬到其地詳審其形, 但轉聞而泛稱者也. 今閱地圖, 俄蒙兩界有塞安山, 北出賽兀佳江爲俄界, 南出憂軍江爲蒙界. 東流幾百里, 合流爲黑龍江, 行五千餘里, 注入於東海. 黑龍南岸, 始爲滿洲界, 長白山在於黑龍之東南, 而其北流之水, 爲松佳里江, 合流於黑龍, 實非黑龍之源出於長白也. 昔我肅廟朝[淸康熙年間], 淸國遣烏喇總管穆克登, 勘定北界. 其時, 余先祖廣川公父子參於是役, 自茂山歷行八百餘里, 溯土門之源, 登長白之頂, 周覽大澤, 詳定境界, 乃於分水處立石碑, 圖繪地形, 歸獻朝廷. 肅廟有御製詩曰, '圖繪觀猶壯, 登山氣若何, 向來爭界慮, 從此盡消磨.' 兼下恩賞矣. 今余沿江東下, 長白在於指點之間, 非但途道遙遠, 亦未能擅便登覽, 敬尋先祖遺蹟, 還不勝愧歎之極.

[1] 뱃사람들 앞다퉈 백두산이라 이르며,
동남쪽 아득한 곳을 손으로 가리키네.
큰 못이 세 줄기로 나뉘어 흘러가나니,
쑹화강 북으로 흘러 흑룡만에 합류하네.
舟人爭說白頭山, 指點東南縹緲間.
大澤分流三派去, 松嘉北合黑龍灣.

[2] 토문강 나뉘는 곳에 높은 비석 세웠으니,
200년 전 경계 정할 때였네.
선조께선 힘을 다해 이 일 하셨으니,
임금께서 은혜롭게도 오언시 내리셨네.
土門分處樹穹碑, 二百年前定界時.
先祖勤勞膺是役, 天褒曾荷五言詩.

사절단을 태운 화륜선은 9월 24일에 지류인 실카강을 벗어나 흑룡강으로 접어드는데, 이때 김득련은 백두산이나 불암산으로도 일컬어지는 장백산을 떠올린다. 장백산에서 세 개의 강, 즉 압록강, 토문강, 흑룡강이 발원한다는 조선에서 통용되는 견해가 생각났기 때문일 것인데, 실제 흑룡강에 와서 지도를 살펴보니 사실과 어긋난다는 점을 확인할 수 있었다. 김득련의 판단에 의하면 장백산에서 발원한 강은 쑹화강이며, 실카강과 아르군강이 합류하여 한참을 흘러온 흑룡강에 그 쑹화강이

다시 합류한다는 것이다.

　김득련은 이 깨달음을 9월 24일 일기에 자세히 기록했으니, 이 시의 긴 제목 전반부는 『환구일록』의 기록과 거의 같다. 다만 "5,000여 리를 흘러(行五千餘里)"가 없는 등 일부 자구에 차이가 있고, 이 밖에 고유명사를 한글로 표기한 점도 차이라 할 수 있다. 한시 제목에서는 한글로 표기하기가 부자연스러웠기 때문일 것이다. 일기에서는 "塞安山"은 '씨안山', "賽兀佳江"은 '씰올갓江', "憂軍江"은 '알군江', "松佳里江"은 '쑹가리江'으로 각각 표기했다. 지명 가운데 "새안산(塞安山)"(씨안山)은 싱안링(興安嶺)을 표기한 듯한데, 분명하지는 않다.

　흑룡강을 따라 내려가던 10월 3일에 김득련은 다시 장백산에 대해 듣게 된다.

　　뱃사람들의 말을 듣건대 쑹화강이 북으로 흘러와서 합류하는 곳을 오늘 새벽에 지났다고 한다. 장백산은 아직 남방에 있는데 아득히 멀어 볼 수는 없다고 했다.[125]

　　　　　　　　　　　　　　　　　　　　　　　　　―『환구일록』 10월 3일

　지도를 보면서 장백산에 대해 말하는 것을 들었던지, 뱃사람들은 장백산과 장백산에서 발원한 쑹화강의 위치를 말해준다. 이제 쑹화강도 흑룡강에 합류했고 장백산은 멀리 남쪽에 있어 여기서는 보이지 않노라고 알려준다.

　'장백산'은 김득련의 가문에는 특별한 곳이었다. 선조인 "광천공 부자(廣川公父子)", 즉 광천(廣川) 김지남(金指南), 소암(蘇巖) 김경문(金慶門) 부자가 여기서 청나라와의 경계를 '감정(勘定)'하는 큰일을 완수하고 공로를 인정받았기 때문이다. 시의 긴 제목 후반부, 즉 "예전 우리 숙종 임금 때(昔我肅廟朝)" 이후의 부분에서 이에 대해 자세히 말했는데, 이 대목은 『환구일록』에는 보이지 않는다. 큰 공적을 세운 선조 김지남, 김경문 부자, 그리고 공로를 포상하여 어제시(御製詩)까지 내려줄 정도로 은혜로웠던 숙종 임금. 김득련은 여기에 자신의 처지를 대입시켰을 것이다. 선조의 빛나는 유적을 찾아가지 못하는 처지가 안타깝다고 했지만, 자신이 광천공 부자와 같은 공을 세우지 못한 점이 더욱 안타까웠을 것이다.

김득련은 두 수의 절구를 읊어 흑룡강에서 '쑹화강'과 '장백산'의 자취를 듣게 된 감회를 노래했다.

첫째 수에서는 뱃사람들에게서 백두산과 쑹화강의 위치에 대해 들었던 장면, 즉 10월 3일 일기에 언급한 장면을 그린 듯하다. 제1구와 제2구에서는 뱃사람들이 동남쪽 아득한 곳에 백두산이 있다고 일러주는 장면을 그렸고, 제3구와 제4구에서는 백두산 정상의 세 물줄기 가운데 쑹화강이 현재 배가 지나가고 있는 흑룡강에 합류한다는 점을 말했다. 백두산에서 발원한 강은 쑹화강이며 흑룡강이 아니라는 점을 현장에서 확인한 것이다. 제2구의 "표묘(縹緲)"는 끝없이 넓거나 아득히 멀어서 어렴풋함을 이르는 말이다.

한편 제1구에서 '장백산'이 아닌 "백두산(白頭山)"이라고 일컬은 점은 눈에 띄는데, 어쩌면 청나라식 표기와 조선식 표기를 구분하려는 의도였을지도 모른다. 그렇지만 적어도 이 시에서는 여러 가지 이칭들 가운데 하나로 여겼다고 이해하는 편이 자연스러울 듯하다. 이는 여섯 번째 글자로 입성인 '白'이 아닌 평성인 '頭'를 써야 평측에 맞기 때문에, "長白山"이 아닌 "白頭山"으로 쓸 수밖에 없기 때문이다. 마찬가지로 제4구에서 "黑龍灣"이라고 쓴 이유도 운자 때문이라고 해석할 수 있다.

둘째 수에서는 선조 '광천공 부자'의 업적과 그에 대한 은혜로운 포상을 노래했다. 제1구의 "높은 비석(穹碑)"이란 곧 백두산정계비일 것이다. 제4구의 "荷"는 큰 은덕을 입었음을 특별히 나타내는 말이다.

여기서 말한 '오언시', 즉 숙종의 어제시는 『열성어제(列聖御製)』에 수록된 〈백두산 그림을 보고 짓다(題白頭山圖)〉인 듯한데, 시 제목에 인용된 것과는 차이가 있다. 『열성어제』에 실린 시는 오언율시인데, 김득련은 이 가운데 제1구, 제2구, 제7구, 제8구의 4구만 인용한 듯하다.

백두산 그림을 보고 짓다
題白頭山圖

그림으로 보아도 웅장한데,
산에 오르면 기상이 어떠하랴.
하늘을 누가 멀다고 하는가.
별들도 만질 수 있으리라.
산 정상에 깊고 깊은 물 있으니,
흘러내려 도도한 강물이 되네.

지난번 국경 정하던 근심이,

이제부터 저절로 없어지리.

繪畫觀猶壯, 登山氣若何.

雲霄誰謂遠, 星斗定應摩

巓有深深水, 流爲浩浩河.

向時爭界慮, 從此自消磨.

76 블라디보스토크에 이르러
到海參威

[1]
러시아 동쪽 변방 끝자락,
블라디보스토크 항구는 배 정박할 만하네.
세 나라 경계 맞닿은 요충지,
물에 뭍에 주둔하니 필승의 계책이로다.
俄境東邊地盡頭, 海參港口可藏舟.
要衝相接三邦界, 水陸屯兵亦勝籌.

[2]
삼 년 예정으로 철도를 완성하려 하니,
장차 열흘이면 상트페테르부르크까지 통하리라.
멀리 내다보고 깊이 계획하여 온 힘을 쏟으니,
동양으로 곧장 달릴 때 이 길로 가게 되리라.
三年豫算銕途成, 十日將通彼得城.
慮遠謀深全用力, 東洋直駛必由程.

사절단은 10월 9일에 기차로 옮겨타고, 이튿날인 10월 10일에 블라디보스토크에 도착한다. 기차, 마차, 배로 시베리아를 거쳐 러시아 동쪽 끝의 항구에 도착한 것이다. 사절단은 16일에 출항하기 전까지 이곳에 머물렀는데, 15일에 대학교, 소학교, 여학교를 방문한 일을 제외하면 주로 조선 유민들 혹은 러시아에 입적한 조선인들을 만나며 시간을 보낸 듯하다. 김득련은 그동안 얻은 블라디보스토크에 관한 지식을 일기에 정리하기도 했다.

> 듣건대 이 항구는 본래 청나라 땅이었는데, 무라비요프가 새로 개척하여 항구를 연 지 30여 년이 되었다고 한다. 인구는 2만 6,000명인데, 우리나라 사람이 2,000여 명이며, 청나라 사람이 1만여 명, 일본 사람이 400~500명이다. 각 기기창(機器廠)과 제반 시설은 끊임없이 늘어나고 있다. 이곳은 러시아 동쪽 변방의 끝이니, 우리나라 북쪽 국경과 맞닿아 있고 청나라와는 한 줄기 강물을 사이에 두고 있으며 동으로는 일본과 바다로 접해 있다. 또한 동양을 왕래하는 군함이 안전하게 정박한다. 이 항구에서는 전력을 쏟아 장차 상트페테르부르크까지 철로를 뚫으려 한다. 이곳에 거주하는 우리 유민 가구는 수백 호인데, 근처에 사는 가구도 만여 호에 이른다. 대개 기사년(1869)의 대흉년으로 인해 함경도 백성들이 들어오기 시작하였고 지금은 팔도의 백성들이 끊임없이 들어오는데, 들어왔다가 돌아가지 않으니 이처럼 그 수가 많아진 것이다.[126]
>
> —『환구일록』 10월 11일

무라비요프의 이름은 낯설지 않았을 것이다. 사절단이 이미 하바롭스크의 박물원에서 그의 동상을 보면서 흑룡강 일대를 '개척'한 내력을 들었기 때문이다. 이처럼 역사는 길지 않아도 러시아 동쪽 끝의 요충지이기에 현재도 공장과 시설이 늘어나고 있으며, 장차 상트페테르부르크까지 철도로 연결하려 한다는 사실을 사절단은 확인할 수 있었다. 한편, 일기에 기록된 블라디보스토크의 정보 가운데 일본인 주민이 "四百五"라는 기록은 다른 수치와는 달리 지나치게 구체적이어서 부자연스러운데, 『해천추범』에서는 "四五百"으로 고쳐 옮겼다. 여기서도 400~500명으로 옮겼다.

시에서도 블라디보스토크의 현황과 철도 문제에 주목했다.

첫째 수에서는 블라디보스토크의 지리적 중요성과 러시아의 대응책을 말했다. 제1구와 제2구에서는 블라디보스토크가 러시아 동쪽 끝자락의 항구로서 배를 정박해 둘 만한 곳이라고 했다. "진두(盡頭)"는 땅이 끝나는 곳을 뜻하는 말이다. "가장주(可藏舟)"는 배를 장박(藏泊), 즉 안전하게 정박할 수 있다는 뜻인데, "藏"을 적극적으로 해석한다면 숨겨둔다거나 감춰둔다는 뜻으로 풀이할 수도 있을 것이다. 제3구와 제4구에서는 블라디보스토크가 세 나라, 즉 청나라, 조선, 일본과의 경계에 있는 요충지여서 물과 뭍에 모두 군대를 주둔시키고 있음을 말했다.

둘째 수에서는 철도 문제를 다루었다. 제1구와 제2구에서는 3년 예정의 공사가 마무리되면 열흘 만에 상트페테르부르크까지 갈 수 있게 되리라고 했다. 제3구와 제4구에서는 철도 건설이 "여원모심(慮遠謀深)", 즉 멀리까지 헤아리고 깊이 계획한 결과이니 장차 이 길을 널리 이용하게 될 것이라고 예상했다.

앞서 살펴본 10월 11일의 일기에도 철도 건설 문제는 언급되어 있지만, 9월 22일의 일기에 더 자세한 정보를 기록한 바 있다. 9월 22일의 기록에는 시와 유사한 표현까지 나타나니, 어쩌면 철도 공사의 현장을 여기저기서 지켜볼 수 있었던 당시의 감각이 시의 바탕이 되었다고 이해할 수도 있을 법하다. 다만 철도 완공 이후 블라디보스토크에서 상트페테르부르크까지의 예상 시간이 '열흘(十日)'과 "보름(一望)"으로 달리 나타나는데, 그 이유에 대해서는 더 검토해 볼 필요가 있을 듯하다. 시와 일기에서 함께 쓰인 "여원모심(慮遠謀深)"은 결국 깊이 생각하여 낸 꾀와 먼 장래를 내다보는 생각을 뜻하는 '심모원려(深謀遠慮)'와 같은 말이다. 9월 22일 일기의 해당 부분은 다음과 같다.

철로 공사가 바야흐로 곳곳에서 벌어지고 있는데, 3년을 기약하여 준공하면 상트페테르부르크에서 블라디보스토크까지 보름 사이에 닿을 수 있다고 한다. 거액의 비용을 아까워하지 않고 인력도 아끼지 않으며 이처럼 만들고 있으니, 그 심모원려(深謀遠慮)를 볼 수 있다.[127]

—『환구일록』 9월 22일

> **77** 신문을 보고 비로소 당질 세형이 원산항의 우체사장(郵遞司長)에 임명되었음을 알았다. 이미 부임하였을 터이며, 돌아가는 배는 부산으로 직행할 예정이니 원산항에는 들어가지 않을 것이다. 만나보기 어려운 형세인지라 매우 서운하다.
> 得見新聞紙, 始知堂侄世亨間任元山港郵遞司長. 想已赴任, 而歸舶將直向釜山, 不入元山港, 勢難相面悵甚.
>
> 가을에 우체사장 임명된 소식 들으니 기쁘구나.
> 이미 원산에 부임하여 일을 보고 있겠지.
> 귀국하는 내 배를 돌릴 수는 없으니,
> 가까이 가되 못 만날지니 헛되이 생각만 달려가네.
> 喜看秋任郵司長, 已赴元山署分掌.
> 我舶歸時不得旋, 人遐地邇空馳想.

김득련은 10월 14일의 일기에 당질 김세형의 소식을 기록했다. 사적인 일이니, 당연하게도 『해천추범』에는 이 대목이 빠졌다.

8월 그믐의 《독립신문》 한 장을 구해 보았다. 대략 베껴 실은 관보에 당질 세형이 원산 우체사장(郵遞司長)에 제수되었다고 되어 있었다. 그 직책을 맡은 것은 기뻐할 만한 일이다. 나는 장차 군함을 탈 것이니 원산항에는 들어가지 않는다. 비록 이미 부임했을지라도 한 번 만나볼 수도 없을 듯하니,

더욱 슬프고 울적하다. 세태는 농상공부 주사로 해주 우체사에 파견되었으니 그 형제는 남북으로 갈라진 것이다. 더욱 근심이 깊어진다.[128]

─『환구일록』 10월 14일

"8월 그믐(八晦)"이라고 했지만, 여기서 언급한 '관보' 기사는 8월 29일 자 《독립신문》에 실렸다. 신문 1면에 실린 관보에서 "우체사쟝 … 원산 김세형"의 기록을 확인할 수 있고, 8월 24일의 《관보》에서도 "任元山郵遞司長敍奏任官六等 四品 金世亨"이라는 기록을 확인할 수 있다. 임명된 지 50일 정도 지난 셈이니, 원산에 부임한 지도 이미 상당한 시일이 흘렀을 것이다.

김득련은 귀국하는 배가 원산에 들르지 않는다는 사실을 이미 알고 있었다. 8월 14일에 처음 접한 귀국 일정에는 원산, 부산, 인천을 들른다고 되어 있었으니, 일정이 바뀌며 원산에 들르지 못하게 된 상황이 더욱 안타까웠을 법하다.

김득련은 이런 아쉬움을 시로 옮겼다. 제1구에서는 당질 김세형이 임명된 소식을 듣고 기뻐하는 마음을 그렸고, 제2구에서는 상당한 시일이 지난 뒤에 소식을 들었으니 이미 부임해서 업무에 열중하고 있으리라고 상상했다. 제3구와 제4구에서는 배가 원산 근처 바다를 지나겠지만 정박하지 않으니 만나볼 수도 없으리라는 안타까운 마음을 그렸다. 몸이 만나지 못하니 생각만 달려간다고 한 표현으로 그 아쉬움을 잘 드러낸 듯하다.

78 우리나라 유민의 도소(都所)에 시를 써서 주다
題贈我邦流民都所

슬프다. 저 수만여 명 유민이여.
하루하루 품팔이를 편히 여기는구나.
탐관오리 학정에서 달아난다고 해도,
낯선 땅 황무지에서 차마 어찌 지내랴.
망건 상투 보존하며 고향 그리워하건만,
성명을 연달아 적어 새 문서에 올리네.
응당 조정에서 쇄환(刷還)의 명 내릴지니,
나라 향한 충성의 마음 부디 변치 마시오.

哀彼流民數萬餘, 傭畊日日視安居.
縱逃貪吏煩苛政, 忍處殊邦莽漠墟.
巾髻尙存懷故土, 姓名聯錄上新書.
刷還當有朝廷命, 向國誠心莫變初.

"도소(都所)"는 마을의 일을 의논하기 위해 모이는 장소이니, '도가(都家)'라고도 했다. 즉 이 시의 제목은 조선 유민들이 모이는 일종의 회관에 시를 써주었다는 뜻이 된다.

사절단은 흑룡강 일대로 접어들면서 곳곳에서 조선의 유민이나 조선인으로 러시아에 입적한 사람을 만나게 된다. 10월 11일의 일기에서 살펴보았듯이 기사년(1869)의 대기근이 유민 발생의 계기가 되었는데, 블라디보스토크 인근에서만 1만 호가 거주할 정도로 유민의 수는 늘어나고 있었다. 사절단이 곳곳에서 이들 유민을 만난 것은 우연이 아니었으며, 유민들이 원하기도 한 일이었다.

> 블라디보스토크로부터 이곳[블라고베셴스크]에 이르기까지 우리나라 사람으로 러시아 땅에 흘러들어온 자가 없는 곳이 없다. 이들은 스스로 마을을 이루었으되 몇만 명인지 알 수 없으며, 러시아 호적에 이미 들어간 자도 또한 많다. 이곳에는 현재 50여 명이 있는데, 700리 거리에 있는 금광을 왕래하면서 벌어먹고 지낸다. 그 가운데 여섯 사람이 찾아왔다. 원산의 박기순은 '두민(頭民)'이었는데, 아직 상투를 틀고 있다. 경성의 김봉진, 길주의 황필용, 한만성, 경흥의 한명성, 동래의 정운서는 모두 10여 년 전에 들어왔다고 한다. 그들이 말하기를 "오늘 뜻하지 않게 본국의 위의(威儀)를 보게 되었으니, 기쁨과 감격을 이길 수 없습니다. 만약 조정에서 불러들이는 명령이 있게 되면, 유민들은 마땅히 모두 떠날 것입니다"라고 하였다.[129]
>
> ―『환구일록』 9월 27일

> (오후 6시에 하바롭스크를 떠나기 전에) 오후 5시에 우리나라 사람들의 도소(都所)[의사청(議事廳)]에 갔다. 두민이 100여 명을 이끌고 와서 만났다. "이제 두 나라가 우호 관계를 더욱 돈독히 할 것이니, 모름지기 착하게 살고 혹시라도 일을 만들지 말라"라고 타일렀다. 모두 말하기를 "다행히 잡된 무리가 없으니 이곳에 온 이후로 규범을 지켜서 수모를 면할 수 있었습니다"

라고 하였다.[130]

— 『환구일록』 10월 6일

    이 항구[블라디보스토크]에 거주하는 우리나라 유민은 수백 호이고, 왕래하는 사람은 그 수를 헤아릴 수도 없다. 연추사, 추풍사, 수청사 등의 땅은 '조선 유민의 부락'이라고 일컬어지는데, 6,000~7,000호에 이른다. 그 가운데 러시아 호적에 들어간 사람도 절반이 넘는다. 모두 러시아 옷을 입고 러시아 말을 하며 나이 어린 자는 본국의 풍속을 알지 못하니, 이는 그대로 둘 수 없는 일이다. 마땅히 급히 영사를 설치하여 맡아 다스리게 하여야 할 것이다. 약장(約章)을 상세히 정하여 고향으로 돌아가고자 하는 자는 모두 불러들이고 상업을 원하는 자는 조계(租界)를 정하여 살게 하면, 떠돌거나 소란을 일으키는 폐단을 면할 수 있을 것이다. 이는 가장 급한 시무(時務)이며 유민들이 바라는 바이기도 하다.[131]

— 『환구일록』 10월 15일

    "두민(頭民)"은 한 동네에서 나이가 많고 식견이 높은 사람을 일컫던 말이다. 유민들은 마을을 이루어 살고 있었지만, 공식적인 대표자는 없었다. 두민이 그 역할을 했던 셈이다. "도소(都所)"는 유민들이 모이는 곳이니, 사절단은 도소를 방문하거나 도소로 초청받기도 했다. 사절단이 바라본 유민의 현황은 근심스러운 것이었다. 아직은 상투를 틀고 있는 두민의 말에 따라 큰 문제를 일으키지 않고 지내고 있지만, 의복과 언어, 풍속을 잊은 젊은 세대가 늘어날수록 근심은 커질 수밖에 없었다. 김득련을 포함한 사절단은 영사의 설치, 약장의 체결과 같은 제도적인 조치가 시급하다고 판단한 듯한데, 그런 제도가 마련되기까지 문제를 일으키지 말고 잘 지내라고 타이르는 것 이외에 달리 할 수 있는 일은 없었다. 10월 4일에 하바롭스크 인근의 유민을 만났을 때처럼 "고국을 잊지 말라(無忘故國)"라는 부탁 정도를 덧붙일 수 있을 뿐이었다.

사절단은 10월 11일에 블라디보스토크의 도소를 방문했는데, 그곳에서 매년 '대군주 폐하의 만수성절'에 국기를 걸어두고 송축한다는 말을 듣고 감탄한다. 14일에는 두민(頭民) 안세정(安世鼎) 등의 점심 초대를 받아 다시 도소를 방문하는데, "음식을 우리 법식대로 정갈하게 마련하여 배불리 먹고 돌아왔다(饌品以我法精備, 飽餕而還)"라고 김득련은 기록했다. 아마도 이 무렵에 김득련은 시를 써서 도소에 전달했을 것이다.

도소에 전달한 시는 유민의 안타까운 현실을 어쩔 수 없이 받아들이면서도 부탁을 건네는 심정을 말했다.

제1구와 제2구에서는 품팔이로 연명하면서도 그런 생활을 편안히 여길 수밖에 없는 유민의 슬픈 현실을 말했다. 제3구와 제4구에서는 유민이 되기까지의 과정을 상상했는데, 이런 현실은 유민들이 직접 말하지 않았다 하더라도 충분히 짐작할 수 있었을 것이다. 제3구의 "번가(煩苛)"는 번거롭고 가혹하다는 뜻이다.

제5구에서는 풍속을 지키며 고향을 그리워하는 모습을 말했는데, 사절단을 찾아왔던 유민들에게서 이러한 모습을 흔히 볼 수 있었을 것이다. 제6구에서는 러시아에 입적하는 장면을 그린 듯하다. "上新書", 즉 새로운 문서에 올린다는 것은, 아마도 러시아의 호적에 자기 이름을 올린다는 의미일 것이다. 제7구와 제8구에서는 조정에서 반드시 쇄환의 명령을 내릴 것이니 그때까지 충성을 다하겠다는 초심을 잃지 말라고 당부했다. "쇄환(刷還)"은 외국에서 유랑하는 동포를 데리고 돌아오던 일을 말한다. '영사'나 '약장' 같은 근대적 방식 대신에 '쇄환령'이라는 전통적 제도를 거론한 점이 인상적인데, 어쩌면 유민을 되돌아오게 해야 한다는 식의 전통적인 방식이 당시 조정에서 우세한 대안이었을지도 모른다.

민영환도 유민의 현실을 다룬 시를 남겼는데, 따로 제목을 붙이지는 않은 듯하다. 제3구와 제4구에서는 고국의 언어를 잊어가고 누군가에게 도움받을 길도 없는 유민의 현실을 말한 듯한데, 그 표현과 내용 모두 주목할 만하다.

실제
失題

유민은 흉년에 많아지나니,
온갖 일에 나선 이가 수천이요, 수만이네.
고향 말로 호소하려 해도 입술은 이미 둔해졌고,
풍헌(風憲)이 온전치 못하니 힘 되기도 어렵네.
몰골 모두 파리해도 비녀와 상투는 보존했고,
밥때 못 지키며 고생하고 갈옷으로 지내네.

한 번 환호하고 한 번 우는 은근한 뜻은,

어진 하늘이 옛 허물 용서하기를 바람이네.

流民多是値荒年, 農雇商工計萬千.

欲訴鄕音脣已鈍, 未全風憲力難傳.

形骸俱瘁餘簪髻, 饑飽忘勞總葛綿.

一歡一泣殷勤意, 咸頌仁天赦舊愆.

— '해천춘범소집'

8부

조선에 돌아오다

용두산 아래 부산 부두 전경

기차로 시베리아를 횡단하여 1896년 10월 16일 블라디보스토크에서 배에 몸을 실은 사절단은 종착지인 제물포항에 앞서 10월 18일 부산항에 도착했다. 김득련은 〈새벽에 부산에 정박하여〉라는 시에서 변모한 부산항의 모습을 적고 있는데, 특히 3~4구에서는 '왜관' 일대의 변화를 언급하고 있다. "초량 옛 왜관은 조계(租界)로 나뉘었고, / 부동 새 마을엔 세관을 설치했네." 『환구일록』에도 "수영, 부산진, 다대진으로 구성된 솥발 모양의 진영(鎭營)이 사라지고 감리서와 해관이 설치되었다"라고 그 변화상을 적고 있다. 사진은 용두산 아래 해관 부두 전경을 담고 있는데, 우측 첫 번째 국기 게양대 오른쪽으로 길게 뻗은 단층 건물이 해관 보세창고이며, 좌측 끝에 있는 2층 목조 건물이 1885년에 신축한 부산 해관 청사이다. 김재승, 『기록사진으로 보는 부산·부산항 130년』 참고.

79 새벽에 부산에 정박하여
曉泊釜山

증기선 이틀 밤을 끓어오르더니,
원산엔 들어가지 않고 부산에 닿았네.
초량 옛 왜관은 조계(租界)로 나뉘었고,
부동 새 마을엔 세관을 설치했네.
등불 밝힌 어책에선 어망 걷어 떠나고,
달빛 두른 장삿배는 북 울리며 돌아오네.
항구에 늘어선 봉우리 하늘이 베푼 험지이니,
한 사람이 굳게 지켜도 편안할 수 있다네.

汽輪沸盪兩宵間, 不入元山抵釜山.
草梁舊館分租界, 富洞新村設稅關.
張燈漁柵收罾去, 帶月商帆擊鼓還.
港裡列巒天設險, 一夫堅守可安閒.

  사절단을 실은 배는 10월 16일 오전 6시에 블라디보스토크를 떠나기로 했다. 이 배는 인천에서 상하이로 갈 때 탔던 군함 그레먀시호였으니, 인연이라 할 수도 있을 것이다. 민영환은 배에 오르는 날 시를 한 수 지었는데, 그날이 중양절이라 했으니 아마도 10월 15일(음력 9월 9일)에 배에 올라 출발을 기다렸던 모양이다. 민영환은 시의 제목에서 '선창

(船廠)'에 올랐다고 했는데, 이 '선창'에서는 고향 땅을 바라볼 수 있기에 올라갔을 것이다. 민영환의 시는 다음과 같다.

블라디보스토크에서 배에 오르는 날은 중양절인데, 꽃이 없고 술이 없으며 고향을 바라볼 곳도 없었다. 선창에 올랐다가 느낀 바가 있어 짓는다.
海參乘船日, 卽重陽日也, 無花無酒, 亦無望鄕處, 登船廠感而有作.

국화꽃 못 보고서 중양절 지내는데,
고향 바라볼 만한 높은 누대는 있구나.
이날 이 마음 몇이나 알겠나.
동쪽 울타리엔 남은 술잔 있으려나.
黃花不見過重陽, 只有高臺可望鄕.
此日此情幾人識, 東籬未信貯餘觴.

— '해천춘범소집'

배는 18일에 부산항에 닿았다. 배는 이틀 동안 1,900리를 간 것이었다. 『환구일록』에서는 부산항의 지형을 설명하고, 그 변천 양상을 몇 가지 언급했다. 수영, 부산진, 다대진으로 구성된 솥발 모양의 진영(鎭營)이 모두 사라지고 감리서와 해관이 설치되었으니, 부산항의 성격 자체도 상당히 바뀌었다고 해야 할 듯하다.

오전 10시에 부산항에 도착했다. 항구의 앞은 남쪽을 바라보고 평탄하고도 넓은데, 절영도가 앞에서 파도를 막고 오륙도는 동쪽에서 해문(海門) 구실을 한다. 바로 하늘이 만든 험지(險地)이다. 초량 옛 왜관의 서쪽에는 감리서가 있고, 언덕 하나를 지나서 해관(海關)을 설치했다. 언덕을 따라서는 모두 일본인의 집이 있다. 수영(水營), 부산진, 다대진은 솥발과 같은 형세로 늘어서 있었는데, 지금은 모두 폐지되었다.[132]

—『환구일록』 10월 18일

『환구일록』에는 『해천추범』에 보이는 "爲海門, 直天設之險也. 草梁舊館之西, 有監理署"의 구절이 빠져 있다. 이 구절이 들어가야 뜻이 통하니, 원래의 원고에는 있었으리라고 짐작할 수 있다. 『환구일록』을 정서하는 과정에서 이 구절이 실수로 빠졌으리라고 짐작하는 편이 자연스러우니, 결국 현재의 『환구일록』은 후사본(後寫本)이라고 해야 할 것이다.

시로 돌아가 보자. 우선 제목에서 "새벽(曉)"이라고 한 이유가 무엇인지 다소 의문스러운데, 부산항에 도착한 시점이 사정(巳正), 즉 오전 10시라고 일기에 기록했기 때문이다.

제1구와 제2구에서는 배가 이틀 동안 쉬지 않고 달려서 부산에 이르렀음을 말했다. 증기선이기에 "끓는다(沸盪)"라는 표현을 썼을 것이며, 원산에 들러서 당질을 만나고 싶은 마음이 여전히 있었기에 굳이 '원산'을 언급했을 것이다.

제3구와 제4구에서는 부산항, 특히 '왜관' 일대의 변화를 말했다. 초량에는 대마도와의 교역을 위한 왜관(倭館)이 설치되어 있었는데, 강화도조약 및 '부산항조계조약(釜山港租界條約)'에 따라 이전 왜관 일대가 일본의 조계지로 지정되었다. '세관(稅關)'은 곧 '해관(海關)'이니 일기에서도 이를 언급한 셈이다. 부산 해관은 1883년에 설치되었는데, 위치는 지금의 동광동 부근이었으니 제4구에서 "부동(富洞)"이라고 지칭한 이유는 분명하지 않다.

제5구와 제6구에서는 항구의 풍경을 그렸는데, 그 시간대는 밤이거나 새벽이라고 볼 수 있을 듯하다. 고기잡이를 위한 불빛, 배에 비치는 달빛. 이런 풍경은 아무래도 오전 10시에서는 찾아보기 어려울 것이다. 그러니 제목에 "새벽(曉)"을 붙인 이유는 이 두 구를 위한 것이었다고 이해해야 할 듯하다. 한편 제5구의 "어책(漁柵)"은 물고기를 잡기 위한 어구인데, 여기서는 어선을 달리 표현한 것일 법도 하다. 제6구에 '상선'이 등장하니 직접 '배'를 나타내는 말을 피할 필요가 있었을지도 모른다.

제7구와 제8구에서는 부산항의 지형적 이점, 특히 해방(海防)을 위한 이점을 말했다. 일기 내용을 참고하면, 제7구의 "봉우리(巒)"는 절영도와 오륙도의 두 섬을 가리키는 말로 이해할 수 있다. 제8구는 이백의 〈촉도난(蜀道難)〉에 있는 "한 사람이 관문을 지키면, 만 명이 공격해도 열지 못한다(一夫當關, 萬夫莫開)"라는 구절을 변용한 듯한데, 항구의 험지 또는 요새를 표현하기에 적절한지는 다소 의문스럽다.

80 인천항에 정박하며
來泊仁港

버들 푸른 이월에 사행을 떠났다가,
국화 누른 가을에 배 타고 돌아왔네.
고향 가까워질수록 마음 더욱 간절하니,
인천에 닿았을 뿐이나 집에 온 것 같구나.
綠楊二月賦皇華, 黃菊三秋返海槎.
漸覺近鄕情更切, 仁川纔到似還家.

    사절단은 10월 20일 정오에 인천항에 닿았다. 부산에서부터 1,550리를 간 것이었다. 김득련은 일기에서 "반년 동안 객지를 떠돌다가 이제 서울에 들어가려 하니, 기쁘고 다행스러움을 이길 수가 없다(半載羈旅, 今將入京, 不勝喜幸)"라고 감회를 표현했다. 또한 시를 읊어 기쁜 마음을 다시 드러냈다.

    제1구와 제2구에서는 2월에 사행을 떠났다가 가을에 돌아왔음을 말했다. "황화(皇華)"는 사신을 뜻하며, 임금이 사신을 보내면서 간곡히 당부하는 내용을 담았다는 〈황황자화(皇皇者華)〉에서 유래한 말이다. 〈인천항에서 기선을 타고 곧바로 상하이로 향하다〉에서 사행의 의미로 이 말을 쓴 바 있으니, 떠나던 때 '인천'에서의 기억과 어울리는 말일 법도 하다. "삼추(三秋)"는 가을인데, 인천에 도착한 10월 20일이 음력 9월

14일이기에 이렇게 말했을 것이다. "해사(海槎)"는 과거에는 주로 일본으로 가는 사신에 사용되던 말이기는 하나, 배를 타고 사행할 수 있는 나라가 늘어난 당시에는 굳이 일본에 한정해서 이 말을 사용할 이유가 없어졌다고 해야 할 것이다.

제3구와 제4구에서는 인천에 도착하면서 느끼는 귀향(歸鄕)의 감정을 말했다. 시간이나 거리 모두 그러했겠지만, 기차와 기선으로 대륙과 대양을 항해하던 때의 고난이 이제 사라졌다는 안도감 때문에도 집에 도착한 듯한 느낌이 들었을 법하다.

81 10월 21일에 서울에 들어와 복명(復命)하고 러시아 황제의 회답 친서를 올렸다. 신 등이 입대하여 우러러 뵈니 성상의 옥체는 강녕하시고 세자의 기후도 안녕하시어 기쁜 마음을 주체할 수 없었다. 성상께서 먼 길 다녀온 노고를 물으시니, 융성하신 총애에도 신 등은 아직 티끌만큼의 보답도 드리지 못하여 몹시 황송할 따름이었다. 서궁[이때 경운궁에 계셨다]에도 복명하고 회서(回書)를 올렸다. 천안(天顔)을 우러러 뵙고 입대하니, "아 너희 이번 사행은 일곱 달이 걸리는 먼 길이었으니 노고가 얼마나 많았느냐" 하셨다. 조정에서 물러나 집에서 부모님을 뵈오니, 아버님께서는 그런대로 평안하시되 어머님의 풍환은 아직도 회복되지 않으셨다. 자식된 마음에 몹시 근심스럽다.

十月二十一日, 入京復命, 進呈俄皇回答親書. 臣等入對仰瞻, 聖體安康, 睿候安寧, 伏不勝慶忭之忱. 下詢遠程勞苦之狀, 寵眷降崇, 臣等未有涓埃報答, 祗切惶蹙. 西宮[時御慶運宮]復命, 獻回書, 瞻仰天顔入對餘, 嗟爾此行, 經七朔遠程, 勞苦果何如. 退朝反面, 親節粗安, 而慈闈風患, 尙遲復和, 情私悶迫.

조회 마치고 물러나 부모님 찾아뵈니,
오늘 밤 너무 기뻐 날아갈 것 같으시네.
날마다 문에 기대 괴로워하였더니,
네가 오다니 꿈이냐, 생시냐.

罷朝卽退拜庭闈, 喜色今宵興欲飛.
日日倚閭心自苦, 却看汝至夢耶非.

사절단은 10월 21일 정오에 오류동, 오후 5시에 마포에 이르렀다. 친지와 관리들이 이들을 맞이했고, 궁내부에서는 술과 안주를 내렸다. 오후 6시에 돈의문으로 들어가 복명(復命)하고 러시아 황제의 회답 친서를 바쳤다.

시에서는 제목에서 복명 이후의 일을 상세히 기록했는데, 오히려 일기보다 더 자세한 듯하다. 특히 서궁(西宮) 복명의 일은 『환구일록』이나 『해천추범』에 모두 보이지 않는데, 그 이유가 무엇인지는 분명하지 않다. "반면(反面)"은 집에 돌아와 부모님을 뵙는 것을 일컫는 말이다.

실제 시에서는 복명과 입대(入對)와 같은 공적인 일을 다루지는 않았다. 오랜 사행길에서 돌아온 아들을 맞이하는 부모님의 모습을 포착했으며, 부모님의 말씀을 직접 인용하는 형식을 취하여 생동감 있게 표현하기도 했다. 이는 〈모스크바 공관에서 꿈을 기록하다〉에서 이미 활용한 표현법이기도 하다. 제1구와 제2구에서는 조회를 마치고 뵈었을 때의 부모님의 모습을 그렸다면, 제3구와 제4구에서는 그때 부모님이 하신 말씀을 전했다.

82 친척과 벗들이 내가 집에 돌아왔다는 말을 듣고서 일제히 모여 맞이하였다. 촛불 심지를 자르며 기쁘게 회포를 펴니, 시 금동과 육교의 풍월이 다시 예전의 인연을 이은 것이다. 이번 사행에서는 모두 일곱 달 동안 여덟 나라[청나라, 일본, 미국, 영국, 네덜란드, 독일, 러시아, 몽골]를 거치며 6만 8,365리를 다녔다.

族戚朋友聞余歸家, 齊會逢迎. 剪燭忻敍, 一洞詩琴, 六橋風月, 更續前緣也. 此行, 凡七閱月, 經八國[淸, 日本, 美, 英, 荷蘭, 德, 俄, 蒙古], 周歷六萬八千三百六十五里.

사행길에서 돌아온 줄 알고서,
서쪽 어디로 갔나 다퉈 묻네.
육만 리에 여덟 나라 거쳤으니,
보고 들은 것 '기행편'에 다 있다네.
親朋知我卸征鞭, 爭問西遊阿那邉.
六萬里餘經八國, 見聞都在紀行篇.

김득련은 집에 돌아와 벗들을 맞이하는 장면을 제법 떠들썩하게 그렸다. 실제로 있었던 일이었을 것이다. 민영환의 경우와는 대조적이기도 한데, 『해천추범』에서는 복명 이후의 일을 "물러나서 집에 돌아가 어머니를 뵈니, 그런대로 평안하시다. 집안도 모두 평온하니 기쁘고 다행스럽다(退出反面, 親節粗安, 家中俱穩, 喜幸)"라고 간단하게만 기록했다. 가족의 구성이나 활동 양식이 다르기 때문일 것이다.

 이 시는 사절단의 여행과 '사행 시집'을 마무리하는 작품이라 할 수 있는데, 김득련은 『환구음초』 자체를 소개하듯이 내용을 구성했다. 몇 달 만에 돌아온 김득련을 찾아온 벗들은 이것저것 정신없이 묻는다. 하나하나 답하려면 밤을 새워도 모자랄 것이다. 이에 김득련은 이 시집, 즉 『환구음초』에 다 있다고 답한다. 읽어보라는 것인데, 가장 현명한 대답이 아닐까.

발문

첫 번째 발문: 한경리

옛날 장대한 유람을 일컬을 때면 반드시 사마천을 말했는데, 사마천의 명성은 문장으로만 얻어진 것은 아니었다. 사마천 이전에 사마천과 같은 유람을 한 사람이 없었으니, 남들이 아직 유람하지 않은 곳을 유람하고서 그것을 드러내어 문장을 지은 까닭에 그 명성이 그처럼 특별히 두드러지는 것이다. 그러니 유람에는 반드시 그에 걸맞은 사람이 있어야 하나, 그처럼 걸맞은 사람이 있고서 그 명성까지 얻는 것은 참으로 어려운 일이다. 박망후 장건(張騫)이 뗏목을 타고 견우성을 범한 일을 보면, 그 발자취가 미친 곳으로는 사마천이 미처 유람하지 못한 곳을 유람한 것이로되 그 명성이 그리 혁혁하지 않다. 어찌 대략이나마 살펴볼 만한 문사(文詞)가 없기 때문이 아니겠는가? 그런즉 남들이 아직 유람하지 못한 곳을 유람하고 다시 그것을 징험할 만한 문사까지 갖춘 뒤에야 가히 '유람'이라고 일컬을 수 있을 것이다.

문사의 융성함으로는 당나라를 가장 먼저 일컫고, 중원의 명승지는 참으로 아름답고도 풍부하다. 그렇지만 그때도 풍랑이 이는 바다를 건너가서 그 견문을 노래한 이는 또한 매우 드물다. 그런 까닭에 오직 일본을 유람하고 읊은 "밤낮으로 돛 펄럭이며 가서, 해 넘겨서야 해안에 닿았네(連夜揚帆去, 經年到岸遲)"라는 방간(方干)의 시구가 있을 따름이다. 무릇 해를 넘기는 유람을 어찌 쉬이 할 수 있었겠는가? 우리 조선 사람의 유람을 중화의 유람에 비긴다면, 그 안목은 하백(河伯)이 큰 바다를 바라보던 데도 미치지 못한다. 신라와 고려 이래로 가장 멀리까지 간 유람을 꼽아보더라도 겨우 북쪽으로는 연나라, 남쪽으로는 오나라, 동쪽 끝으로는 일본까지 간 데 불과하다.

유럽은 지구상에서 가장 큰 대륙이다. 그렇지만 우리 조선 사람들 가운데는 죽을 때까지 그 이름을 들어보지 못하는 이도 있으니, 그곳에 자기 발로 건너가서 자기 눈으로 목격할 수 있는 사람이야 몇이나 되겠는가? 유럽 사람들은 '추측(推測)'에 정밀하여 그 교묘한 제작 기술이 마치 조화옹의 솜씨를 뺏은 듯하니, 기선을 만들어서 바다를 왕래한다. 이에 동서양 사람들이 바람을 타고 파도를 가르며 8~9만 리를 건너는 일이 옛사람들이 전날 밤부터 양식을 찧어서 100리를 가던 것보다 더 수월하게 되었다. 그런즉 지금 사람이 옛사람이 미처 유람하지 못했던 곳을 유람하는 것은 그다지 어렵지 않다. 그렇지만 이른바 그 걸맞은 사람이 있고 그 명성까지 얻는다는 것은 또한 얼마나 어려운 일인가?

춘파 김 참서는 집에서 효도하고 나라에 충성하며 남에게 후덕할 수 있는 인물이다. 문사에 있어서도 일찍부터 깨우친 바 있어 벗들이 모두 높이 받들었는데, 어느 날 사절단으로 참여하라는 명을 받아 러시아로 갔다. 이 러시아라는 나라는 유럽에서 가장 큰 나라이다. 그 나라의 정교(政敎)와 풍속을 둘러보고 초목과 조수에 대한 지식을 쌓았으며, 마침내 6~7만 리 밖을 유람한 것이다. 마치 대붕(大鵬)처럼 여섯 달을 오가고서 한 번 숨을 내쉬게 되었으니, 만약 몽장씨(蒙莊氏, 장자)가 보았다면 바다의 대붕 이야기를 가지고 「소요유(逍遙遊)」와 같은 한 편의 공언(空言)을 짓지는 않았을 것이다. 이것이 어찌 '해를 넘겨 일본에 다녀온 노고'나 '견우성을 범했다는 허황한 이야기'와 함께 말할 만한 것이겠는가? 이제 춘파는 자신이 간 곳과 자기 눈으로 본 바를 날짜에 따라 기록하고 시로 읊어 드러냈다. 그 시는 결코 교묘한 기교나 수사에 힘쓰지 않았으며, 깨끗하고 고요하여 힘을 낭비하지도 않았다. 내가 그 시를 읽고 상상해 보니, 내가 하나하나 직접 돌아다니지 않더라도 교인(鮫人)이 산다는 집이나 신기루, 연등이나 보배로운 구슬의 빛 등이 이미 내 눈 속에 들어온 듯이 또렷하다. 그런즉 이 시는 나 한 사람만 볼 것이 아니며, 천하 후세의 사람들로 하여금 모두 보게 할 만한 것이다. 춘파의 명성이 어찌 이로부터 특별히 두드러지지 않겠는가? 그런 까닭에 "남들이 아직 유람하지 않은 곳을 유람하고, 그 걸맞은 사람이 있은 연후에야 명성을 얻게 된다"라는 말은 이를 두고 이른 것이리라.

건양 2년(1897) 1월 성암 한경리가 서를 쓰다.

古之稱壯遊者, 必曰司馬子長, 子長之名不專在乎文章也. 前乎子長, 而未有如子長之遊, 則以其遊於人之所未遊, 而發爲文章. 故其名如彼其特著耳. 故遊必有其人, 有其人而得其名, 固難矣哉. 若博望之乘槎犯斗, 其足跡之窮, 又遊於子長之所未遊, 而其名不甚赫赫者, 豈非以文詞之不少槪見哉. 然則遊於人之所未遊, 而又有文詞之足徵者, 然後酒可以語遊也. 文詞之盛, 最稱於唐, 而中土觀覽之勝, 洵非不美且富矣. 至於涉風濤而誇見聞者, 則亦已鮮矣. 故惟其遊日本詩, 有曰連夜揚帆去, 經年到岸遲. 夫經年之遊, 豈可容易爲之哉. 我東人之遊, 比諸中華, 眼目不啻若河伯望洋, 而自羅麗以來, 歷選其最遠遊者, 纔不過北至燕·南至吳, 而東極至于日本也. 歐羅巴, 於地球上爲第一大洲, 而我東人尙或有終身不聞其名者, 況乎能足涉而目擊者, 有幾人乎哉. 歐人精於推測, 其制作之巧, 直奪造化, 創造汽船而往來之. 於是乎, 東西洋人乘風破浪, 經涉八九萬里, 反有易於古人之宿舂糧適百里者也. 然則, 今人之遊於古人之所未遊者, 不甚難矣, 而抑所謂有其人而得其名者, 則又何其難也. 春坡金參書, 能孝於家, 忠於國, 厚於人, 於文詞亦早悟, 儕友咸推之. 一朝膺參使之命, 往赴俄羅斯. 是邦也, 歐洲之第一大國也. 訪覽其政敎風俗, 多識於草木鳥獸, 遂獲遊六七萬里之外, 來去以六月息, 若使蒙莊氏見之, 必不以海鵬, 著逍遙遊一篇空言也. 是豈與經年之勞苦·犯斗之虛誕, 同日語哉. 于是, 春坡凡身之所至, 目之所覩, 排日記之, 發諸吟詠, 而其詩絶不爲雕刻纂組之工, 平淡從容, 不甚費力. 余讀其詩而像之, 亦不待身到脚歷, 而鮫宮·蜃闕·火樹·珠

光, 已了了在眼中矣. 然則, 是詩也, 非獨余一人見之也, 率天下後世之
人, 而皆將見之矣. 春坡之名, 豈不自此而特著乎. 故曰遊於人之所未
遊, 而有其人然後得其名者, 其此之謂歟.
建陽 二年 一月 惺菴 韓敬履序.

한경리(韓敬履, 1847~?)의 서문은 필사본의 권말에만 수록되었다. '서문'이라고 했으니, 굳이 따지자면 '후서(後序)'가 되는 셈이다.

한경리가 김득련의 『환구음초』를 평가하는 기준은 '장유(壯遊)', 즉 장대한 유람으로 요약할 수 있다. 물론 여기서 '유람'은 단순한 놀이나 구경의 뜻은 아니며, 세상을 둘러보며 견문을 넓히고 심신을 닦는다는 뜻에 가까운 말일 것이다. 그런데 '장유' 그리고 '장유'라는 명성은, 단순히 멀리까지 여행한다고 해서 얻을 수 있는 것이 아니라고 했다. 남들이 아직 가지 못한 곳까지 유람할 것, 그 유람을 드러낼 뛰어난 문장을 지을 것, 그리고 덧붙이자면 허황하지 않을 것. 이런 몇 가지 조건을 갖추어야 비로소 '유람'이라거나 '장유'라고 일컬을 수가 있으니, 옛날에 사마천이 그러했고 이제 김득련이 그러하다는 것이다.

『환구음초』를 참된 의미의 '장유(壯遊)'로 일컫기 위해 한경리는 옛사람들의 유람을 거론하고 많은 전고를 인용했다.

우선 "사마자장(司馬子長)"은 곧 사마천이니, '자장'은 사마천의 자이다. 사마천은 옛날의 '장유'에 어울리는 인물이라 했다. "박망(博望)"은 박망후(博望侯) 장건이니, 김득련의 시에서도 여러 차례 인용되었던 인물이다. 견우성까지 갔다는 그의 '장유'에 대해서는, 한경리는 징험할 만한 문사가 없는 허탄(虛誕)한 것이라고 지적했다. 당나라 때의 '장유'로는 시인 방간(方干)을 들며 그의 오언율시 〈송인유일본국(送人游日本國)〉의 함련(頷聯)인 "밤낮으로 돛 펄럭이며 가서, 해 넘겨서야 해안에 닿았네(連夜揚帆去, 經年到岸遲)"를 인용했는데, 비록 해를 넘겼다고는 해도 일본을 다녀온 정도일 뿐이라고 했으니 그리 높이 평가한 것은 아닌 셈이다. 물론 '조선 사람의 유람(東人之遊)'은 그에 비길 바조차 되지 못한다고 했는데, 『장자(莊子)』「추수(秋水)」의 한 구절을 인용하여 그런 논의를 폈다. 이는 황하의 신인 하백(河伯)이 바다에 이르러 자신의 좁은 소견을 부끄러워하게 되었다는 대목인데, 여기에 "(하백이) 대양을 바라보며 약을 향하여 탄식하였다(望洋向若而嘆)"라는 구절이 있다. 약(若)은 곧 북해의 신이다.

한경리는 김득련의 '장유'를 말하기 위해 『장자』「소요유(逍遙遊)」를 인용하기도 했다. "가까운 교외에 가는 자는 세 끼의 밥만 가지고 갔다가 돌아와도 배가 여전히 부르고, 백 리를 가는 자는 전날 밤부터 양식을 찧어서 준비해야 하고, 천 리를 가는 자는 삼 개월 전부터 양식을 모아야 한다(適莽蒼者, 三湌而反, 腹猶果然. 適百里者, 宿舂糧. 適千里者, 三月聚糧)"라는 구절이나 "대붕이 남쪽 바다로 날아 옮겨 갈 때에는 바다의 수면을 3,000리나 치고서 회오리바람을 타고 9만 리까지 올라간다. 그리하여 6개월을 계속 난 뒤에야 비로소 한 번 크게 숨을 내쉰다(鵬之徙於南冥也, 水擊三千里, 搏扶搖而上者九萬里, 去以六月息者也)"라는 구절을 인용하며 자기 논지를 폈다. 구양수의 「방희칙을 전송하는 글(送方希則

序)」에 나오는 "몽장씨(蒙莊氏)"라는 말을 써서 장자(莊子)를 지칭하기도 했는데, 6개월이나 걸려 러시아까지 다녀온 김득련의 '장유'는 대붕의 '장유'나 다를 바가 없다고까지 말했다. 논리로는 어색한 면이 있을지 몰라도, 표현의 측면에서는 흥미로운 부분도 있다.

김득련의 시에 대해서는 조각(雕刻)이나 찬조(纂組)와는 거리가 멀다고 했다. "조각"은 '조충전각(雕蟲篆刻)'이니, 벌레 모양이나 전서(篆書)를 새기듯이 미사여구로 문장을 꾸미거나 하는 작은 기예를 뜻한다. "찬조"는 아름다운 빛깔의 끈을 짜는 일을 말하니, 역시 미사여구로 꾸미는 데 치중하는 것을 가리킨다.

시의 내용에 있어서는 교궁(鮫宮)이나 신궐(蜃闕), 화수(火樹)나 주광(珠光)을 직접 또렷이 보는 것처럼 느낄 만큼 생생하게 그렸다고 했는데, 이는 서구, 특히 러시아의 화려하고 신비로운 궁궐과 건물들, 화려한 연등과 장식을 지칭한 말인 듯한데 『환구음초』에서 이에 해당하는 시를 여럿 들 수 있을 것이다. 여기서 "교궁"은 교인(鮫人)이라고 하는 인어처럼 생긴 괴인이 사는 집이다. "신궐"은 신루(蜃樓)이니, 곧 신기루(蜃氣樓)이다. "화수"는 등불이나 불꽃놀이 등이 휘황찬란함을 비유하는 말이니, 당나라 소미도(蘇味道)의 〈정월 보름밤(正月十五夜)〉에서 "화수와 은화가 합하니, 성교의 철쇄가 열린다(火樹銀花合, 星橋鐵鎖開)"라는 구절에서 그 예를 찾을 수 있다. 『환구음초』에서는 앞서 〈온 도시에 사흘 밤 동안 등불을 밝히다〉에서 이에 해당하는 표현을 찾아볼 수 있었다.

두 번째 발문: 서형돈

병신년(1896) 봄에 춘파 김 공이 사절단의 배에 올랐는데 깊은 바다를 건너고 먼 이역을 넘어 구미 여러 나라를 유람하고 러시아까지 갔다가 돌아왔으니, 거리가 무릇 7만 리라고 한다. 친척과 손님들이 모두 모여 먼저 노고를 위로하고 그립던 마음을 털어놓았다. 얼마 있다가 그 행장을 풀어 '환구일기' 1책을 내놓았는데, 이 책에는 시도 있고 문도 있었다. 각국의 산천, 풍토, 건물, 배와 수레, 군대를 상세하게 기록하고, 재정의 현황, 농상공업의 발달 정도, 기이한 동물과 이름난 화초, 온갖 형상의 식별할 수 없는 것들을 한결같이 시와 문으로 드러내었으니, 참으로 성대하였다.

아, 사신의 직분에 용모나 예절, 사명(辭命)이 어려운 것은 아니다. 남의 나라에 들어가 그 나라의 정사(政事)를 캐내고 알아내는 일이 참으로 어려운 것이다. 『주관(周官)』에는 '행인(行人)'의 직분이 있다. 국경에서부터 근교에 이르기까지 경사대부(卿士大夫)로서 사신의 노고를 위로하는 자, 사신을 맞이하는 자, 희생(犧牲)을 가져다주는 자가 연달아 이르니, 반드시 백성의 이해(利害), 정치의 순역(順逆)과 모든 화호(和好), 역병, 폭란(暴亂)의 일을 몰래 살펴서 문서로 기록하여 복명한다. 그런 까닭에 임금이 명당(明堂, 조회를 받는 정전) 위에서 팔짱만 끼고 있더라도 천하에서 일어나는 일들을 두루 아는 것은 대개 이 때문이다.

이제 춘파가 글을 쓰면서 그 형세를 빠짐없이 기술하고 그 정상을 곡진하게 묘사하였으니, 미세하고 은밀한 것도 모두 훤히 드러난다. 한 번 책을 펼치면 서구의 형편이 손바닥 보듯 분명하니, 참으로 배운 바를 저버리지 않았고 그 직분에 부합했다고 할 것이다. 만약 이 책을 대궐에 올려 한 번 훑어보시도록 할 수 있다면, 우리 임금께서 명당에 팔짱을 끼고 앉아 있어도 태서(泰西) 각국의 정치를 두루 아시게 될 것이다. 그러니 춘파가 사신의 직분을 다했음이 또한 더욱 분명하다. 어찌 조정을 위해 축하할 일이 아니겠는가.

병신년(1896) 12월 달성 서형돈이 쓰다.

丙申春, 春坡金公乘使者舶, 涉層溟度絶域, 遊覽歐米諸各國, 至俄羅斯而返, 周行凡七萬里云. 親戚賓從咸來聚, 首敍勞苦擼相思. 遂發其裝, 而得環璆日記一書, 是書也, 有詩有文, 槪詳各國山川·風土·樓觀·舟車·軍旅, 財賦之出入, 農商工賈之嬴紃, 與夫奇禽怪獸·名花異草, 種種萬狀, 不可方物者, 壹於詩記發之, 何其盛也. 噫. 使者之職, 非容貌禮節辭命之爲難也. 入人之國, 而鉤知主國之政也, 誠難矣. 周官行人, 自境至于近郊, 卿士大夫勞者·訝者·饎者之相接也, 必有以陰察其民之利害, 政之逆順與凡和好·災札·暴亂之事, 爲之書而反命焉. 故人君垂拱於明堂之上, 而周知天下之故者, 蓋以此也. 今春坡之爲書, 備述其形勢, 曲寫其情狀, 無微不顯, 無隱不露. 一開卷, 而西洲形便, 瞭然如指諸掌, 眞不負所學而稱其職也. 誠能以此書, 獻于楓宸一經荃鑑, 將使吾君, 垂拱明堂, 周知泰西各邦之政, 而春坡之奉使盡職, 亦益明矣. 豈不爲朝廷賀哉.

丙申 臘月 達城 徐亨敦書.

서형돈(徐亨敦, 1852~?)은 사신의 직분에 초점을 맞춰 김득련 시문(詩文)의 가치를 판단하려 한 듯하다. 그래서인지 시인지 문인지는 그리 주목하지 않았는데, 결과적으로는 『환구음초』의 발문이라기보다는 『환구일록』의 발문에 가깝게 보이기도 한다. 시와 문으로 드러냈다고 한 것들, 즉 책의 내용에 대한 정리 또한 『환구일록』에 더 어울릴 듯하다.

서형돈이 제시한 사신의 직분이란 결국 '태서(泰西) 각국의 형편을 미세하거나 은밀한 사정까지 빠짐없이 알아내서 임금께 보고하는 것'으로 요약할 수 있는데, 이런 견해가 당시 사절단의 목적에 어울리는 것인지는 다소 의문스럽기도 하다. 보빙(報聘)이나 각종 협력을 위한 교섭 등 실제 임무와는 거리가 먼 주장이기도 하지만, 전근대적인 국제 질서에서 더 어울릴 법한 관점을 내포한 의견처럼 보이기도 한다. 물론 임금이 궁궐에 앉아서도 서양 사정을 훤히 알게 된다면 좋은 일이기는 하지만, 감춰놓은 은밀한 정보까지 알아내도록 요구한다는 것은 적어도 이 시점에서는 무리한 일이었을 것이다.

이 발문의 중간 부분(使者之職~蓋以此也), 즉 사신의 직분을 논하면서 『주관(周官)』을 언급한 부분은 황경원(黃景源, 1709~1787)의 글인 「연경에 사신으로 가는 검토 안표를 송별하며 쓴 글(送安檢討[杓]入燕序)」의 서두를 거의 옮기다시피 했다. 그 과정에서 '대행인(大行人)'의 직분을 요약한 부분, 즉 "혹 정기적으로 천자를 조현하기도 하고, 혹 격년으로 제후들을 위문하기도 하고, 혹 제사에 올린 날고기를 보내주기도 하고, 혹 재해를 당한 제후국에 재물을 보내기도 한다(或殷覜焉, 或間問焉, 或歸脤焉, 或致襘焉)"라는 몇 구절이 빠졌는데, 이 때문인지 전후의 문맥이 잘 통하지 않는다. 물론 '러시아 사절단'과 어울리지 않는 내용이라 여겨서 제외했을 수도 있지만, 어쩌면 단순한 실수일 법도 하다. 『주관』, 즉 주례(周禮) 또는 주관경(周官經)은 주나라의 제도를 기록했다고 하는 책인데, 여기에 언급된 '행인(行人)', 즉 대행인(大行人)과 소행인(小行人)은 제후국의 사절을 관장하는 관직이다.

세 번째 발문: 고영철

지난 계미년(1883) 가을에 나는 사신단을 따라 일본을 거쳐 북아메리카 연방에 갔다가 돌아왔다. 조선인으로 처음 간 길이었으니, 벗들이 모두 장대하다고 여겼다. 그러나 내 마음으로는 유럽 여러 나라를 미처 보지 못하여 미흡하게 여겼다. 병신년(1896) 여름에 봉화군에 군수로 와서 러시아 보빙 공사의 참서관이 되어 유럽과 미주를 유람한다는 춘파의 소식을 듣고는, 그 끄트머리에 붙어서라도 따라갈 수 없음을 크게 한탄했다. 이제 정유년(1897) 봄에 춘파가 그 '기행음초(紀行吟艸)'를 보내고 내게 비평을 요청했다.

대개 문(文)으로 여행을 기록하는 것은 쉽지만, 시(詩)로 여행을 기록하는 것은 어렵다. 무엇 때문인가? 기행이란 모두 사실을 기록하는 '기실(紀實)'인데, 사실을 기록하자면 '화려함(華)'은 적어지기 마련이다. 문이란 반드시 화려할 필요는 없지만, 시는 지나치게 사실에만 힘을 쏟는 것을 꺼린다. 이것이 그 이유이다. 이제 이 시들을 보니, 안은 사실이면서 밖은 화려하다. 능숙한 솜씨와 사실적인 의경(意境)이 들어맞으니, 마치 거울 속의 꽃이나 물 가운데 달과 같아서 각국 풍속의 동이(同異)와 제조의 기이한 재주까지 써내지 못하는 것이 없었다. 뜻이 가면 붓이 따라 이르러 마치 내가 직접 그 땅에 간 듯하니, 이전에 유럽을 가보지 못하여 생긴 미흡한 마음이 만족스럽게 되고 러시아에 따라갈 수 없어서 생긴 한탄의 심정이 풀어졌다. 관아의 업무를 보는 여가에 늘 높이 들고 읽는데, 매번 감흥이 일어나는 구절에 이르면 문득 술 한 사발을 가져오게 한다.

정유년(1897) 1월 중순에 야우(也愚) 고영철이 발문을 쓰다.

往在癸未秋, 余隨星槎使, 由日本, 到北美聯邦而還, 朝鮮人之刱行也. 故人皆壯之. 然獨以未見歐洲諸國爲慊. 丙申夏, 來守奉化郡, 聞春坡以報聘俄國公使參書官, 往遊歐美, 不得附驥, 至爲恨焉. 丁酉春, 春坡寄其紀行吟艸, 要余批評. 夫以文紀行易, 以詩紀行難. 何則. 紀行莫非紀實, 紀實則少華, 文不必華, 詩嫌太實, 故也. 今見此詩, 內實外華, 能境相合, 如鏡中花水中月, 各邦風俗之異同・製造之奇巧, 無不寫出. 意到笔到, 使余怳若身到其地, 平昔之爲慊者, 以之滿足, 爲恨者, 以之解釋. 朱墨之暇, 擎讀不已, 每到感發興起處, 輒喚一大白以下之.

丁酉 孟春 中浣 也愚 高永喆題跋.

고영철(高永喆, 1853~?)은 영선사(領選使)를 따라 중국에 가서 영어를 익히고 보빙사(報聘使)의 일원으로 일본을 거쳐 미국까지 다녀온 인물이다. 당시로서는 남다른 경험과 특별한 재능을 갖추었던 셈이니, 먼 이국땅에서의 생활과 견문을 잘 이해할 수 있는 인물이라 할 수 있다. 고영철은 "부기(附驥)", 즉 천리마의 꼬리에 붙어서 천 리 길을 가는 파리처럼 사절단의 끄트머리에 붙어서라도 따르고 싶었다는 '부기미(附驥尾)'의 심정을 드러내며 부러운 심정을 내비치기도 했는데, 『환구음초』를 보면서 자신의 마음을 달랠 수 있었다고 술회했다.

고영철의 발문은 시와 문의 차이를 바탕으로 '기행시(紀行詩)의 어려움'을 논했다는 점에서도 주목할 만하다. 비교를 위해 내세운 개념은 화(華)와 실(實)이다. '화'는 꽃이며 '실'은 열매이니, 전자가 기교나 형식이라면 후자는 사실이나 내용이다. 일반적으로 시는 전자에 집중하고 문은 후자에 집중한다. '기행(紀行)'이란 아무래도 기실(紀實)에 가까우니, 시로 기행을 말한다는 것은 쉽지 않은 일이다. 그렇지만 이런 어려움을 극복하면 "안은 사실이면서 밖은 화려하고, 능숙한 솜씨와 사실적인 의경(意境)이 들어맞는(內實外華, 能境相合)" 경지에 이를 수도 있다. 고영철은 『환구음초』에서 그런 경지를 보았다고 했으니, 이는 멀고 오랜 여행을 다녀온 이가 내놓을 수 있는 최선의 찬사일 듯하다.

고영철은 봉화군수로서 주묵(朱墨)의 여가에 끊임없이 『환구음초』를 읽었다고 했는데, 여기서 "주묵"은 붉은색과 검은색 두 가지 먹, 곧 관청의 문서 업무를 가리키는 말이다. 또한 시집을 읽으면서 "미흡함(慊)"이 만족이 되고 "한탄스러움(恨)"이 풀리게 되었다고 했는데, 이는 발문

서두에 이런 말을 사용하여 자신의 심정을 표현한 대목을 환기한 것이라고 할 수 있다.

네 번째 발문: 서상고

"사마천의 문장을 배우고자 한다면, 먼저 그의 유람을 배워라"라는 말이 있다. 그래서 나는 견문을 넓혀서 쏟아내면 글이 될 것이라고 일찍이 생각했다. 춘파 김 참서 어른의 『환구음초』를 읽고서는 비로소 그 말이 잘못임을 알게 되었다. 문장을 잘 구사하고 평소에 축적한 바가 있는 이가 아니라면, 천하를 두루 돌아다녀도 다만 보고 들을 수만 있을 따름이다. 뜻을 말하고 경물을 그려내는 데 이르러서는, 실로 '풀무질하고 단련하며 말끔히 씻어내는 묘리'를 얻기는 어렵다. 오직 춘파의 문장만이 의장(意匠)을 기초로 하고 좋은 재목을 얽는데, 깊고 맑은 생각과 예리하게 구분 짓는 뜻을 더욱 좋아하여 실속 없이 겉만 화려한 시는 짓지 않았으니 단아하다고 할 만하다.

이런 까닭에 뗏목을 타고 근원을 찾아가던 장건처럼 사절단의 배를 타고 멀리 떠났던 날에 세계에서 본 사람과 사물은 모두 붓끝에 담았으되, 거의 조화옹이 지은 듯하여 지극하지 않음이 없다. 저 "밤에도 누대 아래엔 석양이 붉었네(五更樓下夕陽紅)"와 같은 구절은 비록 네바강의 진경을 묘사한 것이지만, 천고에 어찌 이와 같이 꼭 들어맞는 말이 있겠는가? "돛단배로 무사히 건너고 산길로 들어가네(布帆無恙入山途)"와 같은 구절은 바이칼호에서 있었던 일을 사실대로 기록한 것이지만, 만 리 밖에서도 누구나 그 빼어난 경치를 보는 듯이 느끼게 한다. 또한 "한 해에 세 차례 칠석날 돌아오네(一歲三回七夕時)"의 시구는 마치 당나라 시인들이 최호(崔顥)의 〈황학루(黃鶴樓)〉와 이백의 〈금릉 봉황대에 올라(登金陵鳳凰臺)〉의 우열을 가리지 못하였듯이 끝내 정작(鄭碏)의 "가을 어느 날이 중양절 아니리(秋何日不重陽)"라는 구절과 함께 시인들의 이야깃거리에 절로 들어가게 될 것이다.

대개 책 속의 여러 작품이 모두 이러하니, 실로 하나하나 들기는 어렵다. 때때로 일을 가리키고 형상을 취하며 이해를 판별하고 치란(治亂)을 징험하여 남이 능히 말하지 못한 바를 곡진하게 그리기도 했는데, 이는 다만 태사공이 민간의 노래를 모은 뜻을 따른 것일 뿐이니 결코 보통 사람들처럼 명승지를 두루 유람하는 데 힘을 쏟아서 얻은 것은 아니었다. 그런즉 거쳐온 여덟 나라의 산천과 초목은 이 시들로 말미암아 더욱 광채를 얻게 되었으니, 평소에 많은 것을 축적한 춘파가 아니라면 누가 능히 이런 일을 할 수 있었겠는가? 고루하고 천박한 나로서는 비록 이런 경지를 엿볼 수조차 없지만, 만약 뒷날 유람을 배우는 사람이 문장을 먼저 배우고자 한다면 내가 사양하지 않고 그것이 옳음을 증언할 것이다.

예재(豫齋) 서상교

人有言, 欲學子長之文, 先學其遊. 余嘗謂其廣見聞而吐以爲書也. 及讀春坡金參書大人環瀛唫艸, 始知其彼言失矣. 苟非工於文而素所蓄積者, 雖遍天下, 而徒能見聞而已. 至於言志寫景, 實難得鼓鑄淘洗之妙也. 唯春坡之文章, 本之以意匠, 締之以材植, 尤好深湛之思·鐫畫之旨, 不作浮聲慢調者, 雅矣. 是以乘槎窮源之日, 盖環瀛之所見人物, 皆入筆端, 而殆若化工之著, 莫非其極. 若夫'五更樓下夕陽紅', 則雖寫曳瓦江眞景, 而千古豈有如此之格言, '布舤無恙入山途', 則實記白葛湖卽事, 而萬里莫不如見其勝摡. 且'一歲三回七夕時'之句, 等諸全唐諸家尙未有鶴樓鳳臺之優劣, 而遂使'九秋何日不重陽'之絶唱, 自歸乎騷人之諧談也. 大凡卷中諸作, 無不稱是, 實難枚擧, 而往往指事取象, 辨利害驗治亂, 能曲寫人所不能言, 只要其太史採風之義, 果不役乎凡人遊歷之勝, 然而所過八國之山川草木, 由是而皆有精采矣. 自非春坡之積蘊於平日者, 其孰能之乎. 如我之固陋淺薄, 雖不能窺測於斯, 而若使後之學遊者, 必先其文, 余不欲辭其證也.

豫齋 徐相喬.

서상교(徐相喬, 1838~?)의 발문은 『환구음초』의 문학적 성취, 특히 뛰어난 표현에도 주목하고 있다는 점에서 다른 서문이나 발문과 구별된다. 물론 수식에 치중하라고 권한 것은 아니지만, 뛰어난 구절의 사례를 들어 비평함으로써 약간은 다른 시선을 취한 것처럼 보일 법도 하다. 그리고 이러한 논의를 위해 전대의 문학론이나 명구(名句)를 거론하기도 했는데, 이 또한 상대적으로 특색 있는 부분이다.

서두에서 든 "누군가의 말(人有言)"이란 송나라 마존(馬存)의 「사마천의 유람에 관해 써서 개방식에게 주다(子長遊贈蓋邦式)」일 듯한데, 이 글은 사마천의 『사기』와 같은 문장을 배우고자 하는 개방식(蓋邦式)의 물음에 답한 것으로, 그 요점을 "내가 사마천의 문장을 배우고자 한다면 먼저 그 유람을 배우는 것이 옳을 것이다(予謂欲學子長之爲文, 先學其遊, 可也)"라는 구절에서 찾을 수 있다. 마존의 글은 『고문진보』에도 실려 있어서 당시 널리 읽혔으니, 유람과 문장의 관계에 대한 이 견해는 상당히 널리 퍼진 것이었다. 서상교는 글의 말미에서 마존의 견해를 그대로 받아들이기보다는 반박하거나 적어도 보완해야 한다는 관점을 드러내려는 듯하다.

서상교는 김득련의 시와 문장을 논하기 위해서 김석주의 문집에 붙인 김창협의 서문인 「식암집서(息菴集序)」의 구절과 논리를 끌어들였다. 우선 "고주도세(鼓鑄淘洗)"는 언어를 구사하고 다듬는 절묘한 솜씨를 뜻하는데, 김창협은 이 말로 김석주의 '인공(人工)'을 칭송했고 서상교는 이를 김득련의 문학에 적용하려 했다. 원래 "고주(鼓鑄)"는 풀무질하여 금속을 주조하는 일을 말하며, "도세(淘洗)"는 불순물을 골라내고 깨끗이 씻음을 말한다.

서상교는 김창협의 「식암집서」에서 김석주의 문장을 묘사한 몇 구절들 예컨대 "대개 의장(意匠)을 기초로 하고 중심 뼈대를 근간으로 하며 좋은 재목을 얽어 아름다운 수식으로 문장을 구사하며, 마지막으로 법식과 규칙에 엄격히 맞추어 정연하게 하였다(大抵本之以意匠, 而幹之以筋骨, 締之以材植, 而傅之以華藻, 卒引之於規矩繩墨森如也)"나 "공은 재주가 본디 뛰어나고 학문에도 매우 박식한 데다가 깊고 맑은 생각과 예리하게 구분 짓는 뜻을 더욱 좋아하였다(公旣才素高, 於學又甚博, 而尤好深湛之思, 鑱畫之旨)", "시는 깊이가 있고 웅건하며 아름다웠으니, 실속 없이 겉만 화려한 성조는 쓰지 않았다(詩律亦沈健而麗絶, 不作浮聲慢調)" 등을 부분적으로 인용하며 김득련의 시문을 논했다. "참획(鑱畫)"은 원래 뾰족한 붓끝의 획이라는 뜻이다. 또한 김창협이 조선 문장의 세 가지 병폐 가운데 하나로 든 "비속하여 단아하지 못하다(俚俗而不能雅麗也)"라는 문제를 김득련은 벗어났다고 인식한 듯한데, "단아하다(雅矣)"라는 말로 이 대목을 마무리한 데서 그렇게 짐작할 수 있다.

『환구음초』에서 명구(名句)의 사례로 꼽은 세 구절은 실제 비평의 대상이 되었다는 점에서 주목할 만하다. 우선 "밤에도 누대 아래엔 석양이 붉었네"는 〈네바강에서 저물녘 경치를 보다〉 제2수의 제4구이다. 백야의 풍경을 포착하여 네바강의 면모를 섬세하게 그려낸 구절이라 할 수 있다. "돛단배로 무사히 건너고 산길로 들어가네"는 〈바이칼호를 건너서〉의 제2구인데, 거대한 바이칼호를 화륜선으로 건넌 뒤에 다시 마차로 옮겨 타는 광경을 그린 것이다. 시 전체가 한 폭의 그림 같은 장면을 담고 있으니, 만 리 밖의 독자라도 이 구절을 읊조리며 자신이 그림 속에 있는 듯한 감각을 느끼게 될 법도 하다.

"한 해에 세 차례 칠석날 돌아오네"는 〈양력 7월 7일〉의 제2구인데, 한 해에 음력, 양력, 러시아력에 따른 세 번의 7월 7일이 있다는 점에 착안하여 절묘하게 표현한 점이 돋보이는 구절이다. 최호의 〈황학루〉와 이백의 〈금릉 봉황대에 올라〉의 경우처럼 〈양력 7월 7일〉과 우열을 가릴 수 없게 될 것이라던 "가을 어느 날이 중양절 아니리"라는 시구는 정작(鄭碏, 1533~1603)의 시 〈중구일에 원길에게 부치다(重九寄元吉)〉의 결구(結句)이다. 정작의 시가 수원 유생들에게 보인 시취의 부제로 내려질 정도로 널리 알려진 것이었으니, 서상교는 그만큼 〈양력 7월 7일〉, 나아가 『환구음초』의 성취를 높이 평가한 것으로 보인다.

다섯 번째 발문(시): 박이양

|1| 아시아 유럽 아프리카 아메리카 네 대륙 나뉘어,
　　봄가을 계절 상반되고 아침저녁 시간도 다르다네.
　　보통 사람의 말이라면 반신반의했겠지만,
　　그대 몸소 보았으니 전해 들은 바도 미덥네.
　　亞歐弗美四洲分, 相反春秋異夕昕.
　　說與常人疑信半, 藉君躬覩證傳聞.

|2| 길은 장건(張騫)이 두우성 범하던 곳을 지나고,
　　땅은 소무(蘇武)가 양 치던 곳에 가깝다 했네.
　　장건은 서쪽으로만 소무는 북쪽으로만 갔을 뿐이니,
　　이번 그대 사행보다 절반도 힘겹지 않았으리라.
　　路過張騫犯斗牛, 地隣蘇武牧羝羊.
　　張惟西使蘇惟北, 視子今行未半强.

> 3 만 권 책에다 만 리 길을,
> 춘파는 능히 읽고 능히 갔네.
> 지구 일주하고 돌아온 날 시집을 전하니,
> 옛사람이 속이지 않았음을 내 알겠네.
> 萬卷書兼萬里道, 春坡能讀能行之.
> 環璆歸日傳唫艸, 我識前人不我欺.

박이양(朴彛陽, 1858~1925)은 1895년 무렵에는 김득련과 함께 내각 참서관으로 이름을 올렸으니, 적어도 그리 소원한 사이는 아니었을 법하다. 박이양은 제목을 붙이지 않은 세 수의 시를 보내 발문을 대신했는데, 굳이 시의 제목을 붙인다면 '독환구음초유감(讀環璆唫艸有感)' 정도가 적당할 듯하다. 물론 세 수의 시가 발문의 역할을 충실히 하고 있으니, 시로 쓴 발문이라고 이해할 수 있을 것이다.

첫째 수에서는 『환구음초』에 담긴 낯선 지리 지식에 관심을 드러냈다. 네 개의 대륙이 존재하고 지역에 따라 계절과 시간의 차이가 나타난다는 지식은 듣더라도 그대로 믿기는 어려웠던 모양이다. 만약 그랬다면 실제로 가보지 않았기 때문일 것인데, 직접 다녀오면서 목격한 '동료' 김득련의 말은 믿을 수밖에 없는 것이다.

둘째 수에서는 김득련이 과거의 어떤 사람보다 더 멀리까지 사행했음을 칭송했다. 흥미로운 부분은 제1구와 제2구에서 김득련이 읊은 〈상트페테르부르크 공관에서 느낀 바 있어〉의 경련(頸聯), 즉 제5구와 제6구를 그대로 옮겼다는 점이다. 글자 차이가 있는 듯도 보이지만, "羝"는 "羝"와 같은 글자이니 그대로 옮긴 셈이다. 이는 의도적인 인용일 것이니, 당신은 겸손하게도 장건이나 소무 같은 사람의 사행과 비슷하다고 했으되 실상은 그들보다 더 멀리, 더 힘들여 사행했던 것이니 지나치게 겸양할 필요가 없다는 정도의 메시지를 전달하고자 한 듯하다. 『환구음초』를 충실히 읽어 이러한 생각을 하게 되었다고 이해해도 좋을 것이다.

셋째 수에서는 김득련이 독서와 유람, 시작(詩作)에서 모두 성취를 이뤘음을 칭송했다. 책과 여행에 관한 속담에는 "만 권의 책을 읽고 만 리의 길을 간다(讀萬卷書, 行萬里路)"나 "만 권의 책을 읽는 것은 만 리의 길을 가는 것만 못하다(讀萬卷書, 不如行萬里路)"와 같은 것들이 있으니, 아마도 이를 활용하여 김득련을 칭송하고자 한 듯하다. 다만 "옛사람(前人)"의 말이 무엇을 가리키는지는 분명하지 않은데, 제3구를 고려하면 많이 읽고 많이 다니면 좋은 시를 쓰게 된다는 정도의 말이었을 법하다.

여섯 번째 발문: 이중하

무릇 하늘의 끝과 땅의 귀퉁이는 참으로 아득하여 헤아릴 수도 없다. 그러나 끊임없이 가다 보면 마침내는 반드시 도달할 것이다. 그렇게 가게 하는 것은 '심력(心力)'이다. 그런즉 무릇 세상에서는 지극히 어려운 일이라도 내가 행하는 데 달려 있을 따름이니 어찌 다른 것이 있겠는가. 우리 동방 사람은 습성이 나약하여 집 안에서 편히 여기니, 문을 나서서 겨우 수백 리만 가게 되면 문득 그리워하여 어려워하는 빛을 드러낸다. 천하 사방을 경영하는 일에 이르러서는 처음에는 감히 생각도 하지 못하다가 곧 위축되어 그만두고 남의 모욕을 달게 받으니, 대개 심력이 부족한 까닭이다. 내가 일찍이 이를 개탄했다.

병신년(1896)에 춘파는 계정 민상서와 함께 러시아에 사행을 떠나서 고래 같은 큰 파도를 이기고 양의 창자 같은 구불구불한 길을 달리며 유럽과 아메리카의 여러 나라를 거쳐 7만 리 길을 두루 돌아서 7개월 만에 돌아왔다. 춘파는 본래 심계(心計)를 갖추었고, 학식이 풍부하며 식견이 심원하다. 지나온 곳의 바다와 산, 인물, 풍속, 제도를 보는 대로 곧바로 기록하여 '환구기행' 한 권과 '환구음초' 한 권을 완성하고, 내게 책에 붙일 발문 한 마디를 부탁했다.

나는 책을 읽고 나서 술잔을 잡고 이렇게 말한다.

춘파의 이번 유람은 대개 우리 4,000년 역사에 일찍이 없었던 일이며, 몇천만 명이 미처 해내지 못했던 일이다. 지난번 사행길에 오를 때에는 비록 춘파의 굳센 의지로도 또한 아득하였으니, 잘 다녀올 수 있으리라고는 자신도 생각하지 못하였다. 그런데 돌아와서는 마치 평탄하고 넓은 길이나 이웃을 다녀온 듯하니, 정말 무슨 수단으로 그리될 수 있었겠는가? 행(行)했을 뿐이요, 심력(心力)일 따름이다. 아, 오늘날 우리나라의 형세로는 오대주 여러 대국과 나란히 달리며 자웅을 겨루려 한다면 참으로 이기기 어려울 것이다. 그러나 만약 춘파가 이번 여행에서 그러했듯이 한결같은 심력으로 끊임없이 간다면, 수레를 몰아 여러 대국을 앞서지는 못하리라고 어찌 단정할 수 있겠는가? 공자께서 말씀하시길, "생각하지 않아서이지, 어찌 멂이 있겠는가(未之思也, 夫何遠之有)"라 하셨다. 이 책을 읽고 당세에 뜻을 둔 사람은 마땅히 생각이 있을지라.

이당(二堂) 이중하

夫天之涯地之角, 固茫乎不可思擬. 然苟行之不已, 終必達焉. 其行之者, 心力也. 然則凡世間至難之事, 惟在我行之而已, 豈有他哉. 我東之人, 習性懶弱, 安於膈下, 出門纔數百里, 輒戀戀有難色, 至於經營四方之事, 初不敢想, 到萎薾自沮, 甘受人侮, 盖心力不足也. 余嘗慨焉. 歲丙申, 春坡偕桂庭閔尙書, 奉使俄邦, 犯鯨濤馳羊腸, 經歐美列國, 周行七萬里, 凡七閱月而還. 春坡故有心計, 學贍而識遠, 凡所過海山人物風俗制度, 隨覽輒記者, 有環璆紀行一卷, 吟草一卷, 屬余一言. 余讀之, 旣執盞而言曰, 春坡玆游, 盖我四千年來所未有也, 幾千萬人所未能也. 曩之登途也, 雖以春坡之壯志, 亦嘗惘然, 不自意於能致. 及其往還也, 若康莊比隣, 誠何術而然哉. 則曰, 行之而已, 心力而已. 嗟乎. 以我國今日之勢, 欲與五洲諸大邦, 並驅爭雄, 誠難矣. 然苟心力一定, 行之不已, 如春坡此行之爲, 則安知不駕而過之於諸大邦耶. 子曰, 未之思也, 夫何遠之有. 讀此卷而有志於當世者, 其有思乎.

二堂 李重夏.

이중하(李重夏, 1846~1917)의 발문은 '7개월 동안의 7만 리 사행길'이라는 전에 없던 어려운 과제를 어떻게 달성했는지에 초점을 두었다. 장유(壯遊)가 어떠하다거나 문장이 어떠하다거나 혹은 '유람'은 어떠해야 한다거나 하는 등의 서문이나 발문에서 흔히 보이던 언설은 거의 내놓지 않는다. 습성이 나약한 조선 사람들이 두려워하거나 어려워했던 과제를 춘파는 완수했다. 어떻게? 비록 심계, 학식, 식견을 갖추었으되 그것만으로는 부족했고, 한결같은 심력(心力)을 갖고 끊임없이 행(行)하거나 가면 결국은 된다. 춘파의 여행과 시문은 그러한 성공 가능성의 좋은 사례나 예증이 될 수 있다는 것, 그것이 결국 김득련의 시문을 바라보는 이중하의 시각이자 견해인 셈이다.

  이중하의 발문에는 풀이가 필요하거나 전고가 있는 어휘가 몇 차례 사용되었다. 우선 "유하(牖下)"는 창 아래라는 뜻이니, 집 안 또는 방 안으로 풀이할 수 있다. "위이(萎薾)"는 시들시들한 것 또는 위축된 것을 뜻한다. "강장(康莊)"은 평평하고 넓으며 잘 연결된 도로를 뜻하는 말이다. 『이아(爾雅)』 「석궁(釋宮)」에 의하면, 다섯 곳으로 통하는 길[五達]을 '강(康)'이라 일컫고 여섯 곳으로 통하는 길[六達]을 '장(莊)'이라 일컫는다고 한다. 또 말미에 인용한 공자의 말은 『논어』 「자한(子罕)」에서 인용한 것이다. 『시경』의 "어찌 너를 생각하지 않으리오마는, 집이 멀어서이다(豈不爾思, 室是遠而)"라는 구절을 두고 공자는 "생각하지 않아서이지, 어찌 멂이 있겠는가(未之思也, 夫何遠之有)"라고 풀이했다.

일곱 번째 발문: 송영대

병신년(1896) 봄에 참서관 춘파가 사절의 명을 받들어 러시아 수도로 갔다. 러시아는 우리나라 북쪽 변경과도 접경(接境)을 두고 있으나 수도는 유럽의 북쪽에 설치하였으니, 육로로는 거리가 2만여 리나 된다. 그러니 누구도 갑작스럽게 기한에 맞춰 도달할 수는 없다. 이에 화륜선을 타고 먼바다를 건너고 지구의 동서를 빙 돌아서 도달했다. 이번 사행은 수륙으로 7만 리 길이었으니, 여덟 나라의 땅을 종횡하며 모두 일곱 달이 걸려 돌아왔다. 이는 우리나라의 사행에서 일찍이 없었던 일이었다.

춘파는 문사(文辭)가 풍부하니, 지나온 곳의 산천, 노정, 성지(城池), 건물, 인물, 산업(畜産), 풍속, 토산물(土宜)과 어지럽게 쏟아져 나오는 저 기기(機器), 제조(製造)를 기록하여 하나하나 모두 수록하였다. 한 번 책을 펼치면 그 모두가 손바닥 들여다보듯 일목요연하니, 박물가(博物家)도 미처 이처럼 저술하지는 못했다. 그 기이하고 현란한 모습과 광활하고 장대한 기세는, 읽게 되면 어느새 내 눈을 삼삼하게 하고 내 가슴을 끓어오르게 한다.

나는 천하의 장관을 춘파보다 더 본 사람이 없다고 생각하지만, 춘파의 뜻이 어찌 장관에만 있었겠는가? 나는 춘파가 '뜻이 있는 사람'임을 안 지 오래되었다. 예전에 춘파가 나에게 말하기를, "동반구와 서반구의 학설은 서양인에게서 나왔으니, 그 지혜와 계산은 동양인보다 백배는 낫네. 동양인은 하나같이 게을리 뒤따르기만 하니, 아 동양은 장차 서양에 완전히 제압될 것이네"라고 하였다. 나는 그 말을 듣고서 그때 마음에 새겨두었는데, 이제 기행의 시문에서 그 뜻을 더욱 잘 보게 되니 거듭 두렵다.

그러나 나는 지혜와 계산이 미치지 못하는 것은 근심하지 않지만, 뜻을 가다듬고 용기를 북돋아서 전진만 있고 후퇴는 없는 태도가 그들과 같지 않음을 두려워한다. 저 유럽이 아시아와 교통한 것은 마테오 리치(利瑪竇)와 우르시스(熊三拔)로부터 비롯하였으니, 지금으로부터 수삼백 년 전의 일이다. 그동안 이르지 못한 먼 곳이 없고 들어가지 않은 지방도 없으니, 파도를 이부자리로 삼고 하늘과 땅의 끝을 뜰로 여겼다. 이는 일단의 지용(志勇)이 만든 것이지 어찌 지혜(智巧)로만 이룬 것이겠는가?

서양인은 지구가 둥글다는 학설이 유럽인의 계산에서 나왔음을 알지만, 아시아인이 이미 천 년 전에 그 단초를 찾았다는 사실은 알지 못한다. 추연(鄒衍)이 이르기를, "중국은 천하의 81분의 1을 차지하니 이를 '적현신주(赤縣神州)'라고 한다. 중국 밖에 적현신주와 같은 곳이 아홉 있는데, 작은 바다가 에워싸고 있어서 사람과 금수가 교통하지 못한다. 또 큰 바다가 밖을 에워싸고 있으니, 사람들이 매우 크다고 여겨 건너지 않는다"라고 하였다. 이제 세계지도에 있는 각 대륙의 형세에 근거하여 살펴보면, 추연의 말이 과연 어떠한가? 그는 반드시 미루어 계산함으로써 앞사람이 미처 밝히지 못했던 것을 밝혔으니, "중국은 손바닥 위의 손금과 같다"라는 서양인의 말도 또한 추연의 말과 부합한다.

이로써 동양인의 지혜와 식견이 진실로 저들보다 앞섰지만 다만 진취적으로 용맹하게 전진하는 데서는 저들과 현격한 차이가 있었음을 알 수 있다. 그러니 오늘날 계획해야 하는 일은 오직 지식을 넓히는 것만은 아니다. 뜻을 가다듬고 용기를 북돋아서 전진만 있고 후퇴는 없게 할 따름이다. 그 뜻을 가다듬고 그 용기를 북돋아서 끊임없이 나가고자 하는 사람은 마땅히 지구를 돌아서 다녀온 춘파의 7만 리 길을 거울로 삼아야 할 것이다.

경자년(1900) 봄에 호산(壺山) 송영대가 장흥산방에서 쓰다.

丙申春, 春坡參書賷命赴俄都. 俄與我北境相接壤, 而設都於歐洲之北, 從陸計里, 則二萬有餘, 猝莫能剋期致之. 於是, 駕火舶涉重洋, 環地璆之東西而達焉. 是行也, 凡水陸七萬里, 縱橫八國之地, 首尾七閱月而返, 盖我使之未曾有也. 春坡富於文辭, 記其所歷山川·程途·城池·臺榭·人物·畜産·風俗·土宜, 與夫機器製造之紛然雜出者, 無不歷歷收攬. 一開卷, 瞭如指掌, 亦博物家之所未述者也. 其詭異眩耀之狀, 泱瀁混浩之勢, 讀之, 不覺森余目而盪余胸. 余謂天下之壯觀, 無在春坡上, 而春坡之志, 豈惟壯觀而已哉. 余知春坡之爲有心人, 久矣. 曩春坡語余曰, '東西璆之說, 發自西人, 則其智巧測筭, 百倍於東人, 而東人一是泄泄. 嗟夫. 東將盡制于西乎.' 余聞其言, 印之在心, 余於記行之卷, 益見其意, 而重爲之瞿然. 然余不憂智巧測筭之不及, 而惟恐銳志奮勇有進無退之不如矣. 彼歐之與亞相通, 自利瑪竇·熊三拔爲始, 于今三數百年. 無遠不屆, 無方不入, 波濤爲衽席, 涯角爲庭除, 此直一段志勇之所使, 豈豈智巧之獨任也. 西人乃知地璆之說, 出於歐人之測筭, 不知亞人已發其端於千載以上. 鄒衍云, '中國居天下八十一分之一, 名曰赤縣神州, 中國外如赤縣神州者九, 裨海環之, 人民禽獸, 莫能相通, 乃有大瀛海環其外, 人以爲宏大不經.' 據今全圖各洲之形而觀之, 則衍之言, 果何如也. 其必推而筭之, 發前未發, 而西人有言'中國如掌上一紋'者, 亦與衍言相符合. 是知東人之知見, 固先於彼, 而但勇往直前于進就之地, 則與彼雲泥相縣. 故爲今日計者, 不惟廣其智, 務當銳志奮勇, 有進無退而已. 人之欲銳其志奮其勇, 進進不已者, 宜以春坡之七萬里環璆, 爲鏡.

庚子 春月 壺山 宋榮大 書于長興山房.

송영대(宋榮大, 1851~?)의 발문은 김득련의 시문을 대하는 반응 가운데 한 가지 독특한 방향성을 보여준다는 점에서 흥미롭다. 김득련이 서양의 장관과 함께 제시하는 서양의 지혜와 계산, 즉 과학기술에 대해 위기감을 느끼기는 하지만, 지혜와 계산 자체보다는 '뜻을 가다듬고 용기를 북돋아서 전진만 있고 후퇴는 없게 하는' 서양인의 태도에서 동양인과의 차이를 찾아낸다. 앞선 시기의 서학중원설(西學中原說)과 유사한 측면을 지녔다고 보이기도 하는 송영대의 인식은, 어쩌면 김득련의 인식과는 반대 방향을 취하고 있는지도 모른다. 물론 김득련 또한 여전히 성리학 우위의 관점을 가졌다고 말할 수 있지만, 전래의 지리 지식이 잘못된 것임을 거듭 확인하는 데서 볼 수 있듯이 상대적으로 유연한 관점을 취하고 있기 때문이다.

송영대의 발문에는 추가적인 설명이 필요한 구절도 일부 나타난다. 우선 "대사(臺榭)"는 높고 큰 누각이나 정자를 뜻하는 말이니, 건물로 풀이할 수 있다. "토의(土宜)"는 토산물을 뜻하는 말이니, 앞서 살펴보았듯이 조선의 사절단은 예물로 가져온 '토의'를 그 목록과 함께 러시아에 전달하기도 했다. "앙망(泱漭)"은 광대무변한 모습 또는 분명하지 않은 모양을 뜻하는 말이다. "유심인(有心人)"은 문맥에 따라 여러 가지 의미로 풀이될 수 있는데, 여기서는 뜻(志)이 있는 사람 또는 뜻을 가진 사람으로 이해하는 편이 자연스러울 듯하다. "예예(泄泄)"는 게으르고 느슨하면서 기뻐하여 따르는 것을 말한다. "운니(雲泥)"는 구름과 진흙이라는 뜻이니, 차이가 매우 심함을 일컫는 말로 쓰인다.

송영대가 유럽과 아시아의 교통을 시작한 인물로 언급한 "이마두(利瑪竇)"는 『천주실의』를 쓴 예수회 선교사 마테오리치(Matteo Ricci, 1552~1610)이며, "웅삼발(熊三拔)"은 『간평의설(簡平儀說)』을 편찬한 예수회 신부 사바티노 데 우르시스(Sabbathino de Ursis, 1575~1620)이다. 이들은 각기 1583년과 1606년에 중국에 들어갔다.

| 미주 |

1 竊論俄國, 商務之大, 水師之盛, 不如英, 地産之富, 工藝之良, 不如法, 陸軍之鍊, 學問之精, 不如德. 然則俄當諸國之爲所弱, 而反爲畏怯之, 何也. 盖俄之地, 居極北, 橫亘三洲, 居高臨下, 有長駕馭遠之勢, 且曠土旣夥, 畜其人民有餘, 是得地利也. 秋冬結氷, 入夏始解, 他邦雖有勁兵, 難禦嚴寒[拿破倫之黷武時, 入모스고城, 士卒不勝寒, 大敗而歸. 此爲殷鑑也], 是得天時也. 俄爲專制之國, 非比各國議院之牽制, 臣工風氣有節樸之意, 是得人和也. 又其一切政治盡倣英法德, 孜孜不已, 蒸蒸日上矣. 俄之覬覦印度旣久, 次爲亞細亞, 而沈幾觀變, 隱而不發. 夫積愈厚則基愈固, 蓄愈久則勢愈雄, 必有一發之日, 諸國將如之何. 亦當盡其自治自强之道. 今爲我東計, 宜亟亟開進文明, 上下一心, 奮勵求治, 不幾年當致富强, 有何所忌乎哉.

2 早起, 拜辭慈闈, 家事托於舍弟泳瓚, 相別家人.

3 Slept at home last night. Up at 5 to get ready for the journey. Left home at 6:30 a.m. bidding an affectionate fare-well to my dear mother.

4 Went to the Russian Legation to attend to little things. Bade farewell to His Majesty and the Crown Prince at 8. Left the Legation soon after.

5 船行不止, 巳正到吳淞江. 兩岸楊柳垂靑, 春色可愛, 較我京天氣差早一候. 今日是陰曆淸明也. 上墳燒錢之人, 往來不絶, 我俗一般, 回首東望尤切家國之戀.

6 少焉, 船泊申滬. 各國汽船迷津, 洋製樓屋耸霄, 貨物雲集, 眞東洋第一繁華之巨港也. 師德仁先爲下陸, 定寓於法租界蜜采里棧, 一行收拾行李, 別艦長븨부노프及諸將官. 乘杉板到碼頭, 馬車已來待, 竝坐疾馳, 可謂車如流水, 馬如游龍, 須臾到棧. 棧高三層, 房屋相通, 製造舖置如一, 不知爲幾十間也.

7 歸路周觀諸碼路, 街衢髮直, 兩邊華洋店舖排開, 無片隙閒地. 各樣珍寶, 雲堆山積, 眩人眼目, 如入波斯之市, 不可盡記.

8 入夜乘人力車, 出街上, 遍觀諸碼路, 電燈煤燈縱橫聯絡, 各廛仍作夜市, 燈燭輝煌, 如同白晝. 處處茶樓上, 粉黛簇立, 管絃繁奏, 來人去客, 熙熙穰穰, 競作冶遊. 此佔賈羈旅盡日作業, 夜纔偸閒, 消受暢敍, 天天如是云, 可謂煙月之光迷十里, 笙歌之聲沸四時'也.

9 此園卽華人之仿西製所造, 池臺樹木, 齊整幽邃, 玉蘭桃杏盛開, 踏靑之人盡日喧鬧, 此眞'任人來看四時花'也.

10 One of the trials I have experienced since I left Seoul is to accustom myself to the food and manners at a foreign table. For the first few days I could not eat anything, as it requires considerable skill to handle knives and forks — the relics of old barbarism — without cutting your lips, pricking your tongue and dropping pieces of meat &c. all over your dress.

11 赴俄之行, 初擬到滬後, 搭於法國公司船, 由香港前往, 以到滬差晩, 該船房, 盡爲他人先占, 更無變通, 欲待後船, 俄都賀期恐似未及, 師德仁多般廣探, 適有往太平洋之英商船항亭號, 將搭此前往. 向西開程, 指東改涂, 羈旅凡百, 莫能預定者若是. 該商船日間自香港來滬, 十一日當開輪, 過長崎入橫濱, 渡太平洋, 歷紐約, 又涉大西洋從倫敦·伯林, 抵俄舊都모스코爲定, 較以西行, 似遲數三日云.

12 辰正開輪前往, 頻見島嶼入眼, 可知其內洋, 而赤馬關已過, 恨不得一登覽也.

13 卯初到神戶暫停, 爲其裝載米菜等物也. 港面平闊, 輪檣樓屋迷津連岸, 比諸長崎, 又一大都會. 有汽車直通東京, 一晝夜可達云. 自長崎到此一千一百四十里.

14 午正開輪向東行. 再昨之來泊橫濱也, 山川之秀麗, 埠碼之堅築, 樓屋之高大, 街路之整齊, 電煤之絡繹, 令人眼界忽明, 及入東京, 諸般鋪置無不臻妙, 精益求精, 日新又日新. 此皆本邦之人勤學西法, 進此開明, 不借他人之手也.

15 劉書記設一卓早餐, 以我法精備. 一路洋餐之餘, 頓喫醒胃. 聞劉書記言, 慶應義塾中我學徒爲一百五十餘人, 因學費不敷, 未免苦楚, 且多生弊, 昌披難堪, 而塾主福澤諭吉, 稱有我學部約條, 不許出還云. 在我京時已聞此事, 自學部當改約, 而新公使之來必有歸正也.

16 寅正睡覺, 登加板四望, 水天相接, 忽東邊紅光出沒, 萬派射日, 少焉太陽湧升. 其大莫比, 眞壯觀也.

17 二十七日[陰十五日]. 晴. 北風稍止, 天冷一樣. 舟人言明當抵陸云. 十餘日搖簸之中, 聞甚預欣. 過此一夜, 更覺支離.

18 卯初到泊잉커우별港口. 此가나다府所管地[舊屬法, 今爲英領]. 自海關來驗行李, 下陸入棧, 棧名亦잉커우별. 五層高樓宏敞, 爲念陞降難便, 下層設一間屋, 以電氣任意上下, 一奇想也[棧舍層屋, 皆有之]. 自橫濱到此一萬三千里. 各修家書, 付上海郵船, 仍止宿.

19 自此乘火輪車[亦稱汽車], 將東向往美國紐約. 未正到車廠開輪, 每點鍾, 可走九十里云. 房屋帳椅, 無不精侈. 亦有寢榻, 後載廚車, 隨時供饋. 晝夜車行, 少有搖動, 比船頗穩, 所過地沿江路險, 架山橋水, 布置鐵軌, 而風馳電掣, 所見瞥過, 殆若夢境, 依依不能記憶. 仍車中宿.

20 今日所經只是平原草場, 未見峰巒. 間有村落, 方務耕墾, 未幾年當爲沃壤云. 數日所過之野, 長闊爲四五千里, 皆屬於英, 英人之孜孜關荒, 無非利國便民之事, 其進尙不可量也. 歷路暫停車於위니쎄地, 街市樓宇, 極爲華麗, 一大都會, 有英官管治.

21 所過亦山路, 有一湖名수페리여, 其大倍於英國, 原幅未知爲幾千里, 湖面鏡平, 島嶼棋布. 色如藍, 味淡, 此湖甲於五大洲. 盡日沿湖而行, 胸襟淸爽, 塵慮可滌.

22 蓋紐約港內無過幾十里地, 而街衢四通八達, 廣狹皆尺量, 其直如髮. 左右市肆, 自四五層至十餘層, 金碧輝煌, 夜則電煤通明, 星月奪光. 街上架橋作鐵路, 以行汽車, 到處亦然. 居人近三百萬, 肩磨轂擊, 晝宵不絶, 笙謌遊嬉, 四時不息, 可謂長春園裏無愁地, 不夜城中極樂天. [此地多亞非加洲黑人, 每爲人雇傭, 多力忠勤.]

23 戌正, 往電氣博覽會社. 非徒傳信燃燈也, 凡千種萬物, 無不以電氣造成, 擧難盡記. 其中尤奇者, 距此五百里外, 有一大瀑, 其聲甚壯而以電引來蓄於小筒中, 側耳聽之, 水落轟擊, 令人生慄. 又雜奏管絃, 音節不差. 又進茶餠, 皆眼前變造, 眞想不到之奇事也. 舟車, 亦欲用電自行, 方有究理之人云.

24 Everything is fast in N.Y. except the waiters. There are two ways in which a person may get starved. One is to have nothing to eat and the other is to stay in a fashionable hotel.

25 If laughing and smiling are a sign of happiness. Certainly we, in our strange dress, were an innocent cause of making many a person happy in N.Y.

However, I decline to be responsible for the profanity in which the sons of the 'Land of the free' indulged at our sight.

26 此洋素稱有激湍, 今化險爲夷, 若非我大君主陛下皇靈攸曁, 曷克臻此.

27 此都居人五百萬, 衢街·市肆·屋宇·車馬, 紐約相等, 而其雄健過之. 地狹人多, 處處街上, 掘地作隧道幾層, 其中亦有居屋焉·貨鋪焉·鐵路焉·車馬往來焉, 其繁盛, 甲於天下. 且行路之人, 雍容安靜, 少無喧鬧, 但聞蹄輪之聲, 可知法之嚴明也. 女皇御極五十餘年, 廣闢土地, 日增富强, 國泰民{安}, 眞熙皞之世. 水晶宮及博物院各學校, 奇觀古蹟, 冠於各國, 而因行期促迫, 未能一觀, 可恨可恨.

28 德國自戰法以來, 富强烝烝日上, 孰莫能比. 學校之精美, 陸軍之勁銳, 醫術·音律, 至矣盡矣. 各國諸學者, 雖已卒業, 必得校正於此邦然後, 可以行于世云. 諸般設置不下倫敦, 稍有樸古之風. 所經村野, 牟麥向熟, 菜花滿畝, 節物風光, 惹起故園懷想.

29 聞此地在昔最開化自主之國, 百餘年前政治漸衰, 仕族凌虐百姓, 內亂屢起, 未能鎭定, 末乃爲俄·璊·法三國分裂其地, 此可爲謀國者之鑑戒也. 夜觀街上燃燈, 布地左右成行, 如聯火索, 亦西來之初見也.

30 By the way this is the capital of the once Kingdom of Poland. I feel sad when I think of the fate of poor country — a Kingdom divided by three neighbors, like a sheep torn by three wolves. English language not much used. French in fashion. Every fifth man you meet here is a military functionary of some sort or other. Illumination in the night.

31 別擇官用汽車, 不容他人, 亦備供饋, 因有政府命令, 特別優待也. 入俄境以來多有曠野, 村落多茅屋土室, 而牟麥綠遍, 可見其開拓勤農.

32 Extensive plains, rich pasture land, fine forests, dusty roads, scattered villages of comfortless looking huts, good station at convenient distance, pretty women often met with, profuse use of wood, the engines burning wood instead of coal, well supplied dining car, nice birches.

33 此都街路, 屋宇未極精麗, 而擧國人民以舊都爲重, 故每行大禮於此地云. 俄皇, 已於十八日, 自彼得都[俄新都, 北京], 來留於城外彼得行宮數日休憩, 今申正入城內 귀령님宮. 武官·外部官請往觀動駕儀節, 往모스크總督설기[今皇之叔]家樓上, 坐

待. 沿路市肆掛旗, 結綵懸燈, 屋樓衢街, 人山人海, 填塞難通. 俄皇所過之路, 步軍持銃, 比肩排立, 左右各兩行, 後有騎兵及騎馬巡捕亦排立. 屆時, 馬軍各隊[服裝皆異]作前驅. 文武諸官乘馬車按次而行[駕以四馬, 朱輪金屋]. 少焉, 皇帝[名니썰나이, 年二十八, 中等身材, 英邁之氣著外] 陸軍服裝[靑色, 俄法以軍制爲重, 雖皇帝之尊, 必着陸軍服裝, 而今皇曾編入於陸軍隊裏, 位未過參領, 隨隊色着其服, 動駕及燕居, 皆一樣]. 乘白馬, 按轡徐行, 軍民男女觀者免冠齊呼우라[如我國呼萬歲], 聲震天地. 皇太后[名마라다구말, 年四十九, 丁抹國王之女] 乘馬車[駕以八馬, 金輪金屋], 皇后[名알넥산두라, 年二十四, 德國公爵헷세女, 英女皇外孫女] 乘馬車[上全], 極爲華麗[皆有騎乘男女官, 御者金冠金衣], 兩傍우라之聲不絶. 皇族男女亦乘馬車[駕以六馬, 朱輪金屋], 按次行. 又馬車作隊爲後陣矣.

34 At 2 p.m. Mr. Min, "Fish" and I went to the Palace of the Governor of Moscow to witness the "Entrance of the Emperor and Empress into the city." The procession passed through two lines of soldiers, two deep. The splendor of the scene was beyond anything I have ever seen. The soldiers, officials, pages, horses, carriages, and all seemed almost clad in gold and silver. The Emperor rode alone on a horse back, erect, in the simplest style of dress. No humbugs — such as grooms, eunuchs, and servants, etc., who disgrace the presence of the King of Corea — No such abominations were around this Autocrat of the all Russias. The Empress, clad in a dress of silver cloth rode alone in a golden carriage, bowing all the time to the hurrahing multitudes on both sides. The whole procession took one hour to pass a fixed point. Among the special envoys, Chinese with their dirty teeth — some of them — and long queues cut a very sorry figure, notwithstanding their magnificent silk and embroidered robes etc. etc. Japanese, dressed European style, behaved like the representatives of the most civilized and enviable nation of the whole East. Persia was represented by a very handsome fellow in a very handsome uniform. But I had a sort of fellow feeling for him as he comes from a land whose King was lately murdered

and whose government is divided in Pro-English and Pro-Russian factions. We, pitiable we, conscious of our miserable national condition, must have been an object of great contempt and ridicule to the representatives of other and happier lands.

35 到귀령님宮, 禮官引接, 入休憩所暫住[屋宇餙以金色]. 近侍官來傳'入對', 引到皇帝所居房外, 公使奉親書暨禮物單子, 率尹致昊先入. 余同金道一, 暫立房外, 近侍官開門亦引入, 皆入門鞠躬. 少進鞠躬, 至皇帝前又鞠躬, 皇帝免冠起立, 皇后亦起立[皇帝服裝如昨動駕時, 皇后服淡粉紅色]. 其傍, 只有近侍官一人. 公使進前先誦祝辭, 尹致昊以英語繙傳. 公使擎呈親書暨禮物單子[親書祝辭一張, 同入親書封中], 皇帝親受, 傳給侍臣. 公使向皇帝·皇后請安, 更請皇太后安, 皇帝以英語答曰, 大朝鮮國派使來, 預切欣企, 今平安來到, 尤爲喜感. 又曰從何程來. 答以從上海·往橫濱渡太平洋·歷紐約·大西洋·倫敦·伯林, 再昨抵此. 又曰, 모스크景色何如. 答以物衆地大, 人民殷富, 且今逢慶典, 獲覩盛儀, 欣幸欣幸. 仍退出, 依前三鞠躬, 禮官引導出門, 乘馬車回館.

36 今當貴兩陛下戴冠大禮之慶, 奚表朕賀祝之誠, 且祈陛下治化隆盛, 寶籙永遠. 開國五百五年朕御極三十三年四月一日, 御姓啣. 俄羅斯國皇帝陛下, 皇后陛下.

37 俄國法, 戴冠禮行於禮拜堂, 而不免冠, 不許入其堂. 我國及淸國·土耳其·波斯各使, 皆以不免冠不入, 仍留堂外樓上觀. 禮拜堂, 在宮內不遠地.

38 Everyone who goes into the church must take off the hat. Persians, Turks and even Chinese will take off their hats against their national custom in order to attend the ceremony — for which purpose they have been ostensibly sent by their governments. Mr. Min, no doubt influenced by the advice of "Fish", refuses to comply with the requirement of taking off his hat for a short while during the coronation on the pretext that it is against the law and custom of Corea. I tried to persuade him that as he has been sent here by His Corean Majesty for the paramount purpose of attending the ceremony of coronation, he (Mr. Min) does no wrong in suspending a foolish Corean custom for a few minutes for the higher consideration of

doing his appointed duty. No go. When Mr. Min chooses to be obstinate he is as bad as a mule.

39 辰正, 皇帝・皇后出, 作錦幕, 四面撐奉, 隨步遮陽. 侍衛隊及步軍排立, 侍從儀仗[禮官執金杖, 先行前導]. 如前日動駕式, 皆步從馬軍, 宮外護衛, 皇帝・皇后入堂, 良久鍾鳴不絶. 此戴冠後受希臘教主祈祝云. 教主二人[着金冠金衣], 一持水盃, 一持短箒, 遍灑御路, 此稱聖水洗塵也. 午正, 皇后戴冠先還, 冠是金剛鑽結成[似我邦花冠樣], 背施黃色繡裙[外黃錦繡金, 內白銀鼠皮], 長數三丈, 近侍奉而行. 少頃, 皇帝戴冠而出, 冠亦金剛鑽[似我邦金冠樣], 身加黃袍[上仝], 近侍亦奉而行. 皇帝左手捧地球[廣闢彊土之意], 右手執金杖[以示皇威之意], 步行歷臨近傍禮拜堂四五處而還宮[兩冠裙袍球杖, 皆005傳]. 自宮內府設大幄[依如樓閣]開宴, 各國使一行及參班諸官, 男女共卓, 酒饌豐潔. 未正回館.

40 戌正, 乘馬車周歷街上. 坊坊曲曲, 戶戶家家, 墻壁門楣, 以鐵絲聯貫五色玻璃燈, 結成千形萬象. 路兩傍立架, 以五色玻璃燈團結車輪大. 而油燭電煤一時幷燃, 上下四方, 通明如晝. 環覽귀령님宮垣, 其內禮拜堂及諸處聳高塔, 以五色玻璃, 隨層罩結. 以電氣發火, 玲瓏璀璨, 眩人眼目. 又築成層壁, 以鐵管引水作大瀑, 亦壯觀. 古人以廣陵觀燈, 盛稱其鰲山火樹, 而如此奇巧, 眞是料想不到者也.

41 About 8:30 p.m. all of our Mission went out to see the illumination. There was nothing specially remarkable in the illumination of streets. I have seen better illuminations in America. But I have no power to describe the brilliancy and beauty of the towers and domes of the Kremlin Palace be-jewelled with electric lamps discovering the tall buildings into almost unearthly grace and magnificence. Mr. Plancon informed us that it took several hundreds of sailors from the navy to fit in the lamps on the towers — about 14 in all. They were at it for over 3 months.

42 戌初, 有宮內府玩戲請帖, 公使不赴, 隨員兩參書官着小禮服進宮, 伴接官째스갑, 外部官불난손引導入坐. 圓屋高七層, 每層周可五六百間, 每間坐八人, 會者不下萬人. 皇帝・皇后出御, 前面設戲臺, 演古事, 未能詳其事. 或有婚嫁形, 或有戰爭像, 果逼眞境, 一無破綻處, 奇觀也.

43 Went to the Imperial Theatre, at 7:30 p.m. The program began at 8 p.m. The music very fine. A scene from the Russian history. Then a brilliant ballet. The latter was, to the senses, a feast of youth, beauty and grace. But the almost or rather thinly disguised nudity of such lovely girls of dangerous teens — no wonder the sober folks of religious bodies should disapprove the exhibition of this kind.

44 末初, 因宮內府請帖, 赴萬民宴. 距闕北十餘里, 有曠野新建層樓, 皇帝・皇后臨御. 左右翼閣, 設椅座數十層, 可容萬人. 滿野男女會集者, 不知幾萬人, 每人戴冠禮儀節一册・餅一塊・肉一塊, 盛於磁器, 裹以畵褓, 盡爲頒給. 放砲奏樂, 四處演戲[遠莫詳視]. 官民齊呼우라, 歡喜踊躍, 此可謂'君民共樂'也.

45 日前萬民宴, 賜物頒給時, 人多雜遝相踐, 致傷者一千二百餘人, 皇帝聞之, 卽發內帑銀, 每人給一千元, 其體恤之政, 民咸頌戴.

46 師德仁家在彼得都, 老母在堂, 三年離闊, 四日前得暇往觀, 今午還. 喜道親安家穩. 我行已三朔, 尙未承親候, 情私慕苑, 今見師德仁之往來, 尤不勝欽羨. 各修家書, 付郵便. 五十日可抵京云.

47 因宮內府請帖, 亥初一行着小禮服, 赴皇宮接客會. 宗戚文武諸官男女幷集, 各國使盡入, 不知爲幾千人. 皇帝・皇后步出, 貴族男女雙雙隨行, 男攜皇后手, 女攜皇帝手, 往來軒閣中, 屢回換攜, 此是極敬極榮之事云.

48 戌正, 赴貴族院舞會, 皇帝・皇后駕臨, 會者數千人. 男女携手, 兩兩跳舞於御座前, 人多熏熱, 暫卽回館.

49 戌正, 因宮內府請帖, 赴皇宮舞會. 處所及儀節, 如去二十八日接客會. 貴族男女跳舞爲樂, 酒茶・果糖各處列置, 以便諸人之隨意飮食.

50 自宮內府, 有各國外交官奉宴請帖, 酉正, 進宮. 各國使及貴族男女皆會, 設長卓, 酒饌豐盛, 皇帝・皇后對坐, 諸人陪坐同喫.

51 At 9 p.m. went to the Bal an Palais du Kremlin, — the last ball of the occasion. Came back early. Have had balls enough to last me some time. I have never enjoyed one, as I could not participate in its pleasures.

52 After this sweet little girl scarcely eight years old came on the scene. She

sang, she danced, she joked, she panted. I was sorry for the child. I have already seen enough of Western civilization not to realize the evils of the Korean custom of confining girls to their rooms. But to expose a delicate child to the full blaze of a promiscuous public gaze making her a thing of show, developing in her immature mind the dangerous passion for notoriety — why, I call this carrying a good thing too far where it ceases to be good.

53 按西俗貴女賤男, 道遇必讓其先, 宴會先入座. 凡男女年滿二十, 稍有自主之權, 婚嫁不請命於父母. 既娶別居異財, 不相聞問. 稍知愛親者, 夫婦於禮拜日來饋翁姑, 一饌卽去. 女子未嫁前生子, 亦不爲嫌, 或終身不嫁免受拘束. 且婦有外遇, 棄本夫而再醮, 若夫或有外遇, 其婦可鳴官究治矣. 西國一切政教大有可觀, 而至於此等風俗, 不足道也. 西人亦有省晤者, 猝莫能改革, 爲之甚歎.

54 因宮內府請帖, 已正, 往赴觀兵式處所, 則萬民宴時曠野也. 騎步兵結陣排立, 皇帝乘馬按轡, 皇后乘馬車[駕以四馬, 無車屋], 張傘侍衛, 不過數十人, 周覽諸隊而還. 皇后入幕次, 皇帝仍騎立於臺前, 騎・步兵按次行陣, 鳴軍樂, 皇帝擧手爲禮, 隊長按劍過, 其軍容靜肅可觀也[馬車一隊, 爲一百名. 馬皆一色, 大小亦一, 無非良産, 此各國之未可及也].

55 From Wittes' went to the parade at 12. The sight was magnificent as regiment after regiment of well-equipped soldiers — infantry, artillery, and cavalry — passed by in superb order marching to the lively notes of the martial music. Mr. Min showed rather a languid interest in the review and complained peevishly of the heat. He had held the office of a general for nearly 10 years in the paluny days of Mins.

56 午初開輪, 所經別無可記, 行一千四百里, 子正到北京彼得都, 所賃屋卽師德仁之家也, 其眷將往鄕庄, 而亦無可合他屋, 仍定賃住. 師德仁之弟모제쓰備馬車, 等候於停車場, 延接入其家, 雖未敞闊, 排置整齊, 家在가빈녜스끼街第四號.

57 賃屋新居, 設廚房, 雇置男女使喚各一・門僕一・廚子一. 床帳・器皿諸具仍用, 且雇雙馬車一輛.

58 By the way Fish is most worthy of his bread here. He has worked and is

working hardest of us all. Ever since we came to Petersburg he has been at work to get up-to-date the journal of the Mission. He copies much from certain Chinese diaries of a similar nature. Yet it is work to write pages on pages day after day.

59 三十日[陰二十日, 俄十八日] 朝雨晚雷雨。按俄國火輪軍艦一百八十九隻, 海軍三萬, 海軍將官一千二百四十五人, 比於陸軍未免零星。此四方連陸, 海防無多故也。

60 申初, 乘汽車行二刻, 抵到。地名皇邸, 居人可萬餘, 街衢園林尤爲精潔。有行宮, 皇帝避暑之庄。入其宮周覽, 宏傑華麗無容更論, 有一屋以蜜花雕飭四壁, 又嵌鑲各樣奇紋石, 不知幾屋, 池臺林苑, 極爲幽雅。

61 In their company visited the Summer Palace in which Catherine II spent much of her summers. The rooms called according to the predominant color with which each is furnished — as the green room or pillow room etc. The Chinese room is wall-papered with Chinese paintings. The most costly room is the Amber Room. The walls and the tables are paneled with amber. The exquisite figures carved in the same valuable substance were numerous on the walls. The bed and furniture which Alexander I used are attractively simple.

62 所寓屋樓臨大街, 行人晝夜不絕, 傍有禮拜堂[俄以希臘教爲國教], 奉教之人, 過此必脫帽, 以手摩頂撫胸, 以示不忘之意。蓋西人之奉教, 如亞細亞崇佛人之尊敬佛骨舍利, 若得賢人骨[教中著名者], 無不珍藏, 以爲修身向善之物。或有兩造不平, 對天矢誓者, 幷按骨言之, 以明不背所言也。

63 此都四方爲百餘里, 人口百餘萬, 街市屋樓壯大。有曳瓦江, 擁抱全都, 皇闕臨江, 各部各學校左右列置, 制度宏傑, 眞雄都也。

64 The Neva bounding the mainland portion of Petersburg separates it from five or more islands on which a part of the city stands. The river is said to be from 370 to 645 yards wide. Four bridges connect the mainland with the islands. The Nicholas Bridge is the finest — with 8-iron arches. The left bank of the Neva is adorned with a splendid row of magnificent buildings,

the largest of which are the Admiralty, the Winter Palace, the palaces of several grand dukes. Three canals, semicircular, embrace and intersect perhaps the choicest portion of the town. The Fontanka Canal is the largest. But beyond them all, away behind the busy port of the metropolis, a canal called the Obvodny cuts the entire width of the town.

65 戌正, 乘馬車渡曳瓦江橋[有鐵橋二, 船艙橋二, 跨江虹亘, 下通舟楫, 船橋冬捲春設], 入역락기島[有大小島四五, 作橋相連], 樹木鬱蒼, 市肆稠密, 屋樓多以木造成, 此納涼逍遙之處, 男女往來, 馬車塞路, 沿江周歷, 入花園飮酒休憩. 丑初, 回館, 天色不昏, 街路無燃燈.

66 歷路入一花園, 周可四五里, 佳木秀而繁陰, 野芳發而幽香, 築高屋數百間, 上覆玻璃以受日光, 下燃柴炭以取熏氣. 列置各樣花卉, 叶候灌養, 眞衆香城也.

67 未正, 往觀生物院. 院庭宏闊, 以鐵爲圈爲籠, 其中穿窟鑿池, 飛禽走獸, 魚·鱉·鵝·鴨·蛇·鼅之類悉置, 不知名者甚多. 虎·豹·獅·象·白熊·鱷魚·駝鳥·孔雀·鸚鵡是尤物也. 此各處求來, 順其性而畜之, 以資博覽焉.

68 西俗夕餐後男女或乘或步, 出遊各處, 聽樂聽唱, 夜深歸家, 天天如是, 此稱'運動法'也. 有人屢請往觀, 答以'我法國喪時遏密八音, 不作歌舞, 今國服在身, 其間慶會公筵, 不得不參, 至於私自娛遊, 不敢往也'. 其人以爲然, 更不煩聒.

69 戌初, 往生物院, 入一屋黑洞洞, 忽前壁玻璃明亮, 有影來照. 或人行馬馳, 或男女調戲, 或飮酒跳舞, 千態萬像, 活動逼眞, 見者無不詫異, 其法以畵幅照鏡, 以電氣移撝搖動云. 然莫能究其妙也.

70 凡西人之搬物皆以車, 而此處多男戴女負, 近於東俗, 亦相反也. 車式同各西國, 但無電氣車, 曳車之馬, 不剪尾不罩眼也.

71 未正, 渡曳瓦江南行少許, 有一禮拜堂. 俄國列皇墳墓, 盡在於一堂中, 以鐵爲欄, 以白玉石作槨覆之. 若無記標指示之人, 未知其爲墳墓也. 其上或置鮮花, 或燃燈, 傍列各國所送殉葬之物, 以銀作木葉狀, 兩行疊起, 如圓門樣也.

72 申初, 渡曳瓦江橋, 北行少許, 有大彼得開都時所居之屋, 甚低小, 不過四五間. 以儉約制度, 遺爲貽謨, 眞中興賢主也.

73 稔聞此處噴水各法, 冠於地球上矣. 大行宮前有一溝, 東南北三面設各樣噴水器數百筒, 或平地湧起四五丈, 亭亭如玉柱特立, 或細噴成行, 如竹林搖風, 或架上噴垂, 如高掛水晶簾, 從人口人臂出, 橫亘如晴虹, 鳥獸鵝鴨, 飛蹲遊泳, 仰噴俯吐, 錯雜難分, 而晝夜不息, 此以鐵管引來十八里外四百尺高山上之水, 分派激成者, 眞奇觀也·壯觀也.

74 更西行十餘里, 入麥酒製造所, 其主卽德人푸레진게, 來此二十餘年, 作此業. 入第一屋, 設機燃煤, 衆輪轉動. 第二屋置巨鍋數十, 盛麥料, 有人以杖滾水, 熱氣蒸菀. 第三屋亦置巨鍋, 麥汁流成稀粥, 歷幾十間. 第四屋置大鐵器承之, 已作酒而熱氣尙騰騰. 第五屋候冷貯之, 第六屋衆人列坐, 盛於玻璃瓶, 封以木片, 此皆以輪以管, 次次連動, 甚省人力. 工匠合五百餘人, 每日造酒二百甕, 每月售賣五百萬瓶云[每瓶價, 不下三十錢]. 所稱麴蘖, 乃花蕊, 而未知爲我東何樣花也.

75 未正, 往農業博物院. 院中委員밋철닛즈一一指示, 播種獲春諸般機械咸備. 亦多他邦來者, 擇其便易取用, 不費人力, 得穀甚多, 俄之南界現用此法云[南界土沃, 勤農業]. 悉置各穀種, 及各花果蔬菜麻綿繭絲之類, 且屋裏鑿池, 設水輪, 長流不息, 置魚卵於玻璃管上, 水流其下, 待其化魚, 養於池內, 放於曳瓦江, 眞種魚苗之良法也. 各樣水車盡美, 此若用於我東, 可起良畓幾萬頃, 而未有創用之人, 不勝歎惜.

76 師德仁請同往遊覽, 申初, 乘汽車東南行六十餘里下車, 入一公園, 周可數十里, 樹木鬱密, 市肆稍遠, 眞淸涼世界. 步行周覽, 到一屋, 此喂牛取乳之所, 依然如我邦種牧南局也. 售賣各種牛乳, 而城內所賣, 每有和水, 故人多來此喫眞味矣. 營過各種, 盤桓幾時, 乘汽車, 子正回館.

77 Went to the Pavlovsky Park, about a mile from Czar's village, and enjoyed the fresh milk and beefsteak in the Farm. The Park, differing none from others, is big enough for a Corean county.

78 申初, 往裁判所. 所長례로폐예푸前導, 指示獄宇三層, 重罪每間囚一人, 輕罪大間囚十餘人, 別置女獄, 幷無枷鎖, 各有床椅寢具, 使之安居, 日食三次, 亦給衣服, 有浴堂, 有治病所, 有運動處, 使諸囚隨其所學, 各自營造, 百工俱備, 所得錢中九分納官, 一分自官按月收置, 放出時計給, 以資生活云. 諸囚裁判後送置監獄署也. 仍又往觀, 署長츌리스쎄迎接, 周示房屋及各樣規制, 無異裁判所, 此置十年以內懲役者, 十年以外者竄送北島極寒之地懲役云. 詳覽兩處被囚五百餘人, 無甚苦楚之狀, 各圖

自新之方, 可謂治人有法. 兩處一年經費, 爲二十萬元.

79　仍往綿布織造所. 此私立會社. 社主英人헤리하워두. 設機械四五處, 大者一千五百馬力, 小者不下五百馬力, 亦自英來也. 彈綿極精, 繰絲均細, 塗糊堅紉, 爲經爲緯, 布於杼軸, 幷用轉輪, 而皆有人監製. 織機一千九百坐, 人在其傍, 檢看絲之斷絶·梭之往來. 工匠合二千餘人[男女相半], 每月織出四萬五千疋云.

80　The New Cotten Mills next. The manager, Mr. Henry Howard, is an Englishman. The establisement[establishment?] has 2,300 horse power; 1,800 workmen and woman; 95,000 spindles; 1,900, looms turning out 45,000 pieces, each containing 58 1/2 achins. Wages range between 22 and 50 Rs per month. 13 1/4 hours of work.

81　午初, 度支官미할노위치來, 同往造紙所. 屋宇高闊, 隔間設機器. 頭間置屢十大鐵甌[如鼓形], 收入休紙·敗絮·弊衣·皮革之物, 以火輪蒸浣撈出. 至次間, 細細挫切, 入於大器, 滾水以輪磨成白汁, 流出次間, 布簀而承之, 自成雪色, 大張紙轉轉作軸, 次以乾淨, 次以截作各片, 次以印出各樣白紋. 自初至終, 不過幾分時, 此皆機輪所造, 然帮助工匠三千餘人, 通一國官用紙, 此處盡造也. 收置腐敗之類, 積如山邱, 始知天下無棄物耳.

82　其傍, 兼設造紙幣所, 工匠數千人[女人最多], 斷截紙片, 轉轉印刷, 各紋各繪, 經數十機板然後, 始成可防奸僞. 每日造五十萬元[俄邦紙幣, 以一·二·三·五·十·二十五·一百元定式], 分送通國各銀行, 隨換汚弊難用也. 又有畵繪印刷所, 或鐵刻板·或點石板設綵印出, 精巧無比. 三處皆官設, 而一年經費一千萬元云.

83　登皇帝巡海時所乘艦, 海軍三百名, 將官十五人, 一點時行七十里, 房屋門壁床椅, 皆以紋木修餙, 光明可鑑. 諸般排置極備, 眞一座宮闕. 此艦造費三百萬元云.

84　巳正, 往觀濾水處. 埋管地中, 引入曳瓦江水, 兩處設升水機十八坐, 下置鐵網, 矗穢自罹, 轉引到濾水機, 以鐵篩承之, 盡濾微細之滓, 引入儲水處[如石窟中], 下鋪大石, 中鋪小石塊, 上鋪細沙, 淨而安之. 流到激水機, 高一百九十尺, 激而復下, 以管埋地, 分派各處, 一都日用之水, 悉由於此也[都內無鑿井·汲水之勞]. 自引入江水至分派處, 相距里許, 未見一勺之漏外, 眞大經綸極便利之事也[五十年前創始].

85　辰正, 海軍將官후으쓰두푸又請往海口礮臺, 出曳瓦江乘汽船. 此宮內府所管, 而華

麗穩便, 異於他船也. 西南行一百四十里, 到크론스따트港口, 閭閻櫛比, 舟楫林立. 海中往往築石, 作左右礮臺, 又有依山築臺, 設礮架, 置兵守之, 試放數礮, 其聲轟裂如雷, 此開都後漸次增設, 以致金湯之固矣.

86 巳正, 同海軍將官후오쓰두푸, 往造船廠, 方造一隻軍艦, 製樣甚大, 可裝一萬二千噸, 五六年可畢云. 入海軍部, 自前所用軍艦及各國軍艦式樣, 盡爲造置, 以備博覽. 仍乘小輪船, 西行三十里, 到造礮廠, 機械之宏壯, 冠於已見諸處, 大小礮·水雷礮, 不知其數, 大者長八九把, 周數三把, 彈丸之大一丈一抱, 一發可至五十里. 似此者, 一年僅造一坐云. 連日所觀, 水陸兵器製造不已, 世界各邦亦當如是, 將用於何處乎. 上天欲安生靈, 必有盡銷兵鑄農器之日也.

87 俄都有書籍館, 其中最古, 爲臘丁猶太文[猶太開國於有夏時], 以牛革錄寫, 緄作大卷. 其次疏哈墨特經文, 得來於突厥[今土耳其國], 此則裝潢成冊. 又有蒙古文·西藏經典, 若英·法·荷蘭書, 不下數千種. 漢文有十三經·東華錄·性理精義·朱子全書等十餘種, 亦有西廂記·紅樓夢之類. 凡所藏爲十萬餘卷, 天文·地理·算學·醫學·化學分別部首. 書樓右有廣廈二區, 設長几數十, 許其好學者就近取看, 惟不得携之出外. 且備燈燭, 夜亦來看, 眞勸學之大擧也.

88 按各西國敎民之法, 男女八歲皆入學堂, 若不入, 罪其父母, 啞聾瞽盲皆有學堂以敎之, 貧窮及孤幼者亦收付義塾. 一國內學塾林立, 有大·中·小, 隨才分科, 文·武·商·農·工, 有專門之學, 通國之人各執一藝, 亦無不識字通文, 可謂盛且美矣.

89 未正, 往觀溫宮[皇帝冬日所居之宮], 碧房金殿, 複道回廊, 互相連通, 華麗敵大. 壁掛列皇像·古戰陣圖, 皆油繪. 傍有博物院, 列置歷代所用介甲·銷礮及各樣玩好之物, 稀珍異寶, 不可盡述, 而一室中, 植一株金樹[枝幹花葉, 以金鏤造], 立金孔雀一, 金鷄二[亦金造, 內置機管]. 按時飛鳴, 以代鍾表, 眞奇物也.

90 At 1 p.m. visited the Hermitage and the Winter Palace. Two or three hours are entirely too short even to merely glance at the costly and splendid collections exhibited here. Shall visit the Museum once more alone.

91 傍有玻璃器製造所. 材料未詳, 而亦沙土之類, 加以他物云. 設一極大冶爐, 鎔化其材料如汁如膏, 以鐵管蘸出, 吹管轉轉成器, 各樣如是, 器之大小厚薄在於吹管, 令人叫奇. 次以磨光, 次以彫刻, 極其精妙.

92 戌初, 同불난손, 往골쎄노地[距此三十餘里]天文臺, 圓屋裏, 設望遠鏡四五機, 上覆玻璃開閉, 可見二百五六十倍, 十二年前又設一圓屋, 高十丈周六七十間, 下置輪軸及電器, 掛一大鏡可見萬倍, 上捲玻窓, 擧鏡瞻星, 隨星轉以電氣回輪, 旋屋移鏡於窓間矣. 從鏡裏仰看一星, 大如碗, 光芒四出, 因空氣五色相雜, 以雲暗未能盡看衆星, 可恨可恨. 一室置一時鍾, 較正分秒, 不差毫髮, 每日準此鍾, 以電氣, 自發彼得都內午礮, 一都以準午正. 觀日月星辰寫眞之圖, 聞天文學士之言, 日如冶中之鍊鐵, 火炎迸出爲光, 月本黑暗一大塊, 對借日光爲明, 而因地球之間隔, 有弦望晦朔之盈虛. 星辰極遙遠, 未得詳察其中, 第觀七月流火, 則隕石隕銅, 此以深究, 日月之中, 必無生物, 星辰之中, 似有世界, 所謂銀河者乃衆星之放光云. 蓋西人之格致, 尤精於天文, 慧孛之幾歲一見, 預爲推數, 不以爲災也.

93 戌初, 外部官쑤루쎄스씨[在我京時, 稱古樂詩]來拜, 曾住我京俄館參贊官四年餘者也. 詳知我邦風俗, 語到娓娓.

94 是日卽端陽也. 此地亦有鞦韆之戲, 街市有櫻桃丹杏節物, 風光無異我東, 尤不禁家國之戀. 近日天氣尙冷, 閉戶擁裘, 恰如重陽時, 而人多避暑之行, 須可怪也.

95 較此處日出入, 丑正初刻日出, 亥初三刻日入, 而天尙虛明, 可辨路上行人, 仍復日出. 夏至前後四朔[自四月至七月]如是, 冬至前後八朔[自八月至三月]極短之時, 午正日出, 申初日入, 長夜昏黑云. 此地近北極, 度數偏北故也.

96 近日日出寅初, 日入亥初, 天色微昏, 街上始爲燃燈.

97 戌初, 渡曳瓦江, 周歷數島, 樹木靑葱, 園林深邃, 値今日禮拜, 遊人尤多, 訪入一酒家, 臨江起樓, 舟楫往來其下, 令人想起玄湖亭榭之晩眺也. 飮數杯酒, 逍遙散步, 子初回舘.

98 從郵便始見家書, 乃五月二十一日所寄也. 四朔阻隔之中, 得承親候, 私心欣幸, 不可量.

99 In the afternoon, received letters from father and mother written on the 21st May. Was happy to read them.

100 At 6:30 p.m. Mr. M. Fish and myself, accompanied by Mr. Plancon, went in a landau to the Pulkova Observatory. The road between the city and the Observatory is as straight as an arrow, lined with shade trees.

The Moscow Triumphal Gate, erected for commemorating the victory of Alexander 1 over Napoleon, stands where the town merges into country. The Observatory stands on a beautiful eminence surrounded by a large, well ordered park.

101 戌初, 閔秘書郞景植·朱參書官錫晁, 以遊覽紳士來到. 殊域欣握, 非比尋常. 聞四月初, 同成協辨岐運, 離漢城[後使行三日發], 以候船之致, 煙臺·上海滯留多日, 且成協辨有身恙, 從滬還國, 二人由香港·新嘉坡, 轉進至埃及, 因其地有怪疾不許船過, 又留十餘日, 歷土耳其, 入俄南境오데싸港, 從汽車, 今纔得抵. 一路以炎熱甚苦, 亞丁等地不雨已七年云.

102 閔小石景植·朱月山錫晁, 定寓所於公館門內樓屋, 朝夕同餐於公館, 往來談話, 相慰羈懷. 亦萍水奇緣也.

103 離此一里許, 有馴象所, 巨屋前面, 以鐵爲闌, 置一象, 有人以口令, 使象坐作進退, 以鼻揮彈八音琴, 此皆敎習而然. 呈技獲錢, 亦謀利之方也.

104 按神異經, 言北方存氷萬里, 厚百丈, 鼹鼠在氷下土中, 其毛長八尺, 可爲褥禦風寒. 試問俄人, 都無知者. 或云北極氷多厚而且遠, 氷下無底, 雖掘見底, 皆水而非土, 故無是鼠焉.

105 按西史希臘開國於有商中葉, 始作文字, 以傳國人, 正如蒼頡史籒之古蹟. 歐人之通文字, 自希臘始, 而其後諸國各有加減其字母, 隨其土音, 以爲國文.

106 尹念梧在我京, 略學法語於貞洞學校, 到此後求一女敎師, 給捧四十元, 午初往學, 未初還來, 居然一朔, 漸有將就之功. 此着力勤工之致, 令人欽美.

107 行期漸迫, 收拾行裝, 而尹念梧以法語之未嫺落留, 仍學幾朔後, 從南路出還爲定. 同來四萬里舟車同苦, 五箇月晝宵相對, 有此分別, 一般怊悵, 果難爲懷.

108 尹念梧旣爲落留而在此學語, 還多難便, 往駐法京巴黎爲定. 戌正, 從汽車發行, 同往停車場, 握手相送, 遙望車塵, 不勝黯然銷魂.

109 子正, 余陪公使, 同金道一及師德仁, 到汽車場, 閔景植·朱錫晁·海軍將官후오쓰두푸·新聞社人안두로니고푸·師德仁之老母及其弟모제스皆來, 洋僕믹털亦來待, 更敍未盡之懷, 屆時登車, 擧手相別. 今行從北路, 路出모스크, 鼓輪直駛, 幾朔羈鬱之餘, 頓覺爽闊. 宿車中.

110 所經之路, 定非生面, 亦有記念處. 來時田野牟麥, 寸許綠遍, 今見刈穫. 此地寒多, 凡穀菜成熟之時, 不過夏三朔也. 行一千四百里, 酉初, 到모스끠, 下停車場晚餐仍發.

111 此處 原來大都會, 居民十餘萬, 諸般布置依如彼得都. 大江經其中, 造艙橋以通來往, 江南有山, 山上多人家, 而寓館在此. 翠微對樓, 爽氣自來, 此則彼得都之所無, 令人想起福泉庵避暑淸遊也. 申初, 往謝觀察使, 仍往博物院, 院在江北曠野, 此本樹林荒翳, 因設此會, 新爲開拓, 周可十餘里, 層樓巨廠, 聳霄林立, 花園草逕, 星羅棋布. 其樓廠中, 聚集俄之通一國所産所製各物各種, 分類列置. 且屬地所産, 亦鳩聚區別, 以資博覽, 較其優劣. 該院委員클라레, 前導指示, 歷覽數處貨鋪, 兩眼已眩不暇應接. 此俄國創有之會, 度支主管排設, 六月初始開, 十月初閉院, 而樓廠林園之費, 爲四百萬元云. 喫晚餐於棧舍, 戌初回寓.

112 午初, 同기셰료푸往博物院, 클라레亦來. 早餐於棧舍, 周覽諸處, 歷各機器所・各織造所・畵繪所・蠟人所・鳥獸魚鱉樹木各礦苗所・假花鋪, 以電筩奏歌樂鋪, 卜賀羅人貨物鋪. 入海軍機器處, 曾經武將씀글일노푸迎接前導, 艦礮水雷等, 皆彼得都所見者, 而有築池儲水, 深可十餘丈, 使一水軍着無縫皮衣, 以銅罩頭, 面間嵌玻璃, 以受明亮, 腰繫電線, 跳入池中, 詳察水底而傳語, 良久出來, 脫衣無一點滲濕, 眞潛水之良法也. 酉正回寓.

113 午初往博物院, 早餐於其近棧舍. 又覽戰場油畵樓, 軍中治病各所, 西伯里曁海參威各樣産物鋪, 金銀・玉石・煤鹽等礦, 有以石鹽, 甄造一座小亭及各樣器具, 精潔堅固, 無異水晶. 入一處有輕氣球, 以竹爲筐, 可坐四人, 上有受風輕球, 以繩繫之. 主管人, 備設諸具, 請同乘. 馭風以升, 徘徊於雲霄間, 飄飄乎如羽化登仙. 有機線, 隨意下來, 疑覺遊仙枕上一夢. 酉正回寓. 부싸따以其有幹, 未得同行, 今午正追到.

114 未正到船廠, 海軍武將씀글일노푸・博物會委員클라레・觀察使屬官모시노푸及기셰료푸・寓館主人렐고푸已來待, 幷握手分別, 仍登船. 船是明輪不甚大, 製式極備. 順流向南行, 兩岸峰巒疊疊, 樹木鬱鬱, 村落相連, 舟楫不斷.

115 午初到사마라. 此地有觀察府, 該觀察물안쳔이노푸, 適往他處, 副觀察곤도이지到停船廠迎接. 府內居民一萬五千, 街路市肆亦整齊. 自此更乘汽車, 而彼得起程

之車, 間已從陸待. 申初三刻發行, 此車房屋五間, 只登我一行, 不容他人, 甚便適.

116　辰初二刻發行一百八里, 未正到후도련란쓰게. 喫茶點. 仍爲前進, 沿路只有驛站村舍, 更無開拓成村之處, 而因連築鐵路, 或搆土窟, 或設幕卡, 以居役夫.

117　此地無長路可雇之車, 買得四輛車, 馬用驛馬, 隨站遞派, 一車可坐二人, 公使率孫熙榮同乘, 余則伴金道一同乘, 부짜짜‧師德仁同乘, 行裝別載他車. 丑正發程, 鐵路委員길몬握別, 警務官거발료표率巡檢二名護行, 自此以後, 各其境上遞派也. 俄法或六十里‧五十里‧三十里, 實一驛[俄一里, 爲我二里]. 支待官行. 一車駕四馬, 或三馬, 每站每車, 給御者三十錢而已.

118　自乘馬車之後, 沿路都無可餐‧可宿棧舍, 每於下車時暫喫携來茶點於郵舍, 亦於車中經夜, 撞觸搖動, 眉睫難交, 始覺行路之難如此也.

119　乘車以後連日所經, 雖是山路, 無高崖峻嶺, 兩邊樹木參天, 都無一拳之石, 盡爲軟壤, 汚濕泥濘, 車行甚艱, 而路廣有尺量, 可行兩車, 無往來相撞之慮.

120　酉正到온오흐이쓰갓야. 因車輪有傷, 少停修改, 戌正前進, 所經往往開野成村, 蒙古人雜處遊牧, 而其辮髮長袍, 尙不改焉.

121　周覽街衢及市肆, 整齊精侈, 悉倣彼得都制度, 人物秀麗, 街上輪蹄之聲熱鬧不絶, 眞大都繁華之地. 幾千里荒漠之濱, 豈意有此開眼處. 此莫非上下圖治, 日進文明之致, 令人羨歎不已.

122　按西伯里, 分西‧中‧東三處, 而中‧東置總督鎭之, 此是中境之中也. 府內人口一萬五千, 亦爲殷富, 稱以中京焉.

123　卯初發行, 六百四十九里, 申初, 到이그나시노地. 自此將爲黑龍江. 江面稍寬, 水黃濁不深. 南爲滿洲모혀地, 沿岸淸人家屋. 北爲俄界, 往往有村落. 因裝載斫木停泊, 酉正又發.

124　申正, 往觀博物院, 係是新設, 姑未壯大. 我邦衣服‧器具等物略備, 淸‧日兩國之物, 亦爲羅置. 聞俄人言, 黑龍江北界本是淸國地, 四十年前, 有무라비옵者, 新爲開拓, 仍屬於俄. 沿江設府, 置官以作保障重鎭, 國人稱頌其人之功業, 鑄銅像立於高塔上, 以紀不忘也.

125　聞舟人言, 曉過숑가리江北來合流處, 而長白山尙在南方, 杳不可望云.

126　聞此港本滿國地, 而무라비옵新闢開港, 爲三十餘年. 人口二萬六千, 又我人二千

餘, 淸人萬餘, 日人四百五. 各機器廠及諸般布置. 增添不已. 此卽俄之東邊地盡頭. 我邦北界相連, 淸國只隔一帶水, 東接日本海. 且東洋往來軍艦藏泊, 此港所以用全力, 而將通鐵路於彼得也. 我流民之居此爲數百戶, 遍住近地者, 亦萬餘戶. 蓋因己已大歉, 北民始入, 到今八道之人絡繹不絶, 入而不返, 致此夥多.

127 鐵路之役, 處處方張, 期於三年內竣工, 則自彼得至海參威, 一望間可抵云. 不惜巨費, 不憚人力, 如是作爲, 可見其謀深慮遠也.

128 得見八晦獨立新聞紙一片, 略謄官報, 堂姪世亨差除元山郵遞司長. 其付職可喜. 我行將乘軍艦, 而不入元港, 雖已赴任, 恐未得一見, 尤切悵菀. 世泰以農商工部主事, 派往海州郵遞司, 其兄弟之西北分離, 甚爲慮悶也.

129 我邦人之流入俄地者, 自海參威至此, 無處不有, 自成村落, 不知爲幾萬名. 已入俄籍者亦多, 此地現有五十餘名, 往來於距此七百里地金礦, 食力資生, 而其中六人來見. 元山朴基淳, 曾爲頭民, 尙爲存訾, 鏡城金鳳律·吉州黃弼龍·韓萬聖·慶興韓明星·東萊鄭云瑞, 皆十餘年前入來也, 渠輩言, 不圖今日幸見本國威儀, 不勝喜感交摯, 若有朝廷召還之命, 流民當盡爲出去云云.

130 西初, 往我邦人之都所[議事廳], 頭民率百餘人來見, 面喩以兩國今益敦好, 必須善爲居生, 無或滋事. 擧言幸無雜類, 自來守規, 能免受侮云.

131 我流民之居此港者數百戶, 往來之人不計其數. 連秋社·秋風社·水淸社等地, 稱以朝鮮流民部落, 而戶爲六七千. 入俄籍者過半, 盡是服俄·言俄, 且年少者不知本國俗尙, 此不可以任置也. 宜亟設領事, 以管領之, 詳定約章, 欲往故土者, 竝爲召還, 欲作商業者, 定租界而居之, 可免流散滋擾之弊. 此是時務之最急, 亦流民之所願也.

132 巳正到釜山港. 港面朝南平闊, 絶影島在前爲波障, 五六島在東爲海門, 直天設之險也. 草梁舊館之西, 有監理署, 越一岡設海關, 沿岡盡是日本人家屋. 水營及釜山·多大兩鎭, 列據鼎足, 今皆廢之.

| 참고 문헌 |

김득련, 『환구음초』, 경도인쇄주식회사(京都印刷株式會社), 1897.
_____, 『환구일록』(규장각한국학연구원 소장 필사본, 古 5700-1)
_____, 『환구음초』(규장각한국학연구원 소장 필사본, 古 3428-313)
_____, 『부아기정』(규장각한국학연구원 소장 필사본, 古 5700-2)
민영환, 『민충정공 유고: 한국사료총서 7』, 국사편찬위원회, 1971.
윤치호, 『윤치호 일기: 한국사료총서 19』, 국사편찬위원회, 1973-1976.
The Korean Repository

국사편찬위원회, 『국역 윤치호 영문 일기』, 2014~2016.
김득련 저, 허경진 역, 『환구음초: 춘파 김득련 시집』, 평민사, 2011.
_____ 저, 박상진 역, 『국역 환구음초』, 은평문화원, 2009.
_____ 저, 최병준 역, 『환구음초』, 송학문화사, 2009.
김영수, 『100년 전의 세계 일주: 대한제국의 운명을 건 민영환의 비밀 외교』, EBS BOOKS, 2020.
민영환 저, 조재곤 역, 『해천추범: 1896년 민영환의 세계 일주』, 책과함께, 2007.
민홍기 편, 이민수 역, 『민충정공 유고』, 일조각, 2000.

고병익, 「노황대관식(露皇戴冠式)에의 사행과 한노교섭(韓露交涉)」, 《역사학보》 28, 1965.
김양수, 「조선후기 譯官家門의 연구: 김지남·김경문 등 우봉김씨가계를 중심으로」, 《백산학보》 32, 1985.

_____, 「조선후기 우봉 김씨의 성립과 발전」, 《역사와 실학》 33, 2007.

박주영, 「한말 지식인의 근대 경험과 양가적 정체성: 『윤치호 일기』를 중심으로」, 서강대학교 박사학위논문, 2020.

손정수, 「러시아 대관식 사절단 시기 『윤치호 일기』를 통해 본 영어로 쓰인 사적 기록의 의미 : 『해천추범』과의 비교를 중심으로」, 《한국학논집》 83, 2021.

이민원, 「민영환의 외교활동과 외교책」, 《나라사랑》 102, 2001.

이수진, 「19세기 말~20세기 초 기행 한시집에 나타난 이국 체험과 서술 시각: 김득련의 『환구음초』와 박영철의 『구주음초』를 중심으로」, 《리터러시연구》 37, 2020.

이영미, 「영문 잡지 코리안 리포지터리(*The Korean Repository*)(1892~1898)의 성격과 의미」, 《한국학연구》 60, 2021.

정양완, 「『환구음초』에 대하여」, 《한국한문학연구》 2, 1977.

최 식, 「여항문학 종말기의 한 양상: 김득련의 『환구음초』를 중심으로」, 《한문학보》 4, 2001.

_____, 「1896년 아라사 사행, 『환구일기』와 『환구음초』: 사행록의 관점에서 바라본 아라사 사행」, 《한문학보》 20, 2009.

하경숙·구사회, 「『환구음초』에 나타난 지식인의 근대 문명 인식과 특질」, 《온지논총》 54, 2018.

홍학희, 「1896년 러시아 황제 대관식 축하사절단의 서구 체험기」, 《한국고전연구》 17, 2008.

황재문, 「『환구음초』의 성격과 표현 방식」, 《한국한시연구》 16, 2008.

지은이
김득련(金得鍊, 1852~1930)

조선 후기의 역관이며 시인이다. 호는 춘파(春坡), 자는 윤구(允久)이다. 역관 명문가인 우봉 김씨 가문 출신으로, 백두산정계비를 세울 때 참여했던 김지남(金指南)의 7대손이다. 22세 때인 1873년에 역과에 급제하여 한어 역관으로 활동했으며, 박문국 주사 등의 관직을 역임했다. 1896년에 러시아 황제의 대관식 축하 사절의 일원으로 러시아를 다녀왔으며, 이때 세계를 일주하며 보고 들은 일을 시문으로 써서 시집인 『환구음초』와 사행록인 『환구일록』을 남겼다. 이 가운데 『환구일록』은 민영환의 사행록 『해천추범』의 바탕이 되기도 했다. 특명전권공사 민영환과는 선대로부터의 세교(世交)가 있었다고 하며, 사절단으로 동행하면서 몇 편의 시를 수창(酬唱)하기도 했다. 강위(姜瑋)를 중심으로 모인 육교시사(六橋詩社)의 일원으로 참여했으며, 강위 사후에도 시사의 동인들과 함께 활동했다. 『환구음초』는 1897년 일본 교토에서 간행되었으며, 현재 규장각한국학연구원에는 간행 이후에 받은 발문까지 포함된 필사본이 소장되어 있다.

역해자
황재문

서울대학교 국어국문학과에서 「장지연·신채호·이광수 문학사상의 비교 연구」로 박사학위를 받았다. 중세에서 근대로의 이행기 문학 및 문헌에 관심을 두고 관련 연구를 진행해 왔으며, 현재 서울대학교 규장각한국학연구원 교수로 재직하고 있다. 근래에는 전근대의 백과사전인 유서(類書)와 근대 초기의 이민자 문학 등에 대한 연구 성과를 다수 발표하고 있다. 주요 저술로는 『안중근 평전』, 『만국사물기원역사』(역주), 『아희원람』(역주), 『구제적 강도: 전낙청 선집』, 「『환구음초』의 성격과 표현 방식」, 「구제적 강도 연구: 1세대 재미 한인의 체험과 문학적 혼종성」, 「이병기의 수학과 학술 활동에 대한 재검토」 등이 있다.

이 책은 대우재단의 지원을 받아 연구 및 출간되었습니다.

환구음초
한시로 읽는 1896년 조선 사절단의 세계 일주

1판 1쇄 찍음 | 2025년 10월 10일
1판 1쇄 펴냄 | 2025년 10월 24일

지은이 | 김득련
역해자 | 황재문
펴낸이 | 김정호

책임편집 | 박수용
디자인 | 이대응

펴낸곳 | 아카넷
출판등록 | 2000년 1월 24일(제406-2000-000012호)
주소 | 10881 경기도 파주시 회동길 445-3 2층
전화 | 031-955-9510(편집) · 031-955-9514(주문)
팩시밀리 | 031-955-9519
www.acanet.co.kr

© 황재문, 2025

Printed in Paju, Korea

ISBN 978-89-5733-858-2 94810
ISBN 978-89-5733-230-6 (세트)